Vapeur sur les trois lacs
Dampf auf den drei Seen

Sébastien Jacobi

Dédié à mon cher papa,
le pasteur *Léopold Jacobi* (1905-1988)
qui m'a transmis son enthousiasme
pour les bateaux à vapeur en général
et pour le *Halbwyl* en particulier!

– *S. J.*

Éditions Attinger

DISTANCES KILOMETRIQUES

effectives

de stations à stations.

****

Yverdon																										
2³	Grandson																									
9¹	7⁶	Concise																								
17⁰	15⁵	8⁹	Estavayer-le-Lac																							
22⁸	21⁵	14³	19⁰	Chevroux																						
27⁶	26⁴	19⁰	11⁷	6⁸	Portalban																					
15⁶	14²	6⁸	7⁶	9⁴	13⁵	St.Aubin																				
16⁴	15⁰	7⁶	6⁶	8⁶	12⁷	0⁹	Gorgier-Chez-le-Bart																			
22⁷	21¹	13⁸	12⁸	5⁹	7⁹	7⁴	6⁵	Cortaillod																		
27⁶	26²	18⁶	13⁹	8⁷	9⁶	12⁴	11⁵	5³	Auvernier																	
29⁰	27⁶	19⁶	15⁰	9²	6⁶	13⁸	12⁹	6⁶	2¹	Serrières																
31³	29⁷	22²	16⁸	10⁶	7⁶	15⁹	15⁰	8⁷	4⁵	2⁴	Neuchâtel															
34⁰	32⁵	25²	18¹	11³	6⁵	19⁵	18⁶	12⁸	10⁴	8⁶	7²	Cudrefin														
35⁸	34²	26⁹	20⁷	14²	10⁰	20³	19⁴	13¹	9⁰	6⁸	4⁶	6³	St.Blaise													
38⁰	36⁷	29³	22²	15⁵	10⁷	23³	22⁴	16⁴	13³	11³	9⁴	7²	4⁴	La Sauge												
43⁵	42²	34⁸	27⁷	21⁰	16¹	28⁷	27⁸	21⁹	18⁸	16⁸	14⁸	12⁶	10⁰	7¹	Suglez											
46⁰	44⁶	37²	30¹	23⁴	18⁵	31¹	30²	24³	21²	19²	17³	15⁰	12⁴	7⁹	5⁵	Praz										
47¹	45⁸	38⁴	31³	24⁶	19⁷	32³	31⁴	25⁵	22⁴	20⁴	18⁵	16²	13⁶	9¹	3⁸	1²	Môtier									
47⁴	46⁰	38⁶	31⁶	24⁸	20⁰	32⁷	31⁸	25⁸	22⁷	20⁷	18⁷	16⁴	13⁷	9³	3⁹	2⁷	3⁰	Murten/Morat								
43⁵	42⁰	34⁶	36⁰	21³	16⁷	28⁴	27⁵	21²	17⁶	15⁵	13³	11⁰	12⁰	11⁰	19⁵	20⁷	20⁶	Le Landeron								
46³	44⁸	37⁴	38⁸	24¹	19⁵	31²	30³	24⁰	20⁰	18³	16²	13⁸	14⁹	14³	19⁸	22³	23⁵	23⁶	2⁸	Neuenstadt/Neuveville						
50⁰	48⁵	41¹	42⁵	27⁸	23²	34⁹	34⁰	27⁷	24¹	22⁰	19⁸	17⁵	18⁵	18⁰	23⁵	26⁰	27¹	27²	6⁵	3⁵	St.Petersinsel/Ile de St.Pierre					
50⁰	48⁵	41¹	42⁵	27⁸	23²	34⁹	34⁰	27⁷	24¹	22⁰	19⁸	17⁵	18⁵	18⁰	23⁵	26⁰	27¹	27²	6⁵	3⁷	1²	Ligerz/Gléresse				
52³	50⁸	43⁴	44⁸	30¹	25⁵	37²	36³	30⁰	26⁴	24³	22¹	19⁸	20³	20³	25⁸	28³	29⁵	29⁸	8⁸	6⁰	2⁹	2²	Twann/Douanne			
59⁴	57⁹	50⁵	51⁹	37²	32⁶	44³	43⁴	37¹	33⁵	31⁴	29²	26⁹	27⁹	27⁴	32⁹	35⁴	36⁶	36⁸	15⁹	13⁰	9⁴	9³	7¹	Biel/Bienne		
50⁶	49³	41⁹	34⁸	28¹	23²	35⁸	34⁹	29⁰	25⁹	23⁹	21⁹	17¹	12⁶	4¹	3⁸	24¹	26⁹	30⁶	30⁶	32⁹	40⁰	Faoug				
51⁵	50²	42⁸	35⁷	29⁰	24¹	36⁷	35⁸	29⁹	26⁸	24⁸	22⁸	18⁰	13⁵	5⁰	8⁰	4²	5⁵	25⁰	27⁸	31⁵	31⁵	33⁸	40⁹	3²	Vallamand

ADEN	Association pour le développement économique de Neuchâtel
BAV	Bundesamt für Verkehr
BDG	Bielersee-Dampfschifffahrts-Gesellschaft
	Société de navigation à vapeur du lac de Bienne
BN	Chemin de fer Berne-Neuchâtel
	Eisenbahn Bern-Neuenburg
BSG	Bielersee-Schifffahrts-Gesellschaft
	Société de navigation du lac de Bienne
BTSR	Bulletin technique de la Suisse romande
CCAP	Caisse cantonale d'assurances populaires
	Kantonale Versicherung
CGN	Compagnie générale de navigation (lac Léman)
ch	Cheval vapeur (1 ch = 0,736 kW)
DS	Dampschiff (bateau à vapeur)
FMA	Chemin de fer Fribourg-Morat-Anet
	Eisenbahn Freiburg-Murten-Ins
DAV	Bibliothèque de La Chaux-de-Fonds, département audio-visuel
EAV	Eidgenössisches Amt für Verkehr (heute BAV)
FAN	Feuille d'avis de Neuchâtel
FP	Fernand Perret, photographe, La Chaux-de-Fonds
GdL	Gazette de Lausanne
JdG	Journal de Genève
Intelligenzblatt = Intelligenzblatt der Stadt Bern	
LNM	Société de navigation sur les lacs de Neuchâtel et Morat SA
MAHN-B	Musée d'art et d'histoire de Neuchâtel, Fonds Bickel /Nachlass Bickel
MG	Société des Mouettes genevoises, Genève
OBA	Olivier Bachmann
OFT	Office fédéral des transports
PS	Pferdestärke (1 PS = 0,736 kW)
SEV	Syndicat des cheminots
	Schweizer Eisenbahner-Verband
SG	Société Graphique Neuchâtel
SGV	Schifffahrtsgesellschaft des Vierwaldstättersees, Luzern
Shiptec	Technische Abteilung der SGV
	Service technique de SGV
SJ	Sébastien Jacobi
SNLNM	Société de navigation sur les lacs de Neuchâtel et Morat SA
	(dès/*ab* 1958 LNM)
SNV	Société de navigation à vapeur sur les lacs de Neuchâtel
	et Morat SA (dès/*ab* 1939 SNLNM)
TN	Tramways de Neuchâtel, Transports publics du Littoral Neuchâtelois
	Verkehrsbetriebe Neuenburg
YM	Yves Müller, responsable technique Trivapor /Technischer Leiter Trivapor

Table des matières

8	**Introduction**
9	**La navigation à vapeur sur les trois lacs avant 1872**
35	**La Société de navigation à vapeur des lacs de Neuchâtel et Morat**
81	**La Société de navigation du lac de Bienne**
97	**Ports et débarcadères**
129	**Les corrections des eaux du Jura**
136	**Les bateaux à vapeur**
211	**Les bateaux à moteur**
223	**Les catamarans Iris d'Expo.02**
231	**La transformation des vapeurs en restaurant**
241	**Le Neuchâtel vu par des artistes et modélistes**
251	**L'association Trivapor**
283	**Le bateau restauré**

Inhaltsverzeichnis

8	**Einleitung**
9	**Die Dampfschifffahrt auf den drei Seen vor 1872**
35	**Die Dampfschifffahrtgesellschaft auf dem Neuenburger- und Murtensee**
81	**Die Bielersee-Schifffahrts-Gesellschaft**
97	**Häfen und Ländten**
129	**Juragewässerkorrektion**
136	**Die Dampfschiffe**
211	**Die Motorschiffe**
223	**Iris-Boote der Expo.02**
231	**Restaurant-Schiffe**
241	**Die Neuchâtel in Kunst und Modell**
251	**Der Verein Trivapor**
283	**Das restaurierte Schiff**

Le réseau de la Société de navigation sur les lacs de Neuchâtel et Morat (LNM). Il manque le débarcadère de Chez-le-Bart, à l'est de Saint-Aubin.
Das Netz der Schifffahrtsgesellschaft auf dem Neuenburger- und Murtensee (LNM). Es fehlt die Ländte von Chez-le-Bart, östlich von Saint-Aubin.
— Document / Dokument LNM.

À toute vapeur !

Après 45 ans d'absence, la vapeur revient dans toute sa splendeur sous la forme d'un *Neuchâtel* restauré !

« Il faut réparer une erreur historique ! » : tel était l'argument de Denis Barrelet, journaliste au Palais fédéral et professeur à l'Université de Neuchâtel et de Fribourg, le fondateur en 1999 de l'association Trivapor. Quinze ans plus tard, ce vœu est exaucé. Malheureusement, l'initiateur du projet n'est plus là pour contempler sa réalisation.

Quinze ans de patience, d'impatience et de lutte menée par une poignée de passionnés constituant le Comité de Trivapor. Avec enthousiasme et persévérance, il a été possible de convaincre toujours plus de monde. Quinze ans jalonnés de miracles : la découverte puis l'acquisition d'une machine à vapeur historique pratiquement identique à celle d'origine, la venue d'un mécène providentiel sans qui le projet aurait pu capoter. Et tant d'autres instants magiques où se sont développés des trésors d'imagination pour résoudre les problèmes techniques et financiers.

Maintenant, l'ouvrage est achevé. Avec soulagement et non sans fierté pour tous les participants. Le bateau à vapeur offre à la région des trois lacs un signe fort de ralliement et une tête d'affiche attractive pour le tourisme. Souhaitons que les responsables sachent en tirer profit !

La saga de la rénovation du *Neuchâtel* est traitée dans ce livre d'une manière magistrale par un des acteurs importants de l'opération, Sébastien Jacobi.

L'auteur n'est pas un inconnu pour celles et ceux qui suivent avec intérêt le domaine des transports publics en Suisse depuis quelques décennies ! Sébastien Jacobi s'est, en effet, affirmé comme spécialiste en la matière dès son plus jeune âge en raison du choix de son activité professionnelle et de son employeur : les Chemins de Fer Fédéraux. Il sera d'ailleurs durant de nombreuses années leur responsable de l'information en Suisse romande ! Mais son intérêt – ou plutôt sa passion – l'a porté également vers les transports lacustres et fluviaux de Suisse et d'Europe. Il était dès lors tout naturel qu'il s'engage, dès sa création en 1999, dans l'association Trivapor Navigation à vapeur sur les lacs jurassiens. Comme secrétaire durant une douzaine d'années, Sébastien Jacobi a contribué d'une manière déterminante à faire connaître le projet de rénovation du dernier bateau à vapeur demi-salon de Suisse.

À l'occasion de la sortie de cet ouvrage, nous souhaitons adresser notre reconnaissance à notre membre d'honneur et fondateur pour son engagement à nos côtés pendant de nombreuses années. Mais c'est l'occasion également de rendre hommage au plus éminent ambassadeur de la navigation lacustre pour son infatigable travail d'historien et de conteur.

Willy Schaer
Président de l'Association Trivapor

Dampf ahoi!

Nach 45 Jahren der Ruhe wehen wiederum weisse Fahnen über den Juraseen, stolz hoch getragen vom vorbildlich und sorgfältig restaurierten Raddampfer *Neuchâtel*.

«Man muss einen historischen Irrtum berichtigen,» argumentierte 1999 Denis Barrelet, Gründer von Trivapor, Bundeshausjournalist und Professor an den Universitäten Neuenburg und Freiburg. Fünfzehn Jahre später ist dieser Wunsch erfüllt. Leider kann der Initiant die Frucht seiner Weitsicht und die Freude darüber nicht mehr mit uns teilen.

Fünfzehn Jahre Geduld und Ungeduld: zielstrebiger Kampf einer Schar Unentwegter und Begeisterter, des Ausschusses von Trivapor. Überzeugt und mit viel Ausdauer haben sie immer mehr Menschen für das Vorhaben hinzugewonnen. Fünfzehn Jahre und viele glückliche Fügungen oder Wunder waren nötig. Einmal galt es, die dem Original zum Verwechseln ähnliche Dampfmaschine aufzuspüren und zu erwerben. Dann aber säumten schöne Götterfunken den Weg zum Gelingen, deren Zauber technische und finanzielle Fragen in Freude klären halfen. Und wäre nicht ein äusserst vornehmer Gönner erschienen, hätte das Projekt Schiffbruch erlitten.

Das Werk ist vollbracht. Alle, die dabei waren, sind erleichtert und stolz. Das prächtige Dampfschiff schenkt der Drei-Seen-Region tragfähige Verbindungen und ist dem Tourismus – auf Kurs – ein kräftiger Magnet. Mögen jene, die das Vorhaben mitgetragen haben, nun auch auf ihre Rechnung kommen.

Die Saga der Renaissance von DS *Neuchâtel* wird in diesem Buch meisterhaft nacherzählt. Der Autor, Sebastien Jacobi, ist einer der wichtigsten Akteure um diese Wiedergeburt. Alle am öffentlichen Verkehr in der Schweiz Interessierten kennen ihn seit Jahrzehnten. Schon früh führte ihn sein Weg zu den Schweizerischen Bundesbahnen, wo er zum Kommunikationsverantwortlichen für die ganze Westschweiz avancierte. Während vieler Jahre war er in der Suisse Romande «die Stimme der SBB». Daneben aber galt sein Interesse – ja seine Leidenschaft - auch der Binnenschifffahrt in der Schweiz und in Europa. Er gehört zu den Gründungsmitgliedern des Vereins Trivapor. Als dessen Sekretär leistete er gut ein Dutzend Jahre lang Entscheidendes an das grosse Projekt, das dem letzten Halbsalondampfer des Landes ein neues Leben schenkte.

Zum Erscheinen des prächtigen Bandes danken wir unserem langjährigen liebenswürdigen Kollegen im Vereinsvorstand für sein unermüdliches Mitengagement herzlich. Zudem nutzen wir die Gelegenheit, dem Trivapor-Ehrenmitglied als herausragendem Botschafter für die Anliegen der Binnenschifffahrt, als brillantem Historiker und akribischem Chronisten der geglückten Korrektur eines historischen Irrtums die Reverenz zu erweisen: Sébastien und *Neuchâtel* ahoi!

Willy Schaer
Präsident des Vereins Trivapor

1

La navigation à vapeur sur les trois lacs avant 1872

—

Die Dampfschifffahrt auf den drei Seen vor 1872

La navigation à vapeur sur les trois lacs avant 1872

Les pionniers

La navigation à rame et à voile remonte à la nuit des temps. Au Latenium se trouve la réplique d'une barque vieille de 3000 ans. Les Romains ont construit Aventicum avec la pierre d'Hauterive, acheminée par barques par la rivière Broye non canalisée. Dès le Moyen-Âge, il y a eu notamment le transport du vin de la Romandie vers Soleure et au-delà. L'expression «chargé pour Soleure», désignant un homme ivre, rappelle que l'équipage avait le droit de prélever de la marchandise transportée pour ses propres besoins… et que certains ne s'en privaient pas! Les ports les plus actifs étaient ceux des extrémités de la voie navigable, c'est-à-dire Yverdon, Nidau et Soleure. Il n'est donc pas étonnant que le premier bateau à vapeur de la région des trois lacs ait vu le jour à Yverdon.

La mise au point de la machine à vapeur est une longue histoire. Si l'on s'en tient aux réussites, le premier bateau à vapeur qui assure un service commercial est le *Clermont*, sur le fleuve Hudson (USA) en 1807. En Europe, le *Comet* relie dès 1812 Greenock à Glasgow dans l'estuaire de la Clyde. En Suisse, le *Guillaume Tell* est lancé en 1823 sur le Léman. Trois ans plus tard, l'*Union* est inauguré à Yverdon.

1826 - L'*Union*, premier bateau à vapeur des lacs de Neuchâtel et de Bienne

Le succès du *Guillaume Tell* du Léman enthousiasme les esprits loin à la ronde. La maison d'expédition de Ferdinand Piccard, basée à Nidau, organise ainsi des transports internationaux de marchandises telles que de la soie de Lyon, des vins d'Italie, du café et des épices, qui transitent d'Yverdon à Nidau, à travers les deux lacs de Neuchâtel et de Bienne, par voies lacustre et terrestre (en chars), en direction de Bâle et du Rhin. Ferdinand Piccard rentre le 23 septembre 1823 d'un voyage d'affaires à Genève et navigue à cette occasion à bord du bateau à vapeur. Il écrit le jour même au Petit Conseil de Berne pour demander le privilège de construire et d'exploiter en exclusivité un bateau semblable durant une vingtaine d'années. Par lettre du 31 mai 1824, le Petit Conseil de Berne encourage cette initiative, mais refuse la clause d'exclusivité et

Die Dampfschifffahrt auf den drei Seen vor 1872

Die Pioniere

Die Schifffahrt mit Ruder und Segel reicht sehr weit zurück. Das Latenium zeigt den Nachbau eines 3000 Jahre alten Kahns. Die Römer bauen Aventicum mit Steinen aus Hauterive, die auf Barken herangeführt werden. Später sind Weintransporte aus der Westschweiz nach Solothurn Thema. Das geflügelte Wort «chargé pour Soleure» für einen Angetrunkenen, erinnert bis heute an das Recht der damaligen Schiffer, sich vom Transportgut zu nähren… und sich daran gütlich zu tun. Die grössten Häfen liegen am Anfang und am Ende der Wasserwege: in Yverdon, Nidau und Solothurn. Kein Wunder also, dass das erste Dampfschiff in Yverdon auftaucht.

Die Entwicklung der Schiffsdampfmaschine braucht Zeit. Wer sich an die Erfolge hält, findet als erstes gewerbliches Dampfschiff die *Clermont*, 1812 auf dem Hudson (USA). In Europa verbindet die *Comet* 1812 Greenock mit Glasgow im Firth of Clyde. Der Schweiz bringt 1823 die *Guillaume Tell* die Dampfschiffpremiere auf den Genfersee. Bloss drei Jahre später bricht in Yverdon die *Union* zur Jungfernfahrt auf.

1826 - Die *Union*, das erste Dampfschiff auf Neuenburger- und Bielersee

Der Erfolg der *Guillaume Tell* auf dem Genfersee beflügelt die Geister weit herum. In Nidau betreibt Ferdinand Piccard eine Speditionsfirma. Er organisiert internationale Transporte von Seide aus Lyon, von italienischem Wein, von Kaffee und Gewürzen, die auf Schiffen von Yverdon bis Nidau gelangen und beidseits dieser Strecke auf Strassen gekarrt werden, namentlich nach Basel und zum Rhein. Am 23. September 1823 kehrt Ferdinand Piccard an Bord des Genfersee-Dampfers von einer Geschäftsreise zurück. Gleichen Tags ersucht er den Kleinen Rat des Kantons Bern schriftlich um das exklusive Privileg zum Bau und Betrieb eines solchen Schiffes während der nächsten 20 Jahre. Mit Schreiben vom 31. Mai 1824 ermutigt der Kleine Rat Berns den Unternehmer, verweigert ihm aber jede Exklusivität und jede Subvention. In jenen

toute participation au financement. Entre-temps et dans le même but, se constitue à Yverdon un groupe de personnalités, présidé par le major Antoine Béat Albert Du Thon, âgé de 33 ans et qui est rentré invalide après avoir été au service de l'Angleterre. Le projet est soumis à l'ingénieur Dufour de Genève (le futur général) qui l'approuve. La construction du

Tagen finden sich in Yverdon Interessenten mit dem gleichem Ziel. Ihr Anführer ist der 33jährige Major Antoine Béat Albert Du Thon, der kriegsversehrt aus englischen Diensten heimgekehrt ist. Das Projekt findet beim Genfer Ingenieur (und späteren General) Dufour Beifall. Der Schiffsbau wird an Mauriac père in Bordeaux übertragen, die Maschine bei Boulton

Le vapeur *Union* lors de la course inaugurale, près des falaises de Font. Charles du Terreaux pinxit.
Die *Union* auf Jungfernfahrt bei Font FR. Charles du Terreaux pinxit.
— Collection privée/Privatsammlung

bateau est confiée à Mauriac père, à Bordeaux, alors que la machine est commandée à Boulton & Watt, à Birmingham. D'emblée, Piccard s'associe à l'entreprise. La commune d'Yverdon procède à l'aménagement du port et la construction du bateau débute dans cette ville au printemps 1825. Boulton & Watt délègue des monteurs, dont l'un restera comme machiniste.

L'entreprise fait des démarches auprès du gouvernement neuchâtelois pour le curage de la Thielle[01] et la surélévation du pont de Saint-Jean, près du Landeron.

& Watt in Birmingham bestellt. Von Anfang an ist Piccard mit von der Partie. Die Stadt Yverdon investiert in Hafenanlagen, und das Schiff wird im Frühling 1825 auf Kiel gelegt. Boulton & Watt entsendet Monteure, wovon einer als Maschinist anheuert und bleibt.

Das Unternehmen gelangt an die Neuenburger Regierung, um die Zihl[01] schiffbar zu machen und die Brücke von St. Johannsen bei Le Landeron anzuheben.

---

01 — La rivière Orbe prend à Yverdon le nom de Thièle, alors que la rivière qui relie le lac de Neuchâtel au lac de Bienne se nomme Thielle.

01 — Die Zihl entsteht bei Orbe am Zusammenfluss von Orbe und Talent. Sie hat drei Teile: den Zufluss zum Neuenburgersee, die heute kanalisierte Verbindung ab La Tène in den Bielersee sowie dessen Abfluss in Biel bis Port, von wo der Nidau–Büren-Kanal das Wasser nach Safnern in die Aare leitet.

Près de La Neuveville, l'*Union* sur le lac de Bienne, au retour de Nidau à Yverdon, en 1827. Aquarelle de Gabriel Lory fils, 1827.
DS *Union* fährt von Nidau nach Yverdon zurück, hier bei Neuenstadt am Bielersee. Aquarell von Gabriel Lory Sohn, 1827.
— Bibliothèque nationale/Schweizerische Nationalbibliothek

Le 10 juin 1826, le vapeur *Union* est lancé aux sons de la fanfare et du canon. D'une capacité d'environ 200 passagers, il mesure environ 26,50 m de longueur et 8,50 m de largeur. Le tirant d'eau est de 60 à 70 cm. Les deux machines à vapeur développent chacune quelque 14 ch, permettant au bateau de naviguer à 11 km/h.

Le 30 juin 1826 a lieu la première course à Neuchâtel où l'accueil fait l'objet de comptes-rendus contradictoires.

Une première course au lac de Bienne a lieu le 14 octobre 1826, mais le pont de Saint-Jean, trop bas, fait obstacle dès que le niveau des eaux monte un peu. Il est surélevé de 1,50 m l'année suivante. Le service régulier d'Yverdon à Nidau semble enfin pouvoir débuter. La durée du voyage est d'environ huit heures, avec la desserte de neuf stations. Aux barques (non motorisées à cette époque), il fallait deux jours pour ce trajet, par vent favorable et niveau d'eau suffisant dans la Thielle.

Kanonendonner und Fanfarenklänge begleiten am 10. Juni 1826 den Stapellauf der *Union* in Yverdon. Die Tragkraft des Schiffs liegt bei 200 Personen, es ist 26,50 m lang und 8,50 m breit. Der Tiefgang liegt zwischen 60 und 70 cm. Zwei Dampfmaschinen, jede rund 14 PS stark, ermöglichen die Fahrt mit 11 km/h.

Am 30. Juni 1826 erreicht das Schiff erstmals Neuenburg, wo der Empfang die Geister scheidet, wenn man zeitgenössischen Berichten Glauben darf.

Die erste Fahrt im Bielersee findet am 14. Oktober 1826 statt. Noch macht die Brücke von St. Johannsen das Durchkommen zum Abenteuer. Im Folgejahr wird sie aber um 1,50 m angehoben. Damit kann der regelmässige Dienst zwischen Yverdon und Nidau beginnen. Die ganze Fahrt dauert bei neun Zwischenhalten acht Stunden. Mit Segel und Ruder vergingen bei günstigem Wind und gutem Zihl-Pegel zwei Tage.

L'entreprise ne connaît pas le succès espéré à cause d'un service peu fiable et cela pour trois raisons principales :

— L'équipage est inexpérimenté, ce qui cause des dommages au bateau et aux débarcadères.

— La Thielle n'a toujours pas une profondeur suffisante pour garantir un service régulier. Dans les cas d'ensablement, il faut faire venir des barques et transborder les voyageurs et les marchandises pour alléger le bateau et pouvoir le dégager.

— Les péages et douanes internes occasionnent des désagréments et des arrêts prolongés – le temps nécessaire pour décharger, peser et recharger les marchandises.

Der erhoffte Erfolg scheitert an der Zuverlässigkeit. Dies aus drei Gründen :

— Die Mannschaft ist unerfahren, was Schäden an Boot und Ländten verursacht.

— Der Zihl fehlt die nötige Tiefe für regelmässige Fahrten. Deshalb muss «raseliert» werden. Dabei wechseln Personen und Güter vorübergehend auf Barken, damit das Schiff leichter wird und untiefe Stellen passieren kann.

— Maut und Zoll zwingen zu Umtrieben und zu verlängertem Aufenthalt, weil Waren zu oft entladen, gewogen und wiederverladen werden müssen.

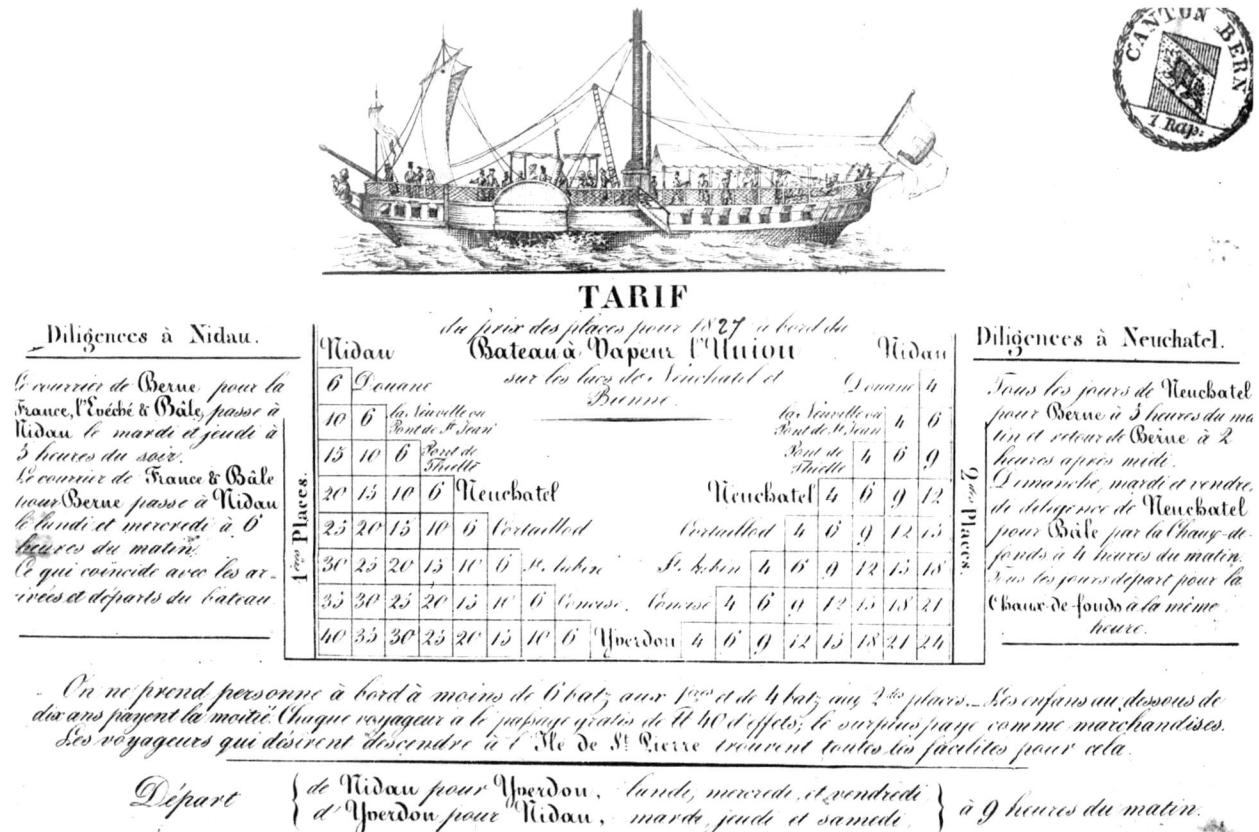

Le service de l'*Union* prend fin prématurément en 1828. Le bateau est vendu à une nouvelle société qui le transforme en restaurant et limite l'exploitation à des courses occasionnelles, notamment lors de manifestations. Dans la nuit du 26 au 27 juillet 1829 survient un incendie à bord. Le bateau est remis en état, mais il est vendu à nouveau en 1831. La machine est alors démontée et vendue au lac de Constance pour équiper le vapeur *Helvetia*. En 1832, la coque amarrée dans la Thièle fait naufrage. Elle est renflouée en 1835 et démolie.

SERVICE DU BATEAU A VAPEUR L'INDUSTRIEL,

Les dimanches 8 et 15 octobre. Départ de Neuchâtel à 8 heures et demi du matin pour Bienne, touchant à Neuveville et à l'Ile.
Départ de Bienne pour l'Ile à midi et demi; à 4 heures et demi départ de l'Ile pour la Neuveville, à 5 heures et demi départ de l'Ile pr Bienne où le bateau passera la nuit.
Les lundis 9 et 16 octobre, départ de Bienne pour Neuchâtel à 5 heures du matin et la course d'Yverdon se fera comme d'habitude.
Prix des places de Neuchâtel à la Neuveville, premières 10 batz, secondes 7 batz, de Neuchâtel à Bienne et retour le lendemain; premières 21 batz, secondes 15 batz.

Modèle réduit de l'*Industriel* au Musée de l'Areuse, à Boudry.
Modell der *Industriel* im Musée de l'Areuse, Boudry.
— Constructeur Albert Rossetti/Hersteller Albert Rossetti

Industriel - Annonce pour des courses spéciales de Neuchâtel et de Bienne pour les dimanches de vendanges à l'Ile de Saint-Pierre, les 8 et 15 octobre 1843.
Industriel - Inserat für Extrafahrten ab Neuenburg und Biel zu den Winzersonntagen auf der St. Petersinsel, 8. und 15. Oktober 1843.
— FAN, 5.10.1843

Das Angebot der *Union* endet 1828 vorzeitig. Das Schiff wird verkauft. Der neue Eigner baut es zum Restaurantschiff um und beschränkt seinen Einsatz auf gelegentliche Fahrten zu besonderen Anlässen. In der Nacht vom 26. auf den 27. Juli 1829 richtet Feuer an Bord Schaden an. Alles wird instand gestellt. Schon 1831 wechselt der Besitzer erneut.

Die Maschine wird demontiert und auf den Bodensee verkauft, wo sie für die *Helvetia* gebraucht wird. Die am Ufer vertäute Schale sinkt 1832 auf Grund, wird 1835 gehoben und schliesslich abgebrochen.

1834 – L'*Industriel* de Philippe Suchard

Philippe Suchard (1797-1884) est un pionnier de l'industrie. Connu dans le monde entier pour sa fabrique de chocolat, il fonde aussi la société des mines d'asphalte dans le Val-de-Travers, exploite à Serrières une fabrique de pâtes alimentaires et un atelier de pierres fines pour l'horlogerie. Tout lui réussit, à l'exception de l'élevage de vers à soie décimé par un ouragan. Suchard s'intéresse aussi à la navigation et au projet de correction des eaux du Jura. D'un esprit fougueux, c'est un homme d'action prompt dans ses décisions et qui sait communiquer son enthousiasme aux autres.

Malgré l'échec de l'*Union,* Suchard réussit à convaincre quelques personnalités à son projet de

1834 – Die *Industriel* von Philippe Suchard

Philippe Suchard (1797-1884) ist ein Industriepionier, den die ganze Welt als Schokoladeproduzent kennt. Er begründet die Gesellschaft, welche die Asphaltminen im Val-de-Travers ausbeutet, betreibt in Serrières eine Teigwarenfabrik und eine Lagerstein-Werkstätte für die Uhrenindustrie. All dies gelingt ihm bestens – bis auf eine Seidenraupenzucht, der ein Sturm den Garaus macht. Suchard interessiert sich für die Schifffahrt und Juragewässerkorrektion. Er ist ein Mann der Begeisterung und und weiss zu überzeugen.

navigation à vapeur. Un bateau plus robuste, mieux proportionné et à coque de fer est commandé à la maison Cavé, de Paris. Arrivé en pièces détachées, le bateau est reconstitué à Neuchâtel, au bord du lac, à l'emplacement du futur Hôtel Bellevue, devenu Maison Dubied, puis service des contributions.

L'*Industriel* est lancé le 19 juillet 1834. Long de 33 m et large de 4 m à la coque, il est équipé d'une machine «à haute pression». La vitesse atteint 19 km/h, soit près du double de celle de l'*Union*. Ainsi, la distance de Neuchâtel à Yverdon est franchie en deux heures et demie. Les courses régulières entre Neuchâtel et Yverdon débutent le 7 août 1834. Le 21 mai 1835, l'*Industriel* se rend à Morat où il est accueilli avec enthousiasme. Les autorités de la ville construisent un débarcadère et promettent de faire draguer la Broye, qui n'est pas encore canalisée à cette époque. L'horaire de juillet 1835 s'étend de mai à octobre: il prévoit une course le matin Neuchâtel-Yverdon et retour, puis l'après-midi une course à Morat mardi, jeudi et samedi, une course à Nidau le mercredi. L'horaire précise «Départ de Neuchâtel à 1 heure, de Morat à 5 heures de l'après-midi» et «touchant à La Sauge et à Sugy» (Sugiez). Le passage dans la Broye pose problème: dès que le niveau de la rivière baisse, la navigation est impossible et le service est suspendu. De 1836 à 1839, Morat est théoriquement desservi tous les jours, en 1840 pas du tout et en 1841 mardi, jeudi et samedi. Dès 1842, l'*Industriel* abandonne la desserte de Morat, sauf en 1843, ne pouvant pas aller à Nidau à cause des hautes eaux. Par la suite, et selon les années, Morat figure encore au programme pour deux à quatre «promenades».

Le service de l'*Industriel* est en général bon. Certes, il peut être perturbé par le niveau instable de l'eau dans les rivières. Il souffre aussi des arrêts prolongés aux douanes des frontières cantonales. Il connaît encore certaines difficultés causées par le comportement des machinistes qualifiés, qui sont d'origine française ou anglaise. Ils se savent indispensables et abusent de la situation en imposant leur volonté. On cite le cas de voyageurs ayant dû passer la nuit à Nidau au lieu de regagner Neuchâtel, le machiniste ayant refusé l'ordre de départ! Il n'y pas trace d'accident, tout au plus la mention de l'incident suivant: lors d'une tempête, le mât se brise, puis la voile s'enroule dans les roues et les bloque. Jouet des vagues, le bateau est alors dirigé vers le rivage où il s'échoue près de Cortaillod. Les quelque 50 passagers

Obwohl das Unternehmen mit der *Union* scheitert, gelingt es Suchard, ein paar Verbündete in der Dampfschifffrage zu finden. Ein stärkeres, besser proportioniertes Schiff mit eisernem Rumpf wird bei Cavé in Paris bestellt. Es kommt in Einzelteilen nach Neuenburg und wird auf dem Terrain zusammengebaut, wo dereinst das Hotel Bellevue steht, das Dubied übernimmt, bevor es zum Sitz der Steuerbehörden wird.

Mit Namen *Industriel* läuft der Neubau am 19. Juli 1834 vom Stapel. Er ist 33 m lang, 4 m breit und wird von einer «Hochdruckdampfmaschine» angetrieben. Mit 19 km/h ist das Schiff fast doppelt so schnell wie die *Union*. Damit rücken sich Neuenburg und Yverdon bis auf zweieinhalb Stunden näher. Der fahrplanmässige Betrieb auf dieser Linie beginnt am 7. August 1834. Am 21. Mai 1835 wird die *Industriel* in Murten mit Jubel empfangen. Die Stadtbehörden lassen eine Ländte bauen und versprechen, die damals noch nicht kanalisierte Broye auszubaggern. Der Fahrplan vom Juli 1835, gültig vom Mai bis Oktober, sieht morgens eine Retourfahrt nach Yverdon vor und nachmittags (Dienstag, Donnerstag und Samstag) eine Hin- und Rückfahrt nach Murten. Mittwochs fährt das Schiff nach Nidau und zurück. Der Fahrplan präzisiert «Abfahrt in Neuenburg um 1 Uhr, in Murten um 5 Uhr nachmittags» und «mit Halt in La Sauge und Sugy» (Sugiez). Sobald der Wasserstand etwas sinkt, bereitet die Broye-Fahrt Sorgen, und die Kurse fallen aus. Von 1836 bis 1839 wird Murten – mindestens theoretisch – täglich angefahren, nicht aber 1840. Im Folgejahr 1841 steht Murten wiederum Dienstag, Donnerstag und Samstag auf dem Programm. Ab 1842 lässt die *Industriel* Murten erneut grundsätzlich bei Seite, kommt aber 1843 doch ein paar Mal dahin, wenn Hochwasser die Zihl-Passage nach Nidau verhindern. Später beleben jährlich zwei bis vier Ausflugsfahrten nach Murten das Angebot.

Der Einsatz der *Industriel* läuft generell gut. Dennoch gibt es ab und zu Ärger, wenn der Pegel Flusspassagen erschwert. Zudem verlängern Zollkontrollen an den Kantonsgrenzen die Aufenthalte immer wieder über Gebühr. Weitere Schwierigkeiten ergeben sich aus dem Verhalten der Maschinisten französischer oder englischer Herkunft. Diese Spezialisten spielen ihre Schlüsselrolle zeitweise penetrant aus, indem sie ihren abweichenden Willen durchsetzen. So wird berichtet, Reisende hätten in Nidau übernachten müssen, weil der Maschinist die Abfahrt verweigert

– dont 35 demoiselles de la pension de Montmirail – regagnent la rive, sans dommage, à dos de matelot!

En 1847, Neuchâtel adopte une attitude de neutralité dans l'affaire du Sonderbund. Cela éveille la méfiance auprès des autorités vaudoises qui séquestrent l'*Industriel* et l'équipent militairement pour surveiller tout mouvement sur le lac afin d'éviter que des armes parviennent à Fribourg depuis la France!

Selon certaines sources, Philippe Suchard aurait été le capitaine de l'*Industriel*, ce que d'autres contestent. Il l'a probablement été, parmi d'autres.

Quatre entreprises en concurrence

Reliant dès 1855[02] le Léman au lac de Neuchâtel, le chemin de fer va doper le trafic lacustre qui compte bientôt douze vapeurs de quatre entreprises. Mais cette influence positive est de courte durée: cinq à six ans plus tard déjà, les trains longent les lacs et traversent toute la Suisse, au détriment de la navigation.

hat. Von Unfällen gibt es keine Nachrichten, höchstens aber Berichte von Windstürmen und Seegang mit Mastbruch, von Segeln, die sich im Schaufelrad verheddern und es blockieren. Dann wird das Schiff zum Spielball der Wellen, die es ans Ufer treiben und bei Cortaillod stranden lassen. Rund 50 Passagiere – darunter 35 junge Frauen der Pension Montmirail – erreichen das Ufer heil – auf dem Buckel der Matrosen!

Im Sonderbundskrieg hält sich 1847 Neuenburg neutral zurück. Das weckt bei den Waadtländer Behörden Argwohn. Sie requirieren die *Industriel*, rüsten sie militärisch aus und überwachen damit jede Bewegung auf dem See mit dem Ziel, mögliche Waffentransporte aus Frankreich in den Kanton Freiburg unterbinden zu können.

Einigen Quellen zufolge amtet Philippe Suchard als Kapitän der *Industriel,* andere bestreiten das. Dass er diese Funktion mit anderen teilt, bleibt wahrscheinlich.

Le port de Neuchâtel vers 1870.
Der Hafen von Neuenburg um 1870.
— Photo/Foto Monbaron — Collection privée/Privatsammlung

02 — Ouverture du chemin de fer le 7 mai de Bussigny à Yverdon, le 1er juillet Bussigny-Renens-Morges.

La gare portuaire provisoire de Frienisberg (Le Landeron) permet le transbordement du train au bateau depuis le 7 novembre 1859 jusqu'à l'ouverture du chemin de fer le long du lac de Bienne, le 3 décembre 1860. Bateau non-identifié. *Seeländer* ou *Hirondelle*?

Der provisorische Hafenbahnhof Frienisberg (Le Landeron). Vom 7. November 1859 bis zum 3. Dezember 1860 schloss die Schifffahrt auf dem Bielersee die noch bestehende Lücke im Eisenbahnnetz. Schiff nicht identifiziert. *Seeländer* oder *Hirondelle*?

«Album photographique du chemin de fer Franco-Suisse, de Pontarlier au lac de Bienne». – Collection/Sammlung Michel Dehanne

1847 - La Société des bateaux à vapeur du lac de Neuchâtel

En 1847, Suchard vend l'*Industriel* à la Société des bateaux à vapeur du lac de Neuchâtel, nouvellement constituée pour développer la navigation. Il faut pourtant attendre 1852 pour accueillir une nouvelle unité: le *Cygne*. Dès lors, l'*Industriel* est moins utilisé, puis il est vendu en 1855 à la Société soleuroise de navigation qui le rebaptise *Seeländer*. En 1854 apparaît le *Jura* [1].

L'ouverture du chemin de fer Morges-Yverdon le 1er juillet 1855 permet de se rendre en un jour de Genève à Soleure: bateau à vapeur sur le Léman, train entre les deux lacs, bateau à vapeur *Jura* d'Yverdon à Neuchâtel, bateau à vapeur *Cygne* de Neuchâtel à Nidau, bateau à vapeur *Stadt Solothurn* de Nidau à Soleure. Par sa grande capacité de transport et des tarifs attractifs, le chemin de fer donne une forte impulsion au trafic des voyageurs et des marchandises. La navigation en profite et se développe prodigieusement. Suivant l'exemple du chemin de fer, le service devient quotidien durant toute l'année et la tenue des horaires est plus rigoureuse.

Vier Unternehmen konkurrieren

Ab 1855[02] verbindet die Eisenbahn Genfer- und Neuenburgersee, was der Schifffahrt Auftrieb gibt. Bald betreiben vier Unternehmen ein Dutzend Dampfschiffe. Der Boom allerdings währt nur kurz, weil die Züge fünf Jahre später den Ufern entlangfahren und die ganze Schweiz durchmessen. Der Seeverkehr trocknet aus.

1847 - Die Dampfschifffahrtsgesellschaft des Neuenburgersees

Suchard verkauft die *Industriel* 1847 an die neu gegründete Dampfschifffahrtsgesellschaft auf dem Neuenburgersee. Diese will die Schifffahrt fördern, doch erst 1852 kann sie ihre Flotte mit der *Cygne* erweitern. Von da weg ist die *Industriel* weniger unterwegs, weshalb sie 1855 an die Solothurnische Dampfschifffahrtsgesellschaft für die Juragewässer

---

02 — Eröffnung der Strecke Bussigny–Yverdon am 7. Mai, der Verbindung Bussigny–Renens–Morges am 1. Juli 1855.

BATEAUX A VAPEUR
DU LAC DE NEUCHATEL.

Service provisoire du CYGNE entre Neuchâtel et Bienne.

Tous les jours, à dater de jeudi 21 juin courant, départ de Bienne pour Neuchâtel, à 4 h 45 minutes du matin. Départ de Neuchâtel, pour Bienne (jours ouvriers) à 2 heures 30 minutes, le dimanche à 1 heure après-midi, touchant au Pont de Thielle, à Neuveville et Gléresse. Correspondance directe avec Genève et retour par le service du JURA, le chemin de fer de l'ouest et les bateaux du Léman. Avec Soleure et Bâle, par les diligences partant de Bienne à 5 heures 50 minutes du soir.

Le bateau ne se charge pas du transport des liquides.

SOCIÉTÉ SOLEUROISE
DE NAVIGATION.

A dater de jeudi 21 juin, correspondance du bateau à vapeur la VILLE DE SOLEURE avec l'arrivée du CYGNE à Nidau.

Départ de Nidau, à 5 heures du soir ; arrivée à Soleure, à 7 heures.

Coïncidence avec les départs des diligences partant de Soleure pour Arau et Zurich, à 8 h. 15 m., et Bâle à 11 h. du soir.

Horaire de 1855 : correspondance à Nidau entre le *Stadt Solothurn* de l'Aar et le *Cygne* de Neuchâtel
Fahrplan von 1855: In Nidau vermittelt die *Cygne* von Neuenburg her Anschluss an DS *Stadt Solothurn*.
— FAN, 23.6.1855

Société des bateaux à vapeur du lac de Neuchâtel : horaire de 1858. D'Yverdon à Nidau, le bateau assure le lien entre les trains du Chemin de fer de l'Ouest et ceux du Central Suisse. En bas à gauche, quelques lignes signalent la vente du *J.J.-Rousseau* à une société fribourgeoise d'Estavayer-le-Lac
Dampfschifffahrtgesellschaft des Neuenburgersees: Fahrplan 1858. Zwischen Yverdon und Nidau sichert die Schifffahrt die Verbindung zwischen der Westbahn (Ouest-Suisse) und der Centralbahn. Unten links wird über den Verkauf der *J.J.-Rousseau* berichtet.
— FAN, 23.6.1855

La Société des bateaux à vapeur agrandit sa flotte par l'acquisition de la *Flèche* en 1856, du *Mercure* (ancien *Wengi* de la Société soleuroise) en 1857 et enfin du *Gd. Escher* en 1858. Dès lors, l'entreprise dispose de cinq vapeurs.

En 1859, la Société enregistre 196 000 passagers, soit 30 000 de plus qu'en 1858.[03] En 1860, ils sont encore 163 573, dont 116 202 au lac de Bienne (jonction entre les gares provisoires du Landeron et de Nidau).[04]

verkauft wird und dort den Namen *Seeländer* bekommt. Ab 1854 wird die *Jura*[I] eingesetzt.

Die ab 1. Juli 1855 fahrenden Züge Morges—Yverdon machen die Verbindung Genf Solothurn zur Tagesreise: Genfersee-Dampfer, Bahnfahrt von See zu See, Dampfschiff *Jura*[I] von Yverdon bis Neuenburg, Dampfschiff *Cygne* von Neuenburg bis Nidau und Dampfschiff *Stadt Solothurn* von Nidau bis Solothurn. Die hohe Bahnkapazität belebt die Schifffahrt, sowohl im Güter- als auch im Reiseverkehr. Die Flotte wächst, die Unternehmen profitieren. Nach dem Vorbild der Bahn wird ganzjährig auch täglich gefahren. Der Fahrplan wird zudem besser eingehalten. Die Dampfschifffahrtsgesellschaft des Neuenburgersees erwirbt 1856 die *Flèche* (Pfeil), 1857 die *Mercure* (zuvor als *Wengi* bei der Solothurner Gesellschaft) und zuletzt 1858 die *Gd. Escher*, womit die Flotte fünf Dampfschiffe zählt.

---

03 — Intelligenzblatt 13.5.1860, page 4
04 — JdG 25.3.1861, page 1

> **Bern.** Den 30. Juli hat die festliche Einweihung der neuen Bahnstrecke Biel-Nidau stattgefunden. Eine Zugbrücke, die vermittelst einer Mechanik perpendikular leicht in die Höhe gezogen werden kann, stellt die Verbindung auf der Nidau-Seestraße her. Ist dieselbe in der Höhe, so kann ein Dampfer bequem in das Bassin einlaufen, in dem mindestens 8 Boote oder große Schleppschiffe Raum finden. Die Lieferungszeit der auf dieser Route von Osten nach Westen oder umgekehrt gehenden Waaren ist durch die nun hergestellte Verbindung ungemein abgekürzt und darin liegt der große Werth dieser Errungenschaft, für deren Concessionirung, wie Hr. Direktor Schmidlin in einem anerkennenden Toaste auf die Regierung von Bern aussprach, die Centralbahngesellschaft vollen Dank derselben widmet.

Inauguration le 30 juillet 1858 du tronçon ferroviaire Bienne-Nidau, avec gare et bassin attenant pour huit bateaux (vapeurs et chalands remorqués).
Am 30. Juli 1858 werden die Bahnstrecke Biel-Nidau und der Hafen für acht Schiffe (Dampfer und Schleppboote) eingeweiht.
— Intelligenzblatt, 2.8.1858

1854 – La Société soleuroise de navigation

Mandatés par le Conseil fédéral pour définir un réseau ferroviaire en Suisse, les experts britanniques Robert Stephenson (fils du grand pionnier ferroviaire) et Henry Swinburn recommandent en 1850 d'utiliser les voies navigables et de les relier entre elles par chemin de fer. Dans cette perspective est fondée en 1854 à Soleure la Société de navigation à vapeur sur les eaux du Jura. Elle se procure deux bateaux d'occasion. Le premier est le *Stadt Solothurn*. Il s'agit du vapeur

Société Neuchâteloise – Horaire dès le 1er août 1860. Le bateau assure la liaison entre les gares du Landeron (Frienisberg) et de Nidau.
Neuenburger Gesellschaft – Fahrplan ab 1. August 1860. Die Dampfschifffahrt verbindet die Bahnhöfe Le Landeron (Frienisberg) und Nidau.
— FAN, 2.8.1860.

Die Dampfer der Neuenburger Gesellschaft haben im Jahr 1859 196 000 Reisende befördert, 30 000 mehr als 1858.[03] Im Folgejahr sind es noch 163 573, davon 116 202 auf dem Bielersee, (Verbindung zwischen den provisorischen Bahnhöfen bei Le Landeron und Nidau).[04]

Soleure vers 1855 avec bateau à vapeur. À droite, la cathédrale Saint-Urs. Lithographie coloriée d'I. Deroy.
Solothurn um 1855 mit Dampfschiff. Rechts, die St-Ursen-Kathedrale. Koloriertes Litho von I. Deroy.
— Collection privée/Privatsammlung

---

03 — Intelligenzblatt, 13.5.1860, Seite 4.
04 — JdG, 25.3.1861, Seite 1.

Solothurnische Gesellschaft
für Dampfschifffahrt auf den Juragewässern.

Fahrtenplan vom 1. Mai 1856
bis auf weitere Anzeige.

Fahrten des Dampfbootes „Stadt Solothurn" zwischen Solothurn und Nidau.

Täglich: Morgens 7 Uhr von Solothurn nach Nidau und Abends 5 Uhr von Nidau nach Solothurn.

Fahrten des Dampfbootes „Seeländer" zwischen Nidau und Yverdon.

Jeden Montag, Mittwoch und Freitag, Morgens 9 Uhr, von Nidau, unter Berührung von Neuchâtel, nach Yverdon.
Jeden Dienstag, Donnerstag und Samstag, Morgens 9 Uhr, von Yverdon, unter Berührung von Neuchâtel, nach Nidau.

NB. Die Station Estavayer wird wöchentlich einmal (Mittwoch) bedient.

Reisende, welche Abends 4 Uhr 45 Minuten mit dem Dampfboot „Schwan", von Neuenburg kommend, in Nidau anlangen, können sogleich mit der „Stadt Solothurn" weiter reisen und kommen Abends 7½ Uhr in Solothurn an, wo die Postwagen nach Aarau, Basel, Luzern und Zürich 9 Uhr Abends abgehen.

Um dem Handel treibenden Publikum bestmöglich zu entsprechen, können täglich Güter dem Dampfboote in Solothurn für nach Büren, Nidau, Biel, Neuchâtel und Yverdon-Genf verladen werden; die Güter für Büren, Nidau und Biel langen am ersten, die für Neuchâtel und Yverdon am dritten und die für Lausanne, Morges und Genf am fünften Tage daselbst an.

Solothurn, Ende April 1856.   Die Direction.

Druck von A. Schwendimann in Solothurn.

Société soleuroise, horaire-affiche du 1er mai 1856. De Nidau à Yverdon, certaines correspondances sont assurées par le *Seeländer* de la même entreprise, d'autres par le *Cygne* (dont le nom est traduit en *Schwan*) de la Société neuchâteloise.
Solothurnische Dampfschifffahrtsgesellschaft, Plakat-Fahrplan vom 1. Mai 1856. Von Nidau nach Yverdon besorgt die eigene *Seeländer* die Anschlüsse, andere übernimmt die *Cygne* (Schwan) aus Neuenburg.
— Archives de l'Etat de Berne/Staatsarchiv Bern

SOCIÉTÉ SOLEUROISE DE NAVIGATION A VAPEUR
SUR LES EAUX DU JURA.

Service à dater du 1er février, jusqu'à nouvel avis.

Courses du bateau à vapeur la VILLE DE SOLEURE
entre SOLEURE et NIDAU,
mardi, mercredi, vendredi et samedi.

Départ de Soleure pour Nidau à 7 heures du matin, et
Départ de Nidau pour Soleure, à une heure de l'après-midi.

Courses du bateau à vapeur le SEELÆNDER
entre NIDAU et YVERDON.

Départ de Nidau pour Yverdon, le lundi et le jeudi, à 8 heures du matin, touchant Neuchâtel.
Départ d'Yverdon pour Nidau, le mardi et le vendredi, à 10 heures du matin, touchant Neuchâtel.
NB. La station Estavayer sera desservie une fois par semaine, le jeudi.

Le service des deux bateaux à vapeur sera en correspondance deux fois par semaine, pour le transport des marchandises entre Soleure et Yverdon, pour Genève et vice-versa.
Soleure, en janvier 1856.   La Direction.

Société soleuroise de navigation : horaire de Soleure à Yverdon par les vapeurs *Ville-de-Soleure* et *Seeländer* (ancien *Industriel* vendu à la concurrence).
Solothurnische Dampfschifffahrtsgesellschaft: Fahrplan Solothurn–Yverdon der beiden Dampfer Stadt *Solothurn* und *Seeländer* (ehemals *Industriel* des Mitbewerbers).
— FAN, 30.1.1856

Soleure vu de l'ouest, vers 1856 avec bateau à vapeur et chaland remorqué.
Solothurn um 1856 von Westen mit Dampfschiff und Schleppkahn.
— Collection privée/Privatsammlung

Ludwig construit en 1843 par Gâche, à Nantes, pour le Neckar. De Heilbronn, il se rend par ses propres moyens jusqu'à Bâle où la machine et la chaudière sont sorties en vue de fractionner les charges pour le transport routier jusqu'à Soleure. Le deuxième bateau est l'*Industriel* qui avait été construit pour Philippe Suchard en 1834: doté d'une nouvelle machine, il est rebaptisé *Seeländer.* Le service débute le 1er mai 1855 après certains dragages et l'adaptation des ponts de Nidau et de Büren. À Nidau, le *Stadt Solothurn* est en correspondance avec le *Cygne* de Neuchâtel. Mais dès 1856, la Société soleuroise assure elle-même la correspondance d'Yverdon, dès le 1er février avec le *Seeländer* (ex-*Industriel*), puis dès le 20 juillet 1856 avec un bateau neuf, le *Wengi*, stationné à Neuchâtel. En 1857, une nouvelle entreprise soleuroise Glutz, Blotzheim & Scherer lance le remorqueur *Neptun,* puis fusionne avec la Société soleuroise de navigation.

Avec l'ouverture à l'exploitation du chemin de fer Soleure-Bienne le 1er juin 1857, la navigation sur l'Aar perd tout trafic, et l'entreprise se voit obligée de concentrer son activité entre Nidau et Yverdon avec le *Neptun* et le *Seeländer.* Mais avec le développement du chemin de fer, la faillite est programmée: la Société soleuroise disparaît en 1861.

1854 – Solothurnische Dampfschifffahrtsgesellschaft für die Juragewässer

Im Auftrag des Bundesrates, ein Schienennetz in der Schweiz zu entwerfen, empfehlen 1850 englische Experten, Robert Stephenson (Sohn des «Vaters» der Eisenbahn) und Henry Swinburn, auf Bahnbauten zu verzichten, wo treffliche Wasserstrassen zur Verfügung stehen. Darum entsteht 1854 die Solothurnische Dampfschifffahrtsgesellschaft für die Juragewässer. Sie beschafft zwei gebrauchte Schiffe. Als erstes die *Stadt Solothurn,* die zuvor als *Ludwig* auf dem Neckar fährt, Baujahr 1843 hat und von Gâche in Nantes stammt. Ab Heilbronn erreicht das Schiff Basel in eigener Kraft. Dort werden Maschine und Kessel ausgebaut und getrennt von der Schale aufwändig über den Hauenstein nach Solothurn gekarrt. Das zweite Schiff ist die *Industriel* von 1834, die von Suchard erworben, mit neuer Maschine ausgestattet, als *Seeländer* eingesetzt wird. Nach Baggerarbeiten in der Aare und dem Anpassen der Brücken in Nidau und Büren beginnt der Fahrplanbetrieb am 1. Mai 1855. In Nidau vermittelt die *Stadt Solothurn* Anschluss von und zur *Cygne* von und nach Neuenburg. Ab 1856 befährt das Solothurner

Vente aux enchères: la Société soleuroise est en liquidation.
Versteigerung: Die Solothurnische Schifffahrtsgesellschaft wird liquidiert.
— Gdl, 14.5.1861

Chemin de fer Central suisse et Société de navigation soleuroise: annonce pour des excursions d'automne à l'Île de Saint-Pierre.
Die Schweizerische Centralbahn und die Solothurnische Dampfschifffahrtsgesellschaft werben für Herbstfahrten zur St. Petersinsel.
— Intelligenzblatt, 1.10.1859

1854 – La Société centrale de navigation

Fondée en 1854 par Henry de Pourtalès-Gorgier, la Société centrale de navigation se procure chez Elsner, à Koblenz (Allemagne), trois bateaux à vapeur. Ils remontent le Rhin jusqu'à Strasbourg ou Bâle où ils sont démontés pour être reconstitués à Bienne. Le premier est lancé le 30 août 1855 et baptisé *J.J.Rousseau*. Il est engagé sur l'itinéraire Nidau-Yverdon, tout d'abord avec port d'attache à Nidau, puis à Neuchâtel, puis enfin à Yverdon. L'année suivante apparaissent les vapeurs *Hirondelle* et *Pélican*[05], tous deux utilisés essentiellement en trafic marchandises. Le 28 octobre 1858, donc avant la concurrence du chemin de fer, l'entreprise se trouve déjà en procédure de liquidation. Selon la presse, le *J.J.Rousseau* est vendu à une société fribourgeoise, à Estavayer[06], mais on perd vite sa trace. Le sort des deux autres bateaux n'est pas connu.

Unternehmen die Strecke nach Yverdon selbst, vom 1. Februar an mit der *Seeländer* (ex *Industriel*), und ab 20. Juli 1856 mit dem Neubau *Wengi*, den sie in Neuenburg beheimatet. Als Mitbewerber beginnt die Firma Glutz, Blotzheim & Scherer in Solothurn 1857 Fahrten mit dem Schlepper *Neptun*, bevor sie mit der Solothurner Gesellschaft fusioniert.

Die am 1. Juni 1857 eröffnete Bahnlinie Solothurn–Biel raubt der Aareschifffahrt allen Verkehr. Zwar konzentriert sich das Unternehmen nun auf die Strecke zwischen Yverdon und Nidau, wo es die Schiffe *Neptun* und *Seeländer* einsetzt. Doch die Bahn strebt den Seen entlang weiter und treibt die Schifffahrt 1861 in Konkurs.

Armoiries de la famille de Pourtalès.
Wappen der Grafen de Pourtalès.
— Wikipedia

---

05 — Huit pélicans figurent sur les armoiries de la famille de Pourtalès.
06 — GdL 9.7.1858, FAN 16.10.1858.

Société centrale
DE NAVIGATION, A BIENNE.
SERVICE DES BATEAUX A VAPEUR
sur les lacs de Bienne et de Neuchâtel.

Trajet direct, sans changement de bateau, entre Bienne et Yverdon, en correspondance avec Genève et Bâle par les bateaux à vapeur du lac Léman, le chemin de fer de l'Ouest et les diligences fédérales,

par le vapeur J. J ROUSSEAU.

A DATER DU 1er MAI :

Départ d'Yverdon pour Neuchâtel à 6 heures 50 m. du matin.
- de **Neuchâtel** pour Bienne, 8 » 50 » »
  (Correspondance avec la diligence de Bâle).
- de **Bienne** pour Neuchâtel, 11 heures 15 m. »
- de **Neuchâtel** pour Yverdon, 1 » 30 » après-midi.
- d'**Yverdon** pour Neuchâtel, 3 » 30 » »
- de **Neuchâtel** pour Yverdon, 5 » 45 » »

Arrivée à **Yverdon** pour le dernier train du chemin de fer.

Les stations ordinaires de **Concise, Chez-le-Bart, Cortaillod, Thielle, Neuveville, Douane**, seront desservies par le bateau.

PRIX DES PLACES :

1res places, Yverdon-Neuchâtel, fr. 3. — 2mes places, fr. 1 50.
Idem, Neuchâtel-Bienne, » 3. — Idem, » 1 50.
Le trajet entre Yverdon et Bienne est divisé en deux parcours : Yverdon-Neuchâtel et Neuchâtel-Bienne.

Il sera délivré des billets de premières places, aller et retour, valables pendant huit jours, au prix de fr. 4 50 pour chaque parcours ; les stations en proportion. On recevra les marchandises non encombrantes, au prix de 60 cent. le quintal pour le parcours entier.

Il y aura à bord un bon restaurant à prix modérés.

Bienne, le 27 avril 1856. *La Direction.*

Annonce de la Société centrale : horaire du *J.J.-Rousseau*.
Die Société centrale publiziert Fahrplan und Tarife der *J.J.-Rousseau*.
— GdL, 29.4.1856

Société centrale de navigation.

Par suite de l'absence d'une permission de l'administration des postes fédérales, **le service du bateau le J. J. Rousseau est suspendu pour quelques jours**. La société ignorait complètement que cette permission fut nécessaire ; aussitôt qu'elle sera accordée le bateau recommencera son service annoncé de manière à justifier la confiance et l'empressement que lui a montré le public.

La Direction.

Société centrale : service momentanément suspendu par manque d'autorisation !
Die Société centrale muss den Betrieb mangels eidgenössischer Bewilligung vorübergehend einstellen!
— GdL, 6.5.1856

AVIS.
LA SOCIÉTÉ CENTRALE DE NAVIGATION SUR LES LACS de Neuchâtel et Bienne, tout en continuant son service de transport des marchandises entre ces deux villes, annonce, que pour le moment et jusqu'à ultérieur avis, **elle ne continuera pas le service des voyageurs** ; d'où il résulte que les départs qui auraient eu lieu à 8 heures du matin à Yverdon, et à 5 1/2 heures à Bienne, sont supprimés.

Société centrale : suppression provisoire du service voyageurs.
Die Société centrale stellt den Personenverkehr bis auf weiteres ein.
— GdL, 9.9.1857

La Société centrale de navigation
BIENNE-YVERDON

a l'honneur de prévenir le public qu'étant munie de deux remorqueurs, deux gabarres et deux barques, matériel qui sous peu sera encore augmenté, elle est à même de transporter à des prix très modérés les marchandises entre Bienne, Neuchâtel et Yverdon, et vice-versa, en les dirigeant directement à leur destination.

Les bureaux de Bienne et Yverdon et M. Ed. Borel, à Neuchâtel donneront les renseignements.

Yverdon, ce 28 septembre 1857.

Pour le gérant de la Société,
WINTZINGERODE.

Société centrale : annonce pour le transport de marchandises.
Die Société centrale wirbt für den Güterverkehr.
— GdL, 1.10.1857

SOCIÉTÉ CENTRALE DE NAVIGATION.

Depuis le jeudi 24 juin, le bateau à vapeur le J.-J. ROUSSEAU fait le service suivant :

Départ d'Yverdon	à 6 heures du matin,	Départ de Neuchâtel	à 2 h. 30 m. du soir.
» de Concise	à 6 h. 50 min.	» de Cortaillod	à 3 h. 15 m.
» d'Estavayer	à 7 h. 40 min.	» de Chez-le-Bart	à 3 h. 50 m.
» de Chez-le-Bart	à 8 h. 10 min.	» d'Estavayer	à 4 h. 20 m.
» de Cortaillod	à 8 h. 45 min.	» de Concise.	à 5 h. 10 m.
Arrivée à Neuchâtel	à 9 h. 50 min.	Arrivée à Yverdon	à 6 h. —

Service nouveau entre NEUCHATEL et CUDREFIN.

Départ de Neuchâtel	à 10 h. —	Départ de Cudrefin	à 11 h —
Arrivée à Cudrefin	à 10 h. 40 min.	Arrivée à Neuchâtel	à 11 h. 40 m.

En cas de vents trop contraires, la traversée du lac n'aura pas lieu.

Société centrale : reprise du service du *J.J.-Rousseau*.
Die Société centrale publiziert wieder einen Fahrplan für die *J.J.-Rousseau*.
— FAN, 26.6.1858

Le soussigné liquidateur de la Société centrale de navigation, offre à vendre à **grand rabais**, deux bateaux à vapeur, dont l'un est meublé et autorisé pour service des voyageurs, et l'autre remorqueur, quatre grandes gabares en fer, neuves, avec leurs agrès. Ces embarcations seraient susceptibles d'être démontées en trois ou quatre pièces pour être transportées.

Cette liquidation aurait aussi à vendre, pour être enlevés le 24 juin prochain, de grands hangars en bois, couverts en tuiles, ainsi que beaucoup d'objets tels qu'un très bon appareil à distiller, chaînes, ancres, compteurs, condanseurs, indicateurs de vides, etc., etc. — S'adresser, franco, au soussigné, à Yverdon.

BOUDRY, notaire.

Société centrale : annonce de liquidation des biens de l'entreprise.
Die Habe der Société centrale steht mit Rabatten zur Liquidation.
— GdL, 1.2.1860

1858 – Entreprise générale, Fritz Lambelet, Constançon et Oswald

Cette firme, qui se consacre uniquement au transport de marchandises, fait venir en 1858 de la Saône deux remorqueurs équipés d'une seule roue à l'arrière, sur le modèle des vapeurs du Mississippi. Ces deux unités, *Rhin* et *Rhône,* disparaissent peu après l'avènement du chemin de fer.

Entreprise générale : annonce de l'ouverture du service.
Die Entreprise générale beehrt sich, ihre Geschäftsaufnahme anzukünden.
— GdL, 1.7.1858

1860 – La Société des tourbières de Hagneck

Au travers d'un tunnel creusé sous la falaise, la Société des tourbières achemine par wagonnets la tourbe vers le bord du lac. De là, le vapeur *Seeländer* avec des chalands en remorque livre ce combustible à la clientèle riveraine. À Bienne, l'approvisionnement des locomotives cesse bientôt au profit du charbon, plus économique grâce à son pouvoir calorifique. Dès 1875, l'entreprise perd son accès au lac à cause des travaux de la Correction des eaux du Jura. Le canal de Hagneck est creusé à l'endroit même du tunnel ! L'exploitation est arrêtée et le bateau mis en vente.

1854 – Zentrale Schifffahrtsgesellschaft, Yverdon

Die 1854 von Henry Pourtalès-Gorgier gegründete Gesellschaft beschafft bei Elsner in Koblenz (Deutschland), drei Dampfschiffe. Diese fahren in eigener Kraft Rhein aufwärts nach Strassburg oder Basel und erreichen zerlegt auf dem Landweg Biel, wo sie zusammengebaut werden. Das erste dieser Schiffe läuft am 30. August 1855 vom Stapel und erhält den Namen *J. J. Rousseau.* Es wird auf der Strecke

Entreprise générale : annonce pour le transbordement direct bateau-train à Nidau (mise en service du raccordement Bienne-Nidau le 1er août 1858).
Die Entreprise générale gibt bekannt, dass ihre Schiffe in Nidau seit 25. Oktober direkten Bahnumlad gewährleisten. Die Centralbahn hat ihr Netz am 1. August von Biel bis Nidau verlängert.
— GdL, 1.11.1858.

Nidau-Yverdon eingesetzt, zunächst mit Heimathafen Nidau, dann Neuchâtel und schliesslich mit Standort Yverdon. Im folgenden Jahr nehmen die *Hirondelle* und die *Pélican*[05] vornehmlich im Güterverkehr den Dienst auf. Am 28. Oktober 1858, noch bevor der Wettbewerb mit der Eisenbahn beginnt, wird das Unternehmen liquidiert. Laut Tageszeitungen kauft eine Freiburger Gesellschaft in Estavayer die *J. J. Rousseau*.[06] Danach verlieren sich die Spuren. Das Schicksal der beiden anderen Schiffe bleibt im Dunkeln.

05 — Das Wappen der Grafen de Pourtalès enthält acht Pelikane.
06 — GdL 9.7.1858, FAN 16.10.1858.

Le *Seeländer* avec deux barques.
Die *Seeländer* mit zwei Barken.
— Journal de Paul Favre / Tagebuch von Paul Favre.

Lausanne, 9 juillet.

(Correspondance particulière de la Gazette.)

Yverdon, le 7 juillet.

On nous rase notre vieille tour, et le déblaiement prend beaucoup de temps. C'est fort désagréable pour les voisins ; la rue est encombrée et la poussière partout, jusque dans les yeux. Quelques maisons gagneront à cette démolition.

Nous avons vu arriver ici tout récemment un bateau à vapeur de forme curieuse. C'est un carré long avec une seule roue, placée à l'arrière et noyée dans le corps du bâtiment. Il porte en grandes lettres le nom de *Rhône*. C'est un bateau construit pour canaux, qu'une compagnie bâloise, neuchâteloise et vaudoise a pris en location, et qui est arrivé dans nos eaux je ne sais trop par quelle voie. En tout cas, il n'est pas beau. La même compagnie transportera bientôt tout ce qui vient de Bâle et d'une partie de la Suisse. Pour les vins, nos vieilles barques ont toujours la préférence. Elles sont construites pour cela, portent de 50 à 60 *fusts*, dont le chargement et le déchargement s'opère avec une grande facilité. Depuis quelques jours il arrive des sels du Nord destinés pour le Valais, qui continuent par le chemin de fer. J'en vois arriver tous les jours : cela fait dans le courant de l'an un objet important.

Le prix du sapin baisse un peu. Il n'y a plus que les bateaux qui en brûlent. Le chemin de fer n'emploie que le coke qui lui arrive de St-Etienne sans changement de wagons. Ceux-ci ne sont pas beaux, mais ils sont bien adaptés au transport des charbons. Pour la première fois, nous avons vu un wagon venant directement de Marseille.

Les voyageurs arrivent grand train. Les convois express donnent aux bateaux plus de passagers de premières que de secondes. Il y a tellement de bagages et d'énormes malles à crinolines qu'il a fallu prendre une petite remorque pour les y placer. Ils encombraient les bateaux.

Le *Jean-Jaques Rousseau* s'est encore éventré, ou plutôt sa chaudière, et il en aura pour longtemps à se réparer.

Article qui donne une description originale du remorqueur *Rhône*.
Zeitungsartikel mit der Beschreibung des Schleppers *Rhône* als eckiges, unschönes Fahrzeug mit Heckrad.
— GdL, 9.7.1858

A VENDRE

La *Société bernoise des tourbières*, à *Hagneck*, sur le lac de Bienne, empêchée par l'entreprise de la *correction des eaux du Jura* dans l'exploitation, offre à vendre son *bateau à vapeur* « *Seeländer* » avec gabarre. La machine a été dernièrement reconstruite.

Les offres sont à adresser à M. Murset, secrétaire de l'Hôpital de l'Ile, à *Berne*, ou à M. Wælti, ancien directeur à *Hagneck* qui donnera tous les avis demandés.

Termin, 25 juin 1875.   5098x

Tourbières de Hagneck : annonce pour la vente du vapeur *Seeländer*.
Torfgesellschaft Hagneck bietet den Dampfer *Seeländer* zum Verkauf.
— JdG, 26.6.1875

A vendre

La Société des Tourbières de Hagneck vendra son **bateau à vapeur** " *Seelænder* „ soit pour servir comme bateau, soit pour la valeur du matériel.

S'adresser à M. Murset, secrétaire de l'hôpital de l'Ile, à *Berne*.

6383x

Tourbières de Hagneck : nouvelle annonce pour la vente du *Seeländer*
Die Torfgesellschaft Hagneck sucht erneut, den Dampfer *Seeländer* zu verkaufen, auch als Schrott.
— JdG, 11 & 12.8.1876

Le *Seeländer*.
Die *Seeländer*.
— Journal de Paul Favre / Tagebuch von Paul Favre.

1.3 - La réorganisation après la perte du transit

Avec la disparition des trois entreprises concurrentes, la Société des bateaux à vapeur du lac de Neuchâtel continue seule et concentre son service de Neuchâtel vers Morat et Estavayer. Elle souhaite diversifier son activité et décide d'exploiter deux de ses bateaux sur le lac des Quatre-Cantons. Ainsi, le bateau *Jura*, partiellement démonté, est expédié à Lucerne au début de 1861. Les deux entreprises de la place redoutent cette concurrence et s'entendent pour acheter le *Jura*, puis pour le revendre immédiatement à la navigation bavaroise du lac de Constance. Cette dernière vient de perdre le *Ludwig*, qui a sombré suite à une collision avec le *Zürich*. Par un étonnant concours de circonstances, le *Jura* coulera lui aussi après une collision avec le même *Zürich*, et cela le 12 février 1862, soit très peu de temps après son rachat!

1862 - Société fribourgeoise de navigation

La Société fribourgeoise de navigation se constitue à Estavayer pour promouvoir le trafic des voyageurs et des marchandises de la rive sud vers Neuchâtel. De la Société de Neuchâtel en difficultés, elle acquiert en mars 1862 les bateaux *Flèche* et *Mercure*. Dès lors, deux entreprises se partagent le trafic: la Neuchâteloise se concentre sur Neuchâtel-Cudrefin-Morat, la Fribourgeoise sur Estavayer-Portalban et rive nord-Neuchâtel. Mais la société neuchâteloise est bientôt en liquidation. En mars 1863, elle vend ses deux derniers bateaux, le plus ancien *Cygne* et le plus récent *Gd. Escher*, à la société fribourgeoise qui domine dès lors sur les trois lacs.

Le service quotidien est normalement assuré par un seul bateau : il quitte Estavayer tôt le matin (5h30) pour se rendre à Neuchâtel, puis se rend deux fois à Morat pour retourner le soir de Neuchâtel à Estavayer où il arrive à 19h20. Longue journée pour le bateau... et son équipage! L'hiver, le service est un peu plus court, de 6h50 à 18h15, car le bateau ne va qu'une fois à Morat.

La flotte de quatre bateaux étant pléthorique, deux unités sont éliminées. En 1865, le vapeur *Flèche* est vendu au Léman où il navigue tout d'abord sous le même nom, avant de devenir *Ville-de-Genève*, puis *G.Tell*. La même année, le *Mercure* est démoli et sa machine est vendue à une entreprise du Léman.

1858 - Entreprise générale, Fritz Lambelet, Constançon et Oswald

Dieses Unternehmen befasst sich ausschliesslich mit Gütertransporten. Es beschafft 1858 von der Saône zwei Schlepper, deren Dampfmaschine am Heck – ähnlich Mississippi-Dampfern – ein grosses Schaufelrad antreibt. Die beiden Einheiten *Rhin* und *Rhône* verschwinden kurze Zeit nach Erscheinen der Eisenbahn.

1860 - Die Torfgesellschaft Hagneck

Durch einen Tunnel unter dem Hügelzug, der das Grosse Moos vom Bielersee trennt, transportiert die Torfgesellschaft ihre Ausbeute auf Loren ans Ufer. Dort übernimmt der Raddampfer *Seeländer* die Ware, teils an Bord, teils auf Schleppkähnen, und liefert sie an die Kundschaft in den Ufergemeinden der Drei-Seen-Region. In Biel verdrängt aber bald die per Bahn günstig herangeführte höherwertige Kohle den Torf. Die Juragewässerkorrektion blockiert 1875 dem Torf den Seezugang, weil just an der Stelle des Tunnels der Hagneckkanal entsteht. Das Torfgeschäft wird eingestellt, und das Dampfschiff steht zum Verkauf.

1.3 - Neuausrichtung nach Verlust des Längsverkehrs

Nach dem Verschwinden der drei Mitbewerber richtet sich die zur Alleinanbieterin gewordene Dampfschifffahrtsgesellschaft des Neuenburgersees auf den Verkehr nach Estavayer und Murten aus. Daneben will sie diversifizieren und zwei ihrer Schiffe auf dem Vierwaldstättersee einsetzen.[07] So wird die *Jura* teilweise zerlegt und Anfang 1861 nach Luzern spediert. Die beiden dort bereits aktiven Unternehmen fürchten die neue Konkurrenz und einigen sich, das ungeliebte Schiff zu kaufen, um es sofort an die Bayerische Bodenseeschifffahrt weiter zu verkaufen. Diese hat eben ihr Schiff *Ludwig* verloren, das nach dem Zusammenstoss mit der *Zürich* gesunken ist. Dass die *Jura* dort am 12. Februar 1862 im Nebel mit der gleichen *Zürich* kollidieren und sinken sollte, gehört zu den erstaunlichen Zufällen dieser Erde!

---

07 — JdG 25.3.1861 Seite 1

En 1872, la Société fribourgeoise fusionne avec la Société moratoise (voir ci-après) pour fonder la Société de navigation à vapeur sur les lacs de Neuchâtel et Morat, SNV.

1862 – Freiburger Schifffahrtsgesellschaft

Die Freiburger Schifffahrtsgesellschaft entsteht in Estavayer, um den Personen- und Güterverkehr am Südufer des Neuenburgersees zu beleben. Sie erwirbt im März 1862 von der in Bedrängnis steckenden Schifffahrtsgesellschaft des Neuenburgersees die Schiffe *Flèche* und *Mercure*. Die beiden Unternehmen teilen sich von da an ins Geschäft. Die Neuenburger konzentrieren sich auf Neuenburg–Cudrefin–Murten, die Freiburger auf Estavayer–Portalban und das

Concession postale pour la Société Fribourgeoise de navigation.
Post-Konzession für die Freiburger Schifffahrtsgesellschaft.
— Archives d'Estavayer-le-Lac.

Paul Favre 1858-1938

Paul Favre est le fils de l'écrivain neuchâtelois Louis Favre (1822-1904); enseignant, ce dernier suivait de près toutes les découvertes de son temps. Membre très actif de la commission de surveillance des machines à vapeur du canton de Neuchâtel, il exerce ses fonctions de 1849 à 1904, soit durant 55 ans. À l'occasion du centenaire de sa disparition, la Nouvelle Revue neuchâteloise a publié un numéro double (No 83-84). En outre, une exposition présentée à la Bibliothèque publique et universitaire de Neuchâtel a mis en lumière l'œuvre de Louis Favre et de sa famille. Les réalisateurs de l'exposition, M. Jean-Daniel Blant, M™es Maryse Schmidt-Surdez et Anne-Lise Grobéty ont su réserver pour cette circonstance une certaine place au fils Paul – un excellent dessinateur qui s'est passionné, dès son enfance, pour le chemin de fer tout nouveau dans la région. Dès l'âge de neuf ans, il tient en effet un journal illustré de nombreux dessins dans lequel les locomotives tiennent une place importante. Ces observations très précises du chemin de fer à ses débuts constituent une source d'information inédite et passionnante. À 14 ans, Paul construit en modèle réduit une locomotive qui fonctionne à la vapeur; elle s'appelle «Désirée». C'est ce même nom qui, par un heureux hasard, sera donné, un siècle plus tard, à la première locomotive du «Vapeur Val-de-Travers».

Certains dessins du jeune Paul Favre sont exécutés d'après nature, d'autres sont des copies aussi précises que possible de plans reçus en prêt. Il s'agit alors de tout redessiner, ce qui aide à pénétrer le sujet et à comprendre le mécanisme des machines à vapeur. Ce grand intérêt pour le chemin de fer conduit plus tard Paul à l'École polytechnique fédérale puis, une fois muni du diplôme d'ingénieur, à la Société alsacienne de constructions mécaniques (SACM) à Grafenstaden puis à Mulhouse. Sous la direction du célèbre Alfred de Glehn, Paul devient alors constructeur de locomotives à vapeur. Son parcours est sans nul doute l'aboutissement d'une vocation.

La SACM est née en 1872 de la fusion de la Fabrique de locomotives André Koechlin, fondée en 1838 à Mulhouse, et de la Société usine de Grafenstaden, fondée en 1855. En 1881, alors que l'Alsace est allemande, la SACM ouvre une troisième usine à Belfort, l'actuelle Alstom. Grâce à leur excellente réputation, ces trois usines fournissent des locomotives dans le monde entier. En 1896, la capacité de production de la SACM est de 200 locomotives par an, alors qu'elle est de 90 à Winterthour. De 1868 à 1893, la SACM et ses précurseurs livrent 141 locomotives à la Suisse, dont 134 aux grands réseaux et 7 à des chemins de fer secondaires: Lausanne-Echallens-Bercher, Régional du Val-de-Travers et Yverdon–Sainte-Croix. Seule subsiste en Suisse, auprès du chemin de fer-musée Blonay-Chamby, la locomotive *Bercher* construite à Grafenstaden en 1890.

Paul Favre 1858-1938

Paul Favre ist der Sohn des Neuenburger Schriftstellers Louis Favre (1822-1904). Der Vater ist Lehrer und aufmerksamer Beobachter aller Entdeckungen seiner Zeit. Er ist zudem aktives Mitglied der Überwachungskommission für Dampfmaschinen des Kantons Neuenburg, und zwar von 1849 bis 1904, also während 55 Jahren. Zu Ehren seines hundertsten Todestages veröffentlicht die «Nouvelle Revue neuchâteloise» eine Doppelnummer (Nr. 83–84). Darüber hinaus würdigt eine Ausstellung in der Universitätsbibliothek Neuenburg die Arbeiten von Louis Favre und seiner Familie. Die Ausstellungsmacher, Jean-Daniel Blant und Damen Maryse Schmidt-Surdez und Anne-Lise Grobéty räumen dabei auch dem Sohn Paul Raum ein, der sich als hervorragender Zeichner entpuppt und sich von Kindesbeinen an der damals noch neuen Eisenbahn zugewandt fühlt. Ab dem neunten Altersjahr führt Paul ein Tagebuch, das er mit vielen Skizzen und Zeichnungen, besonders von Lokomotiven, illustriert. Pauls präzise Beobachtungen sind eine faszinierende, bisher unbekannte Informationsquelle. Mit 14 Jahren baut er ein funktionstüchtiges Dampflokomotivmodell, dem er den Namen «Désirée» gibt. Der Zufall will es, dass der Verein «Vapeur Val-de-Travers» rund hundert Jahre später seiner ersten eigenen Dampflokomotive ebenfalls diesen Namen gibt.

Viele Zeichnungen macht der junge Paul Favre nach der Natur, andere sind äusserst genaue Kopien ausgeliehener Pläne. Das aufmerksame Abzeichnen hilft dem Jungen, tief in die Geheimnisse der Technik einzudringen und sie zu begreifen. Das grosse Bahninteresse führt Paul an das eidgenössische Polytechnikum und danach, mit dem Ingenieurdiplom in der Tasche, zur Elsässischen Maschinenbau-Gesellschaft nach Grafenstaden, später nach Mülhausen. Dort arbeitet er bei Alfred de Glehn, dem grossen Erfinder und Konstrukteur. Die Berufung wird zum Beruf: Paul wird selber Konstrukteur und Erbauer von Dampflokomotiven.

Die Elsässische Maschinenbau-Gesellschaft entsteht 1872 durch Fusion der 1838 gegründeten Fabrik André Koechlin & Cie. mit der 1855 gebildeten Maschinenfabrik Grafenstaden. Dieses Unternehmen eröffnet 1881 – das Elsass gehört damals zu Deutschland – ein drittes Werk im französischen Belfort (heute Alstom). Lokomotiven aus diesen drei Werken begründen in der ganzen Welt einen ausgezeichneten Ruf dieser Firma. Allein 1896 werden 200 Lokomotiven gefertigt, während es in Winterthur bloss deren 90 sind. Von 1868 bis 1893 liefern die Elsässische Maschinenbau-Gesellschaft und ihre Vorläufer 141 Lokomotiven in die Schweiz. Davon gehen 134 an die grossen Bahnen. Nur 7 kommen zu Nebenbahnen: Lausanne–Echallens–Bercher, Regionalbahn Val-de-Travers und die Eisenbahn Yverdon–Sainte-Croix. Als einzige Grafenstaden-Lokomotive in der Schweiz hat die «Bercher» von 1890 bei der Museumsbahn Blonay–Chamby überlebt.

Départ du *Cygne* pour Morat, le 13 décembre 1869.
Abfahrt der *Cygne* nach Murten, am 13. Dezember 1869.
— Journal Journal de Paul Favre / Tagebuch von Paul Favre.

« Arrivée du Cygne le mercredi 23 mars à 5 heures moins quelques minutes. (..) Il était chargé de sacs de pommes de terre que c'était affreux, surtout à la proue. Au milieu de ces sacs, il y avait un espèce de couloir dans lequel étaient des moutons. (..) ».
Ankunft der Cygne am Mittwoch, 23. März 1870, kurz vor 5 Uhr. Besonders das Vorschiff ist arg mit Kartoffelsäcken überladen. Dazwischen belegten Schafe eine Art Durchgang.
— Journal de Paul Favre /agebuch von Paul Favre, 1870.

1869 – Société moratoise de navigation

Cette société est fondée en 1869 à Morat où la population n'est pas satisfaite du service de la Société fribourgeoise. La nouvelle entreprise fait construire chez Sulzer le vapeur *Hallwyl*, nom qui honore le héros de la Bataille de Morat contre Charles-le-Téméraire en 1476.

Or le *Hallwyl* a un fort tirant d'eau, il est de 90 cm à vide, alors que celui du *Gd. Escher* est de 61 cm! Cela pose problème lors des fréquentes périodes de basses eaux. Ainsi, la fête d'inauguration à Morat a dû être annulée, car le bateau s'est ensablé à l'embouchure de la Broye dans le lac de Neuchâtel et n'a pu être dégagé que le lendemain![07] Dès lors, l'entreprise envisage l'achat d'un deuxième bateau pour le service de Morat et utilise le *Hallwyl* entre Neuchâtel et Yverdon. Mais dès l'année suivante, le *Hallwyl* navigue tout de même entre Morat et Neuchâtel, parfois aux mêmes heures que le bateau de la Société fribourgeoise. Cette concurrence est ruineuse pour les deux entreprises qui fusionnent en 1872 pour créer la Société de navigation à vapeur des lacs de Neuchâtel et Morat, la SNV, et dès 1939, la SNLNM, puis, dès 1958, la LNM.

07 — 6.7.1870, 8.7.1870, 23.7.1870 et 7.9.1870.

nördliche Seeufer bis Neuenburg. Aber das Neuenburger Unternehmen schafft es nicht und wird liquidiert. Im März 1863 gehen deren letzte Schiffe, das älteste, die *Cygne,* und das jüngste, die *Gd. Escher,* an die Freiburger Schifffahrtsgesellschaft, die nun alle drei Seen bedient.

Der tägliche Betrieb übernimmt normalerweise ein einziges Schiff: Es verlässt Estavayer frühmorgens um 5:30 Uhr Richtung Neuenburg, pendelt dann zweimal nach Murten, und kehrt ab Neuenburg um 19:20 Uhr nach Estavayer zurück – ein langer Tag für Schiff und Mannschaft! Winters ist er kürzer, von 6:50 bis 18:15 Uhr, weil Murten nur einmal angefahren wird.

Für diesen Betrieb sind vier Schiffe zu viel. Darum werden zwei Einheiten eliminiert. Die *Flèche* wird 1865 auf den Genfersee verkauft, wo sie zunächst mit dem gleichen Namen, später als *Ville-de-Genève,* dann als *G.Tell* fährt. Im gleichen Jahr wird die *Mercure* abgebrochen, wobei die Maschine auch auf den Genfersee verkauft werden kann. Aus dem Zusammenschluss der Freiburger Schifffahrtsgesellschaft und der Murtner Schifffahrtsgesellschaft entsteht 1872 Dampfschifffahrtsgesellschaft Neuenburger- und Murtensee, SNV.

Société fribourgeoise : horaire valable dès le 1er avril 1871. Le nom des bateaux figure en grand pour se distinguer de la concurrence moratoise.
Fahrplan der Freiburger Schifffahrtsgesellschaft, gültig ab 1. April 1871. Der Name der Schiffe wird hervorgehoben, um Verwechslungen mit dem Schiff aus Murten vorzubeugen.
— FAN, 5.4.1871

Société fribourgeoise : annonce pour une promenade à Bienne (Nidau).
Die Freiburger Schifffahrtsgesellschaft wirbt für eine Sonderfahrt nach Biel (Nidau).
— FAN, 27.6.1868

Société moratoise : annonce d'horaire sur l'itinéraire Neuchâtel-Yverdon ! Le service vers Morat est momentanément suspendu à cause du manque d'eau dans la Broye.
Die Murtner Schifffahrtsgesellschaft fährt 1870 im Neuenburger See, und zwar bis Yverdon. Der Verkehr von und nach Murten ist wegen Niedrigwasser im Broyekanal eingestellt.
— FAN, 23.7.1870

1869 - Die Murtner Schifffahrtsgesellschaft

Dieses Unternehmen wird 1869 in Murten gegründet, wo die Bevölkerung mit dem Angebot des Freiburger Unternehmens nicht zufrieden ist. Es lässt bei Sulzer den Raddampfer *Hallwyl* bauen, dessen Name an den Helden von Murten, Hans von Hallwyl, erinnert, der 1476 Karl den Kühnen bezwingt.

Aber die *Hallwyl* hat einen grossen Tiefgang: 90 cm leer, während die *Gd. Escher* mit 61 cm auskommt! Das ergibt bei häufigem Niedrigwasserstand Probleme. Selbst die Jungfernfahrt nach Murten fällt deshalb ins Wasser, weil das Schiff schon an der Broye-Mündung im Neuenburgersee auf Sand aufläuft. Es kommt erst andern Tags wieder frei! Von da an denkt das Unternehmen daran, ein zweites Schiff für den Dienst nach Murten zu erwerben und die *Hallwyl* zwischen Neuenburg und Yverdon einzusetzen. Dennoch fährt die *Hallwyl* im Folgejahr zwischen Murten und Neuenburg, oft gar parallel zum Schiff der Freiburger Gesellschaft. Dieser ruinöse Wettbewerb führt schliesslich 1872 beide Unternehmen zur Vernunft und zur Fusion in die Dampfschifffahrtsgesellschaft auf dem Neuenburger- und Murtensee, SNV, ab 1939 SNLNM und seit 1958 LNM.

DÉPARTS & ARRIVÉES DES TRAINS A LA GARE DE NEUCHATEL.
dès le 1er juillet 1871.

Côté d'Yverdon.		Côté Bienne.		Côté Verrières.		Jura.	
Départs.	Arrivées.	Départs.	Arrivées.	Départs.	Arrivées.	Départs.	Arrivées.
h. m.	h. m.	h. m.	h. m.	h. m.	h. m.	h. m.	h. m.
4»55	7»15	7»25	6»50	5»10	8»30	5»49	7»10
9»30	11»20	10»10²	9»10	9»30	9»52³	10»05	11»07
11»40¹	5»20	11»30	11»30	12»10	5»—	11»46	3»14
4»20	6»20	5»31³	3»25	4»03	6»35	4»17	6»14
8»—	10»—	6»50	5»50	8»15	9»35	8»07	10»34
		8»20	7»50				

¹ Le train partant à 11.40 pour Yverdon ne s'arrête qu'à Colombier et à Gorgier. Celui arrivant d'Yverdon à 5.20, touche à Concise, Gorgier, Colombier et Auvernier.
² Le train partant à 10»10 pour Bienne ne s'arrête qu'à la Neuveville et à Douanne. Celui arrivant de Bienne à 3»50 touche à Neuveville et à St-Blaise.
³ Le train partant à 3.31 pour Bienne, ne s'arrête qu'à St-Blaise et à Neuveville. Celui arrivant de Bienne à 11.30, touche à Douanne, Neuveville, Cornaux et St-Blaise.
⁴ Le train arrivant des Verrières à 9»52, touche à Boveresse, Couvet et Auvernier.

BATEAUX A VAPEUR

VYL. Départs de Neuchâtel pour Morat: 7.45, 1.45 et 6.30. — Arrivées à Neuchâtel: 6.30 ... soir. (Touche à Cudrefin, Sauge et Sugiez).
... et GASPARD ESCHER. Départs de Neuchâtel pour Morat: 7.30 matin et 1.15. Arrivées de ... 10 et 5.25 (Touche à Cudrefin, Sauges et Sugiez). — Départ de Neuchâtel pour Estavayer, arrivée d'Estavayer à 6.55 matin. (Touche à Cudrefin, Portalban et Chevroux).

Gare et port de Neuchâtel : horaire valable dès le 1er juillet 1871. Certaines courses de la Société moratoise ont lieu à la même heure que celles de la Société fribourgeoise
Bahn- und Schiffsfahrplan Neuenburg vom 1. Juli 1871. Einige Kurse der Murtner Schifffahrtsgesellschaft und der Freiburger Schifffahrtsgesellschaft fahren praktisch gleichzeitig!
— FAN, 8.7.1871.

« Le *Hallwyl* lancé le 29 juin 1870 fit son premier voyage à Neuchâtel le dimanche 3 juillet, arrivé au port à 2h00 venant de Nidau. »
Die am 29. Juni 1870 von Stapel gelaufene *Hallwyl* legte vier Tage später um 2 Uhr von Nidau her erstmals in Neuenburg an.
— Journal de Paul Favre / Tagebuch von Paul Favre.

Port de Neuchâtel, môle de la Guillotine, après 1872, le *Hallwyl* ne porte plus la mention « Société moratoise ».
Hafen Neuenburg kurz nach 1872. Die *Hallwyl* hat die Anschrift «Société moratoise» schon verloren.
— Photo des frères Bruder, MAHN-B

Dessin du *Hallwyl*.
Zeichnung der *Hallwyl*.
— Journal de Paul Favre / Tagbuch von Paul Favre. 10.9.1870

« Le *Hallwyl* transformé en toueur remorque l'armée fribourgeoise. Le 11 février 1871». Le terme de toueur est inexact, car il désigne un remorqueur qui prend appui sur une chaîne de touage.
Die zum Schleppschiff umfunktionierte *Hallwyl* beförderte am 11. Februar 1871 Freiburger Truppen.
— Journal de Paul Favre / Tagbuch von Paul Favre.

Dessin du *Hallwyl*.
Zeichnung der *Hallwyl*.
— Journal de Paul Favre / Tagbuch von Paul Favre. 10.9.1870

2

La Société de navigation à vapeur des lacs de Neuchâtel et Morat

Die Dampfschifffahrtgesellschaft auf dem Neuenburger- und Murtensee

La Société de navigation à vapeur des lacs de Neuchâtel et Morat

Ratifiée par le Grand Conseil du canton de Fribourg le 29 novembre 1872, la fusion constituant la Société de navigation à vapeur des Lacs de Neuchâtel et Morat (SNV) prend effet rétroactivement au 1er janvier 1872. Le siège social juridique de la Société est à Morat. Le siège administratif, quant à lui, alterne entre Estavayer et Morat tous les deux ans. Le gérant de cette entreprise intégralement fribourgeoise a son bureau à Neuchâtel. Selon les statuts de 1885, le canton de Fribourg n'est plus le seul à porter la charge de la navigation, car les cantons de Neuchâtel et Vaud ainsi que la Ville de Neuchâtel subventionnent la navigation à parts égales.

Le service débute avec les trois bateaux **Cygne** de 1852, **Gd. Escher** de 1858 et **Hallwyl** de 1870. Le *Hallwyl* est stationné à Morat, les deux autres unités ont leur port d'attache à Estavayer.

Le personnel comprend 2 capitaines, 2 pilotes, 8 matelots, 2 mécaniciens, 4 chauffeurs, 10 stationnaires.

L'horaire de **1873**, première année complète de la nouvelle entreprise, prévoit 2 courses de Morat à Neuchâtel et retour, 1 course d'Estavayer à Neuchâtel et retour. Du 1er mai au 20 septembre, ce sont 3 courses de Morat à Neuchâtel et retour et 2 courses d'Estavayer à Neuchâtel et retour.

Les premiers départs, d'Estavayer et de Morat, sont à 5 h.

La durée de la course Morat-Neuchâtel est de 1h45, d'Estavayer à Neuchâtel de 2h05 en touchant toutes les stations intermédiaires (Chevroux-Portalban-Cortaillod et Auvernier).

En 1873, la SNV comptabilise 92 257 billets pour les courses régulières, promenades non comprises. Les bateaux assurent 506 courses Estavayer-Neuchâtel et retour, 873 courses Morat-Neuchâtel et retour.

Die Dampfschifffahrtgesellschaft auf dem Neuenburger- und Murtensee

Mit der Ratifikation des Grossen Rats des Kantons Freiburg am 29. November 1872 tritt die Fusion zur Dampfschifffahrtsgesellschaft auf dem Neuenburger- und Murtensee (SNV) rückwirkend auf den 1. Januar 1872 in Kraft. Rechtlicher Sitz der Gesellschaft ist Murten. Die Verwaltung aber wechselt alle zwei Jahre zwischen Estavayer und Murten. Der Geschäftsführer des rein freiburgischen Unternehmens hat sein Büro in Neuenburg. Nach den Statuten von 1885 trägt der Kanton Freiburg die Last nicht mehr allein, weil die Kantone Neuenburg und Waadt und die Stadt Neuenburg die Schifffahrt zu gleichen Teilen unterstützen.

Der Betrieb beginnt mit den drei Schiffen **Cygne** von 1852, **Gd. Escher** von 1858 und **Hallwyl** von 1870. Die *Hallwyl* ist in Murten beheimatet, die beiden anderen Einheiten in Estavayer.

Das Personal besteht aus zwei Kapitänen, zwei Schiffsführern, acht Matrosen, zwei Maschinisten, vier Heizern und 10 ortsfesten Mitarbeitern.

Der Fahrplan für 1873, dem ersten ganzen Betriebsjahr unter neuer Regie, sieht zwei Fahrten Murten–Neuenburg und zurück sowie einen Kurs Estavayer–Neuenburg retour vor. Vom 1. Mai bis zum 20. September sind es drei Hin- und Rückfahrten Murten–Neuenburg und deren zwei Estavayer–Neuenburg. Die ersten Fahrten beginnen in Murten und Estavayer um 5 Uhr in der Früh.

Die Fahrzeit Murten–Neuenburg dauert 1 Stunde 45 Minuten, für Estavayer–Neuenburg 2 Stunden 5 Minuten, mit Halt an allen Zwischenstationen: Chevroux, Portalban, Cortaillod und Auvernier.

Die SNV zählt 1873 in den Fahrplankursen 92 257 Billette, dazu kommen die Frequenzen der Ausflugsschiffe. Insgesamt legt die Flotte zwischen Estavayer und Neuenburg 506 Fahrten, zwischen Murten und Neuenburg 873 Fahrten zurück.

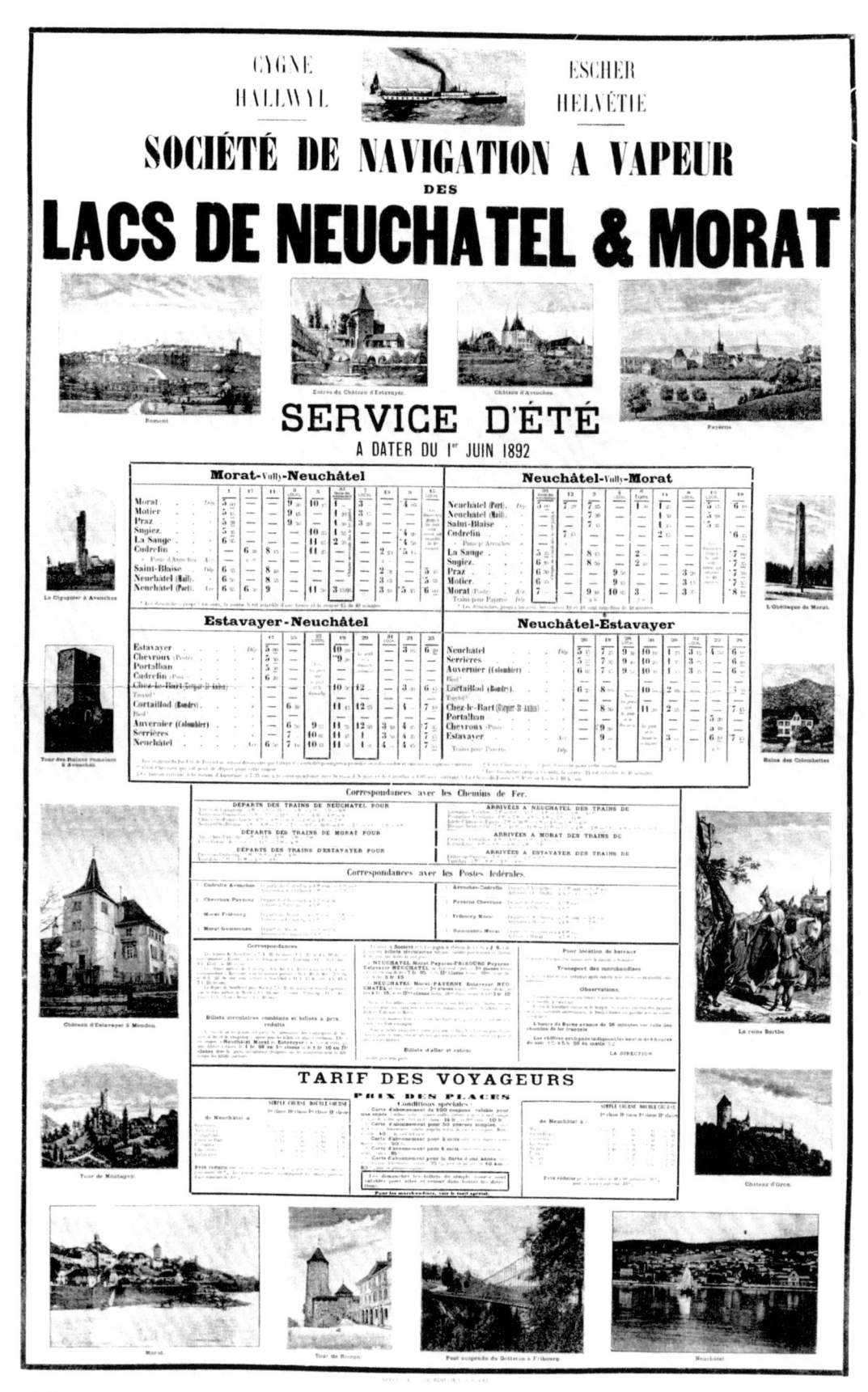

Horaire de 1892.
Fahrplan von 1892.
— Bibliothèque CFF/Bibliothek SBB

L'ancien port de Neuchâtel en 1875 avec le *Hallwyl* et probablement le *Cygne*. L'entrée au port se faisait en marche arrière, et il était possible de placer une passerelle en poupe.
Der alte Hafen von Neuenburg um 1875 mit *Hallwyl* und wahrscheinlich die *Cygne*. Die Hafenankunft in Rückwärtsfahrt ermöglicht das Ein- und Aussteigen am Heck.
— Journal de Paul Favre / Tagbuch von Paul Favre, 14.3.1875

Coup de vent sur le lac de Neuchâtel. Le *Cygne* et une barque.
Die *Cygne* und eine Barke kämpfen mit den Wellen.
— Journal de Paul Favre / Tagbuch von Paul Favre

1878-1894 Seize ans de déboires

Après de légers déficits en 1873 et 1874, la SNV boucle par des bénéfices de 1875 à 1877, mais dès l'année suivante, la situation se dégrade. La diminution des recettes est essentiellement due aux travaux de la correction des eaux du Jura, avec abaissement du niveau des lacs, ce qui met à sec ports et débarcadères. La mise en service des lignes de chemin de fer dans la Broye, la longitudinale (Lausanne -) Palézieux-Payerne-Lyss le 25 août 1876, puis la transversale Fribourg-Payerne-Yverdon le 1er février 1877 causent préjudice à la navigation qui perd des marchandises qui transitaient précédemment par Neuchâtel.

Le résultat le plus mauvais est celui de **1880** avec 55 640 billets vendus dans les courses régulières et une couverture des coûts de 85 %. Par suite du gel, le service est totalement interrompu du 16 décembre 1879 au 19 mars 1880. Puis le temps est devenu particulièrement défavorable depuis le 25 juillet 1880, date à laquelle est survenu le naufrage du petit vapeur à hélice *Neptun* sur le lac de Bienne. Cette catastrophe a causé une grande émotion dans la région et a eu une influence défavorable sur les recettes.

La situation se normalise lentement: de nouveaux débarcadères sont édifiés en 1880 à Cudrefin et Portalban, mais il faut attendre 1890 pour que le port soit achevé à Neuchâtel, 1891 à Estavayer et 1894 à Morat! Entre-temps se développe un certain trafic touristique, et la SNV fait l'acquisition d'un quatrième bateau, demi-salon, **Helvétie**, mis en service en 1881. Il assure essentiellement les courses touristiques, notamment le dimanche à l'Ile de Saint-Pierre et parfois jusqu'à Bienne ou à Yverdon.

1887 L'année est bouclée avec le résultat le plus favorable depuis 1876, et ce, en partie grâce à l'Exposition agricole à Neuchâtel. La SNV comptabilise 97 732 billets, transporte 90 t de marchandises et boucle avec un bénéfice. En cette même année, création sur le lac de Bienne de la Société de navigation Union, à Cerlier, pour le service local de ce village vers La Neuveville et l'Ile-de-Saint-Pierre.

1888 L'horaire du service d'été est le plus avantageux qui ait été publié depuis l'origine de la Société. L'horaire-affiche est illustré de vues de la région et l'offre est complétée par la vente

Sechzehn Jahre mit Rückschlägen 1878–1894

Nach kleinen Fehlbeträgen 1873 und 1874, schliesst die SNV-Rechnung von 1875 bis 1877 positiv ab. Danach verdüstert die Juragewässerkorrektion das Bild. Sie senkt den Wasserpegel ab und legt damit Häfen und Ländten trocken. Die Betriebsaufnahme der Eisenbahn im Broyetal, von (Lausanne)—Palézieux—Payerne nach Lyss findet am 25. August 1876 statt, jene quer zum Broyetal, von Freiburg über Payerne nach Yverdon, am 1. Februar 1877. Beides beeinträchtigt das Geschäft vor allem im Gütertransport, der zuvor auf dem Wasserweg über Neuenburg transitiert.

Das schlechteste Ergebnis wird **1880** erreicht, mit 55 640 Personen auf Kursschiffen und einem Kostendeckungsgrad von 85%, weil Eis den Betrieb vom 16. Dezember 1879 bis zum 19. März 1880 stilllegt. Mitten im Sommer kommt ab 25. Juli schlechtes Wetter, und an diesem Tag sorgt der Untergang des Schraubendampfers *Neptun* auf dem Bielersee emotional für Negativpropaganda mit verheerender Wirkung auf den Umsatz.

Die Lage der Häfen und Ländten normalisiert sich nur schleppend. Neue Ländten entstehen 1880 in Cudrefin und Portalban, in Neuenburg wird es 1890 bis der Hafen vollendet ist. Estavayer wartet bis 1891 Murten bis 1894. Inzwischen entwickelt sich ein gewisser Ausflugsverkehr, und die SNV beschafft 1881 als viertes Schiff den Halbsalondampfer **Helvétie**. Er übernimmt vornehmlich touristische Kurse, sonntags nach der St. Petersinsel, ab und zu auch nach Biel oder Yverdon.

1887 Das Jahr schliesst dank der Landwirtschaftlichen Ausstellung in Neuenburg mit dem besten Ergebnis seit 1876. Die SNV verkauft 97732 Billette, befördert 90 Tonnen und macht Gewinn.
Auf dem Bielersee eröffnet die Dampfschiffgesellschaft Union den Lokalverkehr von Erlach nach Neuenstadt und zur St. Petersinsel.

1888 Der Sommerfahrplan bringt das beste Angebot seit Bestehen der Gesellschaft. Der Plakatfahrplan zeigt Bilder der Region. Neu werden im Einvernehmen mit den Bahnen Kombi- und

40

de billets combinés et circulaires avec les compagnies de chemins de fer. Avec l'essor du tourisme, on rêve à Neuchâtel à la reprise de la « grande navigation » de Bienne à Yverdon : une conférence des villes intéressées est organisée sur ce thème en novembre à Neuchâtel.

La SNV fait du marketing par l'envoi de lettres circulaires aux commissions scolaires ainsi qu'aux instituts et pensionnats. Elle participe en outre à la publication du guide-album des lacs du Jura. L'horaire de poche est également modifié afin d'augmenter les espaces publicitaires.

Dès **1889** sont organisées des courses de « banlieue », Neuchâtel-Mail-Saint-Blaise-Cudrefin et retour, notamment en soirée.

1891 Le service Neuchâtel-Morat est interrompu durant trois mois à cause du gel, puis du manque d'eau. Dans la nuit du 2 août, lors de la fête vénitienne organisée pour les 600 ans de la Confédération, le *Cygne* entre en collision avec le petit vapeur privé *Lutin*; trois passagères du *Lutin* trouvent la mort dans cet accident.

1892 Nouveau record avec 117 260 billets vendus dans les courses régulières. En revanche, les courses spéciales sont moins fréquentées, probablement à cause de la panique survenue à l'annonce de la catastrophe du bateau *Mont-Blanc* à Ouchy, le 9 juillet 1892.

À la fin de la saison, intervient la suppression de la station du Mail.

1893 Situation financière difficile, due à l'instabilité du niveau des lacs et à la concurrence du chemin de fer régional Neuchâtel-Cortaillod-Boudry où le trafic des stations concernées a diminué de 90 %. L'année suivante, le tram de Saint-Blaise fait perdre à cette station 50 % de sa recette.

1894-1895 L'hiver est particulièrement rigoureux et défavorable au service des bateaux, avec une interruption de la ligne Neuchâtel-Morat du 31 janvier au 3 avril pour cause de gel. Le niveau des eaux est un problème insoluble : dans un intervalle de deux à trois semaines, il passe d'un extrême à l'autre !

Rundfahrtbillette verkauft. Im Aufschwung des Fremdenverkehrs keimen Träume von der Wiederaufnahme der «Grossen Schifffahrt» zwischen Biel und Yverdon. Im November wird die Frage mit den interessierten Städten in Neuenburg diskutiert.

Die SNV bewirbt Schulkommissionen, Institute und Pensionate der Region, um Kundschaft zu gewinnen. Sie beteiligt sich auch an der Herausgabe eines illustrierten Führers für die Jura Seen. Der Taschenfahrplan wird werblich aufgewertet und entsprechend gestaltet.

1889 Lokale Rundfahrten Neuenburg–Neuenburg-Mail–Saint-Blaise–Cudrefin und zurück laden vor allem abends auf den See.

1891 Niedriger Wasserstand unterbricht den Betrieb zwischen Neuenburger- und Murtensee während dreier Monate. In der Nacht zum 2. August 1891, als mit einer ‹Soiree venitienne› 600 Jahre Eidgenossenschaft gefeiert werden, kollidiert die *Cygne* mit dem kleinen Privat-Dampfer *Lutin*. Drei *Lutin*-Passagiere ertrinken.

1892 Auf Kursschiffen werden 117 260 Passagiere gezählt – ein neuer Spitzenwert. Allerdings lässt die Nachfrage für Extraschiffe etwas nach, was mit der Katastrophe der *Mont-Blanc* auf dem Genfersee vom 9. Juli 1892 begründet wird. Ende Saison wird die Ländte Mail aufgegeben.

1893 Geldsorgen kennzeichnen das Jahr, einmal weil der Pegelstand ungünstig schwankt, dann aber auch, weil die Regionalbahn Neuenburg–Cortaillod–Boudry in diesem Bereich 90% der Frequenzen abschöpft. Im Folgejahr übernimmt das Tram nach St-Blaise die Hälfte der dortigen Kundschaft.

1894-1895 Der strenge Winter macht zu schaffen, vor allem, weil Eis die Broye-Durchfahrt vom 31. Januar bis 3. April total blockiert. Der Wasserstand bietet immer noch Probleme: Im Zweiwochenrhythmus pendelt er von einem Extrem ins andere!

Une embellie et des dragages... et toujours le manque d'eau!

1897 Le bénéfice est de Fr. 15 713.96 pour une recette totale de Fr. 141 617.95.

C'est la première fois depuis vingt ans que la Société boucle ses comptes par un bénéfice aussi important, et que le solde du compte de profits et pertes est positif. Le rendement des promenades et courses spéciales (Fr. 20 200.65) mérite d'être spécialement mentionné, car c'est le chiffre le plus élevé qui ait jamais été atteint depuis l'existence de la Société.

1898 Acquisition du remorqueur *La Broye* et de deux grosses barques.

1899 Le bateau *Morat*, affecté spécialement au service sur ce lac, commence ses courses le 1er juin; il transporte 21 120 voyageurs pendant ces sept mois pour une recette totale de Fr. 6 683.80 en regard d'une dépense de Fr. 7310.70, laissant ainsi un découvert de Fr. 626.90.

1901 La SNV est admise dans l'association de l'abonnement général dès le 1er janvier. Le service des transports et remorquages par le bateau-remorqueur *La Broye* et ses deux barques continue à procurer de bons résultats.

1902 Le service Neuchâtel-Morat est interrompu du 10 novembre au 31 décembre à cause des basses eaux. Concurrence de la nouvelle ligne directe BN (Berne-Neuchâtel): baisse des recettes à la station de Morat. Le service local du lac de Morat est très déficitaire. Le bateau *Morat,* en réparation, est remplacé durant trois mois par un grand bateau.

1903 Basses eaux extrêmes: le service est interrompu du 1er février au 2 avril sur le lac de Neuchâtel et du 30 janvier au 5 mars (35 jours) sur le lac de Morat qui est gelé.

Concurrence de la nouvelle ligne Morat-Anet (FMA): convention tarifaire avec BN/FMA pour la validité réciproque train/bateau des billets Neuchâtel-Sugiez et Neuchâtel-Morat (Sugiez-Morat depuis le 1er mai 1906).

Lichtblicke und Baggerarbeiten... und immer wieder zu wenig Wasser!

1897 Bei CHF 141 617.95 Gesamtumsatz resultieren CHF 15 713.96 Gewinn.

Erstmals in zwanzig Jahren erzielt die Dampfschifffahrtsgesellschaft einen nennenswerten Gewinn und schliesst die Gewinn-und Verlustrechnung mit einem Aktivsaldo. Der Ertrag von Ausflugs- und Extrafahrten erreicht mit CHF 20 200.65 einen Rekordwert.

1898 Ankauf des Schleppdampfers *La Broye* und zweier Barken.

1899 Der Dampfer *Morat* übernimmt am 1. Juni seinen Dienst auf dem Murtensee. Mit 21120 Passagieren in sieben Monaten erwirtschaftet er CHF 6 683.80. Bei CHF 7 310.70 Aufwand bleibt ein Fehlbetrag von CHF 626.90.

1901 Die SNV wird am 1. Januar in den Gültigkeitsbereich des Generalabonnements aufgenommen. Der Gütertransport des Schleppers *La Broye* und seiner beiden Barken entwickelt sich weiter erfreulich.

1902 Niedrigwasser unterbricht die Schifffahrt Neuenburg-Murten vom 10. November bis zum 31. Dezember. Die neue Bahn BN (Bern-Neuenburg) drückt die Erträge in Murten. Im Lokalverkehr auf dem Murtensee entstehen grosse Verluste. Weil die *Morat* repariert wird, fährt drei Monate lang ein grosses (und teures) Schiff.

1903 Extrem tiefer Wasserstand lähmt ab 1. Februar bis 2. April die Schifffahrt im Neuenburgersee. An 35 Tagen (30. Januar–5. März) ist der Murtensee zugefroren.

Den ruinösen Wettbewerb der neuen Bahnlinie Murten-Ins (FMA) mildert der Vertrag mit BN und FMA, wonach Billette Neuenburg-Sugiez sowie Neuenburg-Murten und umgekehrt wahlweise auf Bahn und Schiff gelten (Sugiez-Murten ab 1. Mai 1906).

42

1904	Du 15 janvier au 15 février, le service en direction de Morat est interrompu pour cause de basses eaux. La Société obtient une augmentation de la subvention annuelle versée par les trois cantons et la Ville de Neuchâtel (de Fr. 5000.– à 7500.–), et bénéficie d'un emprunt de Fr. 200 000.– réalisé auprès de la Banque d'Etat de Fribourg. Camionnage: ce service utile mais pénible donne de bons résultats: recette totale Fr. 7535.45, bénéfice net de Fr. 2472.45 après versement d'un amortissement de 15 % sur les chevaux et le matériel roulant.	**1904**	Ab 15. Januar bis 15. Februar blockiert Niedrigwasser den Hafen von Murten. Die drei Kantone und die Stadt Neuenburg erhöhen ihren jährlichen Betriebsbeitrag von je CHF 5000.– auf je CHF 7500.–. Die Kantonalbank Freiburg gewährt ein Darlehen von CHF 200 000.–. Der aufwendige Camionnage-Dienst wird geschätzt und liefert gute Ergebnisse: Bei CHF 7535.45 Gesamtumsatz, bleibt nach 15%iger Abschreibung auf Pferden und Fuhrpark ein Reingewinn von CHF 2472.45.
1905	Le *Hallwyl* reconstruit reprend le service le 1er juin.	**1905**	Die umgebaute *Hallwyl* nimmt am 1. Juni ihren Dienst wieder auf.
1906	Voyageurs: 110 555 par courses régulières, et 18 817 par courses spéciales. Animaux: 2558. Recettes: Fr. 135 983.41 (march. Fr. 23 898.60). Déficit: Fr. 13 440.28. Parcours total: 124 498 km. Consommation: 1302 t de briquettes (10,4 kg/km). Le service Neuchâtel-Morat est interrompu en novembre et partiellement en décembre par suite des basses eaux. Ces dernières ont empêché les courses spéciales qui sont organisées chaque année à la période des vendanges à l'Ile-de-Saint-Pierre, au lac de Bienne et au Vully.	**1906**	Reisende: 110 555 auf Kursschiffen und 18 817 auf Extraschiffen. Tiere: 2558. Ertrag: CHF 135 983.41 (nur Güter CHF 23 898.60). Defizit: CHF 13 440.28. Gesamte Fahrstrecke: 124 498 km. Verbrauch: 1302 t Briketts (10,4 kg/km) Wiederum blockiert Niedrigwasser die Schifffahrt Neuenburg–Murten, und zwar im November und teilweise im Dezember. Der tiefe Pegel verhindert auch Extraschiffe zu den Winzerfesten am Bielersee, auf der St. Petersinsel und am Vully.
1907	Le résultat de 1907 est plus favorable que celui de l'année précédente. Pourtant, le service Neuchâtel-Morat est interrompu du 1er janvier au 28 mars. Des dragages sont faits dans la Broye et prévus à la sortie de la Thielle dans le lac de Neuchâtel. Le printemps pluvieux et froid n'a pas été favorable à la floraison et la récolte a été très faible. Grâce à un bel été, les courses spéciales et de promenade se déroulent dans de bonnes conditions. L'indemnité postale annuelle est portée de Fr. 460 à 2500.–. Le remorquage boucle avec un bénéfice net de Fr. 2979.39.	**1907**	Das Jahresergebnis ist besser als im Vorjahr. Und das, obschon der Verkehr Neuenburg—Murten vom 1. Januar bis zum 28. März unterbrochen bleibt. Die Broye wird ausgebaggert. Gleiches ist nötig am Ausfluss in die Zihl am Neuenburgersee. Der kalte und regnerische Frühling war der Bluestzeit nicht förderlich. Auch die Reben leiden, und die Ernte fällt entsprechend schmal aus. Dank des tollen Sommers finden Extrafahrten und Ausflugsschiffe gute Frequenzen. Die jährliche Postentschädigung klettert von CHF 460.– auf CHF 2500.–, und die Schleppschifffahrt erzielt CHF 2979.39 Reingewinn.

1908 Les courses de banlieue le dimanche soir, de Neuchâtel à Cudrefin aller et retour, sont agrémentées de concerts.

1909 Le gel du lac de Morat provoque une interruption du trafic durant 40 jours entre février et mars.

Bienne entre en scène

1909 Pendant le courant de l'année, des négociations ont été ouvertes relativement à la reprise de la navigation à vapeur de Bienne à Yverdon.
Cette initiative neuchâteloise dérange certaines personnalités biennoises qui souhaitent fonder leur propre société de navigation.

1910 est l'année des inondations jusqu'à fin août: 431,0 m en janvier et 431,40 m le 20 juillet. Toutes les stations ont été recouvertes de 70 à 80 cm d'eau. Le passage sous les ponts de la Thielle est rendu impossible durant trois mois, et durant trois semaines en ce qui concerne les ponts de la Broye. Les récoltes (fruits, légumes et vendanges) ont été anéanties.

1911 est une année sèche. Il y a toujours des dragages à l'embouchure de la Broye où les môles doivent être prolongés. Patinage aux Grands Marais: organisation de 15 courses spéciales.
Modernisation de la flotte: commande à la société Escher Wyss de deux bateaux, qui comprend la fourniture d'une chaudière neuve et d'une cheminée télescopique avec treuil hydraulique pour le bateau **Yverdon**, ancien *Helvétie*.
Sur le lac de Bienne, la Société Union étend ses services à l'ensemble du lac avec deux bateaux à vapeur: **Stadt Biel** (ancien *Cygne* du Léman) dès 1911, et **Berna** dès 1913.

1908 Die kleine Seerundfahrt sonntagabends von Neuenburg nach Cudrefin und zurück wird von Musikanten animiert.

1909 Im Februar und März unterbricht Eis die Schifffahrt auf dem Murtensee während 40 Tagen.

Biel tritt auf den Plan

1909 Während des Jahres wird intensiv für die Wiederaufnahme der Dampfschifffahrt zwischen Biel und Yverdon verhandelt.
In Biel wird man hellhörig und bildet ein Initiativkomitee mit dem Ziel eine eigene Bielersee-Schifffahrtsgesellschaft ins Leben zu rufen.

1910 Überschwemmungen prägen die Zeit bis Ende August. Der Pegel liegt im Januar auf 431 m, am 20. Juli auf 431,40 m ü. M. Alle Ländten liegen 70 bis 80 cm unter Wasser. Die Zihlbrücken sind drei Monate lang unpassierbar, jene in der Broye während dreier Wochen. Die Ernte (Gemüse, Früchte und Trauben) wird zerstört.

1911 Das trockene Jahr begünstigt Baggerarbeiten an der Broye-Mündung, wo die Mole verlängert wird. 15 Extraschiffe fahren Schlittschuhlaufende ins Grosse Moos.
Die Flotte wird modernisiert, Escher Wyss baut zwei Schiffe und einen Ersatzkessel sowie einen hydraulisch teleskopierbaren Kamin für die *Yverdon*, ex *Helvétie*.
Auf dem Bielersee erweitert die Union-Gesellschaft ihr Aktionsfeld auf den ganzen See, und sie beschafft zwei Schiffe: Die *Stadt Biel* (1911, ex *Cygne* vom Genfersee) und die *Berna* ab 1913.

Trois années glorieuses

1912 Fête fédérale de chant à Neuchâtel, qui induit de nombreuses courses spéciales.

Le 15 juin, inauguration du vapeur **Neuchâtel**. L'*Helvétie* de 1881, modernisé, est rebaptisé **Yverdon**. Le *Gd. Escher* reprend le nom d'**Helvétie**[II].

1913 Fréquentation record : 162 939 passagers par les courses régulières + 13 983 par courses spéciales, soit au total 176 922 passagers.

Le 29 avril, inauguration du vapeur **Fribourg**. Le 1er juin, ouverture du nouveau service Bienne-Yverdon au moyen des deux bateaux neufs *Neuchâtel* et *Fribourg*.

Décès du Directeur Henri Haefliger, gérant puis directeur de la Société depuis ses débuts et durant plus de 40 ans.

1914 Organisation en janvier et février de courses spéciales pour le patinage aux Grands Marais. Deuxième et dernière année du service Bienne-Yverdon (Première Guerre Mondiale 1914-1918).

Drei glorreiche Jahre

1912 Das Eidgenössische Sängerfest in Neuenburg löst zahlreiche Extrakurse aus.

Am 15. Juni wird der Dampfer **Neuchâtel** eingeweiht. Die *Helvétie* von 1881 wird modernisiert zur **Yverdon**, und *Gd. Escher* heisst fortan **Helvétie**[II].

1913 Rekordfrequenzen: 162 939 Passagiere auf Kursschiffen, 13 983 Fahrgäste auf Extra-schiffen, Total 176 922 beförderte Personen.

Am 29. April findet die Jungfernfahrt von DS **Fribourg** statt. Am 1. Juni beginnt die direkte Schifffahrt Yverdon–Biel mit den beiden Schiffen *Neuchâtel* und *Fribourg*.

Direktor Henri Haefliger stirbt. Er leitete das Unternehmen über 40 Jahre lang – seit seiner Gründung, zunächst als Geschäftsführer, dann als Direktor.

1914 Im Januar und Februar fahren Extraschiffe Schlittschuhlaufende ins Grosse Moos. Zweites und (des Kriegsausbruchs 1914-1918 wegen auch) letztes Jahr der direkten Schifffahrt Yverdon-Biel.

Fête fédérale de chant, 12 juillet 1912. Arrivée du *Neuchâtel* avec la bannière de la Fête.
Eidg. Sängerfest, 12. Juli 1912. Ankunft des Dampfers *Neuchâtel* mit der Festflagge.
– Cartes W. Bous 10

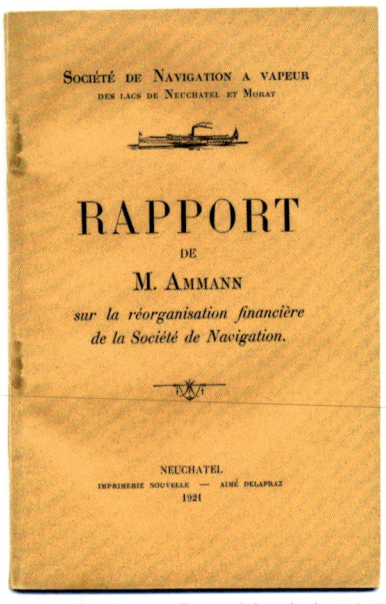

Le rapport de M. Ammann, directeur de la navigation BLS. 1921.
Der Bericht von M. Ammann, Direktor der Schifffahrt BLS.1921.
— Collection privée/Privatsammlung

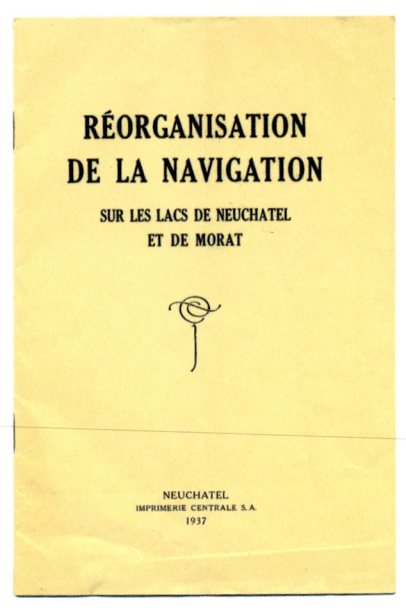

Brochure sur la réorganisation de la navigation, avec le résumé d'un deuxième rapport Ammann. 1937.
Broschüre über die Neu-Organisation der Schifffahrt, mit Kurzfassung eines zweiten Berichts Ammann. 1937.
— Collection privée/Privatsammlung

Restrictions durant la guerre et l'après-guerre

1915 Les services vers Bienne et Yverdon sont limités aux dimanches et jours de fête.

1916 Dans l'Europe en guerre et en crise, le rendement financier de l'exploitation peut être considéré comme satisfaisant, mais l'assainissement de la Société doit être étudié. Les moyens financiers font défaut et cela se répercute sur l'entretien des bateaux: l'inspecteur menace de retirer les permis de navigation des bateaux *Helvétie*, *Jura* et *La Broye* si les réparations ne sont pas effectuées.

1917 Le remorqueur *La Broye* est désaffecté à la fin de l'exercice.

1918 Les parcours kilométriques sont presque diminués de moitié par rapport à l'année précédente. Les deux grands vapeurs sont voués à l'inaction; elle est totale pour le *Neuchâtel*, alors que le *Fribourg* totalise 4 jours de service et 239 km. A cause de la pénurie de charbon, le Département fédéral des chemins de fer ordonne la suppression des courses spéciales et promenades. Les courses à l'Ile-de-Saint-Pierre sont considérées comme courses ordinaires.

Einschränkungen während des Krieges und nach dem Krieg

1915 Die direkten Fahrten zwischen Yverdon und Biel sind auf Sonn- und Feiertage beschränkt.

1916 Im kriegs- und krisengeschüttelten Europa kann die Dampfschifffahrtsgesellschaft mit dem Betriebsergebnis zufrieden sein. Dennoch fehlen finanzielle Mittel, was den Schiffsunterhalt in Rückstand geraten lässt. Der Schiffsinspektor droht, die Schiffe *Helvétie*[II], *Jura* und *La Broye* stilllegen zu lassen, wenn die nötigen Reparaturen weiter hinausgezögert würden.

1917 Ende Jahr wird der Schlepper *La Broye* stillgelegt.

1918 Die gesamte Fahrleistung ist auf die Hälfte des Vorjahres zurückgefallen. Die beiden grossen Raddampfer sind zur Untätigkeit verurteilt. Während die *Neuchâtel,* ganzjährig stillliegt, legt die *Fribourg* an vier Einsatztagen 239 km zurück. Wegen Kohlemangels verbietet das Eidgenössische Post- und Eisenbahndepartement Extrafahrten und Ausflugschiffe. Immerhin gehören die Fahrten zur St. Petersinsel zum Grundangebot. Das Verbot, Kartoffeln von einem Kanton in einen anderen zu verkaufen,

46

L'interdiction de transporter des pommes de terre d'un canton à l'autre oblige les producteurs riverains à écouler leur production sur place au lieu de la transporter par bateau.

Le service local sur le lac de Morat est supprimé dès le 1er novembre.

1919 Les parcours kilométriques atteignent le creux de la vague et représentent 20 % de l'offre de 1913! Les promenades et courses spéciales sont à nouveau autorisées. Pendant une partie du 4e trimestre, la fièvre aphteuse impose la cessation presque complète des transports de marchandises et du bétail.

les combustibles atteignent des prix excessifs. Pendant plusieurs mois, il faut recourir à la tourbe à cause du manque de charbon; en outre, la houille est de mauvaise qualité.

Le Département fédéral a retiré le permis de marche du bateau *Morat*; il a été désaffecté. Le *Jura* et l'*Helvétie^{II}* sont en sursis.

1920 Le service des marchandises est fortement diminué à cause de la fièvre aphteuse. Les bateaux de foire vers Morat et Estavayer sont supprimés. Plusieurs courses spéciales pour des écoles sont annulées.

1921 À la demande de la Société, publication du «Rapport de M. Ammann sur la réorganisation financière de la Société de navigation», tiré à 1000 exemplaires. Jakob Ammann est le directeur de la navigation BLS des lacs de Thoune et de Brienz.

Les courses spéciales sont bien fréquentées, malgré la concurrence à Neuchâtel de cinq bateaux à moteur.

Autre concurrence: un service régulier de camionnage de la rive sud vers le marché de Neuchâtel; 15 à 20 marchandes abandonnent le bateau.

Le *Hallwyl* rénové a été mis à l'eau le 19 août 1921 après être resté en carénage durant 19 mois par suite du manque d'eau. Le *Jura* est désaffecté alors que l'*Helvétie^{II}* rend toujours d'inappréciables services comme bateau de marchandises.

La Société a reconstruit en béton armé le débarcadère côté sud à l'Ile-de-Saint-Pierre,

zwingt die Produzenten der Ufergemeinden, ihre Erzeugnisse vor Ort feilzubieten.

Ab 1. November bleibt die lokale Schifffahrt auf dem Murtensee eingestellt.

1919 Die jährliche Fahrleistung erreicht mit einem Fünftel des 1913er Wertes die Talsohle. Ausflug- und Extrafahrten sind wieder erlaubt. Die Maul- und Klauenseuche bedingt im vierten Quartal zeitweise ein Transportverbot für Güter- und Vieh.

Wie 1918 liegen die Brennstoffpreise auf Höchstwerten. Während mehrerer Monate ersetzt deshalb Torf die Kohle, deren Qualität schlecht ist.

Das Eisenbahndepartement zieht die Fahrbewilligung der *Morat* zurück, was zu deren Abbruch führt. *Jura* und *Helvétie^{II}* droht Gleiches, falls sie nicht aufgearbeitet werden.

1920 Die Maul- und Klauenseuche lähmt den Güterverkehr weiter. Die Marktschiffe nach Murten und Estavayer fallen aus. Desgleichen mehrere Extraschiffe für Schulen, Pensionate oder Gesellschaften.

1921 Auf Antrag der Gesellschaft wird der «Bericht von Herrn Ammann über die finanzielle Reorganisation der Schifffahrtsgesellschaft» in 1000 Exemplaren gedruckt und veröffentlicht. Jakob Ammann ist der Direktor der BLS-Schifffahrt auf dem Thuner- und Brienzersee.

Die Extraschiffe sind gut besetzt, obschon allein in Neuenburg fünf Motorschiffe die Gunst des Publikums umwerben.

Ein neuer Camionnagedienst mit Lastwagen vom Südufer zum Neuenburger Markt bereitet Sorgen. Etwa 15 bis 20 Bäuerinnen sind dem Schiff abtrünnig geworden.

Die renovierte *Hallwyl* wird am 19. August 1921 eingewassert, nach dem sie 19 Monate in der Werft am Trockenen gelegen hat und dort wegen Niedrigwasser lange «gefangen» war. Die *Jura* scheidet aus und wird abgewrackt, während die *Helvétie^{II}* als Transport- und Schleppschiff unschätzbare Dienste leistet. Das Unternehmen hat die vom Eis beschädigte Südländte auf der St. Petersinsel in Stahlbeton

47

l'ancien ayant été détruit par les glaces. Une convention stipule que les deux sociétés de navigation ont le droit d'utiliser les deux débarcadères de l'Ile, côté nord et côté sud, sans aucune redevance.

erneuert. Eine Vereinbarung gibt den beiden Schifffahrtsunternehmen das Recht, beide Ländten auf der St. Petersinsel (Nord und Süd) gebührenfrei benützen zu können.

Le *Neuchâtel* et le *Fribourg* à Bienne, vers 1935. Sur le tambour, le manchon supérieur de la cheminée provisoirement enlevé pour le passage sous les ponts de la Thielle.
Die *Neuchâtel* und die *Fribourg* in Biel, um 1935. Auf dem Radkasten, oberster Kaminteil, wegen den niedriegen Brucken der Zihl, provisorisch abgetragen.
— Collection/Sammlung Kurt Hunziker

Réorganisation financière et flotte limitée à 4 bateaux

1922 Réunis en assemblée extraordinaire le 19 juillet à l'Hôtel-de-ville de Neuchâtel, les actionnaires ont adopté à l'unanimité les trois points suivants:
— Ramener le capital-actions de Fr. 121 200.– à 12 120.– (soit de Fr. 100 à 10.– par action);
— Créer un nouveau capital-actions de priorité, soit 16 000 actions à Fr. 25.–, soit Fr. 400 000.–, au porteur, souscrit par les trois cantons et la Ville de Neuchâtel;
— Statuts révisés.

Selon l'horaire d'été 1922, le service est assuré par deux bateaux en semaine (le *Hallwyl* et l'*Yverdon*) et quatre le dimanche (le *Neuchâtel* et le *Fribourg* en plus). Le bateau *Helvétie*[II] est tenu en réserve; il est de toute façon en mauvais état, et l'organe de contrôle exige une véritable reconstruction dont le prix est jugé inacceptable.

1923 Résiliation du bail avec les PTT: le transport des dépêches et des lettres cesse le 15 septembre.

1924 Désaffectation du bateau *Helvétie*[II], vendu à une société de dragage qui a son siège au Bouveret.

1925 Service Neuchâtel-Morat interrompu du 1er janvier au 30 avril par suite de basses eaux. Le nouveau chantier naval est inauguré le 2 mars; il accueille également les bateaux du lac de Bienne.

1928 Nouvelle disposition typographique de l'horaire-affiche. Service de Morat suspendu du 12 décembre 1927 au 24 avril 1928 pour cause de basses eaux.

Tarif de concurrence: billets de plaisir (course du soir Neuchâtel-Cudrefin-Portalban), billets du dimanche (25 % de réduction sur les relations transversales), billets de plage (le samedi dès midi et le dimanche pour La Tène, Cudrefin et Portalban).

Nouveau débarcadère à La Tène, sur le môle nord de la Thielle.

Finanziell saniert und Flotte auf vier Schiffe reduziert

1922 An der ausserordentlichen Generalversammlung im Rathaus von Neuenburg fassen die Aktionäre ohne Gegenstimme drei Beschlüsse:
— Kapitalschnitt von 121 200 CHF auf CHF 12 120, d. h., die 100-Franken-Aktie gilt nur mehr CHF 10.–.
— Ausgabe 16 000 neuer Prioritäts-Inhaberaktien à CHF 25.–, Total CHF 400 000.–, gezeichnet zu gleichen Teilen durch die drei Kantone und die Stadt Neuenburg,
— Neue Statuten.

Den Dienst nach Sommerfahrplan 1922 besorgen werktags zwei Schiffe (*Hallwyl* und *Yverdon*), sonntags deren vier (zusätzlich *Neuchâtel* und *Fribourg*). Die *Helvétie*[II] bleibt in Reserve. Sie ist in dermassen schlechtem Zustand, dass die Aufsichtsbehörde praktisch eine vollständige Rekonstruktion verlangt, deren Kosten die Kräfte der Gesellschaft aber übersteigen.

1923 Kündigung des Vertrages mit den PTT: Die Beförderung von Telegrammen und Briefen endet am 15. September.

1924 Das Dampfschiff *Helvétie*[II] wird stillgelegt und an ein Baggerunternehmen mit Sitz in Bouveret verkauft.

1925 Wegen niedrigem Pegel bleibt die Schifffahrt von Neuenburg nach Murten bis zum 1. Mai unterbrochen. Am 2. März nimmt die neue Werft den Betrieb auf. Sie dient auch Schiffen der Dampfschifffahrtgesellschaft auf dem Bielersee.

1928 Der Plakatfahrplan erscheint in neuer Aufmachung. Die Kurse nach Murten müssen mangels Wasser vom 12. Dezember 1927 bis zum 24. April 1928 ruhen.

Wettbewerb macht erfinderisch: Es gibt Ausflugsbillette (Abendrundfahrt Neuenburg–Portalban–Cudrefin), Sonntagbillette (25% auf Querverbindungen) und Strandbillette (Samstag und Sonntag, ab Mittag, nach La Tène, Cudrefin und Portalban).

1929 Promenades du soir à Estavayer. Service de Morat suspendu du 1er février au 15 mai et du 8 octobre au 31 décembre pour raison de basses eaux.

1930 Création d'une caisse de retraite et d'invalidité auprès de la Caisse cantonale d'assurances populaires CCAP.
Nouveau débarcadère près du pont de Thielle.

1931 Trafic en baisse à cause de la crise qui sévit dans les Montagnes neuchâteloises.

1932 Basses eaux, trafic Neuchâtel-Morat supprimé du 1er décembre 1931 au 3 mai 1932, puis dès le 13 décembre 1932. Service d'Estavayer supprimé du 3 mars au 2 avril pour dragage.

1933 Basses eaux: suppression du service Neuchâtel-Morat en fin d'année.
Le déficit cumulé atteint la somme de Fr. 195 000.–.

1935 Réduction des salaires du personnel. Sans cette mesure, la liquidation de l'entreprise se serait imposée à bref délai. Adoption de mesures destinées à rétablir, si possible, l'équilibre entre les recettes et les dépenses.

La Tène erhält eine neue Ländte am nördlichen Damm der kanalisierten Zihl.

1929 Abendrundfahrten nach Estavayer. Niedrigpegel erzwingt Betriebsunterbrüche nach Murten, vom 1. Februar bis 15. Mai und ab 8. Oktober bis Ende Jahr.

1930 Eine Pensionskasse und Invalidenversicherung für das Personal entsteht in Zusammenarbeit mit der kantonalen Volksversicherung CCAP.
Bei der Zihlbrücke wird eine Ländte gebaut.

1931 Weniger Personenverkehr als Folge einer Wirtschaftskrise in den Neuenburger Bergen.

1932 Geringer Wasserstand. Neuenburg–Murten bleibt vom 1. Dezember 1931 bis zum 3. Mai 1932 und vom 13. Dezember 1932 an eingestellt. Das Ausbaggern des Hafens in Estavayer blockiert die Schifffahrt dahin vom 3. März bis 2. April.

1933 Niedriger Wasserpegel unterbricht Fahrten Neuenburg–Murten am Jahresende.
Die kumulierten Fehlbeträge erreichen die Summe von CHF 195 000.–.

1935 Um dem drohenden Konkurs und der baldigen Liquidation zu entgehen, werden die Löhne gekürzt. Drastische Sparmassnahmen und Marktanstrengungen sollen das Gleichgewicht von Kosten und Ertrag wieder herstellen.

Dans le canal de La Broye, le *Hallwyl* navigue au milieu des plantations du Seeland.
Im Broyekanal bewegt sich die *Hallwyl* mitten in den Gemüsefelder des Seelandes.
– Photo Léopold Jacobi, 1931.

Nouvelle réorganisation financière et bateaux diesel

1936 La diminution considérable des dépenses de l'entreprise n'ayant pas suffi à compenser la baisse persistante des recettes, le conseil d'administration a pris la décision de résilier les contrats de tout le personnel avec effet au 1er octobre 1937 (voir chapitre *Direction et personnel*). Des pourparlers sont engagés avec diverses associations d'utilité publique dans le but d'examiner de quelle façon la navigation sur les lacs de Neuchâtel et Morat pourrait être réorganisée.

1937 Formation d'un comité pour la réorganisation de la navigation, qui inclut des personnes de diverses localités riveraines des deux lacs. Plusieurs entrevues ont lieu entre le conseil d'administration, le comité de direction et ce comité. Pour assurer la navigation dans des conditions normales, la construction de deux unités du type *Munot* (à moteur diesel et d'une capacité de 250 passagers) est préconisée.

1938 Accident du *Hallwyl*, dimanche 19 juin, collision avec le mur du port à Neuchâtel : 43 blessés légers (aucune mention faite dans le rapport de gestion!).

1939 Statuts révisés (adoptés le 28 décembre 1939) :
a) 1212 actions ordinaires à Fr. 1.– numérotées de 1 à 1212 ;
b) 16 000 actions de priorité anciennes à Fr. 1.– numérotées de 1213 à 17 212 ;
c) 1250 actions privilégiées nouvelles de Fr. 100.– numérotées de 17 213 à 18 462.
Toutes les actions sont au porteur et entièrement libérées.
 Emprunt de Fr. 430 000.– pour l'achat de deux bateaux neufs, auprès des trois États et de la Ville, intérêts fixés à 3¼% et amortissements de 1¾%.
 Le mot « vapeur » est supprimé dans le nom de l'entreprise. Nouvelles initiales : SNLNM.
 Horaire spécial basses eaux du 17 mai au 12 juin.
 Lancement des bateaux à moteur diesel **Cygne** le 20 juin, **Mouette** le 19 août.

Neue finanzielle Reorganisation und Dieselboote

1936 Die starke Reduktion der Betriebsausgaben reicht nicht, den anhaltenden Ertragsschwund zu kompensieren. Der Verwaltungsrat entscheidet, dem gesamten Personal per 1. Oktober 1937 zu kündigen (siehe Kapitel Direktion und Personal). Gespräche mit verschiedenen gemeinnützigen Verbänden suchen Möglichkeiten, die Dampfschifffahrtgesellschaft für den Neuenburger- und den Murtensee zu reorganisieren und in ruhigere Gewässer zu führen.

1937 Ein Komitee für die Reorganisation der Schifffahrt bündelt die Kräfte von Persönlichkeiten der Ufergemeinden beider Seen. Es trifft sich mehrmals mit dem Verwaltungsrat und der Direktion. Um die Schifffahrt kostengünstiger gestalten zu können, wird der Erwerb zweier Motorschiffe vom Typ *Munot* (Untersee- und Rhein, Diesel, 250 Plätze) empfohlen.

1938 Das Schiff *Hallwyl* prallt am Sonntag, 19. Juni, in Neuenburg in die Hafenmauer. Es gibt 43 leicht Verletzte. Der Geschäftsbericht verschweigt das Ereignis!

1939 Die revidierten Statuten werden am 28. Dezember angenommen und in Kraft gesetzt.
a) 1212 Stammaktien zu CHF 1.–, nummeriert von 1 bis 1212 ;
b) 16 000 Prioritätsaktien zu CHF 1.–, nummeriert von 1213 bis 17 212 ;
c) 1250 neue Vorzugsaktien zu CHF 100.–, nummeriert von 18 462 bis 17 213.
 Alle Aktien sind Inhaberaktien und voll einbezahlt.
 Kreditaufnahme von CHF 430 000. – für den Kauf zweier neuer Dieselschiffe bei den drei Kantonen und der Stadt Neuenburg, verzinst zu 3¼% und rückzahlbar in Raten von jährlich 1¾%.
 Das Wort «Dampf» verschwindet aus dem Namen der Gesellschaft. Neue Initialen SNLNM.
 Sonderfahrplan «Niedrigwasser» vom 17. Mai bis 12. Juni.
 Stapelläufe der neuen Schiffe **Cygne** am 20. Juni, **Mouette** am 19. August.

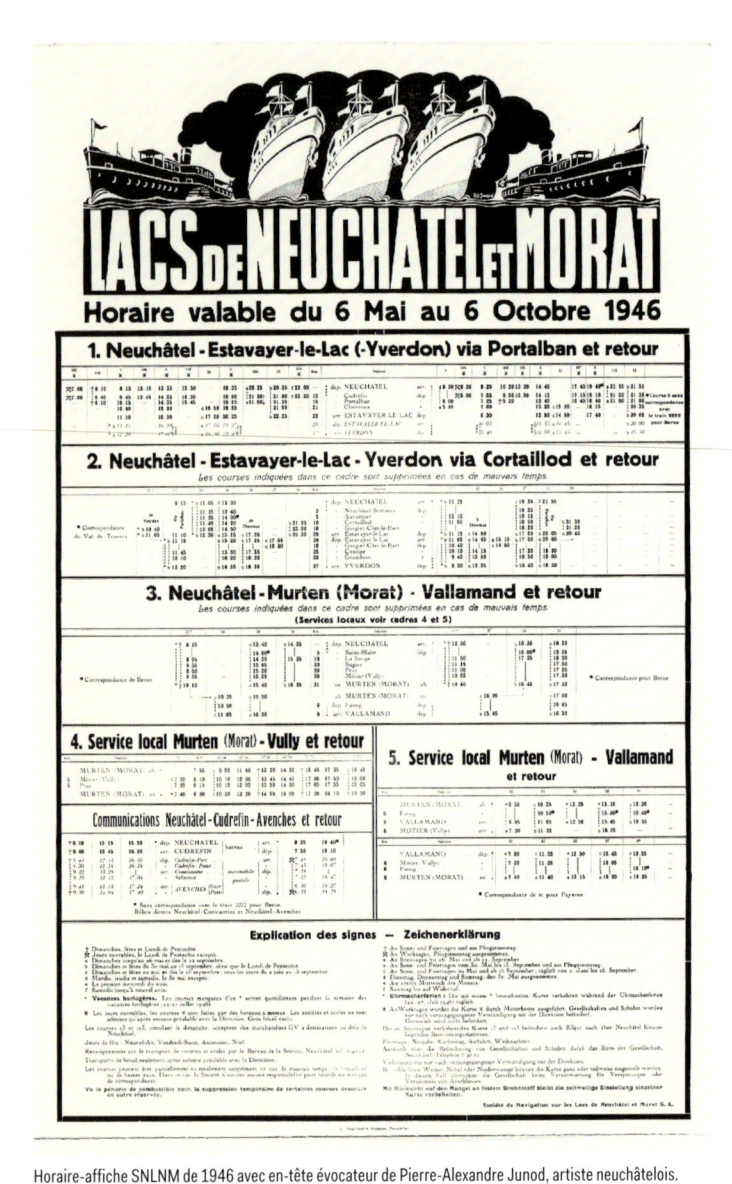

Horaire-affiche SNLNM de 1946 avec en-tête évocateur de Pierre-Alexandre Junod, artiste neuchâtelois.
Plakatfahrplan SNLNM von 1946 mit Blickfang des Neuenburger Künstlers Pierre-Alexandre Junod.
– Collection privée/Privatsammlung.

– FAN, 16.6.1938

Ile de Saint-Pierre vers 1935. Le *Fribourg* et le *Neuchâtel* au débarcadère Sud.
St. Petersinsel un 1935. Die Dampfer *Fribourg* und *Neuchâtel* an der Lände Süd.
– Collection privée/Privatsammlung

Estavayer-le-Lac. Le *Hallwyl* entre au port. Vers 1935.
Estavayer-le-Lac (Stäffis am See). Dampfer *Hallwyl* fährt in den Hafen. Um 1935.
– Carte Société Graphique 3274

Deuxième Guerre mondiale: trafic record et pénurie de carburants

Portalban en 1944, retour de marché à bord du *Hallwyl*.
Portalban, zurück vom Markt an Bord der *Hallwyl*.
— Photo/Foto F. Perret

1940 Par suite de la guerre, les restrictions apportées à la circulation des automobiles ont augmenté le nombre des voyageurs par bateau. Le renchérissement continuel du charbon et, plus particulièrement, du mazout ont entraîné des augmentations successives considérables des dépenses.

Mise en service des deux bateaux **Sarcelle** et **Bécassine** (Mouettes Genevoises, 60 passagers) mis à disposition par deux membres du conseil d'administration. Le résultat des comptes est amélioré du fait des recettes obtenues par ces bateaux, qui n'ont occasionné aucune charge d'intérêt ou d'amortissement. Le bateau *Sarcelle* permet de réintroduire dès le 29 juin 1940 un service local sur le lac de Morat. En 1941, deux autres bateaux similaires sont encore acquis par les mêmes administrateurs: **Grèbe** qui sera mis en service dès 1941, **Foulque** dès 1944. Une subvention fédérale va permettre à la Navigation d'acquérir en 1943 les quatre bateaux genevois, c'est-à-dire de rembourser les administrateurs.

1943 Le trafic se développe au-delà de tout espoir. Les recettes ont augmenté de 70 % depuis 1939 et de 12 % par rapport à 1942. Les frais augmentent en proportion, soit de 77 % depuis 1939 et de 13 % par rapport à 1942, à savoir: une augmentation d'env. 200 % pour le charbon, et d'env. 400 % pour l'huile diesel.

Wiederum Krieg: Verkehrsspitzen mit Einschränkungen

L'*Yverdon* à Auvernier, transport militaire le 23 octobre 1942.
Dampfer *Yverdon* in Auvernier, Militärtransport am 23. Oktober 1942.
— Collection privée/Privatsammlung

1940 Der Krieg bringt Einschränkungen im Strassenverkehr und belebt damit die Nachfrage auf den Seen. Der Kohlepreis klettert unablässig, noch mehr jener für Dieselöl, was die Betriebskosten spürbar in die Höhe treibt.

Zwei Verwaltungsräte vermitteln zwei kleinere Schiffe vom Genfersee, **Sarcelle** und **Bécassine** (Mouettes Genevoises, je 60 Plätze), die beide neue Einnahmen generieren, aber die Rechnung weder mit Zinsen noch mit Abschreibungen belasten und darum das Ergebnis günstig beeinflussen. Die *Sarcelle* beginnt am 29. Juni 1940 ihren Dienst auf dem Murtensee, der damit wiederum ein Lokalverkehrsangebot bekommt.

1941 Dank der gleichen Verwaltungsräte folgen zwei weitere, ähnliche Schiffe: **Grèbe**, eingesetzt ab 1941, und **Foulque**, im Dienst ab 1944. Dank einer Subvention des Bundes kann 1943 die Schifffahrtsgesellschaft die vier Genfersee-Schiffe zu Eigentum erwerben, d.h. die beiden generösen Verwaltungsräte entschädigen.

1942 Trotz Teuerung muss die Schifffahrtsgesellschaft ihre Transportdienstleistungen zu Vorkriegstarifen anbieten. Wären Kohle und Dieselbrennstoff ebenfalls zu Vorkriegspreisen erhältlich, könnte das Unternehmen Überschuss ausweisen.

Les tarifs étant maintenus au même niveau que ceux de 1939, le déficit augmente. Des démarches sont engagées «pour être mis au bénéfice de l'action de secours entreprise en faveur des sociétés de transport dans cette situation». Pour autant que les instances cantonales admettent le paiement de 50 % des déficits accumulés, la Confédération prend le solde à sa charge. Le déficit qui résultera des mêmes causes pour 1944 sera couvert par le fonds commun alimenté par la majoration de 10 % des frais de transport.

La flotte a de la peine à faire face aux exigences du service des dimanches en été, lorsque neuf bateaux sur les dix à disposition sont en service. Au port de Neuchâtel, les installations ne suffisent plus et une deuxième estacade est nécessaire.

— **Combustibles**: Vu les difficultés rencontrées lors de l'importation du combustible noir, les autorités ont décidé, en mai 1943, de diminuer les quantités d'attributions de charbon de 350 à 140 tonnes. La Société a reçu en contrepartie une attribution supplémentaire de 1146 stères de bois. L'emploi du bois comme combustible ne génère pas de problèmes techniques, mais s'avère très coûteux. En effet, pour remplacer une tonne de charbon d'un prix de Fr. 118.60 chargée sur bateau, il a fallu utiliser 6 stères de bois, au prix de Fr. 48.- le stère, chargé sur bateau; ceci représente un renchérissement de 144 %. Il a heureusement été possible d'acquérir une certaine quantité de tourbe; le prix de ce combustible tient le milieu entre celui du charbon et celui du bois. De ce fait, le contingent de bois n'a été utilisé qu'aux deux tiers environ. L'attribution de combustible liquide est toujours insuffisante; il faut donc effectuer avec des bateaux à vapeur certaines courses qui pourraient être faites beaucoup plus économiquement au moyen de petites unités diesel. La perte subie de ce fait est sensible. Les deux meilleures unités sont inutilisées par suite du manque de mazout. Le *Cygne* a effectué quelques courses de dédoublement seulement, tandis que la *Mouette* était arrêtée pendant toute l'année. L'agrandissement du dépôt de combustible et diverses autres circonstances ont engagé

1943 Der Verkehr entwickelt sich über alle Erwartungen. Der Ertrag steigt um 70% gegenüber 1939 und um 12% im Vergleich zu 1942. Die Kosten nehmen im gleichen Verhältnis zu, 77% seit 1939, 13% gegenüber 1942. Weil sich der Kohlepreis verdoppelt, jener für Dieselöl gar vervierfacht, die Tarife aber auf dem Niveau von 1939 verharren, wächst das Defizit. Verschiedene Bemühungen kommen in Gang für eine Hilfsaktion zugunsten der in missliche Lage gedrifteten Schifffahrtsgesellschaft. Sobald die kantonalen Behörden bereit sind, die Hälfte der aufgelaufenen Fehlbeträge zu übernehmen, wird die Eidgenossenschaft die andere Hälfte decken. Das Defizit pro 1944 wird aus einem gemeinsamen Fonds gedeckt, der aus einer 10-Prozent-Erhöhung der Transportpreise gespiesen wird.

An Sonntagen im Sommer genügt die Flotte der Nachfrage nur mehr mit Mühe, wenn neun von zehn Schiffen eingesetzt sind. Im Hafen von Neuenburg erreichen die Anlagen ebenfalls ihr Limit. Ein zweiter Landungssteg wird nötig.

— **Brennstoffe**: Angesichts der Schwierigkeiten beim Import von Kohle beschliessen die zuständigen Behörden im Mai 1943 das Kontingent der SNLNM von 350 t auf 140 t zu senken. Demgegenüber werden zusätzlich 1146 Kubikmeter Holz zugewiesen. Der Gebrauch von Holz anstelle von Kohle bietet keine speziellen technischen Probleme, die wirtschaftlichen Auswirkungen dagegen sind verheerend. Der Ersatz einer Tonne Schiffs-Kohle zu CHF 118.60 erfordert zwei Klafter Holz, der Ster zu CHF 48. – . Das entspricht Mehrkosten von 144%. Glücklicherweise ist etwas Torf erhältlich, dessen preisliches Niveau, auf den Heizwert bezogen, dem Mittelwert zwischen Kohle und Holz entspricht. So kann auf die Hälfte des zugeteilten Brennholzes verzichtet werden. Die Zuteilung flüssiger Kraftstoffe ist dagegen weiterhin ungenügend. Deshalb müssen etliche Kurse mit Dampfschiffen gefahren werden, die mit kleinen Dieselschiffen wesentlich wirtschaftlicher zu bedienen wären. Der dadurch entstehende Verlust schmerzt bitter. Die Diesel-Knappheit immobilisiert die beiden besten Einheiten: Während die *Cygne*

la Société à faire surveiller le chantier naval et le matériel flottant par la «Securitas» qui effectue trois rondes par nuit au chantier et au port de Neuchâtel.

1944 Malgré la perception des surtaxes de guerre, les dépenses augmentent à un rythme plus rapide que celui des recettes. Pourtant, certaines acquisitions devenues très urgentes, comme par exemple l'achat d'uniformes, n'ont plus pu être différées.

L'entreprise a prouvé son utilité et justifié sa raison d'être en dépit des difficultés, en assurant les transports entre rives nord et sud de nos lacs, entre campagne et villes. Record en trafic marchandises avec 1834 t (799 t en 1942).

— **Horaires**: La pénurie de combustibles empêche d'étendre aux jours ouvrables de la belle saison le service Neuchâtel-Estavayer via la Béroche. Sur la ligne Neuchâtel-Morat, une course quotidienne est offerte pendant la semaine des vacances horlogères. Le dimanche, une troisième course à l'horaire permet de créer une liaison par bateau Morat-Estavayer et retour. Cette prestation est proposée sous forme de voyage circulaire, au départ de Fribourg notamment.
— **Transports postaux**: Après une interruption de vingt ans, le transport du courrier entre Neuchâtel et Cudrefin a repris dès l'horaire d'été. Correspondance avec l'automobile postale du Vully vaudois, quotidienne en été, trois fois par semaine en hiver.
— **Combustibles**: L'attribution d'huile diesel varie entre 2000 et 3000 litres par mois – à titre indicatif, la consommation du seul mois de juillet 1940 était de 25 000 litres! Les importations de combustible noir, encore assez régulières au début de l'année, ont complètement cessé dès l'automne, obligeant l'entreprise à recourir au chauffage au bois et à la tourbe en dépit des frais extraordinaires que cela occasionne.
— **La flotte** a eu de la peine à faire face aux exigences du trafic. Il en a résulté des encombrements et autres inconvénients. Les petites unités sont insuffisantes pour faire face à certaines affluences. Vers la fin

immerhin einige Doppelführungen abdecken konnte, blieb die *Mouette* ganzjährig ausser Dienst. Das vergrösserte Brennstofflager und verschiedene andere Umstände zwingen das Unternehmen, Werft, Flotte und Lager nachts durch die Securitas bewachen zu lassen, deren Wächter jeweils drei Ronden durch Werft und Hafen absolvieren.

1944 Obschon Kriegs-Zuschläge erhoben werden, wachsen die Ausgaben viel rascher als die Erträge. Aber einige Beschaffungen – etwa jene für Uniformen – lassen sich nicht weiter hinausschieben.

Das Unternehmen hat seine Nützlichkeit in schwieriger Zeit mehrfach beweisen, namentlich im Transport quer über den See, zwischen Nord- und Südufer, und zwischen Stadt und Land, was seine Daseinsberechtigung belegt. Im Güterverkehr wird mit 1834 t ein neuer Rekord erreicht (799 t im Jahr 1942).

— **Fahrplan**: Der Brennstoffmangel verhindert einen werktäglichen Schönwetter-Kurs von Neuenburg nach Estavayer via la Béroche. Von Neuenburg nach Murten gibt es während der Uhrmacher-Ferienwoche einen täglichen Kurs. Sonntags fährt ein drittes Schiff, das im Vorjahr noch als Doppelführung zählte. Es ermöglicht Verbindungen zwischen Murten und Estavayer, was in Freiburg eine neue Kundschaft anspricht.
— **Post**: Nach zwanzig Jahren Pause bringt der Sommerfahrplan die Postbeförderung zwischen Neuenburg und Cudrefin aufs Schiff zurück. Das Postauto übernimmt die Fortsetzung über den Mont Vully von und nach Avenches, täglich im Sommer, dreimal wöchentlich im Winter.
— **Brennstoffe**: Die Zuteilung von Dieselöl variiert monatlich zwischen 2000 und 3000 Liter – im Vergleich dazu wurden allein im Juli 1940 25 000 Liter verbrannt. Die Anfang Jahr noch regelmässige Kohleneinfuhr kommt Anfang Herbst zum Stillstand, was zur Umstellung auf Holz und Torf zwingt und die Ausgaben enorm in die Höhe treibt.
— **Flotte**: Sie genügt den Verkehrsansprüchen nur knapp. Das führt zu Engpässen und hat weitere Nachteile. Die kleineren Einheiten genügen

de l'année, la coque de l'ancienne mouette à vapeur zurichoise *Bendlikon* a été mise à disposition de l'entreprise par deux membres du conseil d'administration qui s'en sont rendus acquéreurs. Elle est actuellement en transformation pour être utilisée, sans moteur, comme *Chaland No 1*, au transport de marchandises et de combustible[01].

L'éclairage électrique est installé sur le *Hallwyl*, dernière unité de la flotte lacustre suisse éclairée encore à l'acétylène.

— **Port de Neuchâtel**: La seule estacade ne suffit plus. Les dimanches d'été, 2500 à 3000 voyageurs débarquent, en moyenne, entre 19 et 20 h.

Les inondations de 1944

Les pluies torrentielles des mois de septembre, octobre et novembre, provoquent de graves inondations. Dès le 23 novembre, le service est suspendu aux stations de Portalban, Chevroux et Estavayer-le-Lac, puis dès le 26 novembre à celle de Cudrefin. Le 10 décembre, le service est également supprimé sur le lac de Morat. Le 12 décembre, les hautes eaux atteignent leur point culminant. Chassées par le vent d'abord et la bise ensuite, eaux et glace ravagent et détruisent bâtiments, estacades, quais et matériel. Dès l'interruption du service entre Neuchâtel et Cudrefin, un service provisoire est organisé entre Neuchâtel et La Sauge – seul débarcadère encore praticable – avec transport routier entre La Sauge et Cudrefin.

Attitude exemplaire de notre personnel: mouillé jusqu'à la peau, ayant travaillé toute la nuit pour attacher les bateaux dont les chaînes d'amarres étaient brisées, nos équipages sont partis avec le plus grand courage pour assurer le service et pour transporter voyageurs, marchandises, lait et courrier.

bei Andrang in keiner Weise. Gegen Ende des Jahres erwerben zwei Mitglieder des Verwaltungsrates die Dampfschwalbe *Bendlikon* vom Zürichsee. Sie soll ohne Dampfmaschine als Schleppschiff Nr. 1 im Güterverkehr und zum Transport der eigenen Brennstoffe eingesetzt werden. (Soweit kommt es allerdings nicht: Der Kahn wird nie eingesetzt.)

Als letztes Dampfschiff im Land bekommt die *Hallwyl* anstelle von Acetylen-Lampen eine elektrische Beleuchtung.

— **Neuenburg:** Die Hafenanlagen genügen nicht mehr. An Sommersonntagen kommen zwischen 19 und 20 Uhr 2500 bis 3000 Reisende nach Neuenburg.

Hochwasser 1944

Die sintflutartigen Regenfälle im September, Oktober und November führen zu schweren Überschwemmungen. Ab 23. November werden die Ländten in Portalban, Chevroux und Estavayer-le-Lac nicht mehr angefahren. In Cudrefin ist es am 26. November soweit. Am 10. Dezember bleibt der Betrieb auf dem Murtensee unterbrochen. Am 12. Dezember erreicht der Pegel seinen Höchststand. Wind, Wasser und Eis verwüsten die Ufer, zerstören Gebäude, Kais, Pfähle, Docks und Schiffe. Vom Verkehrsunterbruch mit Cudrefin an fahren die Schiffe nach La Sauge, der einzig bedienbaren Ländte, von wo aus ein Strassentransport nach Cudrefin eingerichtet wird.

Beispielhaft ist die Haltung des Personals. Es arbeitet, bis auf die Haut durchnässt, die ganze Nacht hindurch, um Schiffe festzumachen, deren Ketten geborsten sind, und es besorgt tagsüber unverdrossen seinen Dienst, um Reisende, Güter, Milch und Post ans Ziel zu fahren.

---

01 — Ce matériel ne sera, en fait, jamais utilisé.

Le service a été repris:
- sur le lac de Morat, le 17 décembre;
- entre Neuchâtel et Cudrefin, le 17 décembre;
- entre Cudrefin et Estavayer, le 24 janvier 1945 seulement.

Les pertes causées par l'interruption du service d'une part, par les dégâts aux bateaux et par la disparition de matériel d'autre part, peuvent être estimées à 12 000 francs.

Neuchâtel, le port lors des inondations de 1944. A gauche, le *Neuchâtel*, à droite, l'*Yverdon*.
Neuenburg, der Hafen bei der Überschwemmung von 1944. Links, Dampfer *Neuchâtel*, rechts, Dampfer *Yverdon*.
— Photo/Foto Castellani

La prospérité de l'après-guerre

1945 La fin des hostilités en Europe et l'ambiance qui en résulte, la suppression pratiquement totale du trafic automobile, le maintien et la fermeture des frontières, le degré d'occupation très élevé dans tous les métiers, une grande liquidité d'argent; ensuite le coût relativement faible des billets de chemins de fer et de bateaux par rapport aux dépenses de la vie quotidienne, et enfin un été de beau temps presque ininterrompu ont été autant de facteurs contribuant à une augmentation du nombre des passagers.

L'horaire de haute saison a été prolongé jusqu'à mi-septembre. Forte affluence lors des rentrées le dimanche soir. Les bateaux ex-Mouettes Genevoises sont trop petits pour faire face à la demande! Le 15 juillet, le bateau *Bécassine* assurant la course du soir entre

Die Schifffahrt normalisiert sich:
- am 17. Dezember auf dem Murtensee sowie
- gleichen Tags zwischen Neuenburg und Cudrefin;
- von da bis nach Estavayer allerdings erst am 24. Januar 1945.

Die erlittenen Verluste aus dem Betriebsunterbruch, aus Schäden an Schiffen und dem weggespülten Material summieren sich auf geschätzte CHF 12 000. -.

Aufschwung nach dem Krieg

1945 Das Ende der Feindseligkeiten in Europa, die davon geprägte Stimmung, der praktisch zum Erliegen gekommene Automobilverkehr, die geschlossenen Grenzen, die Vollbeschäftigung in allen Branchen und die landauf und landab hohe Liquidität lassen im Verbund mit den relativ günstigen Bahn- und Schiffsbilletten sowie dem guten Sommerwetter die Passagierzahlen sprungartig in die Höhe schnellen.

Der Hochsommerfahrplan wird bis Mitte September verlängert. Der Massenandrang wird besonders am Sonntagabend sichtbar. Die Dieselschiffe vom Genfersee sind definitiv zu klein! Am 15. Juli wird die *Bécassine* während des Abendkurses von Neuenburg nach Estavayer von einem heftigen Sturm erfasst.

Neuchâtel, le port lors des inondations de 1944. A gauche, le *Hallwyl*. À droite, l'*Yverdon*.
Neuenburg, der Hafen bei der Überschwemmung von 1944. Links, Dampfer Hallwyl, rechts Yverdon.
— Photo/Foto Castellani

Neuchâtel et Estavayer a été pris par un violent orage accompagné de joran; après son départ de Cudrefin, il a dû abandonner sa course pour se réfugier à Cortaillod. En dépit de sa forte charge, aucun dégât n'est à déplorer ni du côté du bateau ni parmi les voyageurs.
— **Port de Neuchâtel**: La deuxième estacade est mise en service à l'été 1945.
— **Tourisme**: Nous tenons à déplorer l'absence presque totale de tout équipement touristique de la région que nous desservons. Les belles plages de la rive sud du lac de Neuchâtel ne possèdent pas même les installations les plus primitives. Cabinets, cabines et eau potable font entièrement défaut. Hormis quelques établissements isolés, les restaurants, hôtels et pensions manquent également sur la rive nord du lac. Les débarcadères sont souvent

Der gefürchtete Joran zwingt ab Cudrefin aufzugeben und in Cortaillod anzulaufen. Trotz grosser Last gelingt das Manöver, weder Schiff noch Passagiere kommen zu Schaden.
— **Neuenburg**: Der zweite doppelte Landungssteg wird ab Sommer 1945 benützt.
— **Tourismus**: Noch fehlen in der ganzen Region touristische Anlagen aller Art. Die prächtigen Strände am Südufer des Neuenburgersees haben nicht einmal die primitivsten Einrichtungen: Toiletten, Kabinen und Trinkwasser fehlen überall. Abgesehen von ein paar isolierten Ausnahmen fehlen auch auf der Nordseite Restaurants, Hotels und Pensionen. Die Ländten liegen oft weit entfernt von den dazugehörigen Ortschaften, und viele grössere Gemeinden haben gar keine, etwa Yvonand, Cheyres, Vaumarcus, Saint-Aubin, Bevaix

Le *Hallwyl* remorque le long tuyau assemblé dans la Thielle et qui servira à alimenter Neuchâtel en eau du lac. 5 juin 1946.
Dampfer *Hallwyl* schleppt das im Zihlkanal vorbereitete lange Rohr für die Seewasserversorgung der Stadt Neuenburg. 5. Juni 1946.
— Photo Izard, carte Perrochet 10996

éloignés des localités et nombre d'entre elles, quoique bien peuplées, n'en possèdent pas (ex. Yvonand, Cheyres, Vaumarcus, Saint-Aubin, Bevaix et Colombier). Appel pressant aux autorités pour une politique de réalisations susceptible de créer un véritable climat touristique, si indispensable à la réussite de notre mission.

und Colombier. Die Schifffahrtsgesellschaft appelliert an die Behörden, eine entsprechende Politik voranzutreiben, damit das für eine erfolgreiche Schifffahrt nötige Fremdenverkehrsklima geschaffen werden kann.
— **Tarife**: Zwei Vereinbarungen mit den SBB und den am direkten schweizerischen Verkehr beteiligten Transportunternehmen kommen zustande:

58

- **Tarifs**: Mise en vigueur de deux conventions avec les CFF et l'ensemble des entreprises de transport suisses participant au trafic direct:
- Voyageurs: délivrance de billets directs entre toutes les gares suisses et nos ports. Tout en éliminant certaines concurrences, cette mesure a permis d'appliquer, sur tous les parcours parallèles, le principe de la validité facultative des billets. Une notable augmentation du nombre des voyageurs en a été l'heureuse conséquence.
- Marchandises: taxation directe entre toutes les gares suisses et les stations de Cudrefin, Portalban et Chevroux. Ainsi, les pêcheurs de la rive sud du lac de Neuchâtel consignent, avec une seule lettre de voiture, les envois de poisson qu'ils expédient en Suisse alémanique et à destination des villes du bord du Léman.
- **Combustibles**: Un rationnement de plus en plus serré du combustible noir et liquide oblige l'entreprise de transporter le plus grand nombre de personnes avec un minimum de courses. Cela provoque une utilisation très rationnelle du matériel flottant, mais réduit le confort des voyageurs. Ce rationnement a pour effet de consommer de grandes quantités de bois, ce qui augmente les dépenses.

1946 Année particulièrement difficile. Les circonstances sont revenues à la normale dans bien des domaines: les frontières se sont rouvertes, la circulation des automobiles a repris et atteint son intensité d'avant-guerre. Le public exige des entreprises de transport un retour à la norme des horaires. Le combustible solide – charbon et bois – reste rationné et les prix du combustible ainsi que ceux des autres matières de consommation ont continué d'augmenter. Seul le prix de l'huile diesel a subi une baisse non-négligeable vers la fin de l'année, et son rationnement est aboli au début de l'été. Quant aux dépenses pour la main-d'œuvre, elles ne cessent de croître. Le rétablissement, par les autorités fédérales, des prescriptions sur la durée du travail des entreprises de transport place l'entreprise dans le plus profond embarras.
- **Trafic**: Rétablissement des services quotidiens en haute saison Neuchâtel-Morat, Neuchâtel-

- Personenverkehr: Die Beteiligung am direkten schweizerischen Personenverkehr ermöglicht die Ausgabe von Billetten ab allen schweizerischen Stationen an alle Ländten der SNLNM. Zudem sind die Billette auf parallelstrecken Bahn/Schiff wahlweise gültig. Daraus ergibt sich ein signifikanter Anstieg der Reisendenzahlen.
- Güterverkehr: Direkte Taxation aller Sendungen zwischen allen Schweizer Bahnhöfen und Stationen einerseits und den Ländten von Cudrefin, Portalban und Chevroux anderseits. Damit können die Fischer am Südufer des Neuenburgersees ihren Fang mit einem durchgehend gültigen Frachtbrief direkt an die Empfänger in der Deutschschweiz oder in den Städten am Genfersee spedieren.
- **Brennstoffe**: Rationierung der zunehmend knappen Brennstoffe, Kohle und Dieselöl. Das zwingt das Unternehmen, die grösstmögliche Personenzahl mit kleinstmöglicher Zahl von Kursen zu befördern. Wenn die Schiffe so sehr rationell genutzt werden, vermindert sich der Reisekomfort für die Fahrgäste markant. Die Rationierung bewirkt vor allem den Verbrauch grosser Holzmengen und damit höhere Ausgaben.

1946 Ein besonders schwieriges Jahr. Vieles hat sich normalisiert: Die Grenzen sind wieder offen, und der Strassenverkehr pulsiert erneut auf Vorkriegsniveau. Klar, dass das Publikum nun Fahrpläne erwartet, die ein entsprechendes Angebot bieten. Doch die festen Brennstoffe, Kohle und Holz, sind rationiert; Brennstoff und andere Betriebsmittel kosten nochmals mehr. Anfang Sommer fällt die Rationierung weg, und gegen Jahresende beginnt der Preis für Dieselöl zu sinken. Der Personalaufwand dagegen klettert unablässig weiter. Der Entscheid der Bundesbehörden, auch die Arbeitszeitbestimmungen für das Personal des öffentlichen Verkehrs zu normalisieren, verschärft die Lage nochmals. Die Verkehrsunternehmen stehen vor schwer lösbaren Problemen.
- **Verkehr**: Die täglichen Kurse Neuenburg–Murten, Neuenburg–Estavayer via La Béroche und Estavayer–Yverdon können in der Hochsaison wieder gefahren werden. Weil die Öffentlich-

Estavayer via La Béroche et Yverdon-Estavayer. Encore mal connus du public, ces services ont été peu fréquentés et certains d'entre eux ont même donné des résultats absolument insuffisants. En revanche, une augmentation des courses entre Neuchâtel-Cudrefin et Portalban ainsi que la mise en correspondance de ces courses avec les courses postales traversant le Vully ont donné des résultats plus encourageants. Un trafic d'abonnés se développe: environ cent ouvriers viennent tous les matins du Vully à Neuchâtel et rentrent tous les soirs. En revanche, une partie des transports maraîchers allant du Vully à Neuchâtel a été perdu en faveur des camions. Période prolongée de mauvais temps: sur 19 dimanches de haute saison, 17 ont été pluvieux. Recette par voyageur: Fr. 1.-. Déficit couvert par le fonds de compensation.

- **Entreprises accessoires**: Les affaires de l'agence de voyages se développent de manière satisfaisante et ont laissé un bénéfice net de Fr. 2707.93.

1947 Trafic record avec 287 037 passagers. Été excessivement sec et chaud. Vers la fin de l'été, la sécheresse persistante oblige les autorités fédérales à autoriser un fort abaissement du niveau des lacs jurassiens afin de pouvoir maintenir la production d'énergie électrique par les centrales situées sur le cours de l'Aar. Répercussions:
- Suppression anticipée du service Neuchâtel-Morat le 16 septembre;
- Estacade provisoire à Cudrefin;
- Plusieurs ensablements d'unités sans conséquences graves.

Les usines électriques indemnisent la perte subie de Fr. 20 096.44, somme versée en 1948 après l'intervention de l'Office fédéral des transports (OFT).

Organisation de quelques courses de plaisance vers l'Ile de Saint-Pierre.
- **Matériel**: Acquisition d'une drague.
- **Carburants**: Selon l'arrêté du Conseil fédéral, les droits d'entrée sur l'huile diesel ont été portés, d'un jour à l'autre, de 20 ct. à Fr. 6.- les 100 kg brut. Ainsi, le prix de l'huile diesel qui s'élevait à 13 centimes le litre en 1939 a été porté à 41

keit diesen Wechsel nicht zur Kenntnis nimmt, lässt die Frequenz zu wünschen übrig. Einzelne Kurse bleiben gar ungenügend benutzt. Umgekehrt findet die häufiger angebotene kleine Seerundfahrt von Neuenburg nach Cudrefin und Portalban mit den Postautoanschlüssen über den Mont Vully viel versprechenden Zuspruch. Der Pendlerverkehr wächst auf rund hundert Personen, die morgens vom Vully nach Neuenburg fahren und abends wieder zurück. Allerdings gehen Transportaufträge einiger Gemüsebauern an die Strasse verloren. Eine längere Schlechtwetterperiode trübt die Hochsaison, in der 17 von 19 Sonntagen verregnet werden. Der Ertrag pro Fahrgast beträgt CHF 1. – . Das Defizit wird vom Ausgleichsfonds gedeckt.

- **Nebengeschäfte**: Das Geschäft des Reisebüros entwickelt sich recht befriedigend und generiert einen Reingewinn von CHF 2707,93.

1947 Mit 287 037 Passagieren wird ein neuer Rekord erzielt. Der sehr trockene und heisse Sommer zwingt die Bundesbehörden letztlich, das Seeniveau weiter absenken zu lassen, damit die Aare-Kraftwerke weiterhin Strom produzieren können. Und das bekommt der Schifffahrt schlecht.
- Am 16. September muss der Verkehr Neuenburg–Murten eingestellt werden.
- In Cudrefin braucht es eine provisorische Ländte.
- mehrere Kurse laufen auf Sand, allerdings ohne weitere Schäden zu erleiden.

Die Kraftwerke kompensieren den erlittenen Schaden mit CHF 20 096.44, die sie nach Aufforderung des Eidgenössischen Amtes für Verkehr 1948 überweisen.

Einige Ausflugsfahrten führen auf die St. Petersinsel.
- **Mittel**: Ein Bagger wird angeschafft.
- **Brennstoff**: Ein Bundesbeschluss erhöht die Einfuhrzölle für Dieselöl auf einen Schlag von 20 Rappen je 100 kg brutto auf 6 Franken je 100 kg brutto. Pro Liter Dieselöl klettern die Kosten damit von 13 Rappen im Jahre 1939 auf 41 Rappen im Jahr 1947. Zu allem Übel bringt diese Preiserhöhung auch noch eine komplizierte und schwerfällige Bürokratie mit sich:

centimes le litre en 1947. Malheureusement, cette augmentation de prix est accompagnée d'une procédure administrative lourde et compliquée. Au moment de l'achat de l'huile diesel, l'entreprise doit acquitter des droits d'entrée d'un montant de 16 francs pour les 100 kg, dont Fr. 10.- sont restitués par l'administration fédérale des finances contre la preuve de l'emploi du carburant dans l'exploitation de transports publics. L'ICHA (Impôt sur le chiffre d'affaires) est perçu sur le total des Fr. 16.-; l'administration se refuse à rembourser la quote-part correspondant aux Fr. 10.- remboursés!

1948 Printemps précoce et excessivement chaud, suivi d'un été pluvieux et extrêmement froid. Service de plage Neuchâtel-La Tène à titre d'essai, supprimé après quelques semaines en raison de son rendement insuffisant.
— **Direction**: Dès le mois de juin 1948, nouveaux locaux de la direction au premier étage de l'immeuble transformé du cinéma Palace. L'agence de voyages est transférée au plain-pied du même immeuble où, dans un local spacieux, elle est située à côté du bureau de ville des CFF et du bureau de renseignements de l'Office du tourisme (ADEN).
— **Concession**: Renouvelée pour une période de 20 ans. Introduction de la classe unique (suppression de la « 1re place »).
— **Carburants**: Le charbon a été obtenu en quantité suffisante, mais son prix ne baisse pas.

1949 Très bel été. Abonnés en augmentation. L'hiver, réduction des prestations entre Cudrefin et Estavayer.
— **Accident**: Dimanche 11 septembre, course 23, le vapeur *Fribourg* manœuvrant devant le port de Serrières est entré en collision avec un canot à moteur qui a chaviré. Les 5 occupants du canot sont tombés à l'eau parmi lesquels un enfant de 2 ans et demi a trouvé la mort.

Beim Kauf des Dieselöls muss das Unternehmen CHF 16.– Einfuhrzoll pro 100 kg bezahlen. Davon werden später CHF 10.– erstattet, sofern das Unternehmen nachweisen kann, dass der Brennstoff für Zwecke des öffentlichen Verkehrs verwendet worden ist. Dass die Warenumsatzsteuer auf dem ganzen Zollbetrag von CHF 16.– erhoben wird und die Steuerverwaltung später die Rückerstattung der zu viel bezahlten Warenumsatzsteuer ablehnt, ist ein weiteres Ärgernis mit Kostenfolge!

1948 Der Frühling kommt früh und wird übermässig warm. Ihm folgt ein verregneter und sehr kalter Sommer. Die versuchsweise angebotenen Badekurse von Neuenburg nach La Tène müssen mangels Nachfrage schon ein paar Wochen später wegfallen.
— **Direktion**: Im Juni 1948 zieht die Direktion in den ersten Stock des umgebauten Kino Palace um. Das Reisebüro findet im Erdgeschoss des gleichen Gebäudes eine geräumige Bleibe, und zwar unmittelbar neben dem Stadtbüro der SBB und neben dem Informationsbüro für den Fremdenverkehr (ADEN).
— **Konzession**: Die eidgenössische Konzession wird für weitere 20 Jahre erneuert. Übergang zur Einheitsklasse, bisher 1. und 2. Platz.
— **Brennstoffe**: Es kann genügend Kohle beschafft werden, deren Preis ist aber noch nicht gefallen.

1949 Gutes Sommerwetter, mehr Abonnenten und ein reduzierter Winterfahrplan zwischen Cudrefin und Estavayer kennzeichnen dieses Jahr.
— **Unfall**: Am Sonntag, 11. September, in Serrières kollidiert der Raddampfer *Fribourg* im Kurs 23 beim ablegen in Rückwärtsfahrt mit einem Motorboot und bringt dieses zum Kentern. 5 Personen fallen ins Wasser, ein 2½-jähriges Kind ertrinkt.

Trafic utilitaire en baisse, lancement du *Romandie*	**Güterverkehr schwindet. *Die Romandie* bricht auf**
1950 Temps incertain en été. Forte réduction des horaires. Service Neuchâtel–Yverdon limité aux dimanches et aux deux semaines des vacances horlogères. L'hiver, service Neuchâtel–Chevroux; il n'y a plus de bateau ayant son port d'attache à Estavayer. Le transport de gros bétail est aboli, vu le remplacement des bateaux à vapeur par de petites unités à moteur.	**1950** Wechselhaftes Sommerwetter. Reduziertes Angebot: Die Kurse Neuenburg–Yverdon fahren bloss sonntags und während der zwei Wochen Uhrmacher-Ferien. Winterdienst Neuenburg–Chevroux; der Heimathafen Estavayer wird aufgegeben. Der Viehtransport wird eingestellt, weil die statt der Dampfschiffe eingesetzten kleinen Motorboote sich dazu nicht eignen.
1951 Hiver 1951-1952 réduction d'horaire: services ouvriers matin et soir + 2 courses Neuchâtel-Cudrefin-Portalban-Neuchâtel. — **Direction**: Le directeur est remplacé par un comité de direction. Toute l'exploitation est reprise sur des bases nouvelles: le personnel est réduit et les prestations de l'horaire sont diminuées.	**1951** Eingeschränkter Winterfahrplan 1951/1952: Neben Arbeiter-Kursen morgens und abends fahren zwei Kurse Neuenburg–Cudrefin–Portalban–Neuenburg. — **Direktion**: Ein Komitee ersetzt den bisherigen Direktor. Der Betrieb wird auf neuer Grundlage geführt. Der Personalbestand wird reduziert, der Fahrplan ausgedünnt.
1952 Courses à l'Ile de Saint-Pierre les mercredis et dimanches. Dès l'hiver 1952–1953, introductions de courses en triangle avec un seul bateau pour les courses d'ouvriers. — *Romandie*: Ouverture de la navigation Neuchâtel-Soleure par M. Walter Koelliker, loueur de bateaux au port de Neuchâtel.	**1952** Mittwochs und sonntags gibt es Fahrten zur St. Petersinsel. Im Winterfahrplan 1952–1953 werden die Pendler-Kurse mit einem Schiff als Dreieckroute geführt. — *Romandie*: Walter Koelliker nimmt die Schifffahrt Neuenburg–Solothurn auf.
1953 Le nombre des voyageurs est inférieur à 200 000. — **Bateaux**: Vente des bateaux *Grèbe* et *Foulque*. Nouveau moteur diesel GM 6 cylindres pour la *Bécassine*. *Cygne*: toit en tôle zinguée en remplacement de la toile imprégnée.	**1953** Die Zahl der Passagiere fällt unter 200 000 Personen. — **Flotte**: *Grèbe* und *Foulque* werden verkauft. Die *Bécassine* erhält einen neuen 6-Zylinder-Dieselmotor von GM, und, und die *Cygne* bekommt anstelle imprägnierter Blachen ein Dach aus verzinktem Blech.
1954 La fréquentation atteint son point le plus bas avec 174 833 passagers. Création du débarcadère de Saint-Aubin (NE). Introduction de croisières dansantes le samedi. Suppression de la course du mercredi à l'Ile de Saint-Pierre. — **Bateaux**: Hiver 1953/1954, révision du *Neuchâtel* qui est équipé de brûleurs à huile lourde (économie du chauffeur). Vente de la drague qui n'a jamais été utilisée.	**1954** Die Benutzerfrequenzen erreichen mit 174 833 Passagieren den Tiefpunkt. In Saint-Aubin (NE) entsteht eine Ländte. Samstags wird ein Tanzschiff angeboten. Der Mittwochs-Kurs nach der St. Petersinsel fällt weg. — **Flotte**: Während der Revision wird die *Neuchâtel* im Winter 1953/1954 auf Ölfeuerung umgestellt, was künftig den Heizer einspart. Der Bagger wird ungebraucht verkauft.

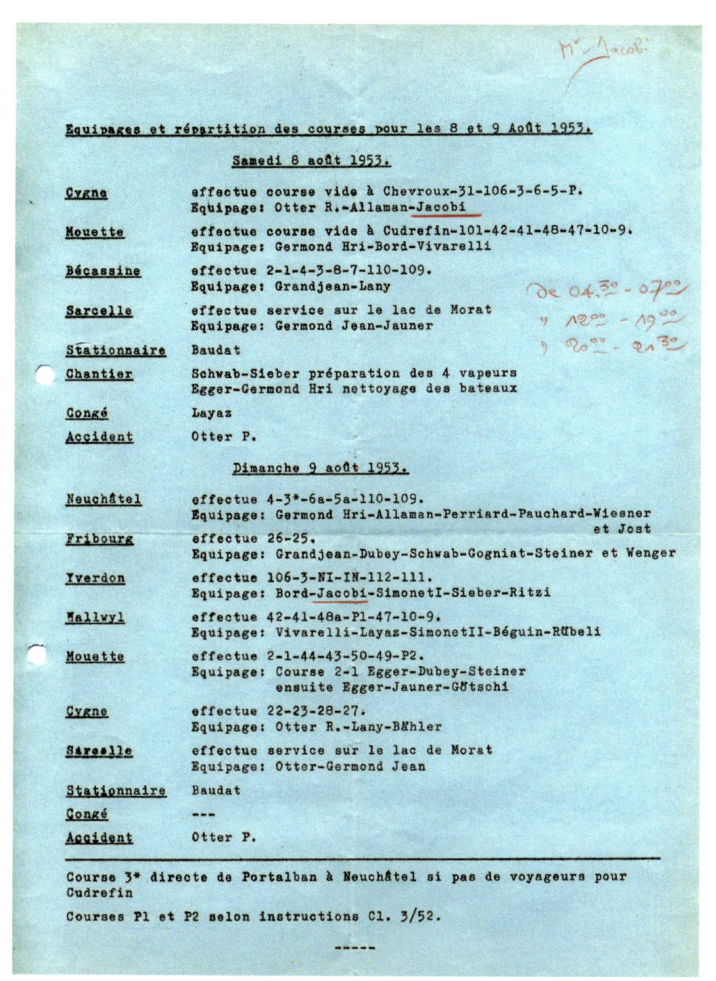

```
Equipages et répartition des courses pour les 8 et 9 Août 1953.

                    Samedi 8 août 1953.
Cygne          effectue course vide à Chevroux-31-106-3-6-5-P.
               Equipage: Otter R.-Allaman-Jacobi
Mouette        effectue course vide à Cudrefin-101-42-41-48-47-10-9.
               Equipage: Germond Hri-Bord-Vivarelli
Bécassine      effectue 2-1-4-3-8-7-110-109.
               Equipage: Grandjean-Lany
Sarcelle       effectue service sur le lac de Morat
               Equipage: Germond Jean-Jauner
Stationnaire   Baudat
Chantier       Schwab-Sieber préparation des 4 vapeurs
               Egger-Germond Hri nettoyage des bateaux
Congé          Layaz
Accident       Otter P.

                   Dimanche 9 août 1953.
Neuchâtel      effectue 4-3*-6a-5a-110-109.
               Equipage: Germond Hri-Allaman-Perriard-Pauchard-Wiesner
                                                              et Jost
Fribourg       effectue 26-25.
               Equipage: Grandjean-Dubey-Schwab-Gogniat-Steiner et Wenger
Yverdon        effectue 106-3-NI-IN-112-111.
               Equipage: Bord-Jacobi-SimonetI-Sieber-Ritzi
Hallwyl        effectue 42-41-48a-P1-47-10-9.
               Equipage: Vivarelli-Layaz-SimonetII-Béguin-Rübeli
Mouette        effectue 2-1-44-43-50-49-P2.
               Equipage: Course 2-1 Egger-Dubey-Steiner
                         ensuite Egger-Jauner-Götschi
Cygne          effectue 22-23-28-27.
               Equipage: Otter R.-Lany-Bühler
Sarcelle       effectue service sur le lac de Morat
               Equipage: Otter-Germond Jean
Stationnaire   Baudat
Congé          ---
Accident       Otter P.

Course 3* directe de Portalban à Neuchâtel si pas de voyageurs pour
Cudrefin
Courses P1 et P2 selon instructions Cl. 3/52.
```

Feuille d'équipage pour samedi 8 et dimanche 9 août 1953. Courses 1-10 rive sud-Estavayer, 22-27 rive nord-Yverdon, 41-50 Neuchâtel-Morat, 101-112 Neuchâtel-Cudrefin/Portalban, NI-IN Neuchâtel-Ile de Saint-Pierre et retour. Les courses matinales à vide vers Cudrefin et vers Chevroux-Portalban sont avancées les jours de marché pour tenir compte du temps de chargement des marchandises. Equipage : capitaine, caissier, mécanicien*, chauffeur*, contrôleur [*Sur les vapeurs].
Personal-Einteilung für Samstag 8. und Sonntag 9. August 1953. Kursnummer 1-10 Südufer-Estavayer, 22-27 Nordufer-Yverdon, 41-50 Neuenburg-Murten, 101-112 Neuenburg-Cudrefin/Potalban, NI-IN Neuenburg-St-Petersinsel und zurück. Die Leerfahrten am Morgen nach Cudrefin und nach Chevroux-Portalban sind an Markttagen früher gelegt, um dem Güterumlad Rechnung zu tragen. Mannschaft in folgender Reihenfolge : Kapitän, Kassier, Maschinist*, Heizer*, Kontrolleur [*Auf den Dampfschiffen].
– Collection/Sammlung SJ

Horaire d'été, valable du 17 mai au 3 octobre 1953.
Sommerfahrplan, gültig vom 17. Mai bis 3. Oktober 1953.
– Bibliothèque CFF/Bibliothek SBB

Mouette accosté au Neuchâtel, vers 1950.
MS Mouette neben DS Neuchâtel um 1950.
– Carte Photoglob r5758

Quatre nouveaux bateaux en dix ans	**Vier neue Schiffe in zehn Jahren**

1955 Hautes eaux en début d'année, bateaux remplacés par autocars. Les courses spéciales procurent 25 % des recettes, tout en n'exigeant qu'un nombre restreint de km.
— **Bateaux**: Inauguration du **Ville-de-Morat** le 4 juillet. Vente du *Hallwyl*.

1956 Par suite de gel, service suspendu du 4 au 24 février sur le lac de Neuchâtel, et du 3 février au 18 mars sur le lac de Morat. Courses aux Grands Marais du 6 au 25 février, transport de plus de 6000 patineurs. Pour la première fois, la totalité de la flotte a été mise à contribution pour le transport d'un régiment d'infanterie, env. 1500 hommes, 100 chevaux et 100 charrettes.
— **Bateaux**: *Yverdon*, peinture totale. *Sarcelle*, remplacement du moteur Sulzer d'origine par un GM 4 cylindres.

1957 Directeur Roger Matthey dès le 1er mars.
— **Bateaux**: *Cygne* et *Mouette*: remplacement du moteur Sulzer 6 RKWN 21 d'origine par un GM série 110, 6 cylindres, de 275 ch.

1960 **Bateaux**: **Vully**, baptême le 21 avril, inauguration le 21 mai à Morat. Ce bateau remplace la *Sarcelle* dans le service local du lac de Morat durant l'été. Le vapeur *Yverdon* est retiré du trafic en fin de saison et démoli.

1961 Nouvelles courses quotidiennes Neuchâtel-Bienne (sauf lundi et vendredi; dès 1962, sauf lundi).
— **Bateaux**: **Ville-d'Estavayer** lancé le 3 mai, inauguré le 17 mai à Estavayer.
Bécassine louée trois mois à la Confédération pour le compte du Gouvernement provisoire de la République algérienne, avec port d'attache à Genève, puis vente définitive à la CGN.

1963 Lacs gelés: interruption de trois mois sur le lac de Morat et de plusieurs semaines sur le lac de Neuchâtel.

1955 Wegen Hochwassers müssen Anfang Jahr Autobusse die Kursschiffe ablösen. Extraschiffe generieren bei relativ geringer Fahrleistung einen Viertel des Ertrags.
— **Flotte**: Jungfernfahrt der **Ville-de-Morat** am 4. Juli. Verkauf der *Hallwyl*.

1956 Eis behindert die Schifffahrt vom 4. bis zum 24. Februar auf dem Neuenburgersee, vom 3. Februar bis zum 18. März auf dem Murtensee. Kurse ins Grosse Moos vom 6. bis zum 25. Februar für insgesamt über 6000 Schlittschuhläufer. Erstmals beteiligt sich die ganze Flotte an einem Militärtransport: Ein Infanterieregiment, 1500 Mann, 100 Pferde und 100 Wagen werden über den See verschoben.
— **Flotte**: Die *Yverdon* erhält einen Neuanstrich, die *Sarcelle* anstelle des Sulzer-Motors einen 4-Zylinder-GM-Dieselmotor.

1957 Ab 1. März leitet Direktor Roger Matthey die SNLNM.
— **Flotte**: *Cygne* und *Mouette* bekommen anstelle der ursprünglichen Sulzer-Motoren 6 RKWN 21 GM-110-Motoren mit 6-Zylindern und 275 PS.

1960 Am 21. April erhält die **Vully** ihren Namen, am 21. Mai wird sie in Murten eingeweiht. Sie übernimmt im Sommer den Lokalverkehr von der *Sarcelle*. Ende Saison wird das Dampfschiff *Yverdon* stillgelegt und abgebrochen.

1961 Neu fährt täglich (ausser Montag [1961 auch ausser Freitag]) ein Schiff von Neuenburg bis Biel und zurück.
— **Flotte**: Die **Ville-d'Estavayer** läuft am 3. Mai vom Stapel und wird am 17. Mai in Estavayer eingeweiht.
Die *Bécassine* wird nach Genf versetzt und für drei Monate an die Eidgenossenschaft vermietet. Dies auf Rechnung der provisorischen Regierung der Republik Algerien. Danach geht das Schiff käuflich an die CGN.

1965 Introduction du service quotidien (lundi excepté) Neuchâtel-Yverdon (bateau *Cygne* basé à Yverdon).
— **Bateaux**: ***Ville-d'Yverdon*** lancé le 12 mai, inauguré le 21 mai à Yverdon, puis service Neuchâtel-Morat. Vapeur *Fribourg* hors service en mai.

1966 L'entreprise Koelliker vend les bateaux *Romandie* à Bienne; convention avec BSG qui s'engage à promouvoir l'itinéraire complet Neuchâtel-Bienne-Soleure.
— **Bateaux**: Le *Fribourg* est vendu le 9 février à un restaurateur de Portalban.

1968 Le 1er novembre, introduction au niveau suisse de l'abonnement demi-tarif pour personnes âgées.

Le dernier vapeur disparaît

1969 **Débarcadères**: Nouvelle station Camping des Trois Lacs. Reconstruction des débarcadères de Sugiez, La Sauge et La Tène, dans le cadre des travaux de la deuxième correction des eaux du Jura.
— **Bateaux**: Selon lettre OFT du 1er mai, mise hors service du *Neuchâtel*, la chaudière n'étant plus à même d'assurer une sécurité suffisante.

1970 La vente d'abonnements d'ouvriers au départ de Cudrefin et de Portalban augmente légèrement. Édition d'un dépliant «Notre flotte en images», tiré à 60 000 exemplaires.
— **Débarcadère** du Landeron déplacé dans le cadre des travaux de la deuxième correction des eaux du Jura.

1971 **Débarcadères**: La commune de Cudrefin inaugure un nouveau port de petite batellerie ainsi qu'un nouveau débarcadère.

1963 Zugefrorene Seen unterbrechen die Schifffahrt, während dreier Monate auf dem Murtensee und während mehrerer Wochen auf dem Neuenburgersee.

1965 Einführung täglicher Kurse (ausser Montag) Yverdon–Neuenburg (MS *Cygne* wird in Yverdon beheimatet.).
— **Flotte**: Die ***Ville-d'Yverdon*** läuft am 12. Mai vom Stapel, und wird am 21. Mai in Yverdon eingeweiht. Danach beginnt ihr Dienst zwischen Neuenburg und Murten. Das Dampfschiff *Fribourg* wird im Mai stillgelegt.

1966 Unternehmer Koelliker verkauft seine Romandie-Schiffe an die BSG in Biel, die sich vertraglich verpflichtet, die Linie Neuenburg-Solothurn weiter zu vermarkten.
— **Flotte**: Die *Fribourg* wird am 9. Februar an einen Wirt in Portalban verkauft.

1968 Ab 1. November gibt es Schweiz weit ein Halbtax-Abonnement für Senioren.

Dampffahne eingezogen

1969 **Ländten**: Neue Haltestelle Trois-Lacs (Camping) im Broye-Kanal. Erneuerung der Ländten in Sugiez, La Sauge und La Tène als Folge der Zweiten Juragewässerkorrektion.
— **Flotte**: Das Bundesamt für Verkehr legt mit Schreiben vom 1. Mai das Dampfschiff *Neuchâtel* still, weil sein Kessel die Sicherheitsauflagen nicht mehr erfüllt.

1970 Mehr Abonnenten in Cudrefin und Portalban. Ein Faltblatt «Unsere Flotte in Bildern» wird in 60 000 Exemplaren aufgelegt.
— **Ländten**: Die Zweite Juragewässerkorrektion versetzt die Ländte von Landeron.

1971 **Ländten**: Die Gemeinde Cudrefin eröffnet einen neuen Bootshafen samt neuer Ländte.

Cent ans et un record

1972 Centenaire de la Société: En un siècle, les bateaux de la Société de navigation ont transporté plus de 17 millions de passagers et parcouru plus de 7 millions de km.
    Promenades de 30 minutes au large de Neuchâtel pour pallier la suppression de ce service effectué jusqu'ici par une entreprise concurrente.
— **Débarcadère**: Nouvelle station à Bevaix.
— **Bateaux**: *Ville-de-Neuchâtel*. Lancement et baptême le 24 mars, croisière inaugurale le 28 avril.

1973 Trafic: Dans sa 101e année, la LNM franchit pour la première fois le cap des 300 000 passagers.
— **Débarcadères**: Nouveaux débarcadères à La Sauge, Chevroux et Auvernier, ce dernier dans le cadre de la RN 5.

1975 Le bail des locaux occupés par la direction dans la Maison du tourisme ayant été résiliés pour le mois de décembre 1974, les bureaux sont transférés provisoirement à bord du *Ville-de-Neuchâtel* ancré au port. Au printemps 1975, l'entreprise s'installe dans le nouveau pavillon du port, ce qui permet d'avoir sur place un bureau de renseignements ouvert en permanence, le dimanche compris.

1979 Le prix du carburant a augmenté de 58 % par rapport à l'année précédente.
— **Accident**: Le mardi 27 mars, au retour de la course 66 entre Praz et Morat assurée par la *Sarcelle*, le caissier-matelot disparaît. Le fait n'est constaté qu'à l'arrivée à Morat (le corps a été retrouvé 17 mois plus tard).

1980 Organisation de quatre croisières « Sérénades sur l'eau » en collaboration avec la direction du tourisme et des transports de Neuchâtel et grâce à une subvention de cette ville (chaque vendredi soir en été 1981).

Hundert Jahre und ein Rekord

1972 Zentenarfeier der Schifffahrtsgesellschaft. In hundert Jahren haben die Schiffe über 17 Millionen Passagiere befördert und über 7 Millionen Schiffskilometer zurückgelegt.
    Die Gesellschaft bietet halbstündige Rundfahrten vor Neuenburg an und nimmt damit das Angebot eines eingegangenen Mitbewerbers auf.
— **Ländten**: Bevaix wird neu Haltestelle und erhält eine Ländte.
— **Flotte**: Die *Ville-de-Neuchâtel* läuft am 24. März vom Stapel und bekommt ihren Namen. Jungfernfahrt am 28. April.

1973 Verkehr: Im 101. Geschäftsjahr befördert die LNM erstmals über 300 000 Passagiere.
— **Ländten**: La Sauge, Chevroux und Auvernier erhalten neue Ländten. In Auvernier gehören die Arbeiten zum Bau der A5.

1975 Der Mietvertrag für Büro- und Verkaufsräume im Haus des Tourismus wird auf Ende 1974 gekündigt. Direktion und Verkauf befinden sich vorübergehend an Bord der *Ville-de-Neuchâtel*, die im Hafen vor Anker liegt, bis im Frühling der neue Pavillon am Hafen bezogen werden kann. Seither sind die Schalter täglich – auch sonntags – offen.

1979 Gegenüber dem Vorjahr wird der Brennstoff 58% teurer.
— **Unfall**: Am Dienstag, 27. März, verschwindet der Kassier-Matrose von Bord der *Sarcelle*, die als Kurs 66 nach Murten zurückkehrt. Das Fehlen des Mannes wird erst bei Ankunft in Murten bemerkt. Sein Körper wird erst 17 Monate später aufgefunden.

1980 Am Freitagabend im Sommer werden viermal Kreuzfahrten mit «Serenaden auf dem Wasser» angeboten. Das mit dem Fremden- und Verkehrsbüro Neuenburg organisierte Vorhaben wird von der Stadt Neuenburg unterstützt.

66

1981	Nouveau bateau **La Béroche** de 400 passagers, lancement le 29 avril, croisière inaugurale le 16 mai.	**1981**	Die **La Béroche** läuft am 29. April vom Stapel. Das 400-Personen-Schiff bricht am 16. Mai zur Jungfernfahrt auf.
1982	Organisation de courses du soir à Morat. Collaboration avec les Transports publics neuchâtelois (TN) par la prise en charge informatique de toutes les applications de gestion. L'horaire de poche, plus attractif, est tiré à 100 000 exemplaires et distribué «tous ménages» dans les villes de Neuchâtel, de La Chaux-de-Fonds, d'Yverdon-les-Bains, d'Estavayer-le-Lac et de Morat.	**1982**	Abendrundfahrten auf dem Murtensee bereichern das Programm. Zusammenarbeit mit den Verkehrsbetrieben der Stadt Neuenburg (TN), deren Rechner die Betriebsverwaltung übernehmen. Der neu gestaltete Taschenfahrplan erscheint in 100 000 Exemplaren und wird an alle Haushalte der Städte Neuenburg, La Chaux-de-Fonds, Yverdon-les-Bains, Estavayer-le-Lac und Murten verteilt.
1983	Au port de Neuchâtel, pose aux deux estacades d'une nouvelle installation électrique de 40A et des embranchements de vidange des fosses septiques des bateaux.	**1983**	Im Hafen Neuenburg werden beide Anleger mit 40-Ampère-Elektroanschlüssen und Entleerungsanlagen für die Fäkalientanks der Schiffe ausgerüstet.
1985	Après un printemps pluvieux et froid, beau temps du 29 juin au 20 octobre.	**1985**	Dem nass-kalten Frühling folgt vom 29. Juni bis 20. Oktober schönes Wetter.
1987	L'aménagement de nouvelles cuisines au port de Neuchâtel, selon le crédit voté par le législatif communal en automne 1986, est bénéfique pour le succès de la restauration.	**1987**	Der von der städtischen Legislative beschlossene Einbau neuer Küchen am Neuenburger Hafen verbessert die Rentabilität der Gaststätte nachhaltig.
1989	Temps exceptionnel, année phare pour LNM qui comptabilise 320 133 passagers, record absolu depuis la fondation de l'entreprise en 1872.	**1989**	Das aussergewöhnlich günstige Wetter beschert der LNM den absoluten Passagier-Rekord: 320 133 Personen benützen die Schiffe.
1990	Le 30 mars, inauguration du chantier naval après 30 mois d'importants travaux de réfection.	**1990**	Am 30. März wird die gründlich erneuerte Werft eröffnet.
1994	14 mai: inauguration du débarcadère de Thielle-Wavre.	**1994**	Am 14. Mai: wird die Ländte Thielle-Wavre erstmals angefahren.
1995	Introduction de la TVA à 6,5 %, non compensée par la hausse des tarifs, qui s'élève à 4 % en moyenne. Voyage inaugural du **Fribourg** le 6 mai. Vente de la *Sarcelle* aux Mouettes Genevoises. Le 30 juin au soir, à la suite d'une déficience technique liée au système de commande de l'inverseur, le *Fribourg* heurte le mur frontal du bâtiment de la Direction au port de Neuchâtel (aucun blessé).	**1995**	Einführung der Mehrwertsteuer von 6,5 %. Die um 4% erhöhten Billettpreise gleichen diese Zusatzbelastung nicht aus. Jungfernfahrt der **Fribourg** am 6. Mai. Die «Mouettes Genevoises» kaufen die *Sarcelle*. Am 30. Juni abends prallt die *Fribourg* in den Verwaltungspavillon am Hafen Neuenburg, weil die Schubumkehr auf dem Schiff versagt (keine Verletzten).

1996 Nouveau système de financement: les collectivités publiques ne couvrent plus le déficit. Comme pour le trafic régional ferroviaire et routier, l'élaboration de l'horaire est négociée avec les cantons qui commandent les prestations et les paient selon l'offre de l'entreprise. Le déficit éventuel est porté à nouveau; le bénéfice éventuel doit constituer une réserve en cas de déficits ultérieurs.

Le 18 août, nouveau débarcadère à Vallamand.

1997 125e anniversaire de la Société: manifestations à caractère social, populaire ou encore à thème. Horaire de poche tiré à 110 000 exemplaires et plaquette du 125e tirée à 60 000 exemplaires distribués dans les principales localités riveraines des lacs de Neuchâtel et Morat, dans tous les bureaux de voyages CFF, dans l'ensemble des agences de voyages en Suisse, en France voisine et dans le sud de l'Allemagne.

1998 Incendie à bord du *Ville-de-Morat* le 20 juin; bateau hors service pour toute la saison.

1999 Fermeture à deux reprises du canal de la Thielle, due au niveau élevé des lacs et au retournement d'une barge.

Inauguration du débarcadère de Vaumarcus le 24 avril.

Nouveau logo: étrave léchée de trois vagues qui symbolisent les trois lacs.

2000 Réception au port de Neuchâtel des deux estacades supplémentaires pour le traffic d'Expo.02.

Introduction du «Flexi-boat» hors saison sur le lac de Morat, cela pour conserver le statut de trafic régional, malgré la réduction de Fr. 220 000.- de la subvention fédérale pour ce service.

Entre la fin de 1999 et le début de l'an 2000, la Navigation a vu se succéder trois restaurateurs. Après Philippe Robert, Bien Vivre Restauration (BVR) a renoncé. Suite à une mise au concours restreinte, Croisières Gourmandes, filiale de Beaulac, a relevé le défi avec succès.

1996 Neues Finanzierungssystem für den öffentlichen Verkehr. Die öffentlichen Hände übernehmen keine Fehlbeträge mehr. Wie bei Bus und Bahn werden die Fahrpläne im Voraus ausgehandelt. Die Kantone bestellen diese Leistungen zum angebotenen Preis. Ein möglicher Fehlbetrag wird auf neue Rechnung vorgetragen, ein möglicher Überschuss zur Äufnung von Reserven genutzt.

Am 18. August bekommt Vallamand eine Ländte.

1997 Die Schifffahrtsgesellschaft wird 125jährig und verschiedene Anlässe finden statt. Vom Taschenfahrplan werden 110 000 Exemplare gedruckt, die Festschrift erscheint in 60 000 Exemplaren. Beide werden in den Ufergemeinden der beiden Seen, an die Reisebüros der SBB und an Reiseveranstalter in der Schweiz, in Frankreich und in Süddeutschland verteilt.

1998 An Bord der *Ville-de-Morat* bricht am 20. Juni ein Feuer aus, das dieses Schiff für den Rest der Saison ausser Betrieb setzt.

1999 Der Zihlkanal wird zweimal unterbrochen, einmal durch Hochwasser und ein zweites Mal durch das Kentern einer Barke.

Am 24. April wird die Ländte in Vaumarcus eingeweiht.

Neues Logo: Schiffsbug mit drei farbigen Wellenlinien als Symbol für die drei Seen.

2000 3. März. Die beiden zusätzlichen Landungsstege für den Expo.02-Mehrverkehr sind bereit.

Weil der Bund seinen Beitrag an den Regionalverkehr auf dem Murtensee um CHF 220 000.- reduziert, wird ausserhalb der Saison «Flexi-Boot» (Kursschiff auf Abruf) eingeführt.

Zwischen Ende 1999 und Anfang 2000 hat die Gastronomie auf den Schiffen zweimal gewechselt. Nach Philippe Robert hat auch BVR demissioniert. Aufgrund einer kleinen Ausschreibung übernimmt Croisières Gourmandes, eine Tochter der Beaulac, die Aufgabe mit Erfolg.

Décision de l'OFT de ne pas renouveler le permis de navigation de la *Mouette* dès la saison 2001. Une nouvelle unité est commandée au chantier Bodan-Werft de Kressbronn (D).

Le défi d'expo.02

2001 Formation des équipages à bord de la *Mouette* pour les catamarans Iris d'Expo.02: 28 pilotes (dont 5 de LNM) et 25 matelots.

— **Restauration**: Croisières Gourmandes est remplacé par Palais des Saveurs dès le 31 décembre.

2002 Expo.02 sur les quatre artéplages de Neuchâtel, de Bienne, d'Yverdon et de Morat, reliés entre eux par les navettes catamarans Iris. Les bateaux de la LNM transportent 312 009 passagers, soit un peu moins que le record de 1989 (320 133).

Lancement de l'***Idée Suisse*** le 23 février. Ce bateau est loué à la Télévision suisse romande pour toute la durée d'Expo.02: 168 heures d'émission réalisées à bord.

Bateaux équipés de GPS provenant des navettes Iris.

Herausforderung «Expo.02»

2001 Für die Iris-Katamarane der Expo.02 werden 28 künftige Schiffsführer (5 davon von der LNM) und 25 Matrosen an Bord der *Mouette* ausgebildet.

— **Gastronomie:** Ende Jahr löst das «Palais des Saveurs» die Croisières Gourmandes ab.

2002 Die vier Arteplages der Expo.02 in Neuenburg, Biel, Murten und Yverdon werden mit planmässig eingesetzten Iris-Katamaranen verbunden. Die LNM-Schiffe befördern 312 009 Reisende, etwas weniger als im Rekordjahr 1989 (320 133). Die ***Idée Suisse*** läuft am 23. Februar vom Stapel. Das Schiff wird vom Westschweizer Fernsehen TSR gemietet und während 168 Stunden als Sendestudio genutzt.

Die Schiffe erhalten die GPS-Ortungsgeräte der Iris-Katamarane.

Morat, le monolithe d'Expo.02. Catamaran Iris *Tel Aviv* et bateau *Ville-de-Neuchâtel*.
Murten, der Monolith von Expo.02. Katamaran *Tel Aviv* und Schiff *Ville-de-Neuchâtel*.
— Photo SJ, 13.9.2002

2003 La collaboration avec l'Association Le Bateau d'Yverdon-les-Bains débute modestement avec la mise en place d'un programme de réinsertion des chômeurs durant la saison. Dans ce but, l'association a contribué au financement du bateau *Idée Suisse*. Echange prématuré des deux moteurs du *Fribourg* pour tenir compte du fort dépassement de poids. Le 25 octobre, départ du bateau *Mouette*, vendu à un particulier qui le déplace à Londres.

Restauration par Cap gourmand SA, filiale de LNM. Ouverture d'une terrasse avec restauration au port de Neuchâtel.

Publication d'un horaire commun avec BSG, distribué à plus de 150 000 exemplaires.

2006 Nouveau directeur Jean-Jacques Wenger dès le 1er avril.

Transport gratuit des vélos. Courses d'écoles à 5 francs par élève et par trajet simple course.

2003 Die Zusammenarbeit mit dem Verein «Le Bateau» in Yverdon-les-Bains beginnt zaghaft mit einem Programm zur Wiedereingliederung während der Saison arbeitslos Gewordener. Mit diesem Ziel hat der Verein an die Finanzierung der *Idée Suisse* beigetragen. Die beiden Motoren der *Fribourg* werden vorzeitig ausgetauscht, um deren Übergewicht Rechnung zu tragen. Am 25. Oktober verlässt die an einen Privaten verkaufte *Mouette* den See Richtung London.

Die LNM übernimmt mit ihrer Tochter Cap Gourmand SA die Gastronomie in eigene Hände, und sie eröffnet am Hafen Neuenburg ein Terrassen-Restaurant.

Der Taschenfahrplan wird erstmals gemeinsam mit der BSG gestaltet und in über 150 000 Exemplaren gedruckt und verteilt.

2006 Als neuer Direktor tritt am 1. April Jean-Jacques Wenger an.

Velos werden gratis befördert. Auf Schulreise bezahlen Schüler pauschal CHF 5.– je einfache Fahrt.

Sugiez, pont provisoire construit par les troupes du génie et utilisé durant la révision du pont routier. Bateau *Chasseral*.
Sugiez. Das Brückenprovisorium der Genie-Truppen erlaubt es, die Strassenbrücke zu sanieren. Schiff *Chasseral*.
– Photo/Foto SJ, 21.6.1987.

2007 Au lac de Morat, le service hivernal est définitivement supprimé dès le 9 décembre.

La comptabilité est assurée par les transports publics du littoral neuchâtelois (TN).

Accès de la clientèle à internet sur tous les bateaux. Vente des billets par internet.

Après des années déficitaires, la restauration Cap Gourmand présente un résultat bénéficiaire.

2009 Tour des trois lacs au départ de Morat, en remplacement du service Neuchâtel-Bienne.

Vente de cartes journalières à 25 francs dans les 500 offices de poste de la Suisse romande.

Le trafic utilitaire disparaît et la vapeur va renaître

2011 Le 10 décembre, dernières courses du trafic régional utilitaire annuel (suppression du service hivernal).

Dès août, location du *Ville-de-Morat* pour cinq ans comme café PMU dans le port de Neuchâtel.

2014 Propriété de la Fondation Trivapor, le vapeur *Neuchâtel* est remis en service après 45 ans d'interruption.

2007 Ab 9. Dezember, ist der Winterbetrieb auf dem Murtensee Geschichte.

Die Neuenburger Verkehrsbetriebe (TN) besorgen die Buchhaltung.

Auf allen Schiffen kann gratis im Internet gesurft werden. Auch Billette werden übers Web verkauft.

Nach langen Verlustjahren in der Gastronomie schliesst Cap Gourmand mit Gewinn.

2009 Drei-Seen-Fahrt ab Murten, an Stelle der beiden Kurspaare Neuenburg–Biel.

In 500 Westschweizer Poststellen sind Tageskarten zu 25 Franken erhältlich.

Ende Regionalverkehr, wiederum Dampf

2011 Am 10. Dezember, verkehrt der letzte Kurs im öffentlichen Regionalverkehr (Aufgabe Winterbetrieb auf dem Neuenburgersee).

Ab August ist die *Ville-de-Morat* für fünf Jahre als stationäres Café im Neuenburger Hafen vermietet und verankert.

2014 Nach einem Unterbruch von 45 Jahren Pause nimmt die LNM den Raddampfer *Neuchâtel* wieder in Betrieb. Das Schiff ist Eigentum der Stiftung Trivapor.

Le *Cygne* au départ de la dernière course hivernale avant la suppression du trafic régional, le 10 décembre 2011
MS *Cygne* kurz vor Abfahrt des letzten Winterkurses vor Aufgabe des Regionalverkehrs, 10. Dezember 2011.
– Photo/Foto SJ

Direction et personnel

Selon le traité de fusion de 1872, les organes de la Société sont la direction composée de cinq membres et le conseil de surveillance composé de sept membres – tous Fribourgeois et choisis parmi les actionnaires. Le gérant a son bureau à Neuchâtel. Il doit fournir une caution de Fr. 5000.-, ce qui représente une somme énorme pour l'époque.

Le gérant se nomme Henri Haefliger. Né à Cormondrèche le 27 septembre 1847, il fait ses premières écoles à Neuchâtel et poursuit par des études commerciales. Il travaille tout d'abord au greffe du tribunal de paix à Auvernier, puis dans l'administration postale. À la navigation, ce gérant devient directeur en 1895. Il assume sa charge durant quarante ans jusqu'à son décès le 10 février 1914. Il a été membre du conseil général et député au Grand Conseil.

Son successeur est Alfred Dardel, entré à la Compagnie le 12 mai 1888 où il a fonctionné comme caissier, puis capitaine et, dès 1895, comme bras droit du directeur. Il est nommé directeur le 24 janvier 1916 et décède le 30 octobre 1927 dans sa 64e année à Hauterive où il est président du Conseil général.

Dès lors, il n'y a plus de directeur mais un comité de direction, parmi lequel se trouve le conseiller d'Etat neuchâtelois, Alfred Guinchard, en charge de la surveillance générale des services de la Société jusqu'en 1939. La même fonction est reprise en 1940 par l'industriel Jean. V. Degoumois jusqu'à la nomination en 1941 de Gustave Borel, directeur de 1941 à 1951. Les années suivantes, les destinées de l'entreprise sont de nouveau assurées par un comité de direction formé de cinq membres du conseil d'administration, dont le président Robert Gerber. Toute l'exploitation est reprise sur de nouvelles bases: le personnel est réduit et les prestations de l'horaire sont diminuées. L'exploitation est confiée à Marcel Clémence et Jean Kuhn. Après le départ de ce dernier en 1956, Roger Matthey est nommé directeur le 1er mars 1957. Il est mis au bénéfice de la retraite en 1981 après plus de 24 années d'activité. Claude-Alain Rochat, jusqu'alors chef d'exploitation, lui succède. Il est remplacé par Denis Wicht, directeur du 1er avril 1999 au 31 décembre 2004. Après un intérim assumé par le directeur TN Jean-Michel Germanier, Jean-Jacques Wenger est nommé directeur le 1er avril 2006.

Direktion und Personal

Nach dem Fusionsvertrag von 1872 wird das Unternehmen von einer fünfköpfigen Geschäftsleitung geführt. Die sieben Aufsichtsräte sind alle Freiburger und von der Aktionärsversammlung gewählt. Der Geschäftsführer hat sein Büro in Neuenburg. Er muss CHF 5000. – Kaution leisten, ein enormer Betrag damals.

Den Posten bekleidet Henri Haefliger von Cormondrèche, geboren am 27. September 1847, Schulen und kaufmännische Ausbildung in Neuenburg. Zunächst arbeitet Haefliger beim Friedensrichter in Auvernier, dann bei der Postverwaltung. Bei der Schifffahrt amtet er als Direktor. Diesen Titel bekommt er aber erst 1895. Er ist Mitglied der Gemeindelegislative und Deputierter im Grossen Rat. Er führt das Unternehmen über 40 Jahre bis zu seinem Tod am 10. Februar 1914.

Sein Nachfolger ist Alfred Dardel, der am 12. Mai 1888 als Kassier bei der Schifffahrt eintritt, dann Kapitän wird und 1895 zur rechten Hand des Direktors aufsteigt. Als Direktor gewählt wird er am 24. Januar 1916. Dardel stirbt am 30. Oktober 1927 in seinem 64. Altersjahr in Hauterive, wo er die Gemeindelegislative präsidiert.

Es wird kein neuer Direktor gewählt, weil ein Direktionskomitee die Geschäfte übernimmt, das der Neuenburger Staatsrat Alfred Guinchard bis 1939 beaufsichtigen wird. Dessen Nachfolger, der Unternehmer Jean V. Degoumois, amtet bis zur Wahl von Direktor Gustav Borel im Jahr 1941. Borel leitet die Schifffahrt zehn Jahre lang. Nach 1951 übernimmt die Geschäfte wiederum ein fünfköpfiger Direktionsausschuss mit Robert Gerber an der Spitze. Der gesamte Betrieb wird auf neue Grundlagen gestellt. Das Personal wird reduziert und der Fahrplan ausgedünnt. Als Betriebsleiter wirken Marcel Clémence und Jean Kuhn. Als Kuhn 1956 ausscheidet, wird Roger Matthey per 1. März 1957 zum Direktor ernannt. Nach 24 Jahren Direktion tritt er 1981 in den Ruhestand. Der bisherige Betriebschef Claude-Alain Rochat rückt nach. Er wird von Denis Wicht abgelöst, der vom 1. April 1999 bis 31. Dezember 2004 die Geschicke leitet. Nach einem Interregnum mit dem TN-Direktor Jean-Michel Germanier übernimmt am 1. April 2006 Jean-Jacques Wenger das Direktorium.

Effectifs

1873 2 capitaines, 2 pilotes, 8 matelots, 2 mécaniciens, 4 chauffeurs, 10 stationnaires.

1919 «Le directeur annonce qu'il n'est pas possible de réduire encore le personnel. Avant la guerre, les équipages se composaient de 45 à 50 hommes, tandis qu'actuellement le personnel au complet, avec le bureau, atteint seulement le nombre de 18. Certains jours de marché, il faut envoyer le soir avant, une dizaine d'hommes pour doubler l'équipage du bateau d'Estavayer, sans cela le bateau arriverait à Neuchâtel lorsque le marché serait terminé.»[01]

1943 Effectif: 20 personnes, y compris le personnel de la direction.

1945 Direction: 3, chantier naval: 2, personnel navigant: 20, donc au total 25 personnes + 6 radeleurs à l'année + 15 agents et 9 radeleurs occupés les dimanches de haute saison.

1963 17 permanents.

1972 Administration 3, chefs de chantier et de port 2, exploitation et chantier 17, total 22.

2009 31 permanents.

Législation, salaires et divers

1880 Par suite de la congélation des lacs, le service est totalement interrompu du 16 décembre 1879 au 19 mars 1880. Le personnel est réduit au strict nécessaire, avec une diminution de 20 % sur le salaire des employés restants.

1893 La loi fédérale du 27 juin 1890 sur les jours de congé et de repos du personnel occasionne une augmentation des dépenses.

---

01 — PV du comité de direction, 7 juin 1919.

Belegschaft

1873 2 Kapitäne, 2 Steuermänner, 8 Matrosen, 2 Maschinisten, 4 Heizer, 10 Mann Stationspersonal.

1919 «Der Direktor erklärt, ein weiterer Personalabbau sei nicht möglich. Sind vor dem Krieg noch 45 bis 50 Mann beschäftigt, erreicht der Gesamtbestand heute, einschliesslich Büro, nur noch 18 Mann. An gewissen Markttagen müssen am Vorabend 10 Mann als Verstärkung nach Estavayer reisen, damit das Schiff in Neuenburg ankommt, bevor der Markt zu Ende ist.»[01]

1943 Bestand 20 Mitarbeitende, einschliesslich Verwaltungspersonal.

1945 Direktion 3, Werft 2, Schiffsmannschaft 20, insgesamt 25 Personen. Dazu ganzjährig 6 Ländten-Wärter. Zusätzlich an Sonntagen während der Hochsaison 15 Aushilfen und 9 Ländten-Wärter.

1963 17 Vollzeitstellen.

1972 Verwaltung 3, Leiter Werft/Hafen 2, Betrieb/Werft 17, total 22 Mitarbeitende.

2009 31 Vollzeitstellen.

Gesetzgebung, Löhne und Verschiedenes

1880 Wegen zugefrorener Seen muss der Betrieb vom 16. Dezember 1879 bis 19. März vollständig eingestellt werden. Das Personal wird auf ein Minimum reduziert, den Verbleibenden wird der Lohn um 20% gekürzt.

1893 Das Bundesgesetz betreffend die Arbeitszeit beim Betriebe der Eisenbahnen und anderer Transportanstalten vom 27. Juni 1890 verursacht Mehrkosten.

---

01 — Protokoll des Direktionskomitees vom 7. Juni 1919.

| Direction et personnel | Direktion und Personal |

1906 Augmentation des salaires et attribution de vacances en plus des 36 jours de congé réglementaires

1916 Application de la loi de 1890 sur la durée du travail qui prévoit 52 jours de congé annuel au lieu de 44 jusqu'alors.

1917 Après revendication du personnel, avec menace de grève, établissement d'une échelle de traitement valable dès le 1er juin: minimum (annuel) des sous-pilotes porté de Fr. 1560.- à 1620.-, de Fr. 1500.- à 1560.- pour les matelots, de Fr. 2000.- à 2100.- pour les mécaniciens Ire classe, de Fr. 1500.- à 1560.- pour les chauffeurs IIe classe et de Fr. 4500.- à 4800.- pour le directeur.

1918 Dès le 1er avril, tous les employés sont assurés auprès de la Société de prévoyance au lieu de leur domicile. À Neuchâtel, les employés sont affiliés à la Société fraternelle de prévoyance. L'indemnité journalière est de quatre francs. L'employé verse 50 % de la cotisation.

L'indemnité de déplacement est fixée à Fr. 1.50 par jour, à savoir: 30 centimes pour le déjeuner, 80 ct. pour le dîner et 40 ct. pour le souper. L'indemnité pour la découche est d'un franc.

1919 Le pilote Albert Zinder doit faire un séjour de deux à trois mois dans un sanatorium de Malvilliers. Zinder consent à payer trois francs par jour sur les cinq francs requis pour la pension journalière. Le Comité décide de parfaire le solde, soit deux francs par jour pendant la durée de deux mois. Zinder retirera les autres indemnités journalières suivantes: de la Société fraternelle de prévoyance de Neuchâtel Fr. 4.-, de la Mutuelle fribourgeoise Fr. 2.- et de la Société des employés Fr. 1.-. L'employeur donnant 2.-, il touchera ainsi 9.-. La paie de l'époque, allocations comprises, se monte à Fr. 9.40.

1920 Suite à l'inflation, le traitement annuel minimum des capitaines caissiers est porté à Fr. 3900.-, Fr. 2520.- pour les matelots, Fr. 7000.- pour le

1906 Lohnerhöhungen und Gewährung von Ferien über die 36 reglementarischen Ruhetage hinaus.

1916 Anwendung des Gesetzes von 1890 über die Arbeitszeit, das nun jährlich 52 Ruhetage statt deren 44 festschreibt.

1917 Forderungen des Personals mit Streikdrohung führen zur Lohnskala, gültig ab 1. Juni. Der jährliche Mindestlohn steigt für Unterschiffsführer von CHF 1560.- auf CHF 1620.-, für Matrosen und Heizer II. Klasse von CHF 1500. - auf CHF 1560. - , für Maschinisten I. Klasse von CHF 2 000. - auf CHF 2 100. - und für den Direktor von CHF 4 500. - auf CHF 4 800. - .

1918 Ab dem 1. April sind alle Mitarbeitenden beim Hilfswerk ihres Wohnorts versichert. In Neuenburg ist das die Société fraternelle de prévoyance. Das Tagegeld beträgt vier Franken. Der Arbeitnehmer zahlt 50% des Beitrags.

Die Vergütung für auswärtigen Dienst beträgt CHF 1.50 pro Tag: 30 Rappen fürs Frühstück, 80 Rappen fürs Mittagessen und 40 Rappen fürs Nachtessen. Übernachtungen werden mit einem Franken vergütet.

1919 Der Schiffsführer Albert Zinder muss für zwei bis drei Monate ins Sanatorium Malvilliers. Weil die Tagespension fünf Franken beträgt, muss Zinder drei Franken selber tragen. Die Geschäftsleitung übernimmt davon während zweier Monate zwei Franken. Zinder bezieht darüber hinaus von der Société fraternelle de prévoyance Neuchâtel vier Franken, von der Freiburger Versicherung 2 Franken und von der Arbeiterversicherung 1 Franken. Mit den 2 Franken von der Schifffahrt kommt er auf 9 Franken pro Tag. Sein normales Gehalt, einschliesslich Zulagen, beträgt sonst CHF 9.40.

1920 Als Folge der Inflation, werden die Jahresgehälter erhöht, für Kapitäne und Kassiere auf CHF 3900.-, für Matrosen auf CHF 2520.-, für den Direktor auf CHF 7000.-, den Chefmaschinist auf CHF 6200.-, und für

directeur, Fr. 6200.- pour le mécanicien-chef, et Fr. 2700.- pour le sténodactylographe.

1923 Nouvelle ordonnance fédérale: le capitaine doit concentrer son activité sur la conduite du bateau à l'exclusion de toute autre fonction (jusqu'alors, il était responsable de la caisse).

1927 Requête syndicale au sujet du personnel congédié temporairement. La Société n'accorde aucun traitement aux employés congédiés momentanément pour trois mois, de même que la CGN (Léman) ne paie aucun salaire, ni secours, aux jeunes employés supplémentaires congédiés pendant l'hiver, durant 4 ou 5 ans. Il sera répondu non à la SEV ainsi qu'à la Société des employés.

1929 Les employés constituent une caisse de prévoyance. Cotisations: 4 % de leur traitement. Autres sources de financement: dons, loterie et recettes diverses.

1930 Création d'une caisse de retraite et d'invalidité avec la CCAP.

1935 Réduction des traitements du personnel. Sans cette mesure, la liquidation de l'entreprise se serait imposée à bref délai. Adoption de mesures destinées à rétablir, si possible, l'équilibre entre les recettes et les dépenses.

1936 Pour faire bénéficier de certaines recettes la caisse de prévoyance de nos employés, le conseil a décidé de se faire recevoir membre de la société coopérative ASCOOP (Assurance du personnel des entreprises suisses du transport).

1937 La diminution considérable des dépenses de l'entreprise n'ayant pas suffi à compenser la baisse persistante des recettes, le conseil d'administration a pris la décision de résilier les contrats de tout le personnel pour le 1er octobre 1937. Pendant l'hiver, époque où les services réguliers sont très réduits, il n'est engagé que le personnel strictement nécessaire.

die Stenodaktylo auf 2700. – .

1923 Eine Verordnung des Bundes bestimmt, Kapitäne hätten ausschliesslich das Schiff zu führen, Nebenaufgaben wie Kassendienst sind ihnen verboten.

1927 Gewerkschaftsbegehren für vorübergehend nicht beschäftigtes Personal. Die Gesellschaft zahlt an Beschäftigte, die bis zu drei Monate freigestellt bleiben, kein Gehalt, so wie auch die CGN (Genfersee) jungen Aushilfen, die winters während 4 oder 5 Jahren ohne Aufgabe sind, weder Lohn noch Sozialleistung zahlt. SEV und Arbeitnehmerverband erhalten abschlägigen Bescheid.

1929 Die Mitarbeitenden begründen eine Hilfskasse. Beitrag: 4 Lohnprozente. Weitere Einnahmen: Spenden, Lotteriegewinne und Anderes.

1930 Mit der kantonalen Versicherung CCAP entsteht die Pensions- und Invalidenkasse.

1935 Lohnkürzungen. Ohne diese Massnahme geht die Gesellschaft kurzfristig bankrott. Es wird alles unternommen, um Einnahmen und Ausgaben wieder ins Lot zu bringen.

1936 Um der Personal- und Hilfskasse neue Quellen zu erschliessen, beschliesst der Verwaltungsrat, der Genossenschaft Ascoop beizutreten.

1937 Alle Massnahmen zur Reduktion der Betriebsausgaben reichen nicht, den Ertragsschwund zu kompensieren. Das zwingt den Verwaltungsrat, der ganzen Belegschaft per 1. Oktober zu kündigen, um während der Winterzeit, in der die regelmässigen Kurse stark reduziert sind, nur das absolut nötige Personal engagieren zu können. Dabei soll abwechslungsweise Werftarbeit und Schiffsdienst geleistet werden, wobei auf die Bedürfnisse der Mitarbeitenden und ihrer Familien zu achten ist.

Une rotation est établie pour les travaux de chantier et les courses journalières, rotation qui tiendrait compte des charges de famille.
En outre, des pourparlers sont engagés avec diverses associations d'utilité publique dans le but d'examiner de quelle façon la navigation sur les lacs de Neuchâtel et Morat pourrait être réorganisée.

1944 Légère augmentation des salaires et des allocations de ménage (de Fr. 50.- à 70.- par mois), allocation pour enfants maintenue à 15 fr. par mois, allocation automnale de Fr. 250.- (célibataires Fr. 125.-). De nombreux agents atteignent la limite d'âge à la fin de 1944 et 1945. Le recrutement de jeunes gens est difficile en raison de la forte demande dans l'industrie privée.

1946 Difficultés de recrutement. Compensation des heures supplémentaires estivales en raccourcissant les tours de service en hiver.

1947 Augmentation des salaires. Heures supplémentaires : compensation par vacances prolongées en 1948.

1948 Deuxième semaine de vacances octroyée au jeune personnel.

1964 Systématisation des salaires à 86 % des normes CFF.

1967 Le contrat collectif du 25 février 1964 est remplacé à partir du 1er janvier 1967 par un règlement sur les rapports de service, établi en accord avec le syndicat du personnel.

Personnel des bateaux à vapeur - Quelques repères

1914 Dix employés ont été appelés au service militaire selon ordre de mobilisation générale. Huit sont célibataires et deux sont mariés et père de famille.
Avarie du bateau *Jura,* par la faute du capitaine Carrard, qui n'a pas dirigé le bateau comme il aurait dû. Le bateau a touché assez fortement l'extrémité du môle de vent à Estavayer, ce qui a occasionné le déboitement

Darüber hinaus wird mit verschiedenen Stellen und Organisationen von öffentlichem Interesse verhandelt, um die Dampfschifffahrtsgesellschaft auf dem Neuenburger- und Murtensee neu und besser zu positionieren.

1944 Leichte Erhöhung von Löhnen und Familienzulagen (zwischen 50 und 70 Franken im Monat), Kinderzulage von 15 Franken pro Monat, Herbstzulage CHF 250.– (Ledige die Hälfte). Viele Mitarbeiter erreichen 1944 oder 1945 die Altersgrenze. Die Rekrutierung Jugendlicher ist wegen des Aufschwungs in der Privatwirtschaft nicht einfach.

1946 Rekrutierungsprobleme. Ausgleich, der im Sommer geleisteten Überstunden durch Verkürzen der Diensttouren im Winter.

1947 Gehaltserhöhungen. Überstunden: Ausgleich 1948 durch verlängerte Ferien.

1948 Zweite Ferienwoche für junge Mitarbeitende.

1964 Die Löhne werden jenen der SBB bis auf 86% angeglichen und harmonisiert.

1967 Im Einvernehmen mit der Gewerkschaft löst am 1. Januar ein Reglement über das Dienstverhältnis den Tarifvertrag vom 25. Februar 1964 ab.

Personal der Dampfschiffe - Einige Marksteine

1914 Zehn Mitarbeiter werden mobilisiert und unter die Fahnen gerufen. Acht sind ledig, zwei verheiratet und Familienväter.
Dampfschiff *Jura* wird durch Fehlmanipulation von Kapitän Carrard beschädigt. Durch vorschriftswidriges Verhalten ist das Schiff ziemlich heftig mit der Windmole in Estavayer kollidiert. Dadurch werden das Steuerruder ausgerenkt, das Steuergestänge

du gouvernail ainsi que le maillage de sa tige et a fait sauter quelques rivets de la coque dans la partie non-émergée. Les réparations ont nécessité la mise en cale sèche du bateau pour un coût total de Fr. 65.-. Comme ce n'est pas la première fois que la nonchalance de cet employé provoque des avaries de cette nature, le comité lui inflige un sérieux et dernier rappel à l'ordre et met à sa charge la totalité des frais de réparation. (réd. Fr. 65.- alors que le traitement mensuel est de Fr. 190.-!)

1916 Sont nommés: Chautems Adolphe capitaine avec un traitement mensuel de Fr. 150.-, Kaiser Léon pilote Fr. 130.-, Perriard Charles mécanicien Fr. 170.-.

1917 Léon Perriard est nommé capitaine comptable, chef du personnel des employés du pont avec un traitement (annuel) de Fr. 2900.-.

1920 Eugène Baudois, timonier depuis 1910, est nommé capitaine le 1er juin (l'entreprise fait encore appel à lui jusqu'en 1952 pour conduire l'*Yverdon*).

1937 Oskar Frick, chef de chantier, et Henri Mottet, mécanicien, sont retraités au 31 décembre (M. Mottet, machiniste sur le *Hallwyl* est encore à son poste le dimanche jusqu'en 1952!).

1945 Au début de l'année, le pilote Fritz Widmer prend sa retraite.

1950 Pour raison d'économies, quatre agents sont placés aux TN durant l'hiver.

1958 Le capitaine Henri Germond part en retraite le 1er janvier.

beschädigt und einige Nieten über der Wasserlinie abgesprengt. Die Reparaturarbeiten erforderten das Aufdocken des Schiffs und kosten CHF 65. – . Da sich solche Nachlässigkeiten bei diesem Mitarbeiter nicht zum ersten Mal ereignen, erteilt ihm das Komitee eine ernsthafte letzte Ermahnung und überbindet ihm die vollen Reparaturkosten. (Das sind CHF 65.– bei einem Monatslohn von CHF 190.–!)

1916 Ernennungen: Chautems, Adolphe, zum Kapitän mit CHF 150.– Monatslohn, Kaiser, Leon, zum Schiffsführer, CHF 150.–, Perriard, Charles zum Maschinist, CHF 170. – .

1917 Leon Perriard wird Oberkapitän und Leiter des schiffsführenden Personals mit jährlich CHF 2900. – Gehalt.

1920 Eugene Baudois, Steuermann seit 1910, wird am 1. Juni zum Kapitän befördert (Er wird sonntags bis 1952 auf dem Dampfschiff *Yverdon* amten).

1937 Oskar Frick, Werftchef, und Henry Mottet, Maschinist, werden Ende Jahr mit bescheidener Rente pensioniert. (Mottet wird sonntags noch bis 1952 auf der *Hallwyl* Dienst leisten!)

1945 Anfang Jahr geht Fritz Widmer als Schiffsführer in Pension.

1950 Im Winter dienen vier Mitarbeiter bei den TN, was die Rechnung entlastet.

1958 Kapitän Henry Germond tritt am 1. Januar in den Ruhestand.

77

Selon lettre SNLNM à l'OFT du 15 août 1942, voici le personnel nommé, naviguant à l'époque (année de naissance/année d'entrée à la Navigation):

Ein Schreiben der SNLNM vom 15. August 1942 an das EAV listet das damals nautisch tätige Personal auf (Geburtsjahr / Jahr des Diensteintritts):

Baudat Pierre	1921 /	1942
Baudois Eugène	1880 /	1907
Delley Louis	1885 /	1921
Germond Henri	1891 /	1916
Germond Jean	1915 /	1940
Goumaz Paul	1897 /	1921
L'Epplatenier Henri	1912 /	1931
Otter Joseph	1885 /	1923
Otter René	1914 /	1931
Schwab Albert	1894 /	1924
Sieber Jean	1895 /	1925
Widmer Fritz	1879 /	1913

Trois générations: Grandjean Prosper, 1910/1938, a été capitaine des vapeurs, puis son fils Charles 1939/1960 a été premier capitaine, alors que son petit-fils Philippe 1963/1986, capitaine lui aussi, est formé en 2013 à bord de *La Suisse*, sur le Léman, en vue de commander le *Neuchâtel*.

En 1968, le dernier capitaine du *Neuchâtel* a été Nicolas Aquilon.

Drei Generationen: Prosper Grandjean, 1910/1938, ist Kapitän auf Dampfschiffen, sein Sohn Charles 1939/1960 ist Oberkapitän. Der Grosssohn Philippe 1963/1986, ebenfalls Kapitän, wird im Jahr 2013 auf der *La Suisse* (Genfersee) für den Dienst auf der *Neuchâtel* ausgebildet.

Der letzte Kapitän der *Neuchâtel* im Jahr 1968 ist Nicolas Aquilon.

Equipage de l'*Yverdon*: MM. Fred Belk (chauffeur), Sébastien Jacobi (caissier), Eugène Baudois (capitaine), Oscar Ritzi (contrôleur) et Jean Simonet (machiniste).
Mannschaft der *Yverdon*: Heizer Fred Belk, Kassier Sébastein Jacobi, Kapitän Eugène Baudois, Kontrolleur Oscar Ritzi, Maschinist Jean Simonet.
– Photo J. P. Neidhart, 28.9.1952.

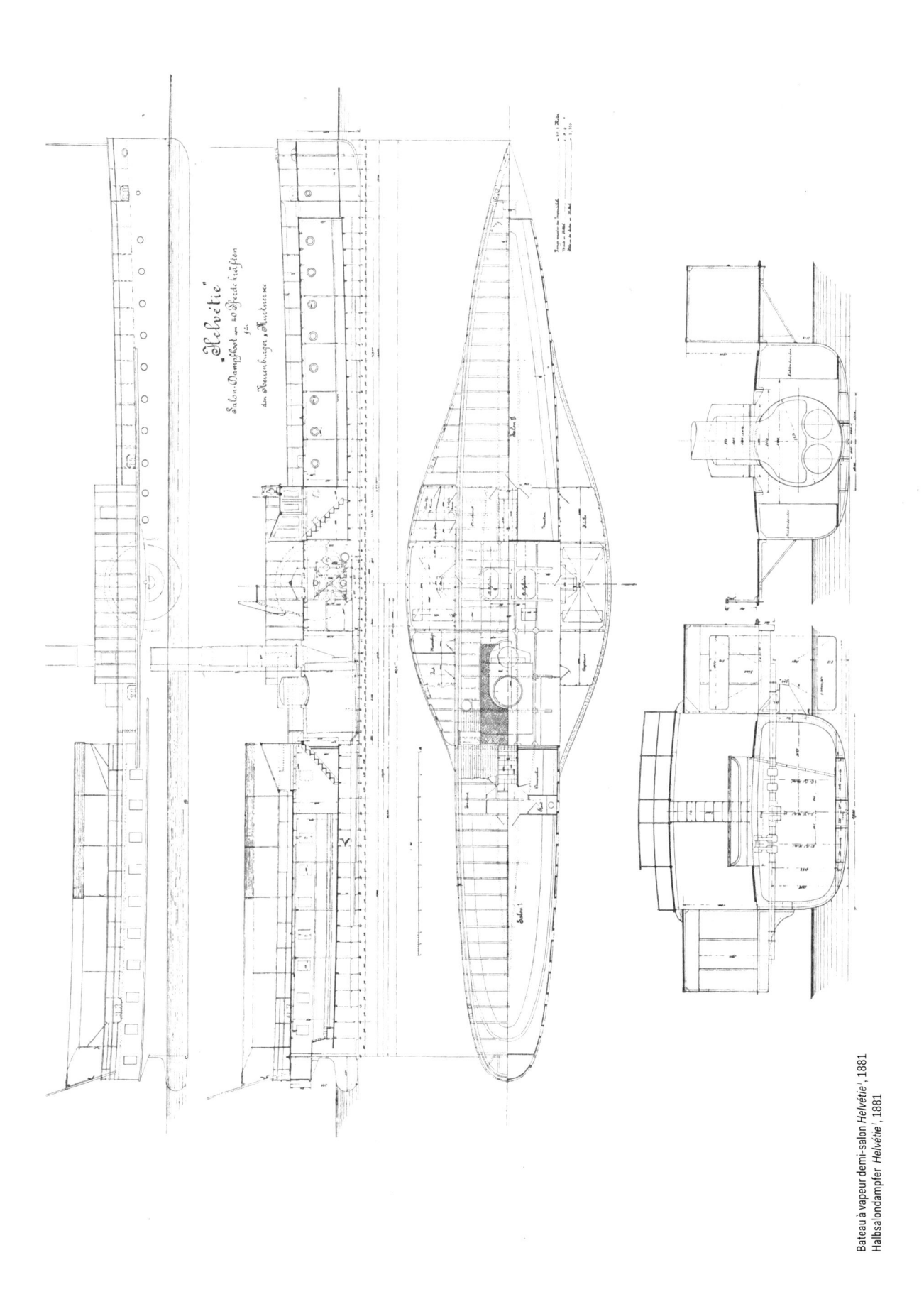

Bateau à vapeur demi-salon *Helvétie*, 1881
Halbsalondampfer *Helvétie*, 1881

3

La Société de navigation du lac de Bienne

Die Bielersee-Schifffahrts-Gesellschaft

WETTERHORN
WELLHORN
SCHRECKHORN
FINSTERAARHORN
EIGER
MÖNCH
JUNGFRAU
BREITHORN
GSPALTENHORN
BLÜMLISALP
DOLDENHORN
SCHRATTENFLUH
HOHGANT
NIESEN
STOCKHORN
THUN
EMMENTAL
SIGNAU
LANGNAU
SUMISWALD
HASLE
BERN
BURGDORF
HINDELBANK
ZOLLIKOFEN
MÜNCHENBUCHSEE
WYNIGEN
KIRCHBERG
JEGENSTORF
WOHLENSEE
UTZENSTORF
BÄTTERKINDEN
EMME
GR. AFFOLTERN
AARBERG
GERLAFINGEN
DERENDINGEN
BIBERIST
LYSS
DIESSBACH
ALTE AARE
KAPPELEN
HAGNECK
ZUCHWIL
SOLOTHURN
SOLEURE
BUCHEGGBERG
LEUZIGEN
ARCH
RÜTI
BÜREN a.d.A.
TÄUFFELEN
GEROLFINGEN
MÖRIGEN
LÄTTRIGEN
SUTZ
REIBEN
MEIENRIED
SCHEUREN
SCHWADERNAU
ÄGERTEN
PORT
IPSACH
LANGENDORF
OBERDORF
ALTREU
AARE
STAAD
FLUGPLATZ GRENCHEN
MEINISBERG
GOTTSTATT
SAFNERN
BRÜGG
BIENNE
BIEL
NIDAU
WEISSENSTEIN
BELLACH
SELZACH
BÜTTENBERG
METT
TÜSCHERZ
BETTLACH
GRENCHEN
LENGNAU
PIETERLEN
BÖZINGEN
MACOLIN
MAGGLINGEN
STALLBERG
GRENCHENBERG
ROMONT
BÖZINGENBERG
VAUFFELIN
TAUBENLOCH-SCHLUCHT
FRINVILLIER
EVILARD
ORVIN
PRÉS D'ORVIN
PLAGNE
GÄNSBRUNNEN
RAIMEUX
GRAITERY
CORCELLES
CREMINES
GRANDVAL
COURT
MONTOZ
PÉRY
MT. RAIMEUX
SORVILIER
BÉVILARD
MALLERAY
SONCEBOZ
CORGÉMONT
MOUTIER
TAVANNES
SOMBEVAL
RECONVILIER
TRAMELAN
DELÉMONT-BASEL
M. Bieder
SCHIFFSKURSE
COURSES DE BATEAUX
SCHIFFSSTATIONEN
DÉBARCADÈRES
EISENBAHNEN, SEILBAHNEN, SESSELLIFTE
CHEMINS DE FER, FUNICULAIRES, TÉLÉSIÈGES
SKILIFT
TÉLÉSKI

| La Société de navigation du lac de Bienne | Die Bielersee-Schifffahrts-Gesellschaft |

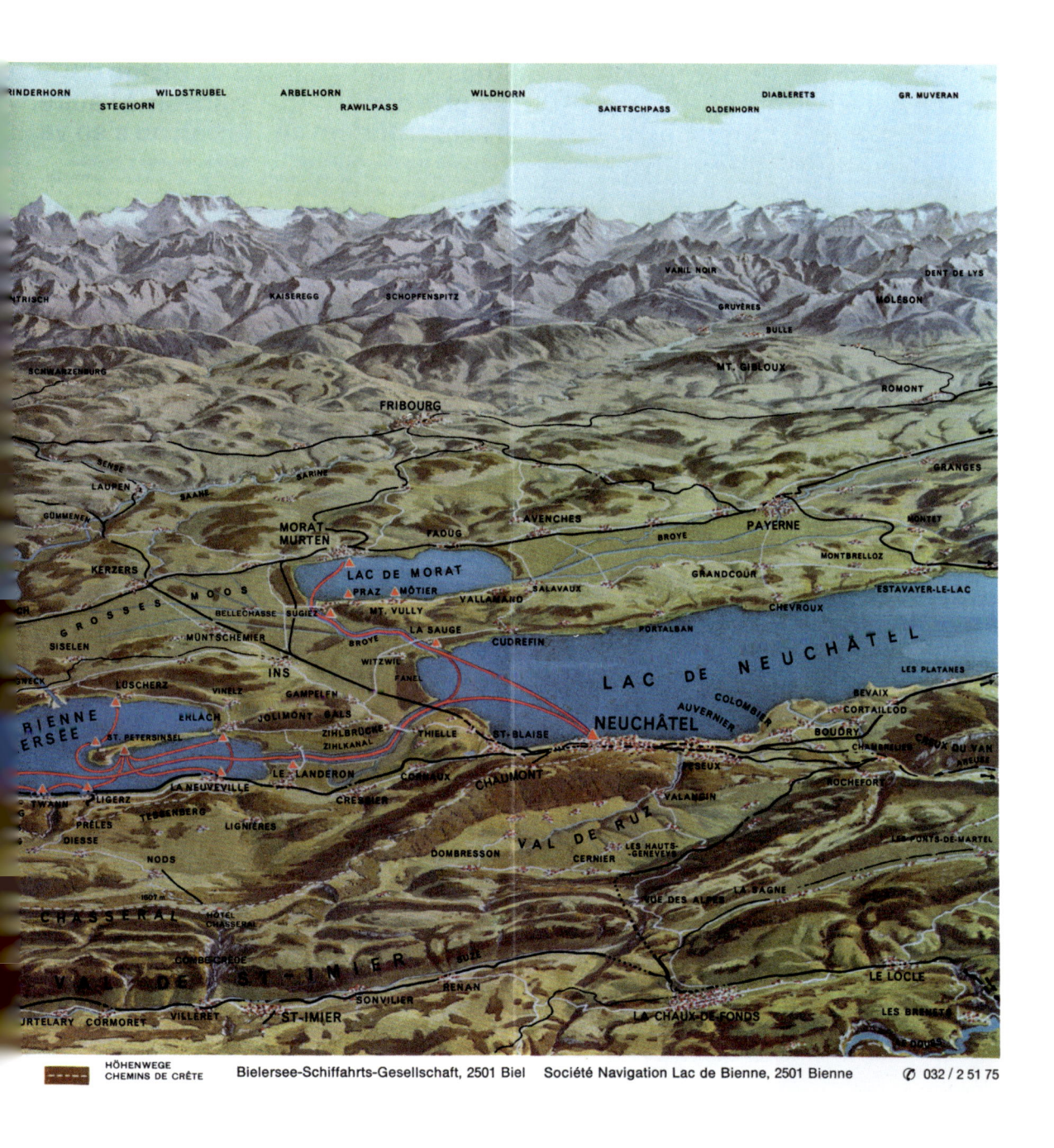

La Société de navigation du lac de Bienne

La mise en service du chemin de fer le 3 décembre 1860 entre Le Landeron (Frienisberg) et Bienne condamne la navigation à vapeur sur le lac de Bienne. Seul le Seeländer poursuit sa carrière de cargo et de remorqueur pour les tourbières de Hagneck. A la belle saison, un vapeur de Neuchâtel vient occasionnellement à l'Ile de Saint-Pierre.

Deux tentatives éphémères

En 1877, une Société du bateau à vapeur de Bienne-Nidau se procure chez Sulzer le vapeur à deux hélices **Schwalbe** qui peut accueillir 80 passagers. Ce bateau n'assure pas de courses régulières, mais essentiellement des croisières à l'Ile de Saint-Pierre, parfois avec une ou deux barques en remorque. En 1896, l'entreprise est en liquidation et le bateau est acquis par trois associés qui l'équipent d'un moteur à benzine et lui donnent le nom de **St. Pierre**. N'étant plus guère utilisé, il disparaît vers 1905.

En 1879, une entreprise biennoise se procure à Meggen (LU) le petit vapeur à hélice d'occasion *Schwalbe* de chez Sulzer, qui est rebaptisé **Neptun**. Le 25 juillet 1880, ce bateau sombre au large de Tüscherz lors d'une violente tempête, entraînant dans la mort 15 de ses 17 passagers.

Die Bielersee-Schifffahrts-Gesellschaft

Die Inbetriebnahme der Eisenbahnstrecke zwischen Landeron (Frienisberg) und Biel am 3. Dezember 1860 lähmt die Dampfschifffahrt auf dem Bielersee. Nur die Seeländer behält als Fracht- und Schleppschiff der Torfgesellschaft Hagneck ihre Arbeit. Einzig im Sommer erreicht gelegentlich ein Dampfschiff von Neuenburg die St. Petersinsel.

Zwei Versuche scheitern

Eine Unabhängige Dampfbootgesellschaft Biel–Nidau nimmt 1877 das bei Sulzer gebaute 80plätzige Zweischraubenschiff *Schwalbe* in Dienst. Dieses Schiff verkehrt nicht nach Fahrplan. Es bietet Kreuzfahrten auf die St. Petersinsel an, wobei es oft ein oder zwei Boote mitschleppt. Das Geschäft kommt nie richtig in Fahrt, und 1896 muss das Unternehmen liquidiert werden. Drei Partner übernehmen das Schiff- und statten es mit einem Benzinmotor aus und geben ihm den Namen *St. Pierre*. Der neue Antrieb bringt kaum neuen Schwung. Das Schiff verschwindet um 1905 spurlos.

Ein Bieler Unternehmen erwirbt 1879 in Meggen den kleinen Schraubendampfer *Schwalbe,* ein Schiff von Sulzer. Das in *Neptun* umbenannte Schiff sinkt am 25. Juli 1880 in einem heftigen Sturm vor Tüscherz. 15 von 17 Menschen an Bord ertrinken.

Naufrage du *Neptun* au large de Tüscherz par 75 m de fond, le 25 juillet 1880. Un mois plus tard, le petit vapeur a été remonté à la surface grâce aux grandes tenailles imaginées par M. Favre.
Die Neptun sinkt am 25. Juli 1880 vor Tüscherz 75 m tief auf Grund. Ein Monat später wird der kleine Dampfer gehoben. Das gelingt dank der von Herrn Favre eigens dazu entwickelten riesigen Zange.
— Musée de La Neuveville

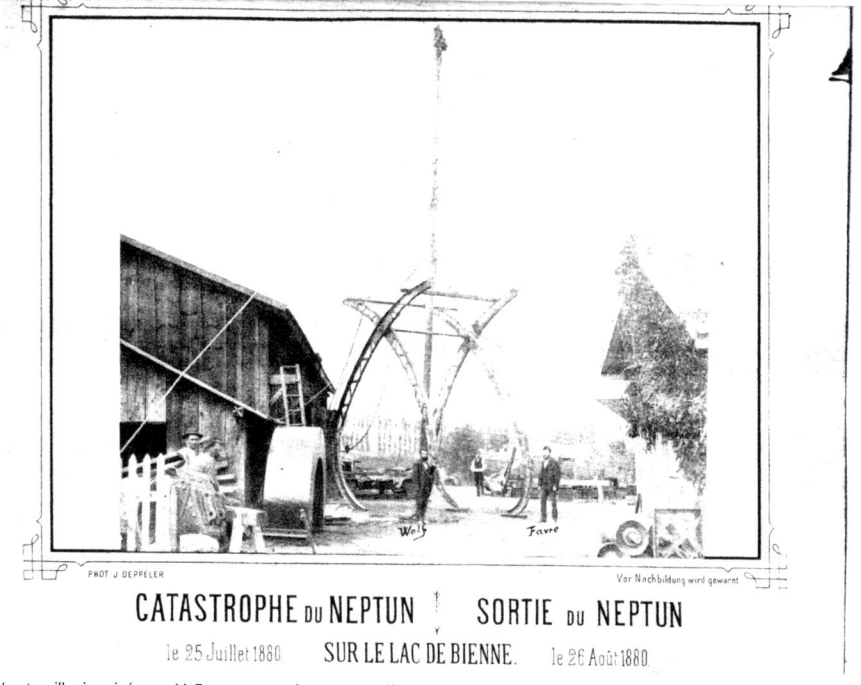

CATASTROPHE DU NEPTUN | **SORTIE DU NEPTUN**
le 25 Juillet 1880 | SUR LE LAC DE BIENNE. | le 26 Août 1880

Les tenailles imaginées par M. Favre et construites par M. Wolf pour récupérer le petit vapeur *Neptun*.
Die riesige Zange, entworfen von Herrn Favre und gebaut durch Herrn Wolf um die *Neptun* zu hieven.
— Musée de La Neuveville

La Société de navigation Union

La petite ville de Cerlier (Erlach), qui compte alors 850 habitants, souhaite être reliée au chemin de fer par une liaison lacustre avec La Neuveville. Le 1er juillet 1887, la Société de navigation Union inaugure ce service qui dessert aussi l'Ile de Saint-Pierre. L'entreprise débute avec le petit vapeur à hélice **Union** d'Escher Wyss. Encouragée par ce succès, elle lance à peine deux ans plus tard (1889) un second et plus grand vapeur à hélice, le ***J.J.Rousseau***.

À Cerlier est édifié un bâtiment de service qui correspond à une gare ouverte au trafic des voyageurs et marchandises. L'équipage du bateau se rend avec un char à bras à la gare et à la poste de La Neuveville et prend en charge les marchandises pour Cerlier.

Pour le court trajet de Cerlier à La Neuveville (1,5 km), l'horaire prévoit 10 minutes de traversée. Jusqu'à la Première Guerre mondiale, l'offre est de 11 à 13 courses quotidiennes, dont 6 sont prolongées jusqu'à l'Ile de Saint-Pierre (3,5 km, 15 minutes). En hiver, il y a 9 courses, dont 4 jusqu'à cette presqu'île. Dès le 15 octobre 1899, l'horaire porte la mention: « Les courses à l'Ile de Saint-Pierre n'ont lieu que si au moins 5 billets aller et retour sont délivrés ».

Die Dampfschiffgesellschaft Union

Das kleine Städtchen Erlach mit damals 850 Einwohnern wünscht, mit einer Schiffsverbindung nach Neuenstadt Bahnanschluss zu erlangen. Am 1. Juli 1887 nimmt die dazu gegründete Dampfschiffgesellschaft Union den Dienst auf, der auch Fahrten nach der St. Petersinsel einschliesst. Der dazu eingesetzte Schraubendampfer **Union** erweist sich bald als zu klein. Schon 1889 ergänzt ein grösserer Schraubendampfer ***J. J. Rousseau*** die Flotte.

Ein eigens errichtetes Dienstgebäude übernimmt in Erlach die Funktionen eines Bahnhofs für den Personen- und für den Gütertransport. In Neuenstadt stellt das Schiffspersonal mit einem Handwagen die Transporte von Post und Bahngütern sicher.

Für die kurze Fahrt von Erlach nach Neuenstadt (1,5 km) sieht der Fahrplan 10 Minuten vor. Bis zum Ersten Weltkrieg bietet der Sommerfahrplan täglich 11 bis 13 Fahrten. Sechs Kurse schliessen einen Zwischenhalt auf der St. Petersinsel ein, was die Fahrt auf 3,5 km oder 15 Minuten verlängert. Im Winter reduziert sich das Angebot auf 9 Kurse, davon 4 via St. Petersinsel. Vom 15. Oktober 1899 an macht der Fahrplan einen Vorbehalt: Die St. Petersinsel wird nur angefahren, wenn mindestens fünf Retourbillette gelöst sind.

Dans le rapport de gestion pour l'année 1897, rédigé en français et à la main, figurent les informations suivantes: recettes Fr. 21 871.80, dépenses Fr. 17 738.–, bénéfice Fr. 4 133.80 ce qui permet le versement d'un dividende de 3 % aux actionnaires. Il a été consommé 130 t de charbon au prix moyen de Fr. 320.- la tonne. L'entreprise possède deux bateaux, un immeuble à Cerlier et quatre débarcadères: La Neuveville, Cerlier, Douanne et Ile de Saint-Pierre. Ces données et résultats se répètent pratiquement sans changement jusqu'en 1910.

Les vapeurs à hélice *J.J. Rousseau* et *Union* à Cerlier, vers 1900.
Die Schraubendampfer *J.J. Rousseau* und *Union* in Erlach, um 1900.
— Carte Phototypie 375

Le *J.J. Rousseau* quitte La Neuveville, vers 1900.
Schraubendampfer *J.J. Rousseau* bei Neuenstadt, um 1900.
— Carte A. Junier

Der handschriftliche und in französischer Sprache gehaltene Geschäftsbericht pro 1897 weist CHF 21 871.80 Ertrag und einen Aufwand von CHF 17 738.– aus. Der Überschuss von CHF 4 133.80 ermöglicht es, den Aktionären eine Dividende von 3 % auszurichten. Der Kohlenverbrauch erreicht 130 Tonnen bei mittlerem Kohlenpreis von CHF 320 je Tonne. Das Unternehmen besitzt zwei Schiffe, ein Gebäude in Erlach und vier Ländten in Neuenstadt, Erlach, Twann und auf der St. Petersinsel. Die Verhältnisse bleiben bis 1910 praktisch konstant.

Horaire de la Société Union, Cerlier, de 1892.
Fahrplan der Schiffahrtsgesellschaft Union, Erlach, 1892.
— Infothèque CFF/Infothek SBB

La Société de navigation du lac de Bienne

Alors que la Société de navigation des lacs de Neuchâtel et Morat s'apprête à ouvrir un service touristique Bienne-Neuchâtel-Yverdon, un comité se forme en 1909 à Bienne pour lutter contre ce projet et promouvoir une navigation biennoise. Ce comité procure à la Société Union de Cerlier les moyens d'acquérir un vapeur à roues. Le **Stadt Biel** (ancien *Cygne* du Léman) est mis en service en 1911 et un débarcadère est enfin construit à Bienne, à l'embouchure de la Suze.

Ainsi, dès 1911, le service est étendu à l'ensemble du lac. La Société de navigation Union s'appelle dès lors Bielersee-Dampfschiff-Gesellschaft (BDG). L'administration et le port d'attache des bateaux restent à Cerlier (le transfert à Bienne interviendra en 1930).

Dès le 14 mai et jusqu'à fin octobre 1911, le *Stadt Biel* assure deux courses aller et retour Cerlier-Bienne les jours ouvrables, quatre, et une navette Bienne-Ile-Bienne les dimanches. En 1912, l'horaire est complété par l'utilisation jusqu'à Bienne d'un petit bateau du service local Cerlier-La Neuveville. Mais l'offre est insuffisante pour répondre à la demande, si bien que l'acquisition immédiate d'un deuxième grand vapeur est décidée lors de l'assemblée générale extraordinaire du 16 septembre 1912. Le **Berna** est lancé en 1913.

En 1913, les bateaux parcourent 31 650 km et transportent 151 123 passagers, dont 69 137 passagers lors des courses transversales Cerlier-La Neuveville-Ile de Saint-Pierre. Un arrangement avec les CFF permet la validité réciproque des billets entre Bienne et Douanne, Gléresse, La Neuveville.

Die Bielersee-Schifffahrts-Gesellschaft

Während die Schifffahrtgesellschaft Neuenburger- und Murtensee touristische Fahrten auf der Linie Biel–Neuenburg–Yverdon vorbereitet, bildet sich 1909 in Biel ein Komitee, das gegen dieses Vorhaben auftritt und eine eigene Bielersee Schifffahrt fordert. Dieses Komitee beschafft für die Dampfschiffgesellschaft Union die nötigen Mittel zum Kauf des Genfersee-Raddampfers *Cygne*. Dieser nimmt 1911 als **Stadt Biel** den Dienst auf. An der Schüss-Mündung in Biel entsteht endlich ein Hafen.

Dem erweiterten Aktionsfeld entsprechend, ändert die Dampfschiffgesellschaft Union ihren Namen in Bielersee-Dampfschiff-Gesellschaft (BDG). Verwaltung und Heimathafen der Schiffe bleiben in Erlach (bis 1930).

Ab 14. Mai und bis Ende Oktober 1911 bietet die *Stadt Biel* werktäglich zwei Hin- und Rückfahrten Erlach–Biel. An Sonntagen sind es, neben einer Pendelfahrt von Biel zur St. Petersinsel, deren vier.

Im Folgejahr ergänzt eines der sonst lokal eingesetzten Schraubenschiffe das Angebot bis Biel. Doch die Nachfrage verlangt mehr. Die ausserordentliche Generalversammlung vom 16. September 1912 beschliesst, einen zweiten Raddampfer zu kaufen. Die **Berna** läuft 1913 vom Stapel.

Im Jahr 1913 legen alle Schiffe 31 650 km zurück, und sie befördern zusammen 151 123 Passagiere, 69 137 davon im Lokalverkehr Erlach–Neuenstadt–St. Petersinsel. Mit den SBB wird die wechselweise Gültigkeit der Billette zwischen Biel, Twann, Ligerz und Neuenstadt vereinbart.

Le *Stadt Biel* sort de Bienne en marche arrière, vers 1911.
Dampfer *Stadt Biel* in Rückwärtsfahrt zum wenden.
— Carte Graenicher

Le *Berna* tout neuf, avec long manteau de cheminée. 1913
Dampfer *Berna* ganz neu, mit langer Kaminverschalung. 1913
— Carte Graenicher

Les années 1913 et 1914 sont particulièrement florissantes pour la navigation sur le lac de Bienne. Les grands vapeurs à roues *Berna* et *Stadt Biel* assurent les courses longitudinales, alors que le vapeur à hélice *J.J. Rousseau* navigue dans le triangle La Neuveville-Cerlier-Ile de Saint-Pierre en alternance avec le bateau à moteur *Jolimont* de 1911. En plus, le vapeur *Neuchâtel* assure deux courses aller et retour Neuchâtel-Bienne avec arrêt dans tous les ports. Selon le rapport de gestion de la navigation biennoise pour l'année 1913, cette concurrence ne lui a guère porté ombrage. D'ailleurs, la liaison disparaît après deux ans déjà, à cause de la guerre; elle ne sera reprise qu'en 1961.

En 1915, journée record lors du Jeûne fédéral avec 12 000 passagers. Mais l'exercice est déficitaire: le coût des combustibles, huiles et carburants augmente par suite de la guerre, de même que le taux des emprunts. Les salaires sont diminués; ils seront de nouveau versés intégralement dès le 1er mars 1916 avec remboursement de la retenue.

En 1917, l'horaire doit être réduit à trois reprises à cause de la pénurie de charbon et les courses spéciales sont interdites dès le 1er août. Du 15 juillet au 15 octobre, une seule course circule les jours ouvrables au départ de Bienne. Les courses vers l'Ile de Saint-Pierre sont facultatives, «moyennant que de Cerlier ou de Neuveville 10 billets aller et retour au moins soient vendus». En 1918, il faudra 15 billets! Il n'y a plus de benzine pour le *Jolimont* et le prix du charbon est dix fois plus élevé qu'en 1913! La distance parcourue est réduite à 12 168 km et le nombre de passagers à 79 016, dont la moitié dans le service transversal. Les courses à l'Ile de Saint-Pierre sont facultatives et ne sont mises en marche que s'il est vendu au moins 10 billets aller et retour à 70 centimes au départ de Cerlier ou de La Neuveville. Dès 1919, la situation se normalise et se stabilise avec quelque 100 000 passagers par an.

Le rapport de gestion de 1921 signale les bons résultats obtenus par l'organisation de courses spéciales à Auvernier et à Yverdon avec possibilité de se rendre à Sainte-Croix. En 1923, reprise des courses quotidiennes au départ de Bienne au lieu des trois ou quatre jours par semaine. Pour éviter des courses peu rentables, un bateau reste stationné à Bienne durant la nuit.

En 1927, des billets circulaires train/bateau sont introduits au départ de Berne et de La Chaux-de-Fonds. Nouvelle présentation de l'horaire affiche et l'horaire de poche (2500 et 7000 exemplaires). L'entreprise

In den Jahren 1913 und 1914 entwickelt sich die Schifffahrt auf dem Bielersee sehr erfreulich. Die Raddampfer *Berna* und *Stadt Biel* teilen sich in den Längsverkehr, die Schraubenschiffe *J. J. Rousseau* und *Jolimont* zirkulieren zwischen Erlach, Neuenstadt und der St. Petersinsel. Darüber hinaus unternimmt die *Neuchâtel* täglich zwei Hin- und Rückfahrten Neuenburg–Biel. Der BDG-Geschäftsbericht hält dazu fest, diese Kurse würden das Ergebnis kaum trüben. Doch sie werden schon nach zwei Jahren wegen des Kriegsausbruchs wieder eingestellt. Die Neuenburger-Fahrten bis Biel werden erst 1961 wieder angeboten.

Der Eidgenössische Dank-, Buss- und Bettag 1915 beschert mit 12 000 Fahrgästen den Rekordtag. Trotzdem wird der Betrieb defizitär, denn die Heiz- und Schmierstoffpreise schnellen kriegsbedingt empor, und Gleiches gilt für die Schuldzinsen. Vorübergehend müssen gar die Löhne gesenkt werden. Erst ab 1. Mai 1916 gelten die alten Ansätze wieder, wobei sogar der Einbehalt nachbezahlt wird.

Im Jahr 1917 diktiert Kohleknappheit das Einschränken des Fahrplans in drei Schritten. Extraschiffe sind ab 1. August gar Tabu. Von Mitte Juli bis Mitte Oktober verkehrt werktags nur mehr ein einziger Kurs ab Biel. Fahrten zur St. Petersinsel werden nur gefahren, wenn in Erlach und Neuenstadt zusammen 10 Retourbillette verkauft werden können. Ab 1918 braucht es gar 15 Retourbillette. Das Benzin für die *Jolimont* geht aus, und der Kohlepreis erreicht das Zehnfache des Wertes von 1913! Die zurückgelegte Fahrdistanz aller Schiffe schrumpft auf 12 168 km und die Zahl der Passagiere auf 79 016, davon die Hälfte im Querverkehr. Die Kurse zur St. Petersinsel fahren nur bei Bedarf und wenn ab Erlach oder Neuenstadt mindestens 10 Retourbillette zu 70 Rappen verkauft sind. Im Nachkriegsjahr 1919 normalisiert sich die Lage bei rund 100 000 Passagieren pro Jahr.

Der Geschäftsbericht 1921 meldet gute Resultate und schreibt sie dem Erfolg von Extraschiffen nach Auvernier und Yverdon, mit Anschlussmöglichkeiten bis Sainte-Croix zu. Ab 1923 wird ab Biel wieder täglich gefahren, statt bloss an drei oder vier Tagen pro Woche. Um wenig rentable Fahrten zu vermeiden, übernachtet ein Schiff in Biel.

Das Jahr 1927 bringt als Neuheit die Ausgabe von Rundfahrtbilletten ab Bern und ab La Chaux-de-Fonds. Fahrplanplakate und Taschenfahrpläne erscheinen mit neuem Aussehen (Auflagen 2500 und 7000 Exemplare). Die BDG beteiligt sich an einem

participe financièrement au tournage d'un film de publicité touristique pour la région de Bienne, avec des séquences montrant les vapeurs *Berna*, *Stadt Biel* et *J.J.Rousseau*. Le capital actions de Fr. 200 000.- est réduit de 50 %. La somme disponible de Fr. 100 000.- est utilisée pour procéder à des amortissements. La subvention des communes passe de Fr. 6050.- à Fr. 23 880.-, puis à Fr. 24 780.- dès l'année suivante: elle restera pratiquement inchangée jusqu'en 1942. En 1928, l'horaire affiche et l'horaire de poche sont édités en collaboration avec les autres entreprises de transport de la région. En 1930 est mis en service le port de Bienne qui devient le port d'attache des deux grands vapeurs. L'administration et six agents sont déplacés le 1er mai de Cerlier à Bienne. Le kilométrage des bateaux augmente de 50 %. Les grands bateaux font le trajet entre Bienne et l'Ile où les passagers doivent transborder pour continuer vers La Neuveville et Cerlier. Cette solution est partiellement abandonnée dès l'année suivante pour cause de protestations. L'assemblée générale du 26 janvier 1931 approuve la réorganisation technique et financière de l'entreprise. Il s'agit notamment de remplacer le vapeur *Stadt Biel*, qui devrait subir d'importants travaux de rénovation, par deux bateaux à moteur diesel. Le capital actions est réduit de Fr. 100 000.- à Fr. 4000.-. L'Etat de Berne et la Ville de Bienne apportent chacun Fr. 200 000.-, soit Fr. 160 000.- sous forme d'actions prioritaires et Fr. 40 000.- sous forme de prêt sans intérêts.

Pionnier dans le diesel

Entre-temps, l'entreprise innove avec l'acquisition en 1911 du bateau moteur à benzine **Jolimont** qui remplace l'*Union*. De 1913 à 1915, puis en 1932, un service Ile de Saint-Pierre-Hagneck est assuré le dimanche par le *Jolimont*, puis supprimé pour cause de fréquentation insuffisante. En 1929, le *J.J.Rousseau* est transformé et équipé d'un moteur diesel Sulzer. En 1932 et 1933 sont lancés les deux bateaux à moteur diesel **Seeland** et **Jura** qui remplacent le vapeur *Stadt Biel*. Dès lors, l'entreprise dispose de quatre bateaux à moteur et d'un seul vapeur. Le moteur à benzine du *Jolimont* est remplacé par un diesel en 1936.

Dès 1932, la dépense pour l'entretien des débarcadères diminue, cette tâche étant reprise par les communes, sauf à l'Ile de Saint-Pierre Nord. En 1933, les entreprises de transport du Seeland publient un horaire illustré, une liste des randonnées

Werbefilm für den Tourismus in der Region Biel. Der Streifen zeigt die Dampfschiffe *Berna*, *Stadt Biel* und *J. J. Rousseau*. Ein Kapitalschnitt reduziert das Aktienkapital von CHF 200 000.- auf 50%. Der so gewonnene Betrag dient nötigen Abschreibungen. Die Gemeindebeiträge klettern von CHF 6050.- auf CHF 23 880.-, dann auf CHF 24 780.-, um praktisch unverändert bis 1942 zu gelten. Für 1928 werden Fahrplanplakat und Taschenfahrplan erstmals zusammen mit andern Transportunternehmen der Gegend herausgegeben. In Biel nimmt 1930 ein neuer Hafen die beiden Raddampfer auf. Die Verwaltung und sechs Mitarbeiter ziehen von Erlach zum neuen Heimathafen um. Die Fahrleistung aller Schiffe steigt um die Hälfte an. Die beiden grossen Schiffe pendeln zwischen Biel und der St. Petersinsel, wo zur Weiterfahrt nach Erlach und Neuenstadt umzusteigen ist. Verschiedene Publikumsproteste wirken schon im Folgejahr, und man kommt vom Umsteigezwang teilweise wieder ab. Die Aktionärsversammlung von 26. Januar 1931 stimmt der technischen und finanziellen Neuordnung des Unternehmens zu. Dabei geht es um den Ersatz der renovationsbedürftigen *Stadt Biel* durch zwei Dieselschiffe. Dazu wird das Aktienkapital von CHF 100 000.- auf CHF 4 000.- abgeschrieben. Der Kanton Bern und die Stadt Biel sprechen je CHF 200 000.-, und zwar je CHF 160 000.- in Vorzugsaktien und CHF 40 000.- als zinsfreies Darlehen.

Vorreiter im Dieselbetrieb

Schon 1911 erwirbt das Unternehmen ein Schraubenschiff mit Benzinmotor. Die *Jolimont* ersetzt den ersten Schraubendampfer *Union*. Von 1913 bis 1915 und noch 1932, besorgt die **Jolimont** sonntägliche Verbindungen von der St. Petersinsel nach Hagneck. Dieser Dienst endet 1932 mangels Nachfrage. Drei Jahre zuvor, 1929, wird die *J. J. Rousseau* umgebaut und mit einem Sulzer-Dieselmotor ausgestattet. Die beiden Motorschiffe **Seeland** und **Jura** laufen 1932 und 1933 vom Stapel und ersetzen den Raddampfer *Stadt Biel*. Die Flotte besteht nun aus einem Raddampfer und vier Motorschiffen. Ein Dieselmotor ersetzt 1936 den Benzinmotor der *Jolimont*.

Ab 1932 nehmen die Ausgaben für den Unterhalt der Ländten ab, weil die Gemeinden diese Aufgabe übernehmen, ausgenommen bei der Nordländte der St. Petersinsel.

Le *Seeland* le jour de son lancement et le *Jura* en cours de montage au port de La Neuveville, le 17 juillet 1932.
Die *Seeland* am Tag ihres Stapellaufs und die *Jura* im Bau im Hafengelände von Neuenstadt, 17. Juli 1932.
— Collection/Sammlung Hans Gasser

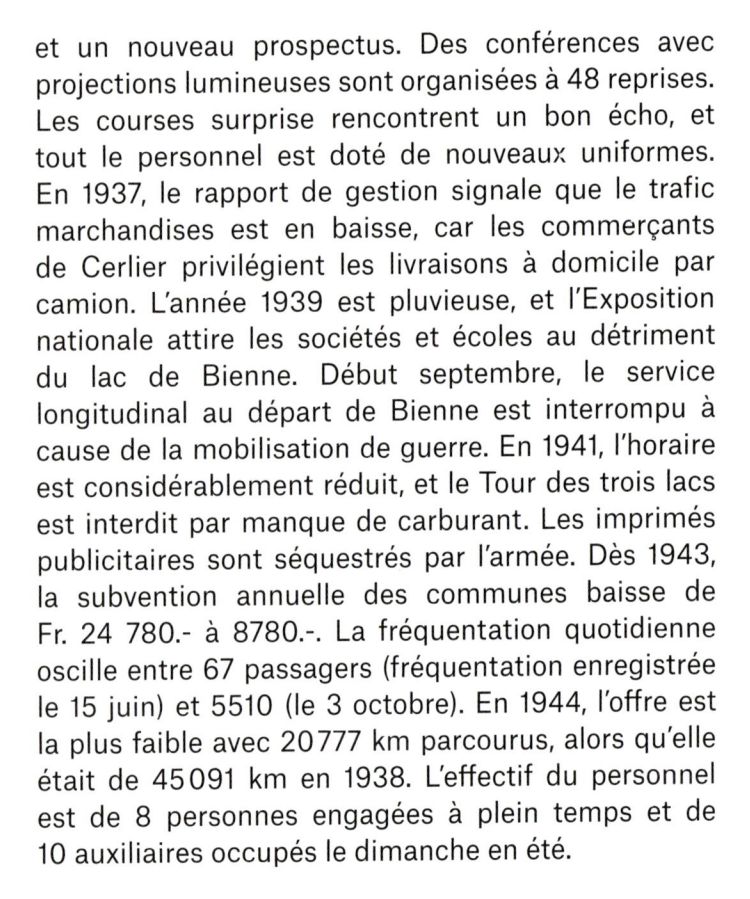

Lancement du *Seeland* le 17 juillet 1932 à La Neuveville. Le niveau du lac a été élevé pour la circonstance par les éclusiers de Port
Stapellauf der *Seeland* am 17. Juli 1932 in Neuenstadt. Der Seespiegel wurde dazu durch die Schleuse von Port vorübergehend aufgestaut
— Collection/Sammlung Hans Gasser

et un nouveau prospectus. Des conférences avec projections lumineuses sont organisées à 48 reprises. Les courses surprise rencontrent un bon écho, et tout le personnel est doté de nouveaux uniformes. En 1937, le rapport de gestion signale que le trafic marchandises est en baisse, car les commerçants de Cerlier privilégient les livraisons à domicile par camion. L'année 1939 est pluvieuse, et l'Exposition nationale attire les sociétés et écoles au détriment du lac de Bienne. Début septembre, le service longitudinal au départ de Bienne est interrompu à cause de la mobilisation de guerre. En 1941, l'horaire est considérablement réduit, et le Tour des trois lacs est interdit par manque de carburant. Les imprimés publicitaires sont séquestrés par l'armée. Dès 1943, la subvention annuelle des communes baisse de Fr. 24 780.- à 8780.-. La fréquentation quotidienne oscille entre 67 passagers (fréquentation enregistrée le 15 juin) et 5510 (le 3 octobre). En 1944, l'offre est la plus faible avec 20 777 km parcourus, alors qu'elle était de 45 091 km en 1938. L'effectif du personnel est de 8 personnes engagées à plein temps et de 10 auxiliaires occupés le dimanche en été.

Die Transportunternehmen des Seelandes publizieren 1933 einen illustrierten Fahrplan, eine Liste von Wandervorschlägen und einen neuen Prospekt. Insgesamt 48 Lichtbilder-Vorträge werben für eine Schiffsreise. Fahrten ins Blaue finden guten Anklang, und das Personal gefällt in neuer Uniform. Der Geschäftsbericht von 1937 stellt einen Rücklauf im Güterverkehr fest, weil das Gewerbe in Erlach die Lastwagenzustellung ans Domizil bevorzugt. Die Landesausstellung 1939 lockt Schulen und Gesellschaften nach Zürich, was die Frequenzen auf den Schiffen spürbar schmälert. Anfang September beendet die Kriegsmobilmachung die Längsschifffahrt ab Biel. 1941 wird der Fahrplan ausgedünnt, und wegen Brennstoffmangels wird die Drei-Seen-Fahrt verboten. Werbedrucksachen werden von der Armee beschlagnahmt. Die Beiträge der Gemeinden fallen 1943 von CHF 24 780. – auf CHF 8780. – . Die Tagesfrequenzen bewegen sich zwischen 67 Personen am 15. Juni und 5 510 Personen am 3. Oktober. Bis 1944 sinken die jährlichen Fahrleistungen auf 20 777 km, im letzten Vorkriegsjahr 1938 waren es noch 45 091 km. Die Belegschaft zählt noch 8 Vollzeitbeschäftigte. Dazu kommen an Sonntagen im Sommer noch 10 Aushilfen.

| La Société de navigation du lac de Bienne | Die Bielersee-Schifffahrts-Gesellschaft |

De 200 000 à 600 000 passagers en 25 ans!

Après la Deuxième Guerre mondiale, le trafic stagne avec 200 000 passagers annuels. Vu l'affluence du dimanche au lac de Bienne, la flotte est insuffisante pour satisfaire la demande, et le Tour des trois lacs ne peut être assuré qu'en semaine. Cet inconvénient disparaît en 1953 avec le lancement du nouveau **Stadt Biel**. C'est le début d'un développement extraordinaire. À la fin de cette même année 1953, le nouveau **J.J.Rousseau** remplace celui de 1889 et le *Jolimont*. L'effectif du personnel est alors de 13 employés et de 24 auxiliaires. Deux frères et capitaines légendaires partent en retraite: Philippe Otter le 31 octobre 1958 après 41 ans de service, et Emil Otter fin 1964 après 40 ans de service. En 1958, 44 % du trafic concerne le dimanche. En 1959, un débarcadère est aménagé à Lüscherz, sur la rive sud; le dimanche, en été, quatre courses du service transversal sont prolongées jusque-là, avec arrêt à l'Ile de Saint-Pierre Sud.

En 1960, la flotte s'agrandit encore avec le **Chasseral** qui permet de franchir la barre des 300 000 passagers l'année suivante. Par suite du gel, la navigation est remplacée par un service d'autobus entre Cerlier et La Neuveville du 23 décembre 1962 au 26 mars 1963. En 1964, le nouveau **Berna** remplace le vapeur du même nom. En 1966, l'entreprise prend le nom de Bielersee Schiffahrts Gesellschaft (BSG) et fait l'acquisition de la Société de navigation Romandie, Neuchâtel-Soleure et des bateaux **Romandie II, Romandie III** qui devient **Nidau** et **Romandie IV** qui devient **Büren**. Le réseau d'action de la BSG s'étend dès lors sur 70 km, de Soleure à Morat, ce qui correspond à peu près à la longueur du Léman. Le nombre de passagers dépasse les 400 000. En 1973, la flotte de l'Aar est complétée par le **Stadt Solothurn**. En 1976 est lancé le plus grand bateau des lacs jurassiens, le **Petersinsel** de 800 passagers (plus tard limité à 700). C'est l'apogée de la BSG avec 11 bateaux et 601 112 passagers en 1978.

L'horaire cadencé: L'horaire cadencé est appliqué à partir du 1er juin 1982 par les CFF et la plupart des entreprises suisses de transport. La BSG s'adapte en mettant en service l'après-midi, du mardi au dimanche, un troisième bateau sur le tour du lac de Bienne pour offrir un départ de Bienne toutes les heures à la minute 30. Par mesure d'économie, le troisième bateau est supprimé dès l'été 2005.

In 25 Jahren verdreifacht!

Nach dem Zweiten Weltkrieg stagniert der Verkehr mit 200 000 Passagieren jährlich. Die Flotte genügt nicht, um den Zustrom an Ausflüglern aufzunehmen. Zudem ist die Drei-Seen-Rundfahrt nur unter der Woche möglich. Diese Mängel beseitigt 1953 der Stapellauf von MS **Stadt Biel**. Sie leitet einen aussergewöhnlichen Aufschwung ein. Ende des gleichen Jahres ersetzt der Neubau **J. J. Rousseau** ihre Vorgängerin von 1889 und die *Jolimont*. Die Zahl der Belegschaft klettert auf 13 Vollzeiter und 24 Aushilfen. Zwei Brüder und langjährige Kapitäne erreichen die Altersgrenze: Emil Otter Ende 1954 nach 40 Jahren Dienst, Philippe Otter 31. Oktober 1958 nach 41 Dienstjahren. Im Jahr 1958 fallen 44% des Verkehrs auf die Sonntage. Das am Südufer gelegene Lüscherz erhält 1959 eine Ländte, an der sonntags vier Querkurse Halt machen und die Südländte der St. Petersinsel anfahren.

Die Flotte erhält 1960 mit der **Chasseral** Zuwachs. Schon im Folgejahr klettert die Jahresfrequenz über 300 000 Passagiere. Im Winter muss der Querverkehr vom 23. Dezember bis zum 26. März der Seegfrörni wegen durch einen Bus zwischen Erlach und Neuenstadt sichergestellt werden. Das Motorschiff **Berna** löst 1964 den Raddampfer gleichen Namens ab. Entsprechend wechselt die Gesellschaft 1966 ihren Namen in Bielersee-Schifffahrts-Gesellschaft (BSG). Gleichzeitig erwirbt sie die Schifffahrtsgesellschaft Romandie Neuenburg—Solothurn und deren Motorschiffe **Romandie II, Romandie III** (neu **Nidau**) und **Romandie IV** (neu **Büren**). Das Netz der BSG wächst auf über 70 km und reicht von Solothurn bis Murten, was praktisch der Länge des Genfersees gleichkommt. Die Zahl der Passagiere pro Jahr übersteigt 400 000 Personen. Der Neubau **Stadt Solothurn** ergänzt 1973 die Flotte. Das bisher grösste Schiff auf den Juraseen, die **Petersinsel**, läuft 1976 vom Stapel. Sie bietet 800 Personen Platz (später auf 700 Personen begrenzt). Mit 11 Schiffen und 601 112 Passagieren erreicht die BSG 1978 einen Höhepunkt.

Der Taktfahrplan: Ab 1. Juni 1982 gilt bei den SBB und der Mehrheit der Unternehmen des öffentlichen Verkehrs der Taktfahrplan. Die BSG schliesst sich an und setzt für die Bielersee-Rundfahrt nachmittags von Dienstag bis Sonntag einen dritten Kurs ein. Abfahrt in Biel jeweils zur Minute 30. Im Jahr 2005 wird dieser Kurs wieder eingestellt.

Le service transversal disparaît: Avec le développement de l'automobile, le trafic transversal utilitaire est en diminution, tant pour les voyageurs que pour les marchandises. En 1950, la fréquentation est de 42 770 passagers, soit 21,6 % du trafic total de la BSG. En 1965, il y a encore 33 985 passagers, soit 12 %. De 361 tonnes en 1960, le trafic marchandises est réduit à 50 tonnes en 1984. Des mesures de rationalisation sont prises. Dès le 1er décembre 1977, le service hivernal est assuré par le *Romandie II*, transformé pour le service à un seul agent. En outre, d'octobre à mai, la station de Cerlier est occupée par du personnel uniquement entre les courses.

Le 1er janvier 1985, les CFF lancent Cargo-Domicile, un service rail-route de distribution des colis à travers toute la Suisse; pour la BSG, c'est la fin des transports de marchandises et de la poste. Dès le 1er juin 1987, le service public annuel Erlach-La Neuveville est supprimé après cent ans d'existence au profit d'un service de car postal. La BSG devient une entreprise purement touristique. De 1987 à 1992, le *J.J. Rousseau* assure l'été quelques courses quotidiennes au départ de Cerlier, prolongées le dimanche jusqu'à Lüscherz. À la fin de la saison 1992, le *J.J. Rousseau* est déplacé à Bienne, si bien que Cerlier cesse d'être un port d'attache de bateaux pour la BSG après 105 ans. Le *J.J.Rousseau* assure dès lors un nouveau service transversal Douanne-Ile de Saint-Pierre-Lüscherz; quatre courses sont prévues le dimanche en juin et septembre, et tous les jours, sauf le lundi, en juillet-août. La fréquentation étant faible, cette prestation est supprimée à la fin de l'été 1996, puis le bateau est vendu et part en Hollande.

Jusqu'alors, les bateaux de Bienne faisaient le «tour du lac», desservant La Neuveville et Cerlier avec retour direct à l'Ile. Depuis 1991, La Neuveville est desservie à l'aller et au retour; en plus, les bateaux de Neuchâtel font arrêt à Cerlier.

De 1997 à 2005, Lüscherz est desservie deux à trois fois par jour par les bateaux du service longitudinal. Depuis 2006, seule la course brunch dominicale du *MobiCat* fait encore arrêt à Lüscherz. Durant l'entre-saison, le dernier départ à 16h05 de l'Ile pour Cerlier est trop tôt, ce qui profite à un bateau-taxi de Cerlier. Depuis 2006, ces courses à tarification spéciale et avec arrêt à Lüscherz sont publiées dans l'indicateur.

Querverkehr eingestellt: Die zunehmende Motorisierung lässt sowohl den Reiseverkehr als auch den Gütertransport zwischen Erlach und Neuenstadt schrumpfen. Zählte man 1950 im Querverkehr noch 42 770 Passagiere oder 21,6 % des gesamten BSG-Personenaufkommens, gab es hier 1965 bloss mehr 33 985 Personen oder 12 % aller BSG-Passagiere. Die Tonnage dieser Verbindung sinkt von 361 Tonnen im Jahr 1960 auf bloss mehr 50 Tonnen im Jahr 1984. Das zwingt zum Rationalisieren. Ab 1. Dezember 1977 übernimmt die auf Einmanndienst umgebaute *Romandie II* den Winterdienst. Von Oktober bis Mai ist die Station nur mehr besetzt, wenn das Schiff nicht unterwegs ist.

Am 1. Januar 1985 stellen die SBB den Stückgutverkehr auf Cargo-Domizil um, ein Haus-Haus-Angebot mit reduziertem Bahnnetz-Anteil. Die BSG nutzt diese Gelegenheit und stellt den Güter- und Posttransport zwischen Erlach und Neuenstadt ein. Am 1. Juni 1987 kommt nach hundert Jahren das Aus für den Querverkehr per Schiff, und das Postauto übernimmt ganzjährig den Liniendienst. Die BSG wird dadurch zum reinen Tourismusanbieter. Zwischen 1987 und 1992 besorgt *J. J. Rousseau* im Sommer täglich einige Fahrten ab Erlach, die sonntags gar bis Lüscherz verlängert werden. Ende Saison 1992 wird *J. J. Rousseau* nach Biel versetzt, womit Erlach nach 105 Jahren seinen Status als Heimathafen einbüsst. *J. J. Rousseau* besorgt von da an im Juli und August einen neuen Querdienst Twann—St. Petersinsel—Lüscherz mit vier Kursen täglich, ohne Montag. Mangels genügender Nachfrage fällt dieses Angebot Ende 1996 weg, und das Schiff wird nach Holland verkauft.

Bis zu diesem Zeitpunkt halten die Bielersee-Schiffe auf ihrer Rundfahrt in Neuenstadt und Erlach, von wo sie direkt zur St. Petersinsel steuern. Ab 1991 wird Neuenstadt sowohl bei der Hin- als auch bei der Rückfahrt bedient. Darüber hinaus halten die Neuenburger Schiffe auch in Erlach. Von 1997 bis 2005 steuern die Kurse des Längsverkehrs zwei- bis dreimal täglich Lüscherz an. Ab 2006 hält einzig die sonntägliche als Brunch-Schiff eingesetzte **MobiCat** einmal in Lüscherz. In der Zwischensaison liegt die letzte Abfahrt von der St. Petersinsel mit 16:05 Uhr zeitlich zu früh. Das begünstigt ein Taxi-Schiff-Unternehmen in Erlach, dessen Kurse seit 2006 sogar Lüscherz bedienen und zu einem Sondertarif im Kursbuch angeboten werden.

Modernisation sur l'Aar

En 1991, le *Jura* est vendu à une association, et le catamaran **Siesta** renforce la flotte de l'Aar. Sa capacité permet de concentrer l'offre sur des courses moins nombreuses et de supprimer les courses de doublure entre Soleure et Altreu. Devenus superflus, les bateaux *Romandie II* et *Nidau* sont vendus en 2004.

En 2012, les cantons de Berne et de Soleure financent l'acquisition du nouveau **Rousseau**, inauguré lors du 300e anniversaire de ce philosophe, qui a séjourné à l'Ile de Saint-Pierre en 1765. Ce bateau présente la particularité de pouvoir assurer le service aussi bien sur les lacs que sur l'Aar. Il remplace le *Seeland* et le *Büren* qui sont alors vendus, ce qui réduit la flotte à huit unités.

De l'Expo.02 à aujourd'hui

Compte tenu des réductions de prestations, le trafic global diminue pour atteindre son plus mauvais résultat l'année de l'Expo.02 avec 240 307 passagers. Dès 2005, l'horaire est réduit, tant sur l'Aar que sur le tour du lac de Bienne où l'horaire cadencé devient boiteux. Depuis lors, la situation s'est stabilisée avec quelque 350 000 passagers annuels. La BSG est pénalisée par l'absence de subvention des cantons de Berne et Soleure pour son exploitation touristique, contrairement à la pratique pour d'autres lacs, comme par exemple ceux de Neuchâtel et Morat.

L'Expo.02 a néanmoins aussi apporté deux contributions positives à la BSG: le bâtiment administratif avec restaurant au port de Bienne, et le catamaran solaire *MobiCat* inauguré en 2001. Un service hivernal avec deux bateaux, l'un sur le lac de Bienne, l'autre dans le Tour des trois lacs, est assuré le dimanche du 11 décembre 2005 au 2 décembre 2012. Depuis lors, le service hivernal se limite à des courses spéciales à thèmes et à des charters.

Modernisierung auf der Aare

Das Bielersee-Schiff Jura wird 1991 an einen Verein verkauft, und der Katamaran **Siesta** verstärkt die Aare-Flotte. Sein Leistungsvermögen erübrigt fortan Doppelführungen zwischen Solothurn und Altreu. Darum kann 2004 auf die *Romandie II* verzichtet werden, Sie wird, wie die durch einen reduzierten Fahrplan frei gewordene *Nidau* verkauft.

Die Kantone Bern und Solothurn finanzieren 2012 den Erwerb des Motorschiffs **Rousseau**. Dessen Namen und die Jungfernfahrt erinnern an den 300. Geburtstag dieses grossen Philosophen, der 1765 auf der St. Petersinsel gelebt hat. Als Spezialität kann dieses Schiff sowohl auf dem See als auch auf der Aare eingesetzt werden. Es ersetzt damit die *Seeland* und die *Büren,* die beide verkauft werden. Die Flotte reduziert sich damit auf bloss mehr acht Schiffe.

Expo.02 und die Zeit danach

Dieser Angebotsausbau bleibt nicht ohne Folgen. Der Verkehr nimmt ab und erreicht zur Expo.02 mit 240 307 Passagieren das schlechteste Jahresergebnis. Ab 2005 wird der Fahrplan auf der Aare und auf dem Bielersee weiter reduziert. Der Takt hinkt, und die Jahresfrequenz verharrt auf einem Niveau um 350 000 Passagiere. Die BSG leidet, weil die Kantone Bern und Solothurn ihr touristisches Angebot nicht unterstützen. Dies entgegen der Praxis anderer Kantone für andere Seen, etwa dem Neuenburger- und dem Murtensee.

Doch die Expo.02 hat der BSG auch Positives beschert: das Verwaltungsgebäude mit dem Restaurant am Bieler Hafen und den seit 2001 kreuzenden Solar-Katamaran *MobiCat*. Ein Winter-Angebot mit zwei Schiffen, eines im Bielersee, das zweite auf der Drei-Seen-Fahrt, gilt ab 11. Dezember 2005 bis zum 2. Dezember 2012. Seither beschränkt sich die BSG winters auf das Extraschiff-Geschäft.

Le *Jolimont* en bateau de secours pour la traversée à la nage Ile de Saint-Pierre – Bienne, vers 1935. Transport des participants et remorquage des canots d'accompagnement.
Die *Jolimont* als Rettungsschiff beim Insel – Biel-Schwimmen um 1935. Überfahrt der Teilnehmer und der Begleit-Ruderboote.
— Collection/Sammlung Hans Gasser

Le *Jura* au chantier des sables et graviers à Nidau vers 1935. Cette situation est exceptionnelle ; normalement, seuls les petits bateaux étaient révisés là, les autres l'étant au chantier de Neuchâtel.
Die *Jura* auf dem Werftareal der Sand und Kies AG in Nidau um 1935. Das Bild zeigt eine Seltenheit. Normalerweise wurden nur die kleineren Schiffe hier revidiert, die anderen jeweils in der Werft Neuenburg.
— Collection/Sammlung Hans Gasser

La Direction de la BDG/SSG

L'entreprise a été dirigée succesivement par les personnes suivantes :

G. Kradolfer	1915	— 1920
Hermann Schneider	1920	— 1923
Rudolf Maurer	1924	— 1948
Rudolf Röthlisberger	1891	— 1916

Depuis 1982, la BSG fait partie de l'OSST (Oberaargau-Solothurn-Seeland-Transport), avec siège à Langenthal. Directeur général de 1982 à 2008, Ulrich Sinzig, dès 2009 Fredy Miller. À Bienne, la BSG a un directeur sur place (Geschäftsführer) :

Urs Vogt	1982	— 1989
Hans Zwahlen	1990	— 1994
Reinhard Schärlig	1995	— 1996
Stefan Schulthess	1997	— 2003
Beat Rüfli	2003	— 2010
Thomas Erne	2010	

Direktion BDG/BSG

Das Unternehmen wird in all den Jahren durch folgende Persönlichkeiten geführt :

G. Kradolfer	1915	— 1920
Hermann Schneider	1920	— 1923
Rudolf Maurer	1924	— 1948
Rudolf Röthlisberger	1949	— 1981

Ab 1982 besorgt der Direktor des als OSST (Oberaargau–Solothurn–Seeland–Transport) auftretenden Regionalverkehrs Oberaargau mit Sitz in Langenthal die Direktionsaufgaben der BSG. Auf Ulrich Sinzig folgt dort 2009 Fredy Miller. In Biel leitet ein Geschäftsführer die alltäglichen Belange, nämlich :

Urs Vogt	1982	— 1989
Hans Zwahlen	1990	— 1994
Reinhard Schärlig	1995	— 1996
Stefan Schulthess	1997	— 2003
Beat Rüfli	2003	— 2010
Thomas Erne	2010	

Capitaine Emil Otter. Le *Stadt Biel* et le *Berna* étaient les seuls bateaux des trois lacs avec un capitaine distinct du timonier.
Kapitän Emil Otter. Einzig auf den drei Seen war auf der *Stadt Biel* und auf der *Berna* neben dem Schiffsführer ein Kapitän nötig.
— Collection privée/Privatsammlung

La Neuveville, forte affluence du dimanche vers 1947.
Neuenstadt, Grossandrang am Sonntag um 1947.
— Photo/Foto Acquadro

4.

Ports et débarcadères
—
Häfen und Ländten

Ports et débarcadères

Les stations du début
Par manque de débarcadère, différentes stations ne sont accessibles que par transbordement dans des barques (bateaux de radelage).

1857 L'horaire de la Société des bateaux à vapeur du lac de Neuchâtel mentionne les stations suivantes: Nidau, Douanne, Gléresse, Neuveville, Le Landeron, Thielle, Neuchâtel, Cortaillod, St-Aubin, Concise, Yverdon.
1872 Les stations sont: Morat, Sugiez, La Sauge, Cudrefin, Neuchâtel, Estavayer, Chevroux, Portalban, Cortaillod et Auvernier.
1875 Trois nouvelles stations sont desservies depuis le 1er juin: Serrières, Chez-le-Bart et Môtier.

LIGNE NEUCHÂTEL-ESTAVAYER VIA RIVE SUD

Neuchâtel
1828 Le port est aménagé pour le bateau à vapeur.
1878 La station Neuchâtel-Mail est desservie l'été et l'automne, quotidiennement, matin et soir.
1890 Le nouveau port de Neuchâtel est achevé.
1891 Reprise du service de camionnage. Les marchandises sont rendues sur la place du Marché sans augmentation de prix, et les expéditeurs n'ont pas à s'occuper du transport par camionnage depuis le port jusqu'au marché ou à domicile, etc. Le camionnage est mis à profit pour le transfert gare-port de la houille pour les bateaux (130 wagons de 10 t par an).
1892 À la fin de la saison, suppression de la station de Neuchâtel-Mail.
1913 L'ancien pavillon TN de la place Pury, datant de 1902, est déplacé au port.
1915 Construction de la première estacade.
1944 L'unique estacade ne suffit plus. Les dimanches d'été, 2500 à 3000 voyageurs débarquent, en moyenne, entre 19 et 20 h, ce qui nécessite des mouvements de manœuvre et provoque des retards. La Ville de Neuchâtel a décidé la construction d'une seconde estacade, dont la construction a débuté en septembre. En revanche, la pénurie de personnel empêche la construction d'un débarcadère près de la place du Marché.
1945 La nouvelle estacade est mise en service en été.

Häfen und Ländten

Erste Stationen
Wo Landeanlagen fehlen, sind Stationen oft nur durch Umladen auf kleinere Schiffe erreichbar.

1857 Der Fahrplan der Dampfschifffahrtsgesellschaft des Neuenburgersees nennt folgende Stationen: Nidau, Twann, Ligerz, Neuenstadt, Le Landeron, Thielle, Neuenburg, Cortaillod, St-Aubin, Concise und Yverdon.
1872 Die Stationen heissen: Murten, Sugiez, La Sauge, Cudrefin, Neuenburg, Estavayer, Chevroux, Portalban, Cortaillod und Auvernier.
1875 Vom 1. Juni an gibt es drei neue Stationen: Serrières, Chez-le-Bart und Môtier.

LINIE NEUENBURG-ESTAVAYER VIA SÜDUFER

Neuchâtel
1828 Der Hafen für das Dampfschiff wird angepasst.
1878 Neuchâtel-Mail ist Sommer und Herbst täglich morgens und abends bedient.
1890 Der neue Hafen von Neuenburg wird vollendet.
1891 Übernahme des Camionnage-Dienstes. Die Waren werden zuschlagsfrei auf dem Markt ausgeliefert, und die Absender müssen sich nicht um Endtransporte zum Marktplatz oder ins Empfänger-Domizil kümmern. Die Camionnage bringt auch die Schiffskohle vom Bahnhof zum Hafen (jährlich 130 Wagenladungen zu 10 t).
1892 Ende Saison wird die Ländte Neuchâtel-Mail aufgegeben.
1913 Der TN-Pavillon der Place Pury von 1902 wird am Hafen weitergenutzt.
1915 Bau des ersten doppelseitigen Landungsstegs.
1944 Der doppelseitige Landungssteg genügt nicht mehr. Wenn im Sommer Sonntag abends zwischen 19 und 20 Uhr 2500 bis 3000 Passagiere ankommen, wird das Koordinieren der Schiffsbewegungen aufwendig, wenn Unfallrisiken und Verspätungen vermieden werden wollen. Die Stadt Neuenburg beschliesst den Bau, einer zweiten doppelseitigen Landungsbrücke. Die Arbeiten beginnen im September.

1975 Le bail concernant les bureaux de l'administration situés dans la Maison du Tourisme (cinéma Palace) a été résilié pour le mois de décembre 1974. Au printemps 1975, les bureaux ont été transférés dans le nouveau pavillon construit directement au port de Neuchâtel; il en résulte une organisation plus rationnelle avec un guichet ouvert en permanence pour la vente des billets et l'information. Jusqu'alors, la vente des billets se faisait uniquement à bord des bateaux.

1983 Pose des embranchements de vidange des fosses septiques des bateaux et d'une nouvelle alimentation électrique de 40 A aux deux estacades.

1987 Aménagement de nouvelles cuisines au port.

2000 30.3. — Réception de deux estacades supplémentaires en vue d'Expo.02.

Cudrefin

1880 Nouveau débarcadère dès le 1er juillet.

1945 La municipalité a remplacé par une construction fort plaisante les anciennes baraques servant de bâtiments de station, qui ont été détruites par les hautes eaux.

1947 Basses eaux, construction d'une estacade provisoire.

1971 Inauguration du nouveau port de petite batellerie ainsi que du nouveau débarcadère qui évite les difficultés d'accès lors de basses eaux.

Personalmangel verhindert den Bau einer Ländte beim Marktplatz.

1945 Der zweite doppelseitige Landungssteg wird im Sommer benützt.

1975 Der Mietvertrag für die Büros im Haus des Fremdenverkehrs (Kino Palace) wird per Dezember 1974 gekündigt. Im Frühling werden die Büroräume im Neubau am Hafen bezogen. Dies führt zu mehr Betriebs- und Kundennähe, unter anderem mit einem täglich geöffneten Auskunfts- und Billettschalter. Bisher sind Billette nur auf den Schiffen verkauft worden.

1983 Beide Landungsstege werden mit Entleerungsanlagen für die Fäkalientanks und 40-Ampere-Stromanschlüssen ausgerüstet.

1987 Die Küche am Hafen wird erneuert.

2000 30.3. — Übernahme von zwei zusätzlichen Landungsstegen im Hinblick auf den Mehrverkehr während der Expo.02.

Cudrefin

1880 1. Juli. — Neue Ländte.

1945 Die Gemeinde ersetzt die vom Hochwasser beschädigten Barackengebäude der Schiffsstation durch einen gefälligen Neubau.

1947 Niedriger Wasserstand zwingt zum Bau einer provisorischen Ländte.

1971 Einweihung des neuen Hafens für die Kleinschifffahrt und einer neuen Ländte, welche die Probleme bei Niedrigwasser löst.

Cudrefin vers 1895. Vapeur *Gd. Escher* avec proue en beaupré.
Cudrefin um 1895. Dampfer *Gd. Escher* mit Bugspriet.
– Carte Nima 93

Cudrefin vers 1935 avec le *Hallwyl*.
Cudrefin um 1935 mit Dampfer *Hallwyl*.
– Carte Perrochet 2373

Cudrefin, l'*Yverdon* entre dans le port en 1945.
Cudrefin, Dampfer *Yverdon* fährt in den Hafen um 1945.
— FP-DAV

Cudrefin, retour du marché de Neuchâtel en 1944.
Cudrefin, Rückkehr vom Neuenburger Markt um 1944.
— FP-DAV

Portalban

1876 La station est desservie toute l'année trois fois par semaine au moyen d'un bateau de radelage.
1880 Nouveau débarcadère dès le 1er septembre.
1934 L'état de délabrement de la jetée a amené l'inspecteur fédéral à interdire le service de cette station.
1935 Les travaux de prolongation de la jetée ont débuté en 1935, mise en service le 15 mai 1936. Entre-temps, le service est assuré par radelage.

Portalban

1876 Station ganzjährig dreimal wöchentlich mit Umladen auf kleine Schiffe bedient.
1880 1. 9. — Neue Ländte.
1934 Wegen desolaten Zustands des Schiffsstegs verbietet der Inspektor des Eidgenössischen Amts für Verkehr, die Station zu bedienen.
1935 Der Landungssteg wird verlängert. Während der Arbeiten von 1935 bis 15. Mai 1936 sichern kleine Boote den Anschluss zwischen Schiff und Land.

Portalban vers 1910 avec le *Hallwyl*
Portalban um 1910 mit Dampfer *Hallwyl*
— Carte Paul Savigny 584

Portalban, le *Hallwyl* au nouveau débarcadère inauguré le 15 mai 1936.
Portalban, Dampfer *Hallwyl* an der neuen Ländte, eingeweiht am 15. Mai 1936.
— Carte P. Savigny 1198

100

Portalban vers 1930 avec l'*Yverdon* à l'ancien débarcadère.
Portalban um 1930 mit Dampfer *Yverdon* an der alten Ländte.
— Carte Paul Savigny 99

Chevroux

1904   19.2 – Mise en service du port près du village, avec accès par un chenal dragué d'environ 500 m de long et 30 m de large, bordé de deux digues.[01]

1945   Le débarcadère extérieur pour les périodes de basses eaux a été reconstruit par la SNLNM, le matériel ayant été fourni par la commune. C'est une construction provisoire.

1946   Le chenal étant ensablé, le service est assuré au débarcadère provisoire au bout de la jetée.

1971   Des travaux de dragage sont effectués.

1973   Le long chenal devient le plus grand port intérieur d'Europe. Nouveau débarcadère vers l'extrémité de la jetée, côté Est.

Chevroux

1904   19.2 – Eine lange befestigte Fahrrinne, 500 m lang und 30 m breit, erschliesst die erste Ländte nahe am Dorf.[01]

1945   Ländte am äusseren Ende der Fahrrinne für Zeiten geringen Wasserstands. erbaut von der Schifffahrtsgesellschaft mit Material von der Gemeinde.

1971   Baggerarbeiten.

1973   Bisherige Ländteanlage und Fahrrinne zum grössten Binnenhafen für Kleinschifffahrt umgebaut. Neue Ländte auf derOstseite der Westmole.

Chevroux vers 1910 avec le *Hallwyl*.
Chevroux um 1910 mit Dampfer *Hallwyl*.
— Carte J. Cavo 08 58 790

Chevroux avec les deux grands vapeurs *Neuchâtel* et *Fribourg*, le lundi de Pentecôte, 5 juin 1922.
Chevroux mit den grossen Dampfschiffen *Neuchâtel* und *Fribourg*, am Pfingstmontag, 5. Juni1922.
— Collection privée/Privatsammlung

01 — BTSR, 25.6.1904.

01 — BTSR, 25.6.1904.

Chevroux, l'*Yverdon* repart en marche arrière.
Chevroux, der Dampfer *Yverdon* legt rückwärts ab.
— Carte Perrochet 11655

Chevroux en 1943, le *Hallwyl* dans le chenal où a été aménagé dès 1973 le plus grand port intérieur d'Europe.
Chevroux um 1943, Dampfer *Hallwyl* in der Bucht wo ab 1973 der grösste Binnenhafen Europas entsteht.
— FP-DAV

Estavayer-le-Lac

La localité est desservie à l'horaire depuis 1859. Précédemment, de rares courses spéciales étaient organisées, notamment en septembre pour la Bénichon. Pendant longtemps, il n'y a pas eu de débarcadère et le service se faisait par transbordement sur des barques (radelage). De ce fait, le dimanche 10 septembre 1854, lors de l'embarquement des passagers, le bateau de radelage a chaviré, et sept personnes se sont noyées[02].

1857 Création du port.
1861 Construction d'une estacade permettant de renoncer aux bateaux-radeleurs.
1879 Correction des eaux du Jura, le niveau du lac est abaissé et le port est à sec. Installation de fortune.
1891 Le nouveau port est achevé.
1934 L'inspecteur fédéral interdit le service de la station d'Estavayer pendant les travaux de réfection du port.
2002 Port doté d'une alimentation électrique et d'un système d'évacuation des eaux.

Un bateau est stationné à Estavayer durant toute l'année de 1862 à 1949, puis l'été en 1950.

Estavayer-le-Lac (Stäffis am See)

Der Ort wird ab 1859 von Kursschiffen angefahren. Zuvor gibt es vereinzelt Extraschiffe, etwa zum Erntedankfest. Während langer Zeit fehlt ein Landungssteg, und kleine Boote verbinden Schiff und Land. Am Sonntag, 10. September 1854, kentert eines dieser Verbindungsboote beim Einschiffen. Sieben Menschen ertrinken[02].

1857 Der Hafen entsteht.
1861 Bau eines Damms mit Anleger, um das Raselieren einzusparen.
1879 Die Juragewässerkorrektion senkt den Seespiegel und legt den Hafen trocken. Eine Behelfsländte sichert den Schiffsanschluss.
1891 Der Hafenbau wird vollendet.
1934 Der eidgenössische Schifffahrtsinspektor verbietet das Ländten, bis der Hafen erneuert ist..
2002 Hafen mit Elektroanschlüssen und Abpumpanlage ausgerüstet.

Heimathafen für ein Schiff, ganzjährig von 1862 bis 1949, sowie im Sommer 1950.

---

02 — Gazette de Lausanne du 12.9.1854.

02 — Gazette de Lausanne, 12.9.1854.

Estavayer, estacade en bois avec le *Hallwyl*, vers 1900.
Estavayer, Landungsbrücke aus Holz mit Dampfschiff *Hallwyl* um1900.
— Photo/Foto Anna Bonnet — Collection/Sammlung J. Schetty

Estavayer-le-Lac, inondations de 1910. Le *Jura* navigue sur les grèves submergées.
Estavayer-le-Lac, Überschwemmung von 1910. Dampfer *Jura* befährt eine sonst trockene Uferpartie.
— Carte H. Butty

Estavayer-le-Lac, inondations de 1910. Le *Hallwyl* attaché à un arbre accoste le long du chemin du port.
Estavayer-le-Lac, Übeschwemmung von 1910. Dampfer *Hallwyl* landet am Weg zum Hafen und wird an einem Baum angebunden.
— Collection privée/Privatsammlung

Estavayer-le-Lac en 1963 : le port où les deux grands vapeurs *Neuchâtel* et *Fribourg* se rencontrent le dimanche après-midi. L'un est venu de Neuchâtel par la rive nord, l'autre par la rive sud.
Estavayer-le-Lac um 1963 : Am Sonntag treffen nachmittags die beiden grossen Dampfer *Neuchâtel* und *Fribourg* zusammen. Beide kommen von Neuenburg, der eine via Nordufer, der andere via Südufer.
— Photo/Foto SJ

Estavayer-le-Lac en 1939 : le port avec le *Hallwyl* et le *Cygne* tout neuf.
Estavayer-le-Lac um 1939 : der Hafen mit dem Dampfer *Hallwyl* neben dem neuen Motorschiff *Cygne*.
— Carte Paul Savigny 1226.

LIGNE NEUCHÂTEL-YVERDON, RIVE NORD

Neuchâtel-Serrières

1875   Mise en service du débarcadère.
1885   Le 15 octobre, le Conseil général de Neuchâtel vote un crédit de Fr. 4400.- pour un nouveau débarcadère à Serrières.[03]
De 1948 à 1962, le bateau de Portalban accoste matin et soir pour les 60 à 70 ouvriers de Suchard, puis uniquement le matin jusqu'en 1967.
1985   Mise en service du nouveau débarcadère construit par les services de la N5 (A5) dans le cadre des travaux de la future autoroute dans ce secteur.

Neuchâtel-Serrières vers 1900. Le *Jura* arrive au débarcadère.
— Collection privée

Neuchâtel-Serrières vers 1913 avec le Fribourg tout neuf. Du livre : *Serrières hier et aujourd'hui*

Neuchâtel-Serrières vers 1900 avec l'*Helvétie I*. Du livre : *Serrières hier et aujourd'hui*

03 — Jeanne Gimmel: *Serrières hier et aujourd hui.*

LINIE NEUENBURG-YVERDON, NORDUFER

Neuchâtel-Serrières

1875   Inbetriebnahme der Ländte.
1885   Am 15. Oktober beschliesst der Generalrat (Legislative) CHF 4400.– für den Bau einer neuen Ländte.[03]
1948 bis 1962 hält der Kurs von und nach Portalban an Werktagen morgens und abends für 60 bis 70 Suchard-Mitarbeitende, danach, bis 1967, nur mehr am Morgen.
1985   Inbetriebnahme der Ländte, deren Bau im Zusammenhang mit dem Werden der N5 (A5) und auf deren Rechnung nötig wird.

Neuchâtel-Serrières um 1900. Dampfer *Jura* nähert sich der Ländte.
— Privatsammlung

Neuchâtel-Serrières um 1913 mit dem neuen Dampfer Fribourg. Aus dem Buch *Serrières hier et aujourd'hui*.

Neuchâtel-Serrières um 1900 mit Dampfer *Helvétie I*. Aus dem Buch: *Serrières hier et aujourd'hui*.

03 — Jeanne Gimmel: *Serrières hier et aujourd hui.*

Auvernier
1973 Nouveau débarcadère dans le cadre de la N5 (A5).

Auvernier (Avernach)
1973 Neue Ländte, Teilprojekt der N5 (A5).

Auvernier vers 1906 avec le *Hallwyl*.
Auvernier um 1906 mit Dampfer *Hallwyl*.
— Carte Phototypie 4666

Auvernier vers 1890 avec le *Hallwyl*.
Auvernier um 1890 mit Dampfer *Hallwyl*.
— Collection/Sammlung Ph. Decreuse

Auvernier, inondations de 1910. Le *Hallwyl* a pu venir tout près du rivage.
Auvernier, Überschwemmung von 1910. Dampfer *Hallwyl* kommt ganz nahe ans Ufer.
— Carte T. Jacot, W. Bous

Cortaillod
1988 Nouveau port et débarcadère.

Cortaillod
1988 Inbetriebnahme des neuen Hafens und Ländte.

Cortaillod vers 1944, la plage et la longue jetée du débarcadère avec l'*Yverdon*.
Cortaillod um 1944 : das Bad und der lange Landungssteg mit dem Dampfer *Yverdon*.
— Photo/Foto F. Perret

Bevaix
1911-16 La halte de Treytel est desservie en été s'il y a des passagers à prendre ou à descendre et suivant les signaux convenus.
1972 Mise en service du débarcadère.

Chez-le-Bart (Gorgier)
1875 Mise en service du débarcadère.
1876 Pendant le service d'hiver, le débarcadère est desservi deux fois par semaine.
1920 Nouvelle estacade en béton armé.

Bevaix
1911 bis 1916 wird die Ländte von Treytel nach Bedarf und vereinbarten Signalen bedient.
1972 Inbetriebnahme der Ländte in Bevaix.

Chez-le-Bart (Gorgier)
1875 Inbetriebnahme der Ländte.
1876 Während des Winters wird die Ländte zweimal wöchentlich bedient.
1920 Neuer Landungssteg aus Stahlbeton.

Chez-le-Bart en 1968 avec le *Neuchâtel*.
Chez-le-Bart um 1968 mit Dampfer *Neuchâtel*.
— Photo/Foto S. Jacobi

Chez-le-Bart vers 1910 avec le *Hallwyl*.
Chez-le-Bart um 1910 mit Dampfer *Hallwyl*.
— Carte O. Tièche 113

Saint-Aubin
1954 Mise en service du débarcadère.
1987 29.5 nouveau port avec débarcadère.

Saint-Aubin
1954 Inbetriebnahme der Ländte.
1967 29.5. — Neuer Hafen für die Kleinschifffahrt mit Ländte.

Saint-Aubin (NE) en 1964 avec le *Neuchâtel*.
Saint-Aubin (NE) um 1964 mit Dampfer *Neuchâtel*.
— Photo/Foto SJ

	Vaumarcus		**Vaumarcus**
1929	Étude d'un débarcadère à Vaumarcus (sans suite).	1929	Studien für eine Ländte (nicht realisiert).
1999	2.4. — inauguration du débarcadère.	1999	2.4. — Neuer Hafen für die Kleinschifffahrt mit Ländte.

Concise

1914   Mise en service du débarcadère le 31 juillet.

Concise

1914   31.7. — Inbetriebnahme der Ländte.

Concise en 1913 avec le *Fribourg*.
Concise um 1913 mit Dampfer *Fribourg*.
— Carte sans mention/Postkarte ohne Verlagsangabe

Grandson

1913   Mise en service du débarcadère.

Grandson

1913   Inbetriebnahme der Ländte.

Grandson vers 1913 avec l'*Yverdon*.
Grandson um 1913 mit Dampfer *Yverdon*.
— Carte Dériaz 7689.

Yverdon

1826   Port aménagé pour le vapeur *Union*.
1834-1859 Desserte régulière.
1859-1912 Uniquement courses spéciales. Exception en été1870 par le *Hallwyl*.
1894   L'exposition cantonale vaudoise à Yverdon a permis d'organiser un grand nombre de courses spéciales.
1913-1914 Desserte quotidienne, supprimée dès 1915 (Première Guerre).
Dès 1922, une course le dimanche depuis Neuchâtel, avec promenade d'une heure.
Dès 1965, courses quotidiennes (sauf lundi).
Un bateau est stationné à Yverdon l'été, de 1965 à 2008 (*Cygne* ou *Idée Suisse*).

Yverdon

1826   Hafen für das Dampfschiff *Union* eingerichtet.
1834   bis 1859 regelmässige Schiffskurse.
1859   bis 1912 nur Extrafahrten, bis auf Sommer 1870, als die *Hallwyl* Kurse fährt.
1894   Die kantonale Waadtländter Ausstellung in Yverdon löst viele Extrakurse aus.
1913   und 1914 tägliche Kurse, die 1915 des Krieges wegen wieder wegfallen.
1922   Fortan sonntägliche Schiffskurse ab Neuenburg mit einstündiger Rundfahrt.
1965   Die Kursschiffe fahren ab jetzt täglich, ohne Montage.
Von 1965 bis 2008 im Sommer ist Yverdon Heimathafen für ein Schiff (*Cygne* oder *Idée Suisse*).

Yverdon le 15 juin 1912 avec le *Neuchâtel* lors de son voyage inaugural.
Yverdon am 15. Juni 1912 mit Dampfer *Neuchâtel* auf der Jungfernfahrt.
— Carte Phototypie 2579

Yverdon vers 1900 avec wagons le long du quai d la Thièle et l'*Helvétie I* en course spéciale de promenade.
Yverdon um 1900 mit Bahnwagen am Ufer der Zihl und Dampfer *Helvétie I* auf Extrafahrt.
— Carte Perrochet 1057

Yverdon le 21 mai 1965. Le Neuchâtel promène des écoliers à l'occasion de l'inauguration du *Ville-d'Yverdon*.
Yverdon am 21. Mai 1965. Dampfer Neuchâtel mit Schülern an Bord, anlässlich der Einweihung von MS *Ville-d'Yverdon*.
— Photo/Foto SJ

Yverdon en 1913 ou 1914 avec le *Fribourg* tout neuf.
Yverdon um 1913 oder 1914 mit dem nagelneuen Dampfer *Fribourg*.
— Carte Dériaz 2813.

LIGNE NEUCHÂTEL-VULLY-MORAT

Hauterive Latenium
1996 Mise en service du débarcadère.

Saint-Blaise
1882 Mise en service du débarcadère le 15 septembre. Arrêt des bateaux Neuchâtel-Saint-Blaise-Cudrefin-Morat et retour.
1901 La station de Saint-Blaise ne figure plus à l'horaire.
1913 Nouveau débarcadère. Arrêt des bateaux Neuchâtel-Bienne et retour.
1915-1939 Arrêt des bateaux jeudi et dimanche vers l'Ile de Saint-Pierre.
Dès 1940, arrêt des bateaux Neuchâtel-Morat.
Dès 1961, arrêt des bateaux Neuchâtel-Morat et Neuchâtel-Bienne.
1987 26. 5. — Nouveau débarcadère.

LINIE NEUENBURG-VULLY-MURTEN

Hauterive Latenium
1996 Inbetriebnahme der Ländte.

Saint-Blaise
1882 15.9. — Inbetriebnahme der Ländte. Halt für die Schiffe Neuenburg–Saint-Blaise–Cudrefin–Murten und zurück.
1901 Saint-Blaise verschwindet aus den Fahrplänen.
1913 Neue Ländte für Kurse Neuenburg–Biel und zurück.
1915 bis 1939 halten donnerstags und sonntags die Schiffe zur St. Petersinsel.
1940 Fortan halten die Schiffskurse Neuenburg–Murten.
1961 Fortan halten die Schiffskurse Neuenburg–Biel.
1987 26. 5. — Neuer Landungssteg.

Saint-Blaise en 1913 ou 1914. Vue générale avec tous les moyens de transport : CFF, tram, BN et bateau *Neuchâtel* en route pour Bienne.
Saint-Blaise um 1913 oder 1914. Generalansicht mit allen Verkehsmitteln: SBB, Tram, BN und Schiff *Neuchâtel* auf Kurs nach Biel.
— Carte Alph. Bourqui 66

La Sauge

1877 Nouveau débarcadère
1973 Nouveau débarcadère dans le cadre de la deuxième correction des eaux du Jura.

La Sauge

1877 Neue Ländte.
1973 Die Ländte wird zusammen mit der Zweiten Juragewässerkorrektion erneuert.

La Sauge vers 1900 avec le *Jura*.
La Sauge um 1900 mit Dampfer *Jura*.
— Carte de l'hôtel

La Sauge vers 1920 avec l'*Helvétie II*.
La Sauge um 1920 mit Dampfer *Helvétie II*.
— Carte de l'hôtel

La Sauge vers 1920 avec l'*Yverdon*.
La Sauge um 1920 mit Dampfer *Yverdon*.
— Carte Perrochet 12715

La Sauge vers 1958 avec l'*Yverdon* dans le canal de la Broye encore étroit.
La Sauge um 1958 mit Dampfer *Yverdon* im noch schmalen Broye-Kanal.
— Photo/Foto Antoine Wavre

Camping Trois Lacs

1969 Création du débarcadère.

Camping Trois-Lacs (Camping)

1969 Inbetriebnahme der Ländte.

Sugiez

1969 Reconstruction du débarcadère dans le cadre des travaux de la deuxième correction des eaux du Jura.

Sugiez vers 1900 avec le *Hallwyl*.
Sugiez um 1900 mit Dampfer *Hallwyl*.
– Carte D & N 216

Sugiez vers 1935 avec l'*Yverdon*.
Sugiez um 1935 mit Dampfer *Yverdon*.
– Collection privée/Privatsammlung

Sugiez

1969 Die Ländte wird zusammen mit der Zweiten Juragewässerkorrektion neu gebaut.

Sugiez vers 1900 avec le *Gd. Escher*.
Sugiez um 1900 mit Dampfer *Gd. Escher*.
– Carte D.N. 2020

Sugiez avec le *Neuchâtel*.
Sugiez mit Dampfer *Neuchâtel*.
– Photo/Foto SJ, 12.7.1964

Praz

1876 La nouvelle station de Praz est desservie à partir du 25 juin.
1905 Projet de débarcadère à Nant (Bas-Vully) reste sans suite.

Praz

1876 25. Juni. Inbetriebnahme der Ländte.
1905 Projekt einer Ländte in Nant (Bas-Vully) (nicht realisiert).

Praz vers 1915 avec le vapeur à deux hélices *Morat*.
Praz um 1915 mit dem Doppelschraubendampfer *Morat*.
– Carte Perochet 8434

Môtier
1875   Mise en service du débarcadère.

Môtier
1875   Inbetriebnahme der Ländte.

Môtier vers 1900 avec le *Jura*.
Môtier um 1900 mit Dampfer *Jura*.
— Carte D.N. 2008

Vallamand
1878   La station est desservie le mercredi par le bateau des marchandises, pendant le service d'été et d'automne.
1899   Débarcadère définitif depuis le mois d'août.
1967   La station n'est plus à l'horaire.
1996   Nouveau débarcadère.

Vallamand
1878   Sommers und im Herbst hält mittwochs das Marktschiff.
1899   August, definitive Ländte.
1967   Die Station verschwindet aus den Fahrplänen.
1996   Neue Ländte.

Vallamand vers 1900 avec le *Morat*.
Vallamand um 1900 mit Doppelschraubendampfer *Morat*.
— Carte sans mention de l'éditeur/Postkarte ohne Verlagsangabe

	Faoug		**Faoug (Pfauen)**
1901	Les subventions de l'Etat et des communes pour la construction du port étant insuffisantes, une souscription publique a rapporté les Fr. 2200.- manquants pour parfaire le chiffre total de la dépense devisée à Fr. 17 025.-.	1901	Weil die Beiträge des Kantons und der Gemeinden für den Bau eines Hafens nicht reichen, wird öffentlich gesammelt. Es kommen CHF 2200.- zusammen, womit die Gesamtkosten von CHF 17 025.- gedeckt sind.
1904	1.6. — ouverture de la station.	1904	1.6. — Eröffnung der Station.
1978	Le débarcadère est inutilisable.	1978	Die Ländte kann nicht mehr bedient werden.
2005	Nouveau débarcadère.	2005	Neue Ländte.

Faoug vers 1900 avec le bateau *Morat* du service local.
Faoug um 1900 mit dem Lokalschiff *Morat*.
— Carte D.N. 572

Faoug vers 1925 avec l'*Yverdon* et le clocher du vieux collège, démoli en 1929.
Faoug um 1925 mit Dampfer *Yverdon* und dem Glockentürmchen des alten Schulhauses, abgebrochen 1929.
— Carte Perrochet 12737.

Faoug vers 1935 avec le *Hallwyl* et le nouveau collège construit en 1932.
Faoug (Pfauen) um 1935 mit Dampfer *Hallwyl* und das neue Schulhaus, gebaut 1932.
— Carte Maurice Kiehl PZ 09522.

Faoug vers 1920, exceptionnellement avec le *Fribourg*.
Faoug (Pfauen) um 1920, ausnahmsweise mit Dampfer *Fribourg*.
— Carte J. von Rohr.

Morat

1860	Desserte régulière.
1894	Les travaux du port de Morat sont achevés.
1907	Par suite de la démolition de l'ancien hangar des sels, la SNV n'a plus aucun entrepôt, ni magasin, à proximité du port. À la suite de négociations avec la Commune de Morat, une construction est élevée dans le port, à droite du débarcadère et sur l'eau; elle contient une salle d'attente, un magasin pour marchandises et un local pour entreposer les charbons, les briquettes et le bois. Le coût de cette construction est devisé à Fr. 4000.- sur lesquels la Commune de Morat a bien voulu accorder une subvention de Fr. 2500.- à condition que cette construction soit d'une architecture convenable pour déparer le moins possible l'aspect général du port.
1958	Nouveau pavillon au port.

Un bateau stationne à Morat tout au long de l'année de 1870 à 1914, puis de 1940 à 2007; dès 2008, en été seulement.

Morat (Murten)

1860	Regelmässige Schiffskurse.
1894	Der Hafenbau wird vollendet.
1907	Nach Abbruch der alten Salzlagerhalle fehlen der Schifffahrt Lagerräume in Hafennähe. Verhandlungen mit der Stadt Murten führen zum Errichten eines Hafengebäudes, rechts des Landungsstegs am Wasser. Es beherbergt einen Wartsaal, ein Güterlokal, ein Lager für Kohle, Briketts und Holz. Der Bau ist mit CHF 4000.- veranschlagt, woran die Stadt Murten einen Beitrag von CHF 2500.- zu bezahlen bereit ist, sofern sich das Gebäude harmonisch ins Hafenbild einfügt.
1958	Neues Hafengebäude.

Murten ist von 1870 bis 1918 und von 1940 bis 2007 ganzjährig Heimathafen für ein Schiff, seither nur sommers.

Annonce d'une course très matinale pour la Foire de Morat.
Inserat für eine sehr frühe Fahrt zum Markt in Murten.
— FAN, 6.6.1922

| Ports et débarcadères | Häfen und Ländten |

Morat vers 1905, un jour de marché, avec quatre vapeurs dans le port : *Morat*, *Gd. Escher*, *Helvétie I* et *Jura*.
Murten um 1905, an einem Markttag mit vier Dampfern im Hafen: *Morat*, *Gd. Escher*, *Helvétie¹* und *Jura*.
— Tiré de/Aus: Schweizerische Dampfschiffahrt. 1907. = Die Industrielle und Kommerzielle Schweiz, 11 & 12

Morat vers 1900 avec les vapeurs *Jura* et *Morat*.
Murten um 1900 mit den Dampfern *Jura* und *Morat*.
— Carte Phototypie 1262

Morat vers 1910, vapeur *Jura*.
Murten um 1910, Dampfer *Jura*.
— Carte Burgy 2928

Morat vers 1890 avec le *Gd. Escher*.
Murten um 1890 mit Dampfer *Gd. Escher*.
— Carte Künzli-Tobler 2703

Morat vers 1935, vapeur *Hallwyl*.
Murten um 1935, Dampfer *Hallwyl*.
— Carte Phototypie 1275

CANAL DE LE THIELLE

La Tène
1928 Débarcadère à La Tène, sur le môle nord de la Thielle.
1969 Reconstruction du débarcadère dans le cadre des travaux de la deuxième correction des eaux du Jura.

La Tène vers 1935 avec le *Neuchâtel* et le *Seeland*, tous deux avec cabine de timonerie démontée (hautes eaux).
La Tène um 1935 mit den Schiffen *Neuchâtel* und *Seeland*, beide mit demontiertem Steuerhaus (Hochwasser).
— Carte Perrochet 3951

Thielle-Wavre
1929 Étude de deux débarcadères dans la Thielle, tractations avec l'Etat de Berne, la BN et la BDG.
1930 Nouveau débarcadère près du pont de Thielle financé par SNV/BDG avec subventions de la commune de Gals et du propriétaire de l'auberge du pont de Thielle.
1932 Débarcadère du pont de la Directe BN renforcé par l'implantation de pilotis.
1995 Débarcadère de Thielle-Wavre.

Le Landeron
1884 31.8. — Inauguration du débarcadère près du pont de Saint-Jean.
1970 Débarcadère déplacé dans le cadre des travaux de la deuxième correction des eaux du Jura.

ZIHLKANAL

La Tène
1928 Ländte am nördlichen Damm des Kanals.
1969 Die Ländte wird zusammen mit der Zweiten Juragewässerkorrektion erneuert.

Thielle-Wavre
1929 Der Bau zweier Ländten an der Zihl wird studiert. Verhandlungen mit Kanton Bern, Bern–Neuenburg-Bahn (BN) und BDG.
1930 Ländte bei der Zihlbrücke, finanziert durch SNV und BDG mit Beiträgen der Gemeinde Gals und des Eigentümers des Gasthauses Zihlbrücke.
1932 Ländte nahe der Brücke der Bern–Neuenburg-Bahn.
1995 Neue Ländte Thielle-Wavre.

Le Landeron
1884 31.8. — Einweihung der Ländte bei der Brücke St. Johannsen
1970 Die Ländte wird zusammen mit der Zweiten Juragewässerkorrektion versetzt.

Thielle vers 1900, le château et l'*Helvétie¹*.
Thielle um 1900, mit Schloss und Dampfer *Helvétie¹*.
— Carte A. Bourqui No 4

Thielle avec l'*Yverdon*, le 12 juillet 1912 (Fête fédérale de chant).
Thielle mit Dampfer *Yverdon* am 12. Juli 1912 (Eidg. Sängerfest).
— Carte Perrochet 87

Thielle vers 1935 avec le *Fribourg*
Thielle um 1935 mit Dampfer *Fribourg*
— Carte Perrochet 250

Le Landeron vers 1900 avec l'*Helvétie I* en route vers l'Ile de Saint-Pierre.
Le Landeron um 1900, Dampfer *Helvétie¹* auf Kurs nach der St. Petersinsel.
— Carte CPN 1597.

LAC DE BIENNE

Bienne

Au 19e siècle, la ville de Bienne est encore éloignée du lac. Situé à Nidau, le port perd son trafic à la fin de l'année 1860 à l'avènement du chemin de fer le long des lacs. Du 1er août 1858 au 10 décembre 1860, le port de Nidau est relié à la gare de Bienne par une voie de raccordement. Dès 1900 environ et jusqu'à l'aménagement d'Expo.02, il existe à Nidau un port relié au rail pour les barques à sable.

1886 5.9 – Inauguration du débarcadère à Nidau pour les courses dominicales des vapeurs neuchâtelois.
1888 La SNV neuchâteloise souhaite organiser un service touristique de «grande navigation» de Bienne à Yverdon. Une conférence réunissant les villes intéressées est organisée en novembre à Neuchâtel. Ce projet sera réalisé en 1913.
1888 Les promenades de Neuchâtel vers Yverdon, Nidau, Bienne, etc. ont particulièrement bien réussi. À Bienne, le niveau des eaux extrêmement bas rend difficile l'accostage à la propriété Beau Rivage, au bout du lac. L'idée d'aller débarquer dans le grand canal derrière Nidau n'a pas été retenue, vu la force du courant de l'Aar. En outre, le canal est trop étroit pour y tourner le bateau, ce qui impose une manœuvre très difficile et même dangereuse à proximité du pont qui est trop bas pour permettre le passage des bateaux à vapeur.
1911 Construction d'un débarcadère à l'embouchure de la Suze.
1913 Aménagement à l'embouchure de la Suze d'un second débarcadère, d'un ponton pour les petits vapeurs à hélice et de l'éclairage électrique.
1918 Aménagement à Bienne-Vigneules, près de l'école, d'un débarcadère de secours en cas de basses eaux. Situé trop loin du centre de la ville, son usage est dissuasif pour la clientèle.
1930 Création du port de Bienne.
1935 Construction d'un bâtiment de service avec petit atelier de réparation.
1953 Nouvelle estacade.
2001 Bâtiment de service avec restaurant au port. Deuxième estacade.

BIELERSEE

Biel/Bienne

Im 19. Jahrhundert liegt die Stadt Biel noch weitab vom See, und der Hafen ist in Nidau, wo 1860 der Verkehr zusammenbricht, weil die Eisenbahn dem Bielersee entlangfährt. Vom 1. August 1858 bis 10. Dezember 1860 verbindet ein Gleis den Hafen mit dem Bieler Bahnh of. Ab etwa 1900 hat Nidau einen Hafen für Sandschiffe, dessen Anschlussgleis erst für die Expo.02 abgebrochen werden muss.

1886 5.9. — Einweihung in Nidau der Ländte für die sonntäglichen Schiffskurse aus Neuenburg.
1888 Die Neuenburger Dampfschifffahrtgesellschaft will die «Grosse Fahrt» Biel–Yverdon wiederbeleben. Eine Konferenz bringt die interessierten Städte in Neuenburg an einen Tisch. Konkret wird es erst 1913!
1888 Die Extrafahrten von Neuenburg nach Yverdon, Nidau, Biel und so weiter haben guten Erfolg. In Biel macht der niedrige Wasserstand das Anlegen der Schiffe nicht einfach. Die Ländte liegt am Beau Rivage, wo heute die Neuenburger Strasse den See verlässt. Die Idee, im Nidau—Büren-Kanal zu Ländten, fällt der Strömung wegen ins Wasser. Zudem könnte das Schiff im schmalen Kanal nicht wenden. Das Manöver nahe an der niederen Brücke wäre für den Raddampfer eh zu riskant.
1911 Bau einer Anlegestelle in der Schüss-Mündung.
1913 An der Schüss-Mündung entsteht eine zweite Landungsbrücke und eine Ländte für einen Schraubendampfer. Überall wird elektrisches Licht installiert.
1918 Bei der Schule in Biel Wingelz entsteht eine Notländte für den Fall von niedrigem Wasserstand. Die vom Stadtzentrum weit entfernte Lage wirkt wenig kundenfreundlich.
1930 Bau der Hafenanlagen am heutigen Standort.
1935 Der Hafen erhält ein kleines Dienstgebäude mit Werkstatt.
1953 Neuer doppelseitiger Landungssteg.
2001 Dienstgebäude für Kundendienst, Verwaltung und Hafenrestaurant. Zweiter doppelseitiger Landungssteg.

Ports et débarcadères | Häfen und Ländten

Bienne en 1911 avec le *Stadt Biel* au débarcadère situé à l'embouchure de la Suze.
Biel um 1911 mit dem Dampfer *Stadt Biel* an der Ländte bei der Schüss-Mündung.
— Ansichtskartenverlag Bern 6503

Bienne vers 1920 avec le *Berna* au débarcadère initial, à l'embouchure de la Suze.
Biel um 1920. Dampfer *Berna* an der ursprünglichen Ländte bei der Schüss-Mündung.
— Guggenheim 17401

Bienne en 1913 ou 1914, vue depuis le pavillon sur le *Neuchâtel* au débarcadère initial, à l'embouchure de la Suze.
Biel um 1913 oder 1914, Aussicht vom Pavillon auf Dampfer *Neuchâtel* an der ursprünglichen Ländte an der Schüss-Mündung.
— Archives municipales de Bienne, Fonds Ernst Kuhn/Stadtarchiv Biel, Bestand Ernst Kuhn

Bienne, le port inauguré en 1930. Vapeurs *Stadt Biel* et *Berna*.
Biel mit dem 1930 eingeweihten Hafen und den Dampfschiffen *Stadt Biel* und *Berna*.
— Carte Société Graphique 7164

Bienne, le port vers 1950 avec les bateaux *Berna*, *Seeland*, *Jura* et exceptionnellement *J. J. Rousseau*.
Biel um 1950 mit den Schiffen *Berna*, *Seeland*, *Jura* und ausnahmsweise auch *J. J. Rousseau* im Hafen.
— Carte 55, sans mention d'éditeur/ohne Verlagsangabe

Tüscherz (Daucher)

1913	Débarcadère Tüscherz-Alfermée.
1915	Les bateaux ne s'y arrêtent plus.
1920	Arrêt facultatif à une seule course.
1925	Ne figure plus à l'horaire. Débarcadère hors service.
1954	Nouveau débarcadère.

Engelberg

1932	Création du débarcadère.

Twann (Douanne)

1897	Selon le rapport de gestion, la Société Union possède un débarcadère à Douanne. Un nouveau débarcadère a été construit vers 1945, puis de nouveau vers 1975, lors de la mise à double voie du tronçon Tüscherz-Twann.
1991	Deuxième débarcadère pour le service Douanne–Ile de Saint-Pierre–Lüscherz.

Tüscherz (Daucher)

1913	Bau einer Ländte Tüscherz-Alfermée.
1915	Die Schiffe laufen Tüscherz nicht mehr an.
1920	Ein einziger Kurs hält auf Verlangen.
1925	Tüscherz ist in den Fahrplänen nicht mehr präsent.
1954	Neue Ländte.

Engelberg

1932	Bau einer Ländte.

Twann (Douanne)

1897	Der Geschäftsbericht der Dampfschifffahrtsgesellschaft Union verzeichnet in Twann eine Ländte. Diese wird 1945 neu angelegt und 1974 im Zusammenhang mit dem SBB-Doppelspurbau abermals erneuert.
1991	Eine zweite Ländte dient dem Querverkehr Twann–St. Petersinsel–Lüscherz.

Le débarcadère de Douanne vers 1956 avec le *Neuchâtel*. A l'arrière-plan, le *Berna*.
Die Ländte von Twann um 1956 mit Dampfschiff *Neuchâtel*. Im Hintergrund, die *Berna*.
– Collection privée/Privatsammlung.

Ligerz (Gléresse)

1913	Aménagement d'un petit débarcadère.

Ligerz (Gléresse)

1913	Eine Ländte wird gebaut.

Gléresse, arrivée du *Berna* vers 1925.
Ligerz, Ankunft des Dampfers *Berna* um 1925.
– Carte Photoglob 5993

Gléresse vers 1925 avec le *Berna*.
Ligerz um 1925 mit Dampfer *Berna*.
– Carte Photoglob d4648

Ile de Saint-Pierre

1835 Selon une annonce dans le *Constitutionnel Neuchâtelois* du 7 juillet 1835), l'*Industriel* navigue de Neuchâtel à Nidau tous les mercredis après-midi, touchant à la Neuveville et à l'Ile de Saint-Pierre. Probablement par transbordement sur des bateaux radeleurs.

1881 Le débarcadère sud, appelé aussi débarcadère neuchâtelois, est créé ou reconstruit après la correction des eaux.

1887 Le débarcadère nord, nouvellement créé, est utilisé par la Société de navigation Union de Cerlier.

1913 Le débarcadère Nord est transformé pour accueillir simultanément un grand et un petit vapeur. Les piquets d'amarrage sont fixés au débarcadère au moyen de tampons de wagons, car il n'est pas possible de planter des pilotis dans ce fond rocheux.

1922 La SNV (Neuchâtel) prend la décision de reconstruire en béton armé le débarcadère situé du côté sud à l'Ile-de-Saint-Pierre, qui a été enlevé par les glaces. Une convention passée entre SNV et BDG stipule que les deux sociétés de navigation ont le droit d'utiliser les deux débarcadères de l'Ile, côté nord et côté sud, sans aucune redevance. De ce fait, les bateaux de la SNV (Neuchâtel) ont le droit de se rendre à l'Ile-de-Saint-Pierre sans payer le droit de concession qui était imposé jusqu'alors. L'autorisation du Département est datée du 12 mai 1922.

1928 La convention avec l'hôpital des bourgeois de la ville de Berne au sujet du débarcadère sud de l'Ile de Saint-Pierre a été signée. Le débarcadère reste propriété de l'hôpital, mais l'entretien est aux frais de la SNV Neuchâtel. L'hôpital a versé la subvention de Fr. 1500.- prévue dans la convention.

1932 Installation d'un toit au débarcadère Nord.

St. Petersinsel

1835 Nach einer Zeitungsanzeige im Constitutionel Neuchâtelois von 7. Juli 1835 zirkuliert die *Industriel* jeden Mittwoch nachmittags zwischen Neuenburg und Nidau. Dabei bedient sie Neuenstadt und die St. Petersinsel, wahrscheinlich mit Hilfe von Raselierschiffen.

1881 Nach der Juragewässerkorrektion wird die Südländte, auch Neuenburgerländte gennant, gebaut (oder erneuert).

1887 Die Dampfschifffahrtsgesellschaft Union läuft die neue Nordländte an.

1913 Die Nordländte wird zum Landungssteg umgebaut, der gleichzeitig von einem grossen und einem kleinen Dampfer benutzt werden kann. Die Ländte- und Prell-Pfähle sind mit Eisenbahnpuffern gegen die feste Struktur verankert, weil der felsige Grund deren Einrammen verunmöglicht.

1922 Die Neuenburger Gesellschaft beschliesst, die vom Eis beschädigte Südländte in Stahlbeton neu zu errichten. Mit der Bieler Gesellschaft wird vereinbart, dass beide Unternehmen beide Ländten frei benützen können. Seither haben die Schiffe aus Neuenburg das Recht, die St. Petersinsel anzulaufen, ohne die bisher erhobene Ländtegebühr bezahlen zu müssen. Das Eidgenössische Post- und Eisenbahndepartement stimmt dem Abkommen am 12. Mai zu.

1928 Die Vereinbarung mit dem Burgerspital der Stadt Bern (Eigentümerin der Insel-Liegenschaft) betreffend die Südländte wird unterzeichnet. Die Ländte bleibt Eigentum des Burgerspitals, hingegen wird der Unterhalt von der SNV Neuenburg geleistet. Die Burger zahlen einmalig CHF 1500. – Subvention.

1932 Die Nordländte wird überdeckt.

Ports et débarcadères | Häfen und Ländten

Ile de Saint-Pierre, débarcadère Nord vers 1900 avec le vapeur à hélice *J. J. Rousseau*.
St. Petersinsel, Ländte Nord um 1900, mit Schraubendampfer *J. J. Rousseau*.
– Carte T. Jacot 1213

Ile de Saint-Pierre, débarcadère Sud (débarcadère neuchâtelois) vers 1903, vapeur *Helvétie I*.
St. Petersinsel, Südländte (Neuenburger Ländte) um 1903 mit Dampfer *Helvétie I*.
– Carte J. Cavo 07 7633

Ile de Saint-Pierre vers 1900, l'*Helvétie I* au débarcadère Sud.
St. Petersinsel um 1900, Südländte mit Dampfer *Helvétie I*.
– Carte CPN 1394

Ile de Saint-Pierre vers 1900, l'*Helvétie I* au débarcadère Sud.
St. Petersinsel um 1900, Südländte mit Dampfer *Helvétie I*.
– Carte F. Gränicher 120

Ile de Saint-Pierre vers 1925, le *Neuchâtel* au débarcadère Sud.
St. Petersinsel um 1925, Südländte mit Dampfer *Neuchâtel*.
– Carte Perrochet 2695

Le *Neuchâtel* à l'Ile de Saint-Pierre sud, entre 1958 et 1960.
Die *Neuchâtel* an der Südländte St. Petersinsel, zwischen 1958 und 1960.
– Collection privée/Privatsammlung

La Neuveville (Neuenstadt)

1835 Selon une annonce parue dans la presse (*Constitutionnel Neuchâtelois* du 7 juillet 1835), l'*Industriel* navigue de Neuchâtel à Nidau tous les mercredis après-midi, touchant à La Neuveville et à l'Ile de Saint-Pierre.

La Neuveville (Neuenstadt)

1835 Nach einer Zeitungsnotiz (*Constitutionnel Neuchâtelois* vom 7. Juli) fährt die Industriel jeweils am Mittwochnachmittag von Neuenburg nach Nidau, wobei sie Neuenstadt und die St. Petersinsel bedient.

1878	Sur demande de la municipalité, les bateaux assurant la liaison Neuchâtel-Ile de Saint-Pierre s'arrêtent à La Neuveville.
1887	Aménagement pour le service de Cerlier.

1878	Auf Wunsch der Gemeinde laufen die Schiffskurse Neuenburg–St. Petersinsel Neuenstadt an.
1887	Anpassungen für die Kurse von und nach Erlach.

La Neuveville vers 1935, le *Neuchâtel* au retour de l'Ile de Saint-Pierre.
Neuenstadt um 1935. Dampfer *Neuchâtel* kehrt von der St. Petersinsel zurück.
— Foto Acquadro

La Neuveville vers 1920 avec le *J. J. Rousseau* et le *Stadt Biel*.
Neuenstadt um 1920 mit *J. J. Rousseau* und *Stadt Biel*.
— Carte Perrochet 238

La Neuveville vers 1900 avec le vapeur à hélice *J. J. Rousseau*.
Neuenstadt um 1900 mit dem Schraubendampfer *J. J. Rousseau*.
— Photoglob 2285

Cerlier (Erlach)

1860	Les vapeurs neuchâtelois s'arrêtent à la Schützenländte du 1er février pour quelques mois.
1884	3.8. — Inauguration du débarcadère pour les courses dominicales des vapeurs neuchâtelois.04

Erlach (Cerlier)

1860	Ab 1. Februar bedient der Kurs der Neuenburger Dampfschifffahrt für einige Monate die Schützenländte.
1884	3.8. — Für die Sonntagsfahrten der Neuenbuger Dampfschiffe richtet die Gemeinde eine Landungsbrücke ein.04

---

04 — FAN, 30.8.1884. Erlacher Städtchen-Chronik 1984-1985. Erlach 1986.

04 — FAN, 30.8.1884. Erlacher Städtchen-Chronik 1984-1985. Erlach 1986.

1887	Aménagement du port avec bâtiment de service.		1887	Bau des Hafens mit einem Dienstgebäude.
1931	Aménagement d'une salle d'attente.		1931	Ein Wartsaal wird eingerichtet.
1932	1.5. — Introduction du tarif direct marchandises avec toutes les gares de Suisse. En 1933, les bateaux transportent 653 t de marchandises et de bagages, puis 564 t en 1940. Après la guerre, ce trafic diminue progressivement: 360 t en 1960, 167 t en 1970, 75 t en 1980.		1932	1.5. — Erlach wird in den direkten schweizerischen Güterverkehr aufgenommen. 1933 werden 653 t Güter und Gepäck ein- und ausgeladen. 1940 sind es 564 t. Nach dem Krieg nimmt der Verkehr nach und nach ab, über 360 t im Jahr 1960 und 167 t im Jahr 1970 auf bloss mehr 75 t im 1980.
1953	Transformation des locaux.		1953	Umbau des Dienstgebäudes und seiner Räumlichkeiten.
1984	31.12. — Suppression du transport des marchandises et de la poste par bateau.		1984	Ende Jahr wird der Güter- und Postverkehr aufgehoben.
1986	31.12. — Suppression du trafic régional annuel. Des bateaux stationnent à Erlach durant toute l'année de 1887 à 1992. Depuis lors, le port est occupé par le *Jura* qui appartient à une association.		1986	Der ganzjährige Regionalverkehr wird Ende Jahr eingestellt. Erlach ist Heimathafen von 1887 bis 1992. Seither liegt die an einen Verein verkaufte MS *Jura* im Hafen.

Cerlier vers 1900 avec le vapeur à hélice *J. J. Rousseau*.
Erlach um 1900 mit Schraubendampfer *J. J. Rousseau*.
— Carte Phototypie 2367

Cerlier vers 1920 avec le bateau à moteur *Jolimont* et le vapeur *Stadt Biel*.
Erlach um 1920 mit Motorschiff *Jolimont* und Dampfschiff *Stadt Biel*.
— Carte Photoglob f4398

Cerlier vers 1920 avec les vapeurs *J. J. Rousseau* et *Berna*.
Erlach um 1920 mit den Dampfschiffen *J. J. Rousseau* und *Berna*.
— Société Graphique 5017

Hagneck

1913 Installation d'un ponton pour le *Jolimont* qui assure le dimanche le service vers l'Ile de Saint-Pierre de 1913 à 1915, puis en 1932.

Lüscherz (Locras)

1959 Création d'une longue jetée avec débarcadère.
2006 La station n'est plus desservie, sauf une course le dimanche (brunch par MobiCat).

Chantier naval de Neuchâtel

L'ancien chantier, aménagé en 1880 pour la construction de l'*Helvétie¹* (futur *Yverdon*) était un obstacle à l'aménagement des rives et les remblaiements rendaient l'accès difficile aux grandes unités.

1920 L'ancien chantier est toujours utilisé, par les hautes eaux, pour les petites unités.
1923 Construction du nouveau chantier: premier coup de pioche le 5 décembre. Contrat avec M. Arthur Studer, ingénieur à Neuchâtel. Contrat avec les Ateliers mécaniques de Vevey pour la construction du ber, des machines et installations pour sortir les bateaux ainsi que de la porte côté est du bâtiment.

La proposition d'Oskar Frick, mécanicien-chef, d'établir un appartement de trois chambres et cuisine est acceptée. M. Frick paiera un loyer annuel de mille francs. Par contre, M. Frick recevra de la Société la somme mensuelle de Fr. 25.- pour le gardiennage du chantier et de ses installations. M. Frick aura à sa charge l'abonnement de l'eau, du gaz et de l'électricité, les frais de chauffage du logement, la nourriture et la taxe d'un chien de garde.

1925 Le chantier est inauguré le 2 mars, mais le 13 janvier déjà, le *Fribourg* a été caréné avec la plus extrême facilité.
1926 Le nouveau chantier a reçu en carène nos quatre bateaux ainsi que le *Stadt Biel* du 20 octobre au 17 novembre. Le chantier de la LNM accueille régulièrement des chalands et, jusqu'en 1970, les bateaux du lac de Bienne (à l'exception des petites unités *J.J. Rousseau* et *Jolimont*, qui sont entretenues à Nidau). Dès 1962, il reçoit également les *Romandie III* et *IV*.

Hagneck

1913 Ein Steg für die *Jolimont* entsteht. Sie bedient bis 1915 und 1932 an Sonntagen die Linie zur St. Petersinsel.

Lüscherz (Locras)

1959 Ein langer Steg mit Ländte wird erstellt.
2006 Kursschiffe fahren die Station nicht mehr an. Allein an Sonntagen macht das Brunch-Schiff *MobiCat* kurz fest.

Werft Neuenburg

Die alte Werft von 1880 dient zunächst dem Bau des Dampfschiffs *Helvétie¹* (später *Yverdon*) und wird mehr und mehr zum Hindernis für den Uferbau. Seeaufschüttungen erschweren grossen Einheiten den Zugang.

1920 Die alte Werft ist bei Hochwasser immer noch nützlich, besonders für die kleineren Schiffe.
1923 Bau einer grösseren Werft mit Spatenstich vom 5. Dezember. Verträge mit Herrn Arthur Studer, Ingenieur, in Neuchâtel für Konzept und Bauleitung sowie mit den Ateliers mécaniques in Vevey für den Bau der Slip-Anlage und des Schiff-Tores.

Der Vorschlag von Werftchef Oskar Frick für den Einbau einer Dreizimmerwohnung wird einbezogen. Herr Frick zahlt jährlich CHF 1000.– Miete. Umgekehrt wird Herr Frick für seine «Wächter-Dienste» und die Natur gegebene Piket-Präsenz mit monatlich CHF 25.– entschädigt. Herr Frick übernimmt die Kosten für Wasser, Gas und Strom, das Heizen der Wohnung, sowie Futter und Taxe für den Wachhund.

1925 Die Werft wird am 2. März eingeweiht. Das Dampfschiff *Fribourg* liegt längst auf Dock und wird am 13. Januar mit Leichtigkeit ausgewassert.
1926 Die neue Werft sieht alle vier Dampfschiffe auf Kiel. Dazu ist die *Stadt Biel* vom 20. Oktober bis 17. November zu Gast. Regelmässig überholt die LNM-Werft fremde Lastkähne und bis 1970 auch die Schiffe der Bielersee-Gesellschaft (ausgenommen kleine Einheiten *J. J. Rousseau* und *Jolimont* die auf dem Slip in Nidau ausgewassert werden). Ab 1962 kommen auch die *Romandie III* und *IV*.

1960	Effervescence au printemps avec le montage successif de deux bateaux neufs: le *Vully* de la LNM et le *Chasseral* de la BSG.	1960	Hochbetrieb ab Frühling mit dem Bau zweier neuer Schiffe: MS *Vully* für die LNM und MS *Chasseral* für die BSG.
1962	Le logement de service du chantier naval a été modernisé et une chambre supplémentaire a été aménagée.	1962	Die Dienstwohnung im Wertgebäude wird aufdatiert und mit einem vierten Zimmer ergänzt.
1969	Création au port du Nid du Crô – à côté du chantier naval LNM – d'un quai de grosse batellerie, notamment pour les bateaux de la LNM, avec toutes les installations techniques adéquates.	1969	Neben der Werft entsteht der Hafen Nid-du-Crô für die Kleinschifffahrt, ein Landungssteg für grosse Schiffe, namentlich jene der LNM, mit entsprechenden technischen Einrichtungen.
1973	Installation d'un chauffage central dans le logement de service et les différents ateliers du chantier naval.	1973	Einbau einer Zentralheizung für die Dienstwohnung und die verschiedenen Werkstatträume.
1990	Inauguration le 30 mars du chantier rénové après 30 mois d'importants travaux de réfection.	1990	30. März Einweihung der in 30 Monaten gründlich überholten Schiffswerft.
2006	Par suite de la construction du nouveau stade de la Maladière, quelques dégâts ont été constatés sur le bâtiment ainsi que sur les installations.	2006	Nach dem Bau des Stadions Maladière werden an Werftgebäude und Einrichtungen einige Schäden beobachtet.

Le chantier naval de La Maladière, à Neuchâtel, construit en 1925.
Die Schiffswerft La Maladière in Neuenburg, erbaut 1925.
— Photo/Foto SJ 12.9.2011

Chantier naval du lac de Bienne

- **1910** Installation d'un chantier naval à Saint-Joux (La Neuveville).
- **1913** Lors du lancement du *Berna*, l'installation est jugée insuffisante.
- **1927** Vente du chantier qui aurait dû subir d'importants travaux de réparation. Dès lors, la révision annuelle des grands bateaux a lieu au chantier de Neuchâtel, celle des petits bateaux au chantier des sables et graviers de Nidau. Malheureusement, certains hivers, le niveau des eaux est trop bas pour passer la Thielle et parvenir au chantier de Neuchâtel.
- **1975** Aménagement du chantier de Nidau pour la construction du *Petersinsel*, puis pour la révision de toute la flotte biennoise. Jusqu'en 2000, cet emplacement dispose d'une voie de raccordement CFF. Pour des raisons d'aménagement de la zone, le chantier est à l'air libre.

Autres chantiers pour grands bateaux

En plus des chantiers de La Maladière et de Nidau, il y a un ber extérieur à La Poissine (près de Grandson) et à Estavayer.

Werft am Bielersee

- **1910** Installation einer Werft in Saint-Joux (Neuenstadt).
- **1913** Beim Bau des Dampfschiffs *Berna* erweist sich die Anlage als ungenügend.
- **1927** Die Werft müsste aufwändig repariert werden. Stattdessen wird sie verkauft. Seither werden die grossen Schiffe jährlich in Neuenburg ausgewassert und inspiziert, für die kleinen Schiffe dagegen genügt der Slip für die Sandkähne in Nidau. Leider vereitelt Niedrigwasser in der Zihl ein paar Mal im Winter die Passage nach Neuenburg.
- **1975** Die Slip-Anlage in Nidau wird für den Zusammenbau der *Petersinsel* aufgewertet. Sie genügt seither auch fürs Überholen der übrigen Bielersee-Flotte. Bis ins Jahr 2000 ist der Slip über ein Anschlussgleis mit dem Bahnnetz verbunden. Der Auflagen von Ufer- und Ortsbildschutz wegen bleibt die Slip-Anlage unter freiem Himmel.

Andere Werften für grosse Boote

Neben den Werft-Anlagen von Maladière und Nidau, gibt es Slip-Anlagen in La Poissine (nahe Grandson) und Estavayer.

Le chantier naval de Nidau.
Die Werftanlage in Nidau.
– Photo/Foto SJ 29.1.2011

5

Les corrections des eaux du Jura

Juragewässerkorrektion

Les corrections des eaux du Jura

Réalisée de 1868 à 1891 sous la direction d'une Commission intercantonale, la première correction des eaux du Jura avait pour but d'éviter les inondations chroniques des plaines du Seeland et de la plaine de l'Aar et d'assainir ces zones marécageuses dont la population était sujette à la disette et à la maladie (malaria).

L'Aar qui serpentait d'Aarberg à Meienried a été déviée dans le lac de Bienne par la création du canal de Hagneck (ouvert le 17 août 1878), précédé par celui de Nidau à Büren. Entre les trois lacs, la Broye et la Thielle ont été canalisées, redressées et élargies, de manière à créer un système de vases communicants. Lorsque l'Aar est en crue et fait monter le niveau du lac de Bienne, les canaux s'écoulent en sens inverse: la Thielle refoule, parfois même la Broye.

Le niveau des lacs a pu être abaissé de 2,50 m environ et la terre a été rendue cultivable. Un barrage avec écluse à Port, en aval de Nidau permet de régulariser le niveau des lacs.

Si la correction a été bénéfique à la navigation dans les rivières enfin canalisées, il n'en a pas été de même pendant les longues années de travaux. En 1877, l'abaissement des eaux atteint 40 cm en début d'année, puis encore 80 cm à la fin de 1877. Dès lors, les ports vidés de leur eau sont impraticables, obligeant d'introduire le radelage au moyen de petits bateaux dans toutes les stations du lac de Neuchâtel, sauf à Neuchâtel et à Serrières. La compagnie fait l'acquisition d'une «dizaine de forts bateaux à rames». Beaucoup de voyageurs et surtout les dames redoutent l'embarquement et le débarquement par petits bateaux et se servent d'autres moyens de transport. En outre, les grosses marchandises ne peuvent plus être chargées. Le port d'Estavayer étant complètement à sec, la Société de navigation prend l'initiative de construire une chaussée d'environ 400 m à travers les grèves. À Morat, la ville établit un ponton provisoire pour l'abordage du bateau. Plusieurs stations sont abandonnées totalement par suite de l'impossibilité de pouvoir y aborder, même avec de petites embarcations. C'est le cas à Portalban dès le 5 décembre 1877 et à Cudrefin dès le début de 1878, cela durant plus de deux ans!

En 1879, l'ensablement de l'embouchure de

Die Juragewässerkorrektion

Eine Interkantonale Kommission führt 1868–1891 die erste Juragewässerkorrektion durch mit dem Ziel, die regelmässigen Überschwemmungen des Seelandes und des Aarelaufs zu beenden, die Sumpfgebiete trocken zu legen und so die Geisseln der da lebenden Menschen wie Krankheit, Hunger und Malaria zu besiegen.

Die Aare, die von Aarberg bis Meienried mäandert, wird seit dem 17. August 1878 durch den Hagneckkanal in den Bielersee geleitet. Von Nidau bis Büren benützt sie den zuvor erstellten Kanal um ins ursprüngliche Bett zurück zu fliessen. Zwischen den Seen werden Broye und Zihl begradigt, ausgebaggert und verbreitert, so dass im Hochwasserfall das Ganze System wie kommunizierende Gefässe wirkt. Wenn die Aare so viel Wasser führt, dass der Bielersee ansteigt, kann die Flussrichtung der Kanäle ändern. Die Zihl fliesst zurück, manchmal auch die Broye.

Das grosse Werk senkt den Seespiegel um rund 2,50 m und viel Land wird urbar. Ein Stauwehr mit Schleuse bei Port (unterhalb Nidau) erlaubt es, den Abfluss und damit den Seepegel zu steuern.

Wenn die kanalisierten Gewässer die Schifffahrt letztlich erleichtern, so erschwert die jahrelange Korrekturarbeit ihr Durchkommen enorm. Anfang 1877 sinkt der Wasserstand erstmals um 40 cm, Ende Jahr nochmals um 80 cm. Das macht die Häfen mindestens teilweise unbenutzbar. Vieler Orts müssen kleine Schiffe die Verbindung von und zum Land herstellen. Im Neuenburgersee bleiben nur Neuenburg und Serrières direkt erreichbar. Die Schifffahrtsgesellschaft erwirbt zehn starke Ruderboote. Viele Reisende, besonders Damen, scheuen das Ein-, Aus- und Umsteigen bei diesem Bootsransfer. Sie weichen darum auf andere Verkehrsmittel aus. Die Umladerei beeinträchtigt auch den Warentransport. In Estavayer liegt der Hafen am Trockenen. Die Schifffahrtsgesellschaft regt an, eine 400 m lange Verbindungsstrasse über das neue Vorland zu bauen. In Murten erstellt die Stadt einen provisorischen Landungssteg. An mehreren Orten nützt alles nichts, weil an flachen Ufern auch kleine Schiffe nicht fahren können. So sind Portalban vom 5. Dezember 1877 an und Cudrefin ab August 1878 für zwei Jahre per Schiff nicht erreichbar!

la Broye oblige à transborder les voyageurs et les marchandises sur des barques et pontons; le service dans le canal est totalement interrompu du 15 octobre au 15 novembre. Un malheur ne venant jamais seul, le service d'Estavayer est interrompu à cause du gel dès le 6 décembre et celui de Morat dès le 16 décembre, et ce jusqu'au 19 mars 1880.

L'année 1882 se caractérise par des pluies et des vents continuels avec une forte fluctuation du niveau des lacs. Ainsi, la navigation est entravée en avril et mai par manque d'eau au point qu'il faut de nouveau recourir au radelage par petits bateaux. En novembre et décembre, la situation est inverse: les débarcadères et jetées des deux lacs sont recouverts d'une couche d'eau variant de 20 cm à 1,50 m. C'est à grand peine que les services sont maintenus.

En 1884, les basses eaux provoquent l'interruption des courses vers Morat pendant trois mois, soit d'octobre à fin décembre. Sur le lac de Neuchâtel, le radelage est réintroduit dans toutes les stations, ce qui cause un tort immense à la Société.

Après le dragage aux embouchures de la Broye, la construction du barrage de Port, le rétablissement des ports, c'est en 1890 que la navigation redevient normale.

Malheureusement, le fonctionnement de l'écluse de Port laisse beaucoup à désirer; on attend trop longtemps avant de fermer les vannes, et le niveau a minima des basses eaux, prévu à la cote 429,500, est souvent dépassé de 40 à 50 cm, ce qui cause une perturbation générale très fâcheuse dans les services de la navigation.

Selon le rapport de 1893, l'écluse de Port ne fonctionne pas d'une manière suffisante; le niveau de nos lacs descend très fréquemment au-dessous du minimum officiellement prévu. Il en résulte des interruptions de service et une augmentation des dépenses. Sur les bateaux, le fond s'use par le frottement du sable; les machines et les roues souffrent beaucoup par suite de surcroît de résistance à vaincre. Ainsi, les frais d'entretien du matériel de la navigation à vapeur ont augmenté, à la suite de la correction des eaux du Jura, de près de 50 % annuellement. Cette première cause de déficits remonte à 14 ans en arrière; pendant cette série d'années, la Société de navigation a dû lutter énergiquement pour pouvoir se soutenir.

En 1914, les anciennes écluses de Port, d'un maniement trop difficile, sont remplacées par de nouvelles qui permettent ainsi le passage de bateaux

Auch der abgesenkte Pegel am Broye-Eingang zwingt 1879 Reisende und Güter zum Wechseln auf kleinere Schiffe. Vom 15. Oktober bis zum 15. November ruht der Verkehr gänzlich. Weil ein Hemmnis selten allein kommt, lähmt Eis ab dem 6. Dezember den Verkehr mit Estavayer. Am 16. Dezember ist es in Murten soweit. Die beiden Häfen bleiben bis 19. März 1880 zugefroren.

Regen, Winde und stark schwankende Pegel kennzeichnen das Jahr 1882. Wassermangel behindert die Schifffahrt im April und Mai, und wiederum muss auf kleinere Schiffe umgeladen und umgestiegen werden. Im November und Dezember läuft es umgekehrt: Hochwasser überfluten Ländten und Schiffsstege 20 cm bis 1,5 m tief. Nur mit Mühe bleibt die Schifffahrt aufrecht.

Niedrigwasser hemmt die Schifffahrt 1884. So kann Murten ab Oktober bis Dezember drei Monate lang nicht bedient werden. Im Neuenburgersee ist überall Umladen auf kleine Schiffe angesagt, was die Gesellschaft enorm belastet.

Nach den Baggerarbeiten an der Mündung der Broye, dem Schleusenbau in Port und der Sanierung der Häfen normalisiert sich die Schifffahrt 1890.

Leider lässt die Bedienung der Schleuse Port sehr zu wünschen übrig. Oft lässt man sich zu viel Zeit, das Wehr zu schliessen, so dass der vereinbarte Mindestpegel von 429,500 m ü. M. um 40 bis 50 cm unterschritten wird, was die Schifffahrt schikaniert und zeitweise völlig durcheinander bringt.

Im Jahresbericht 1893 kritisiert die Neuenburger Schifffahrt das Ungenügen der Schleuse scharf. Der Seepegel sinke zu oft und zu weit unter das offiziell definierte Minimum. Das lähme nicht selten den ganzen Betrieb und verursache zudem hohe Mehrkosten. Die Schiffe nähmen Schaden, wenn sie den Grund berühren. Darunter leiden die Maschinen und die Schaufelräder, deren Kraft aufs Letzte gefordert wird, bis man wieder loskommt. Die Folgen der Juragewässerkorrektion treiben den Unterhaltsaufwand fast um die Hälfte hinauf. Seit 14 Jahren liegt darin die Hauptursache für die finanzielle Schieflage des Unternehmens. Der nötige Kampf, sich über Wasser zu halten, zehrt bös an den Kräften.

Die offensichtlich schwer zu handhabenden Klappwehre in Port werden 1914 durch eine neue Anlage mit einer Schleuse ersetzt, die grössere Schiffe durchlässt. Aber das Regeln des Seepegels durch das

131

de cabotage. Mais la régulation du niveau des lacs par l'écluse ne donne pas satisfaction, car l'alimentation en eau des usines situées en aval semble primer sur les besoins de la navigation. Au printemps 1921, la SNV écrit au Département des travaux publics du canton de Berne en demandant à ce que celui-ci consente à fermer les écluses afin que le niveau du lac de Neuchâtel remonte à la cote 430,50. Il s'agit de pouvoir remettre à l'eau le *Hallwyl* qui est en carène depuis janvier 1920. Franz Rudolf von Erlach répond négativement, prétendant que les règlements ne permettent pas de faire monter ainsi subitement le niveau du lac. En 1932, ce sera pourtant fait pour le lancement à La Neuveville des bateaux *Seeland* et *Jura* !

En septembre 1923, le niveau du lac descend de 3 à 4 cm par jour, par suite de la rupture de l'écluse de Port.

En 1922, les représentants des trois cantons de la Commission intercantonale proposent de vendre la drague No II et ses sapines et de confier à l'économie privée les travaux de dragage éventuels à l'embouchure des canaux, ports, etc. Depuis plusieurs années déjà, MM. Bühler frères et Otter frères, bateliers sur nos lacs, possèdent chacun une drague actionnée au moyen de la benzine, tandis que la drague No II marche encore à la vapeur, ce qui élève considérablement les dépenses de fonctionnement. Le dernier dragage a eu lieu en 1914 à l'embouchure de la Broye près de la Sauge. La drague II est vendue en 1924 à une entreprise de dragage du Bouveret. Elle est remorquée par l'*Helvétie II* (ancien *Gd. Escher*) jusqu'à Yverdon où les deux unités sont démontées pour être transportées à Ouchy.

De 1936 à 1939, un nouveau barrage de régularisation est construit à Port; il est doté d'une écluse pour le passage de plus grands bateaux. Mais le problème des basses eaux subsiste: la convention des cantons riverains concernant les écluses de Nidau permet de prendre autant d'eau que nécessaire pour les usines électriques situées le long de l'Aar, au détriment de la navigation. En 1943 et en 1945 notamment, l'utilisation du chantier naval s'en trouve entravée.

Une deuxième correction des eaux du Jura est réalisée de 1962 à 1970. À cette occasion, la largeur du canal de la Broye est doublée (60 m), celle du canal de la Thielle est agrandie d'environ 50 % (84 m), sauf sous le pont du chemin de fer où le lit de la rivière a été approfondi.

Wehr in Port befriedigt weiterhin nicht. Es scheint, die Bedürfnisse der Flusskraftwerke Aare abwärts hätten höhere Priorität als die Schifffahrt. Im Frühjahr 1921 wendet sich die SNV an die Baudirektion des Kantons Bern und fordert, das Wehr in Port zu schliessen, bis der Pegel 430,50 m ü. M. erreicht habe, damit die seit Anfang 1920 auf Stapel liegende *Hallwyl* endlich eingewassert werden kann. Regierungsrat Franz Rudolf von Erlach gibt abschlägig Bescheid und behauptet, das Reglement verbiete einen so raschen Niveauanstieg. Dass es dennoch geht, beweist das Jahr 1932, als in Neuenstadt die BSG-Neubauten *Seeland* und *Jura* vom Stapel laufen sollen.

Im September 1923 sinkt der Seespiegel täglich um 3 bis 4 cm, weil die Schleuse in Port defekt ist.

Die Vertreter der drei Kantone, die in der interkantonalen Kommission mitwirken, schlagen 1922 vor, Bagger Nr. II und seine Hebebäume zu verkaufen und mögliche Baggerarbeiten an Kanal- oder Hafeneingängen usw. Dritten zu übertragen. Schon seit mehreren Jahren besitzen die Schiffsbetriebe des Herrn Bühler und der Gebrüder Otter je ein Benzin getriebenes Baggerschiff, während der eigene Bagger noch mit Dampf arbeitet, was wesentlich teurer zu stehen kommt. Der letzte Baggereinsatz liegt denn auch acht Jahre zurück. Er betrifft die Broye-Mündung bei La Sauge. Das Baggerschiff II geht 1924 käuflich an ein Baggerunternehmen in Bouveret am Genfersee über. Die *Helvétie*^{II} (ex *Gd. Escher*) schleppt den Bagger nach Yverdon, wo beide Einheiten zerlegt und nach Ouchy spediert werden.

Von 1936 bis 1939 werden Wehr, Schleuse und Kraftwerk in Port erneut ersetzt. Die neue Schleuse lässt noch grössere Schiffe passieren. Das Problem der Pegel-Regulierung bleibt aber bestehen: Die neue Vereinbarung der Anrainer-Kantone erlaubt es nämlich, soviel Wasser abfliessen zu lassen, wie die Aare-Kraftwerke für ihren Betrieb fordern. Die Schifffahrt hat so definitiv das Nachsehen, weshalb die Werft in Neuenburg 1943 und 1945 zeitweise vom Wasser abgeschnitten ist...

Eine zweite Juragewässerkorrektion findet zwischen 1962 und 1970 statt. Sie verdoppelt die Breite der Broye (60 m), und der Zihlkanal gewinnt eine halbe Breite dazu (84 m) — ausgenommen bei der Eisenbahnbrücke, wo mehr Tiefe den nötigen Durchfluss erlaubt.

Monument de Nidau : Aux sauveteurs d'une grande détresse. Le Seeland reconnaissant. Dr. J. R. Schneider 1804-1880, R. La Nicca, Ingr. 1794-1883.
Denkmal in Nidau : Den Rettern aus grosser Not. Das dankbare Seeland.Dr. J. R. Schneider 1804-1880, R. La Nicca, Ingr. 1794-1883.
— Photo/Foto SJ 9.5.2005

Les bateaux à vapeur | Die Dampfschiffe

6

Les bateaux à vapeur
—
Die Dampfschiffe

Bateaux à vapeur, période 1826-1872
Dampfschiffe 1826-1872

Total 15 bateaux, dont 12 naviguent en 1858, année record
Total 15 Schiffe, davon sind 12 im Rekordjahr 1858 aktiv.

Société de l'Union

Union	1826-1829	Mauriac Père, Bordeaux
	1832	Machine pour *Helvetia*, lac de Constance
		Maschine für *Helvetia* auf dem Bodensee

Philippe Suchard

Industriel	1834-1876?	Cavé, Paris
	1855	Société soleuroise/Solothurnische Gesellschaft
		Nouveau nom/Neuer Name: *Seeländer*
	1860	tourbières de Hagneck
		Torfgesellschaft Hagneck

Société des bateaux à vapeur du lac de Neuchâtel/Dampfschiffgesellschaft des Neuenburgersees

Cygne	1852-1921	Escher Wyss 44
	1863	Société Fribourgeoise
Jura[I]	1854-1861	Escher Wyss 61
	1861	Transfert à Lucerne/nach Luzern versetzt
		Vente à Lindau / nach Lindau verkauft
	1862	12.2 – Naufrage au lac de Constance
		12.2 – Im Bodensee gesunken
Flèche	1856-1865	Escher Wyss 78
	1862	Wengi, Société soleuroise
		Solothurnische Gesellschaft
	1865	vente au Léman/auf Genfersee verkauft
Mercure	1856-1865	Escher Wyss 77
	1856-1857	Wengi, Société soleuroise
		Solothurnische Gesellschaft
	1862	Société Fribourgeoise
Gd. Escher	1858-1924	Escher Wyss No 93
	1863	Société Fribourgeoise

Société soleuroise de navigation/Solothurnische Dampfschifffahrtsgesellschaft für die Juragewässer

Stadt Solothurn	1855-1857	1843 Gâche, Nantes, ex *Ludwig*, Neckar

Seeländer	1855-1860		ex-*Industriel*, 1860 tourbières de Hagneck
	1860		Tourbières de Hagneck/Torfgesellschaft Hagneck
Wengi	1856-1865		Escher Wyss 77
	1857		*Mercure*, Société de Neuchâtel
			Dampfschiffgesellschaft Neuenburger See

Entreprise Glutz, Blotzheim, Scherer, Soleure / Firma Glutz, Blotzheim & Scherer, Solothurn

Neptun	1857-1861		Escher Wyss No 84
	1861		Vente au lac de Thoune
			auf den Thuner See verkauft

Société centrale de navigation/Zentrale Schifffahrtsgesellschaft, Yverdon

J.J. Rousseau	1855-1858	Elsner Koblenz
Hirondelle	1856-1858	Elsner Koblenz, ex-*Corsar*
Pélican	1856-1858	Elsner Koblenz

Entreprise Générale des Transports, Lambelet (marchandises seulement)

Rhin	1858-1960	anc. sur la Saône
Rhône	1858-1860	anc. sur la Saône, ex-*Vénus*

Société fribourgeoise de navigation/Freiburger Schifffahrtsgesellschaft
(tous ex- Société des bateaux à vapeur du lac de Neuchâtel) (alle ex Dampfschiffgesellschaft des Neuenburgersees)

Flèche	1856-1865	1865	Vente au Léman/auf Genfersee verkauft :
			Ville-de-Genève, puis/später *G. Tell*
Mercure	1856-1865	1865	Démolition, machine vendue au Léman
			Abbruch, Maschine verkauft (Genfersee)
Cygne	1852-1921	1872	SNV
Gd. Escher	1858-1924	1872	SNV

Société moratoise de navigation / Murtner Schifffahrtsgesellschaft

Hallwyl	1870-1955	1872	SNV

| Les bateaux à vapeur | Die Dampfschiffe |

Les précurseurs

Die Vorläufer

Concernant cette période, les informations sont souvent fort lacunaires!

Die Angaben für diesen Zeitraum sind oft lückenhaft.

Entreprise de MM. Du Thon, Piccard & Cie

Unternehmen der Herren Du Thon, Piccard & Cie.

Union Coque en bois
- 1826 Mauriac père, Bordeaux, lancement le 10 juin à Yverdon.
  — Capacité: env. 200 passagers
  — Longueur: env. 26,50 m
  — Largeur de la coque: env. 8,50 m
  — Tirant d'eau: 60 à 70 cm
  — Deux machines: 14 ch, Boulton & Watt, Birmingham
  — Vitesse: 11 km/h
- 1828 Service suspendu, courses occasionnelles et restaurant à quai.
- 1831 Machine démontée, vendue au lac de Constance pour le vapeur *Helvetia*.
- 1832 Naufrage de la coque.
- 1835 Démolition.

Union mit Schale aus Holz
- 1826 Mauriac Père, Bordeaux, Stapellauf am 10. Juni in Yverdon.
  — Tragkraft: rund 200 Passagiere
  — Länge: etwa 26,50 m
  — Breite der Schale: etwa 8,50 m
  — Tiefgang: 60 bis 70 cm
  — Zwei Maschinen: je 14 PS, Boulton & Watt, Birmingham
  — Geschwindigkeit: 11 km/h
- 1828 Planbetrieb eingestellt, gelegentliche Fahrten und Restaurant an der Ländte.
- 1831 Maschine demontiert und verkauft für Bodensee-Dampfschiff *Helvetia*.
- 1832 Rumpf gesunken.
- 1835 Abbruch.

L'*Union* de 1826. Dessin d'époque par Hürlimann.
Die *Union* von 1826. Zeitgenössisches Bild von Hürlimann.
— Lithographie Gagnebin

Philippe Suchard	**Philippe Suchard**

	Industriel coque en fer			*Industriel* mit eiserner Schale
1834	Cavé Paris, lancement le 19 juillet à Neuchâtel.		1834	Cavé, Paris, Stapellauf am 19. Juli in Neuenburg.
—	Capacité : 300 passagers		—	Tragkraft : 300 Personen
—	Longueur : 33 m		—	Länge : 33 m
—	Largeur à la coque : 4 m		—	Breite der Schale : 4 m
—	Tirant d'eau : 75 cm		—	Tiefgang : 75 cm
—	Deux machines Cavé : 20 ch		—	Zwei Maschinen : 20 PS, Cavé
—	Vitesse : 19 km/h		—	Geschwindigkeit : 19 km/h
1835	21 mai, course d'essai à Morat.		1835	21 Mai, Probefahrt nach Murten.
1840	Le bateau est allongé de 22 pieds (6,60 m).		1840	Das Schiff wird um 22 Fuss (6,60 m) verlängert.
1847	Guerre de Sonderbund, bateau réquisitionné. Vente à la Société des bateaux à vapeur du lac de Neuchâtel.		1847	Sonderbundkrieg. Schiff wird militärisch requiriert. Verkauf an die Dampfschifffahrtsgesellschaft des Neuenburgersees.
1852	Le *Cygne* remplace l'*Industriel*.		1852	Der *Cygne* ersetzt die *Industriel*.
1855	Vente à la Société soleuroise qui l'allonge et le rebaptise *Seeländer*. Nouvelle machine.		1855	Verkauf an die Solothurnische Dampfschiffgesellschaft, die das Schiff verlängert und in *Seeländer* umbenennt. Neue Maschine.
1860	Vente aux tourbières de Hagneck, transport de tourbe et remorquage.		1860	Verkauf an die Torfgesellschaft Hagneck für Torf-Transport und als Schlepper.
1875	Annonce dans le *Journal de Genève* du 26 juin pour la vente du bateau à vapeur et d'une gabare.		1875	26. Juni : Im Journal de Genève steht der Dampfer und ein Kahn zum Kauf.
1876	Nouvelle annonce dans le *Journal de Genève*, le 11 et le 12 août, pour la vente du bateau à vapeur *Seeländer*.		1876	11. und 12. August : Neue Anzeige im Journal de Genève für den Verkauf des Dampfschiffs.
????	Le bateau sombre à Hagneck. Les Tourbières étant en liquidation, le bruit court dans la région qu'il pourrait s'agir d'une escroquerie à l'assurance!		????	Das Schiff sinkt vor Hagneck. Weil die Torfgesellschaft liquidiert wird, geht ein Gerücht des versuchten Versicherungsbetrugs um!

L'*Industriel*, 1834
— Collection privée/Privatsammlung

Société des bateaux à vapeur du lac de Neuchâtel

Cygne et **Gd. Escher**, voir chapitre SNV

Jura^I

1854 Escher Wyss No 61, lancement le 27 juillet à Neuchâtel.
- Capacité: 400 passagers
- Longueur entre perpendiculaires: 41,34 m
- Largeur au maître bau: 5,02 m
- Largeur totale: 10,25 m
- Tirant d'eau en charge: 0,99 m
- Machine oscillante à basse pression 160 ch

1861 Transfert à Lucerne, puis vente à Lindau.
1862 12.2 — Naufrage après collision avec le vapeur *Zürich*

Flèche

1856 Escher Wyss No 78, lancement le 26 juillet à Neuchâtel.
- Capacité: 280 passagers
- Longueur entre perpendiculaires: 37,78 m
- Largeur au maître bau: 4,57 m
- Largeur totale: 9,80 m
- Tirant d'eau en charge: 0,91 m
- Machine oscillante à basse pression 120 ch

1862 Vente à la Société fribourgeoise de navigation.
1865 Vente au Léman.

Dampfschifffahrtsgesellschaft des Neuenburgersees

Cygne und **Gd. Escher**, siehe Schifffahrtsgesellschaft Neuenburger- und Murtensee

Jura^I

1854 Escher Wyss Nr. 61, Stapellauf am 27. Juli in Neuenburg.
- Tragfähigkeit: 400 Passagiere
- Länge zwischen den Perpendikeln: 41,34 m
- Breite über Hauptspant: 5,02 m
- Grösste Breite: 10,25 m
- Tiefgang beladen: 0,99 m
- Oszillierende Niederdruckmaschine: 160 PS

1861 Transfer nach Luzern, dann Verkauf nach Lindau.
1862 12.2 — DS *Jura^I* sinkt nach Kollision mit dem Dampfer *Zürich*.

Flèche

1856 Escher Wyss Nr. 78, Stapellauf am 26. Juli in Neuenburg.
- Tragfähigkeit: 280 Passagiere
- Länge zwischen den Perpendikeln: 37,78 m
- Breite über Hauptspant: 4,57 m
- Grösste Breite: 9,80 m
- Tiefgang beladen: 0,91 m
- Oszillierende Niederdruckmaschine: 120 PS

1862 Verkauf an Freiburger Schifffahrtsgesellschaft.
1865 Verkauf auf den Genfersee.

L'ancien port de Neuchâtel vers 1859 avec les vapeurs *Jura^I* de 1854 (à gauche) et *Flèche* de 1856.
Der alte Hafen von Neuenburg im Jahr 1859 mit den Dampfern *Jura^I* von 1854 (links) und *Flèche* von 1856.
— Collection privée/Privatsammlung.

Société soleuroise de navigation

Stadt Solothurn
1843 Gâches, Nantes (F), bateau *Ludwig* pour le Neckar, à Heilbronn.
— Capacité: 100 passagers
— Longueur entre perpendiculaires: 37,50 m
— Largeur au maître bau: 3,00 m
— Largeur totale: 7,20 m
— Tirant d'eau lège: 0,30 m
— Machine à balancier et à basse pression

1854 Acquis à moitié prix par la Société soleuroise, le bateau remonte le Rhin jusqu'à Bâle, puis démontage et transport routier jusqu'à Soleure.
1855 5 février, lancement à Soleure.
1857 Le bateau en mauvais état est démoli.

Wengi
1856 Escher Wyss No 77, lancement le 26 mai à Soleure.
— Capacité: 250 passagers
— Longueur entre perpendiculaires: 40,00 m
— Largeur au maître bau: 4,50 m
— Tirant d'eau lège: 0,76 m
— Machine oscillante, à basse pression: 140 ch

1857 27 juin, vente à la Société des bateaux à vapeur du lac de Neuchâtel, nouveau nom: *Mercure*.
1862 Vente à la Société fribourgeoise de navigation.
1865 Mise hors service, machine vendue au Léman.

Seeländer
Voir p. 137, Philippe Suchard, *Industriel*

Neptun Glutz, Blotzheim & Scherer, Soleure
1857 Escher Wyss No 84, remorqueur à roues.
— Capacité: 150 passagers
— Longueur entre perpendiculaires: 27 m environ
— Largeur au maître bau: 4,05 m environ
— Largeur totale: 7,50 m environ
— Machine horizontale oscillante: 90 ch

1862 Vente au lac de Thoune. Après enlèvement de la chaudière et de la machine, la coque remonte l'Aar par halage de Soleure à Thoune!

Solothurnische Dampfschifffahrtsgesellschaft für die Juragewässer

Stadt Solothurn
1843 Gâches, Nantes (F), Schiff *Ludwig* für den Neckar in Heilbronn
— Tragfähigkeit: 100 Personen
— Länge zwischen den Perpendikeln: 37,50 m
— Breite über Hauptspant: 3,00 m
— Grösste Breite: 7,20 m
— Tiefgang: 0,30 m
— Balancier-Niederdruck-Maschine

1854 Das zum halben Neupreis erworbene Schiff erreicht in eigener Kraft Basel, wird zerlegt und auf der Strasse nach Solothurn überführt.
1855 5. Februar: Stapellauf in Solothurn.
1857 Das Schiff ist in schlechtem Zustand und wird abgebrochen.

Wengi
1856 Escher Wyss Nr. 77, Stapellauf am 26 Mai in Solothurn.
— Tragfähigkeit: 250 Personen
— Länge zwischen den Perpendikeln: 40,00 m
— Breite über Hauptspant: 4,50 m
— Tiefgang: 0,76 m
— Oszillierende Niederdruckmaschine: 140 PS

1857 27. Juni Verkauf an die Dampfschifffahrtsgesellschaft Neuenburgersee, neuer Name *Mercure*.
1862 Verkauf an die Freiburger Schifffahrtsgesellschaft.
1865 abgewrackt Maschine auf Genfersee verkauft.

Seeländer
Siehe Seite 137, Philippe Suchard, *Industriel*

Neptun Glutz, Blotzheim & Scherer, Solothurn
1857 Escher Wyss Nr. 84, Rad Schlepper.
— Tragfähigkeit: 150 Passagiere
— Länge zwischen den Perpendikeln: 27,00 m
— Breite über Hauptspant: 4,05 m
— Grösste Breite: 7,50 m
— Horizontal oszillierende Maschine: 90 PS

1862 Verkauf auf den Thuner See. Nach Ausbau des Kessels und der Maschine wird der Rumpf auf der Aare nach Thun geschleppt!

Société centrale de navigation, Yverdon

J. J. Rousseau

1855 Livraison par Elsner, Koblenz (D)
Bateau «de la force de 35 chevaux, acheté de rencontre et réparé, mais en mauvais état. On l'a fait avec un bateau plus petit qu'on a coupé en rajustant un tronçon neuf au milieu. Il reçoit son permis de marche en 1856».[01]
— Capacité: 300 passagers env.
— Longueur entre perpendiculaires: 39,93 m
— Largeur au maître bau: 4,27 m
— Tirant d'eau lège: 0,61 cm

1855 Le bateau remonte le Rhin jusqu'à Bâle par ses propres moyens.
30 août, lancement à Bienne. Service très irrégulier Yverdon-Nidau et courses occasionnelles Yverdon-Neuchâtel-Morat-Nidau.

1858 L'entreprise est en liquidation. Selon la presse, le *J. J. Rousseau* serait vendu à une nouvelle entreprise fribourgeoise[02], mais ce projet semble avoir avorté.

1859 Expertise du 10 mars à Yverdon: la chaudière neuve de l'an dernier a été remplacée par deux chaudières cylindriques.

Hirondelle

1856 Livraison par Elsner, Koblenz (D), ex-*Corsar*.
«Bateau plus petit, de la force de vingt à vingt-cinq chevaux n'était pas neuf; il reçut son permis de marche en 1857.»[03]
— Capacité: 200 personnes env.
— Longueur entre perpendiculaires: 35,05 m
— Largeur au maître bau: 2,50 m
— Tirant d'eau: 0,60 m

1858 Entreprise en liquidation, le bateau *Hirondelle* ne figure pas à l'inventaire. Repris par l'Entreprise générale?

Pélican

1856 Livraison par Elsner, Koblenz (D).
«Le *Pélican*, ancien petit bateau de la force de douze à quinze chevaux, n'était pas

---

01 — Louis Favre: *Les machines à vapeur dans le canton de Neuchâtel*, Musée Neuchâtelois, avril 1878. p. 86-87.
02 — *GdL*, 9.7.1858; *FAN*, 16.10.1858
03 — Favre L., *op. citatum*.

Zentrale Schifffahrtsgesellschaft, Yverdon

J. J. Rousseau

1855 Lieferung durch Elsner, Koblenz (D)
Schiff «mit 35 PS Stärke, gebraucht und repariert, aber schlechter Zustand. Hergestellt aus einem kleineren Boot, das geteilt und mit einem Mittelstück verlängert wurde. Es erhielt seine Betriebsbewilligung 1856.»[01]
— Tragfähigkeit: etwa 300 Personen.
— Länge zwischen den Perpendikeln: 39,93 m
— Breite über Hauptspant: 4,27 m
— Tiefgang leer: 0,61 m

1855 Das Schiff erreicht auf dem Rhein Basel in eigener Kraft.
Stapellauf am 30. August in Biel. Sporadischer Dienst zwischen Yverdon und Nidau und gelegentliche Fahrten Yverdon–Neuenburg–Murten–Nidau.

1858 Das Unternehmen wird liquidiert. Laut Tageszeitungen sollte die *J. J. Rousseau* an ein neues Freiburger Unternehmen verkauft werden. Der Handel scheint gescheitert zu sein.[02]

1859 Am 10. März stellt der Kontrollingenieur fest, dass der im Vorjahr eingesetzte Kessel schon wieder ersetzt ist. Die neue Anlage hat zweizylindrische Kessel.

Hirondelle

1856 Lieferung durch Elsner, Koblenz (D), ex *Corsar*.
«Kleineres Schiff mit zwanzig bis fünfundzwanzig PS, nicht neu, erhielt 1857 die Betriebsbewilligung.»[03]
— Tragfähigkeit: etwa 200 Personen
— Länge zwischen den Perpendikeln: 35,05 m
— Breite über Hauptspant: 3,50 m

1858 Bei der Liquidation des Unternehmens figuriert das Schiff nicht mehr im Bestand. Übernahme durch «Entreprise générale»?

Pelican

1856 Lieferung von Elsner, Koblenz (D)
«Der Pelican, ein altes kleines Boot mit zwölf bis fünfzehn PS. war nicht viel grösser als jenes

---

01 — Louis Favre: Les machines à vapeur dans le canton de Neuchâtel, Musée neuchâtelois 1878, S. 86-87.
02 — *GdL*, 9.7.1858; *FAN*, 16.10.1858
03 — Favre L., *op. citatum*.

142

beaucoup plus grand que celui de M. H. Sacc, de Colombier, et avait, comme lui, pour servir d'abri aux voyageurs, une sorte de cabine garnie de bancs. Il n'a fait que quelques voyages et présentait peu de sécurité. Une fois la chaudière a crevé dans le foyer et tout l'équipage a sauté au lac pour se soustraire à une explosion qui n'eut pas lieu. Ces trois bateaux, sans cesse en réparation, n'ont pu faire un service régulier et sérieux. »[04]
— Capacité: 80 à 100 passagers
— Longueur entre perpendiculaires: env. 25 m
— Largeur au maître bau: env. 2,50 m

1858 Entreprise en liquidation.

Le sort des trois bateaux de la Société Centrale reste mystérieux. Dans une annonce publiée au début de l'année 1860, le liquidateur de la Société Centrale de navigation offre à vendre deux bateaux à vapeur, dont l'un est meublé et autorisé au transport des voyageurs, et l'autre remorqueur[05]. Dans un article consacré au 50e anniversaire de la ligne Bussigny-Yverdon, il est question de bateaux qui ont été démolis « et il en est même un qui, tourné la quille en l'air, servit d'habitation durant de longues années à une famille du quai de la Thièle »[06], donc à Yverdon.

Entreprise générale, Fritz Lambelet, Constançon et Oswald, Yverdon

Rhin et Rhône

1858 « Le *Rhône* (2 juillet), autrefois bateau sur la Saône sous le nom de *Vénus*, était un remorqueur, n'ayant qu'une roue à l'arrière et de la force de vingt-cinq à trente chevaux.

1858 Le *Rhin* (13 septembre), semblable au précédent, même origine. Ces deux remorqueurs faisaient le service des marchandises d'Yverdon à Bienne. »[07]

Dès 1860, les transports le long des lacs sont assurés par le chemin de fer et ces deux bateaux disparaissent sans laisser de trace.

---

04 — Louis Favre: *Les machines à vapeur dans le canton de Neuchâtel*, Musée Neuchâtelois, avril 1878. p. 86-87.
05 — *FAN*, 26.1.1860; *GdL*, 1.2.1860.
06 — *GdL*, 1.5.1905.
07 — Louis Favre: *Les machines à vapeur dans le canton de Neuchâtel*, Musée Neuchâtelois, avril 1878. p. 86-87.

Les bateaux à vapeur de la Société de navigation sur les lacs de Neuchâtel et Morat

L'Office fédéral des transports contrôle dès 1895 les bateaux des entreprises au bénéfice d'une concession fédérale. C'est depuis cette année-là que les entreprises tiennent un registre de bateau où sont inscrits les kilométrages, les incidents, accidents et modifications apportées. Ces registres ne sont malheureusement plus tenus depuis une quarantaine d'années.

L'ordonnance fédérale du 18 février 1896, entrée en vigueur le 1er juin 1896, concerne la construction et l'exploitation des bateaux à vapeur. Elle oblige les propriétaires à tirer à terre chaque bateau à vapeur au moins une fois tous les cinq ans, de manière à permettre une inspection générale de toutes les parties du bâtiment. En outre, les statuts de 1894 de la Société suisse des chaudières imposent le remplacement de tous les tubes de chaudière tous les cinq à six ans.

Les quatre bateaux à roues construits entre 1852 et 1881 avaient le pont arrière abrité par un toit fixe, alors que le pont avant et central n'était pas couvert. Dès 1894, le toit du pont arrière est allongé vers l'avant pour couvrir l'espace situé entre les tambours de roues qui est dès lors fermé à l'avant par un vitrage et des portes vitrées. Ainsi, les voyageurs sont préservés du froid et des intempéries.

Au début, les vapeurs sont dotés d'une cheminée basculante. En 1881, l'*HelvétieI* est équipé d'une cheminée télescopique actionnée à la main par deux manivelles. Peu après, ce système est appliqué aux autres vapeurs. Une commande par vérin hydraulique est aménagée sur les trois vapeurs demi-salon dès 1912-1913.

Voici les caractéristiques des bateaux et leur curriculum vitae selon le registre de bateau et les indications des rapports de gestion. Dans le titre, le nom est suivi des années de service.

Dampfschiffe der Schifffahrtsgesellschaft Neuenburger- und Murtensee

Seit 1895 überwacht das Bundesamt für Verkehr die Schiffe aller eidgenössisch konzessionierten Schifffahrtsunternehmen. Diese führen von da an ein Register ihrer Schiffe, in dem Kilometerleistungen und -stände, Zwischenfälle, Unfälle einzutragen sind. Und leider wird das Führen dieser Register in den 70er Jahren aufgegeben.

Am 1. Juni 1896 tritt die Verordnung betreffend den Bau und Betrieb von Dampfschiffen und andern mit Motoren versehenen Schiffen auf den schweizerischen Gewässern vom 18. Februar 1896 in Kraft. Sie verpflichtet die Schiffseigner dazu, ihre Schiffe mindestens einmal alle fünf Jahre auf Stapel zu ziehen, um sämtliche Teile überprüfen zu können. Überdies verlangt ab 1894 die Verordnung des Schweizerischen Vereins von Dampfkesselbesitzern, alle fünf bis sechs Jahre sämtliche Kesselrohre zu ersetzen.

Die von 1852 bis 1881 gebauten vier Raddampfer haben achtern ein Schutzdach, während Vorschiff und Mitteldeck offen liegen. Ab 1894 wird dieses Dach nach vorne verlängert bis über den Bereich zwischen den beiden Radkästen. Dieser wird mit Front, Fenstern und Türen abgeschlossen, was die Reisenden vor Kälte und Unwetter schützt.

Anfänglich haben die Dampfschiffe einen kippbaren Kamin. Die *HelvétieI* erhält 1881 einen teleskopierbaren Kamin, der sich mit Handkurbeln und Ketten absenken und heben lässt. Wenig später bekommen auch die anderen Schiffe teleskopierbare Kamine. Hydraulisch betätigte Winden arbeiten ab 1912–1913 auf den drei Halbsalondampfern.

Die folgenden Hauptmerkmale der Schiffe und deren technische Entwicklung entsprechen den Angaben in den Schiffsregistern und in den Geschäftsberichten. Dem Schiffsnamen folgen die Angabe der Betriebsjahre und die Hauptcharakteristika.

Cygne, dès 1896 **Jura** II

1852-1921 Vapeur à roues, pont simple avec deux cabines sous le pont.
1852 Escher Wyss No 44
  — Capacité : 250 passagers
  — Longueur entre perpendiculaires : 33,50 m, dès 1896 36,50 m.
  — Largeur au maître bau : 4,26 m
  — Largeur totale : 8,00 m
  — Tirant d'eau lège : 0,90 m, en charge 1,05 m
  — Machine oscillante, à basse pression : 60 ch
  — Chaudière : de 1871 à deux tubes foyers, timbrée à 4,5 atm
  — Vitesse : 18 km/h
1859 Nouvelle machine Escher Wyss No 101, oscillante, basse pression avec condensation 90 ch
1868 Nouvelle machine Escher Wyss No 153, oscillante type Woolf, 100 ch, nouvelle chaudière.

Cygne, ab 1896 **Jura** II

1852-1921 Eindeck-Raddampfer mit zwei Kajüten.
1852 Escher Wyss Nr. 44
  — Tragfähigkeit : 250 Personen
  — Länge zwischen den Perpendikeln : 33,50 m ab 1896 36,50 m.
  — Breite über Hauptspant : 4,26 m
  — Grösste Breite : 8,00 m
  — Tiefgang leer : 0,90 m, beladen 1,05 m
  — Oszillierende Niederdruckmaschine : 60 PS
  — Kessel : von 1871 2 Flammrohre, Druck 4,5 atü
  — Geschwindigkeit : 18 km/h
1859 Neue Maschine, Escher Wyss Nr. 101, oszillierend Niederdruck, Kondensator 90 PS.
1868 Neue Maschine, Escher Wyss Nr. 153, oszillierend, Typ Woolf, 100 PS, neuer Kessel.

Le *Jura* II, ex-*Cygne*, en 1901.
Die *Jura* II, vormals *Cygne*, um 1901.
— Dessin/Zeichnung A. Nobs

Le *Jura* entre au port de Neuchâtel, vers 1900.
Dampfer *Jura* fährt in den Hafen von Neuenburg.
— Photo/Foto Attinger

Proue en beaupré du *Jura* vers 1900.
Bugspriet des Dampfers *Jura*, um 1900.
— Carte CPN 1693

Le port de Neuchâtel en 1896. Vapeurs *Gd. Escher* et *Jura* (ex-*Cygne*).
Der Hafen von Neuenburg im Jahr 1896. Dampfer *Gd. Escher* und *Jura* (vormals *Cygne*).
— Carte Phototypie 9451

145

| Les bateaux à vapeur | Die Dampfschiffe |

Le port de Neuchâtel vers 1900 avec le *Jura* et le *Hallwyl*.
Der Hafen von Neuenburg um 1900 mit den Dampfern *Jura* und *Hallwyl*.
— Carte Chiffelle

Le port de Neuchâtel vers 1890. Le bâtiment de la Poste sera inauguré en 1896. Vapeurs *Gd. Escher* et *Cygne*.
Der Hafen von Neuenburg kurz nach 1890. Das Postgebäude kommt erst 1896. Dampfer Gd. Escher und Cygne.
— Collection privée/Privatsammlung.

Le *Jura* manœuvre dans le port de Neuchâtel, vers 1900.
Dampfer *Jura* bei der Wendemanöver im Hafen von Neuenburg, um 1900.
— Carte J. Cavo

1888 Le *Cygne* a été tiré à terre en décembre 1887 pour une transformation complète; lancé le 19 juin 1888, il a repris le service le 18 juillet. Nouvelle machine Escher Wyss No 401, compound à cylindres oscillants, 170 ch.

1891 Dans la nuit du 2 août 1891, lors de la fête vénitienne organisée pour les 600 ans de la Confédération, le *Cygne* est entré en collision avec le petit vapeur privé *Lutin*; trois passagères du *Lutin* ont trouvé la mort dans cet accident.

1895 Le *Cygne* est sorti de l'eau au mois de décembre pour en réparer la coque très fortement usée à certains endroits, bien que ce bateau ait été

1888 Die *Cygne* wird im Dezember 1887 auf Stapel gezogen und danach total umgebaut.
19. Juni 1888: Stapellauf; Wiederinbetriebnahme am 18. Juli.
Neue oszillierende Zweizylinder-Verbundmaschine, Escher Wyss Nr. 401, 170 PS.

1891 2. August: Als nachts mit einer «Soiree venitienne» 600 Jahre Eidgenossenschaft gefeiert werden, kollidiert DS *Cygne* mit dem kleinen Privat-Dampfer *Lutin*. Drei *Lutin*-Passagiere ertrinken.

1895 Dezember: Die *Cygne* wird ausgewassert, um die trotz des Totalumbaus von 1887–1889 stark in Mitleidenschaft gezogene Schale zu

146

	complètement transformé et réparé en 1887-1888. Le bateau est allongé de 3 m devant la machine afin de lui donner la stabilité suffisante qui lui manquait jusqu'ici. Coût des travaux effectués par Escher Wyss: Fr. 7500.-.
1896	Le *Cygne* est relancé sous le nouveau nom de **Jura** au mois de mai 1896. Les travaux de restauration et de réparations de ce bateau ont parfaitement réussi et donnent complète satisfaction, tant au point de vue de la stabilité recherchée qu'à celui de la vitesse et de l'économie de combustible.
1897	Installation de la pompe de cale pour les trois compartiments et d'un éjecteur pour le compartiment de la machine.
1899	Nov.-avril 1900. Nouvelle chaudière, chauffage vapeur cabine IIe classe, 2 bouches à air, haussé et construit la toiture entre les tambours. Remplacement des chaudières des bateaux *Jura* et *Hallwyl*, toutes deux étant arrivées au maximum de leur durée d'emploi, soit trente années de service (ordonnance fédérale du 18 février 1896). Commande passée en mars, l'une auprès de Sulzer, l'autre à Escher Wyss, livraison en octobre 1899, au prix de Fr. 12 000.- pièce, prise à l'usine. Avec la pose et la modification des fondations, il faut compter Fr. 15 000.- par bateau.
1901	30 août. Lumière à gaz acétylène.
1906	De novembre 1906 à avril 1907, révision générale importante exigée par le contrôle technique fédéral. Remplacement de 12 tôles à la coque; le devis s'élève à Fr. 12 000.–.
1909	Janvier. Réparation de la pointe et du beaupré.
1913	Déc. Rhabillage provisoire de l'étrave démolie.
1914	Janv.-avril. Transformation de la proue, remplacement de l'étrave (suppression du beaupré).
1917	Dès le 23 avril, réserve à Morat.
1918	8 juillet au 1er octobre, réparation de la coque, remplacement de 6 tôles dans les soutes à charbon. 15 octobre-4 décembre, service sur le lac de Morat.
1921	30 nov. Mise hors service. 22.12. — Mise en carène, démontage et démolition.
1923	La chaudière du *Jura* est vendue à un industriel de Zurich, au prix de Fr. 6000.-.

	reparieren. Die Schale wird vor der Maschine um 3 m verlängert, damit die Fahrt stabiler wird. Für diese Arbeit verlangt Escher Wyss 7500 Franken.
1896	Mai: Mit neuem Namen *Jura* läuft das Schiff vom Stapel. Umbau und Reparaturen sind gelungen. Fahrverhalten, Fahrgeschwindigkeit und reduzierter Kohlenverbrauch befriedigen rundum.
1897	Einbau einer Lenzpumpe für drei Schotträume, der Maschinenraum erhält einen Ejektor.
1899	November bis April 1900: Neuer Kessel, Dampfheizung für die Kabine II. Platz, zwei Lüfter. Das Dach zwischen den Radkästen wird angehoben und erneuert. Der Kesseltausch bei *Jura* und *Hallwyl* begründet sich in deren Alter von dreissig Jahren (Dampfschiffverordnung vom 18. Februar 1896). Die Aufträge für die Neubaukessel gehen im März an Sulzer und Escher Wyss, Lieferung im Oktober 1899. Preis ab Fabrik je 12 000 Franken. Gesamtkosten je Schiff mit Einbau und Anpassen der Auflager 15 000 Franken.
1901	30. August: Acetylen-Gas-Lampen erhellen das Schiff.
1906	November 1906 bis April 1907: Generalüberholung auf Verlangen der eidgenössischen Aufsichtsbehörde. Zwölf Schalenbleche werden ersetzt. Budget 12 000 Franken.
1909	Januar: Reparatur von Bugzier und Bugspriet.
1913	Dezember: Vorläufige Reparatur des beschädigten Bugstevens.
1914	Januar bis April: Erneuerung des Bugstevens ohne Bugzier und Bugspriet.
1917–1923	April: Reserveschiff in Murten.
1918	8. Juli bis 1. Oktober: Reparaturen an der Schale, 6 Bleche am Kohlebunker ersetzt. 15. Oktober–Dezember: Dienst auf dem Murtensee.
1921	30. November: Ausser Dienst gestellt. 22.12. — Die Schale wird ausgeschlachtet, demontiert und abgebrochen.
1923	Den Kessel der *Jura* übernimmt ein Industrieller in Zürich für 6000 Franken.

Les bateaux à vapeur

Le *Cygne/Jura (II)* est le troisième bateau des lacs jurassiens, après l'*Union* et l'*Industriel*. Il est, avec le *Gd. Escher*, l'un des deux rescapés de la période de grande prospérité qui a précédé l'avènement du chemin de fer le long des lacs. Il est lancé le 17 juin 1852 à Neuchâtel. «L'*Industriel* partira du port à 1½ heure et ira stationner près de la jetée du chantier Roulet, de manière à ce que les personnes à bord puissent voir parfaitement et sans danger la mise à l'eau du nouveau bateau.»[01]. Selon une annonce dans la Feuille d'avis de Neuchâtel du 22 juillet 1852 avec l'horaire valable dès ce même jour, il est précisé notamment «de ne pas fumer dans le salon, d'empêcher les enfants de dégrader ou endommager les meubles du salon pour la propreté et l'élégance desquels rien n'a été épargné». Selon une annonce du 7 avril 1853 dans le même quotidien, on peut lire: «La direction du *Cygne* annonce au public que dès à présent le service de restaurant est convenablement desservi».

Au début de sa carrière, le *Cygne* assure d'avril à octobre une course matinale Neuchâtel-Yverdon et retour. L'après-midi et essentiellement le dimanche, des courses spéciales sont organisées, notamment «vers Morat en touchant à Sugy (sic) puis de Morat un tour du lac en touchant à Faoug». Autres destinations Estavayer à l'occasion de la Bénichon ou lors de la Fête cantonale des chanteurs, Cudrefin (abbaye de Montet), Chevroux en touchant tantôt à Cudrefin et Portalban, tantôt à Cortaillod, Ile de St-Pierre en touchant à La Neuveville.

Dès le 21 juin 1855, le *Cygne* assure toute l'année le service Neuchâtel-Bienne (Nidau) touchant au Pont de Thielle, à La Neuveville et à Gléresse. À Nidau, correspondance avec le bateau *Ville-de-Soleure* à destination de cette ville. Correspondance directe de Neuchâtel à Genève et retour par le service du *Jura*, le chemin de fer de l'Ouest et les bateaux du Léman.

Le 18 octobre 1856, le *Cygne* entreprend une course d'essai jusqu'à Soleure. Avec la perte du trafic de transit, la Société neuchâteloise se concentre sur la ligne Neuchâtel-Morat; après une course d'essai le 23 mai 1860, le service quotidien débute le 2 juin dans une ambiance de fête, avec trois courses par jour.

Dès mars 1863, acquis par la Société fribourgeoise, le *Cygne* est stationné à Estavayer et navigue de là vers Neuchâtel et Morat. Avec la

---

01 — *Feuille d'Avis de Neuchâtel* du 17 juin 1852.

création de la SNV en 1872, le service ne change guère. Certes, ce vétéran de la première heure a fait une longue carrière, mais il a subi des transformations, notamment en 1895-1896, avec un allongement de sa coque pour obtenir une meilleure stabilité. En outre, il a été doté successivement de quatre machines, toutes issues d'Escher Wyss!

Le triste accident de la nuit du 2 août 1891 (voir chronologie ci-dessus) a profondément ému la population, c'est pourquoi le *Cygne* a changé de nom après sa transformation de 1896 pour devenir *Jura*, deuxième du nom. Ce joli bateau, caractérisé par un bastingage avant ajouré vers le haut (comme l'*Helvétie*^I/*Yverdon*), a perdu en 1914 sa proue en beaupré après maintes réparations au profit d'une étrave droite.

Les dépenses pour l'entretien des bateaux ayant été réduites à un minimum durant la Première Guerre mondiale, le Département fédéral menace de retirer le permis de navigation dès 1917. L'entreprise renonce à investir dans cet ancien bateau qui est retiré du service le 30 novembre 1921.

Le *Cygne/Jura* a parcouru approximativement, durant son existence de 70 années, un million et demi de km et a consommé de 12 à 15 000 t de combustible. De 1895 à 1913, le kilométrage annuel est de 25 000 km en moyenne, puis il baisse considérablement les dernières années.

Estavayer stationiert und Richtung Neuenburg und Murten eingesetzt. Nach der Gründung der SNV 1872 ändert der Einsatz wenig. Der Veteran der ersten Stunde erlebt eine lange Karriere, allerdings mit mehreren Umbauten. Der Umbau von 1895–1896 bringt eine die Nautik verbessernde Rumpfverlängerung. Insgesamt treiben vier Maschinen nacheinander das Schiff, und sie sind alle von Escher Wyss!

Der tragische Unfall in der Nacht des 2. August 1891 (siehe Chronologie oben) bewegt die Gemüter derart, dass die *Cygne* nach dem Umbau von 1896 den Namen *Jura*^{II} bekommt, der damit zum zweiten Mal erscheint. Das hübsche Boot gefällt mit der durchbrochenen Reling (wie bei *Helvétie*^I/*Yverdon*). Die Bugspitze weicht 1914 nach mehreren Reparaturen einem geraden Steven.

Weil die Gesellschaft ihre Ausgaben für den Unterhalt während des Ersten Weltkriegs auf ein Minimum reduziert, droht das Eidgenössische Departement mit dem Entzug der Betriebsbewilligung per 1917. Weil in dieses alte Schiff nochmals zu investieren wäre, kommt per 30. November 1921 das Aus.

Die *Cygne/Jura*^{II} hat in 70 Betriebsjahren rund anderthalb Millionen Kilometer zurückgelegt und dabei 12 000 bis 15 000 t Brennstoff verbraucht. Von 1895 bis 1913 erreichte die jährliche Fahrleistung im Mittel 25 000 Kilometer, in den letzten Betriebsjahren deutlich weniger.

Gd. Escher, dès 1913 ***Helvétie*^{II}**
1858-1924 Vapeur à roues, pont simple, avec deux cabines sous le pont.
1858 Escher Wyss No 93
— Capacité: 600 passagers, réduite à 450 passagers dès 1877 sur ordre de la Commission intercantonale, puis à 350 passagers dès 1882.
— Longueur entre perpendiculaires: 41,15 m, dès 1898 44,15 m
— Largeur au maître bau: 4,57 m
— Largeur totale: 9,30 m
— Tirant d'eau lège: 0,61 m à l'origine, puis 0,95 m
— Machine oscillante, moyenne pression avec condensation: 140 ch. Dès 1886, machine compound oscillante 200 ch
— Chaudière de 1886 à deux tubes foyers, timbrée à 6 atm
— Vitesse: 18 km/h

Gd. Escher, ab 1913 ***Helvétie*^{II}**
1858-1924 Eindeck-Raddampfer mit zwei Kajüten.
1858 Escher Wyss Nr. 93
— Tragkraft: 600 Personen, 1877 Auftrags des interkantonalen Komitees auf 450 Passagiere reduziert, dann 1882 auf 350 Passagiere.
— Länge zwischen den Perpendikeln: 41,15 m, ab 1898 44,15 m
— Breite über Hauptspant: 4,57 m
— Grösste Breite: 9,30 m
— Tiefgang leer: ursprünglich 0,61 m, später 0,95 m
— Oszillierende Maschine, Mitteldruck mit Kondensation: 140 PS. Ab 1886 oszillierende Verbundmaschine 200 PS.
— Kessel: von 1886 mit 2 Flammrohren, Druck 6 atü
— Geschwindigkeit: 18 km/h

149

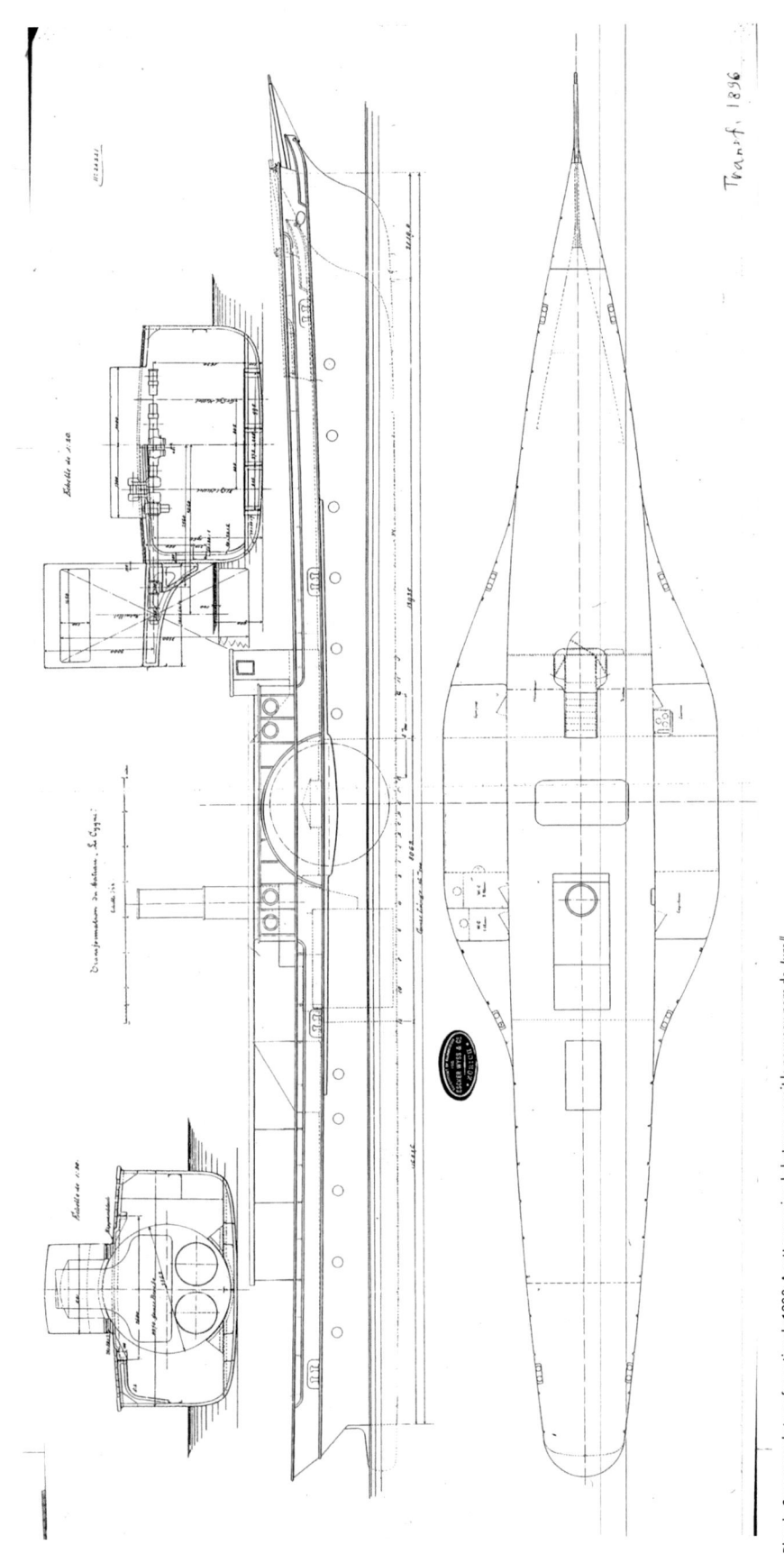

Plan du *Cygne* pour la transformation de 1896. A cette occasion, le bateau a reçoit le nouveau nom de *Jura II*.
Umbauplan der *Cygne* zur *Jura II*, 1896.

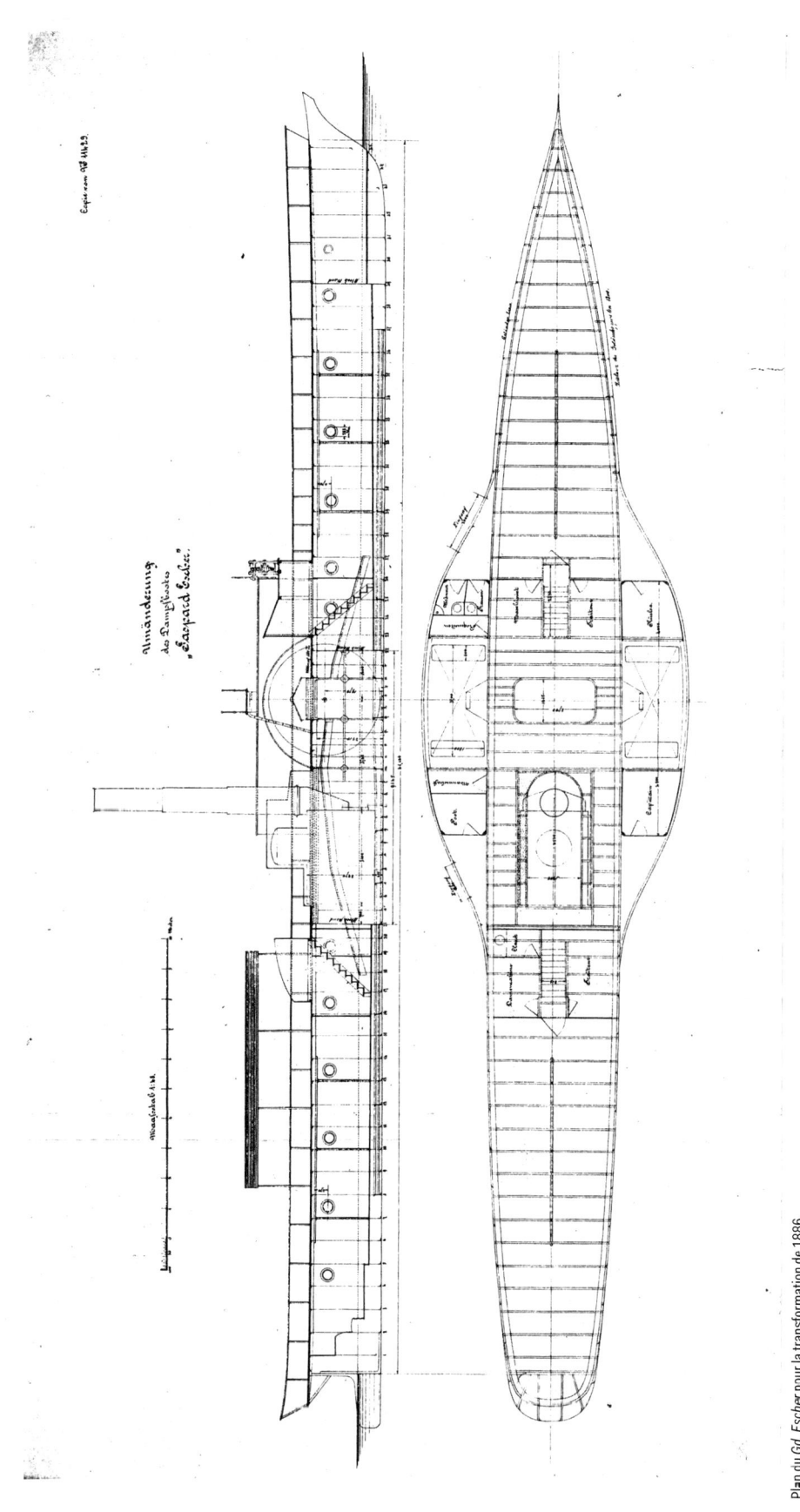

Plan du *Gd. Escher* pour la transformation de 1886.
Umbauplan für die *Gd. Escher*, 1886.

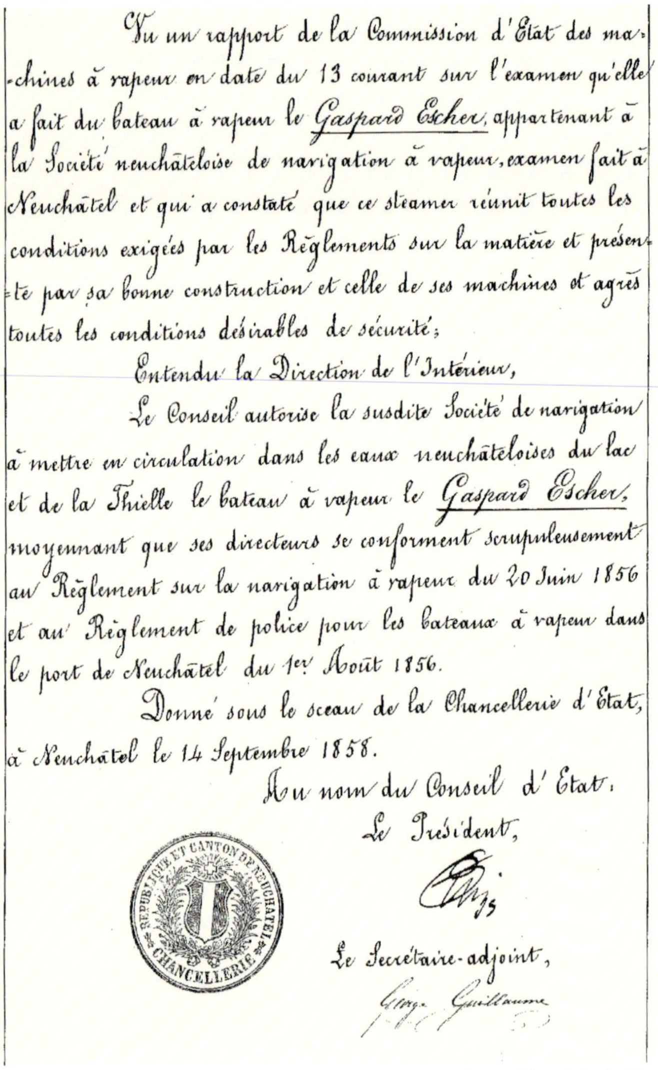

| Les bateaux à vapeur | Die Dampfschiffe |

Autorisation de marche pour le *Gd. Escher*, délivrée le 14 septembre 1858 par le Conseil d'État de la République et Canton de Neuchâtel.
Fahrbewilligung für Dampfer *Gd. Escher*, erteilt durch den Regierungsrat des Kantons Neuenburg.
— Archives communales, Estavayer-le-Lac

Le *Gd. Escher* à l'arrivée.
Dampfer *Gd. Escher* bei der Ankunft.
— Carte Chiffelle 179

Le *Gd. Escher* au départ.
Dampfer *Gd. Escher* bei der Ausfahrt.
— Carte Chiffelle 2021

Gd. Escher en 1901.
Gd. Escher im Jahr 1901.
— Dessin/Zeichnung A. Nobs

Le *Gd. Escher* au repos dans l'anse ouest du port de Neuchâtel, vers 1900.
Dampfer *Gd. Escher* ruht im Hafen von Neuenburg, um 1900.
— Carte A. et H. C

| Les bateaux à vapeur | Die Dampfschiffe |

Le *Gd. Escher* à Serrières.
Dampfer *Gd. Escher* in Serrières.
— Carte Phototypie 1029

Venant de Morat, le *Gd. Escher* entre dans le canal d La Broye, vers 1900.
Von Murten kommend, fährt Dampfer *Gd. Escher* in den Broyekanal, um 1900.
— Carte Paul Savigny 199

Le *Gd. Escher* à Morat, vers 1900.
Dampfer *Gd. Escher* in Murten, um 1900.
— Carte Phototypie 2515

Le *Gd. Escher* à Cudrefin, vers 1900.
Dampfer *Gd. Escher* in Cudrefin, um 1900.
— Carte Seal

Le *Gd. Escher* dans toute sa longueur au port de Neuchâtel, vers 1905.
Der lange, schmale Dampfer *Gd. Escher* im Hafen von Neuenburg, um 1905.
— Carte Rossier, Nyon, 8347

Le port de Neuchâtel vers 1920, avec l'*Yverdon* qui sort en marche arrière, le *Fribourg* à quai et l'*Helvétie*II (ex-*Gd. Escher*), dans l'anse ouest.
Der Hafen von Neuenburg um 1920. Dampfer *Yverdon* fährt rückwärts hinaus, *Fribourg* liegt an der Ländte und *Helvétie*II (vormals *Gd. Escher*) ruht in der Bucht.
— Carte SG 5672

153

Le nom du bateau fait curieusement référence à son constructeur Hans Caspar Escher (1775-1859) de Zürich. Bien que le nom mentionné sur le bateau soit *Gd. Escher*, le personnel et le public avaient l'habitude de parler du *Gaspard*.

1879 Le 5 décembre, lors d'un ouragan violent, le *Gd. Escher* est arraché de ses ancres à Estavayer, où il n'y a toujours pas de port définitif. Enlevant une partie du débarcadère, il est projeté sur la côte par la violence du vent. Il s'échoue à un endroit où il y a à peine 45 cm d'eau. Le bateau, qui n'a pas top souffert de cet incident, ne peut être renfloué qu'à la fin du mois de mars 1880 à cause du gel.

1881 Le *Gd. Escher* est tiré à terre en décembre sur ordre de la commission de police pour lui faire subir une expertise et les réparations nécessaires. Faute d'argent, le bateau est hors service jusqu'en 1886.

1886 Nouvelle machine Escher Wyss No 393, compound oscillante avec condensation, 200 ch, identique à celle de l'*Helvétie*I. Nouvelle chaudière à 2 tubes-foyers, timbrée à 6 atm. «Ces transformations procurèrent des surprises désagréables. Le poids plus considérable de la machine et de la chaudière et leur léger déplacement à l'avant modifièrent l'équilibre du bateau dont la proue plongea plus qu'on ne le prévoyait. Il fallut placer un lest de cinq tonnes à l'arrière. Il en résulta une augmentation du tirant d'eau – conséquence si fâcheuse pour la navigation sur notre lac – et un affaiblissement de la vitesse. En 1898, on corrigea ce défaut en coupant le *Gd. Escher* en deux en son milieu; on le rallongea de trois mètres: le lest put être enlevé et le tirant d'eau fut amélioré.»[02].

1896 Le *Gd. Escher* est sorti de l'eau en novembre pour différentes réparations d'entretien, spécialement à la coque qui est usée à plusieurs endroits par suite de frottements sur le fond, dans le canal de la Broye. Changement de l'étrave (suppression du beaupré).

1897 Août. Installation de la pompe de cale pour les 3 compartiments. Installation d'un éjecteur pour le compartiment de la machine.

Interessanter Weise ehrt der Name des Schiffs jenen seines Erbauers [Hans] Caspar Escher von und in Zürich (1775–1859). Obwohl auf dem Schiff *Gd. Escher* angeschrieben steht, reden Personal und Publikum meistens nur vom *Gaspard*.

1879 5. Dezember: Ein heftiger Sturm reisst die *Gd. Escher* in Estavayer aus ihrer Verankerung. Noch fehlt ein schützender Hafen. Ein Teil des Landestegs hält nicht Stand. Das Schiff wird in seichte, nur 45 cm tiefe Gewässer abgetrieben und strandet. Wegen Eisbilding wird der Havarist erst Ende März 1880 wieder flott.

1881 Im Dezember wird die *Gd. Escher* auf Geheiss der Polizeikommission ausgewassert, um äusserlich inspiziert und entsprechend repariert werden zu können. Mangels Finanzen bleibt das Schiff bis 1886 am Trockenen.

1886 Neue oszillierende Kondensations-Verbunddampfmaschine von Escher Wyss Nr. 393 mit 200 PS, baugleich zur Maschine der *Helvétie*I. Dazu ein neuer Heizkessel für 6 atm Druck mit zwei Flammrohren. Dieser tiefe Eingriff beschert böse Überraschungen. Das höhere Gesamtgewicht der neuen Maschinenanlage und der nach vorne verlagerte Schwerpunkt stören das Gleichgewicht, und der Bug liegt tiefer als erwartet. Erst fünf Tonnen Ballast im Heck schaffen den Ausgleich, mehren aber den Tiefgang und drücken auf das Tempo. Ein absolut ernüchterndes Ergebnis für ein Schiff, das Kanäle befahren muss. Die Korrektur bringt 1898 ein Schnitt durch das Mittelschiff der *Gd. Escher,* wo die Schale drei Meter verlängert wird. Die zusätzliche Verdrängung schafft im Vorschiff Auftrieb, ermöglicht den Ballast achtern zu löschen, und beides lässt den Tiefgang schwinden.[02]

1896 Die *Gd. Escher* wird im November zum Unterhalt und für einige Reparaturen aus dem Wasser gehievt. Namentlich die Schale hat mehrfach Schaden genommen, weil sie im Broye-Kanal den Grund schleifte. Der Bug wird ohne Bugspriet neu aufgebaut.

1897 August: Lenzpumpe für drei Schotträume, im Maschinenraum ein Ejektor eingebaut.

---

02 — FAN, 26.7.1924.

02 — FAN, 26.7.1924.

1898	10. mars-27 mai. Allongement du bateau de 3 m devant la machine. Novembre, installation de la lumière à gaz acétylène.		1898	10. März bis 27. Mai: Das Vorderschiff wird um 3 m verlängert. November: Acetylen-Gas-Lampen erhellen das Schiff.
1899	Septembre, les graisseurs Stauffer sont remplacés par des graisseurs à huile.		1899	September: Die Staufferbüchsen für Fettschmierung werden durch Öler ersetzt.
1900	Août, placé un manchon avec entonnoir pour mettre de la soude dans la chaudière.		1900	August: Eine Hülse mit Trichter ermöglicht, dem Speisewasser Soda beizumischen.
1901	Mai, recouvert la tente avec des tôles plombées.		1901	Mai: Das Planendach wird mit Wellblech eingedeckt.
1903	Mars, placé deux bouches à air.		1903	März: Zwei Lüfter aufgebaut.
1906	Mars-mai. Réparations générales: démontage de la machine, des roues, de la tuyauterie, robinetterie, timonerie. Transformation de la pointe et remplacé 7 tôles.		1906	März bis Mai: Allgemeine Reparaturen, Demontage von Maschine, Rädern, Rohren, Armaturen und Steuerhaus. Bugumbau und sieben Schalenbleche ersetzt.
1912	Grande révision du 12 novembre 1912 au 10 mai 1913. Nouveau nom: *HelvétieII*.		1912	12. November bis 10. Mai 1913: Generalüberholung. Neuer Name: *Helvétie^II*.
1917	Réparation générale de la coque, remplacé 16 tôles de 6 mm.		1917	Schale revidiert und 16 Bleche ersetzt durch solche von 6 mm Stärke.
1921	2 novembre, mis en réserve pour les courses de foire et de glace.		1921	2. November: In Reserve für Marktkurse und Fahrten zum Vergnügen auf Eis.
1922	1er juin-2 novembre, en réserve.		1922	1. Juni bis 2. November: Reserve.
1924	Dernière année de service avec 78 jours d'activité et 4521 km. 1er septembre Vendu au Bouveret, lac Léman, à une entreprise de dragage. Par ses propres moyens et remorquant la drague à vapeur de la correction des eaux du Jura, le *Gd. Escher* se rend de Neuchâtel à Yverdon où les deux unités sont démontées pour être transportées à Ouchy par la route.		1924	Letztes Betriebsjahr mit 78 Einsatztagen und 4521 km Fahrleistung. 1. September: Verkauf an ein Baggerunternehmen in Bouveret am Genfersee. Die *Helvétie^II* nimmt auf ihrer letzten Fahrt ab Neuenburg einen alten Dampfbagger der Juragewässerkorrektion in Schlepp. In Yverdon werden beide ausgewassert, demontiert und auf dem Landweg nach Ouchy spediert.

«Hier à une heure, le nouveau bateau *Gd. Escher* a fait sa première course à Yverdon. Il était pavoisé et orné de verdure, et des salves ont annoncé son départ et son retour. Cette course d'essai a permis de constater la marche rapide de ce nouveau steamer, qui réunit l'élégance à la bonne exécution ».[03]

Ce bateau légèrement plus grand que les autres est acquis alors que la navigation est dans sa plus grande euphorie, quatorze mois avant que le chemin de fer y mette fin! Avec le *Cygne*, ils sont dès 1865 les seuls survivants de cette grande époque. Acquis par la Société fribourgeoise en mars 1863, le *Gd. Escher* a son port d'attache à Estavayer, d'où il assure – alternativement avec le *Cygne* – le service vers Neuchâtel-Morat. Avec la création de la SNV en 1872, le service ne change guère. Dès 1885, un bateau

«Gestern um ein Uhr lief das neue Schiff *Gd. Escher* erstmals nach Yverdon aus. Es war beflaggt und bekränzt, Salutschüsse begleiteten Auslauf und Rückkehr. Die Probefahrt belegte das rasche Fahrvermögen des neuen Dampfers, dessen Eleganz und sorgfältige Ausführung.» [03]

Die gegenüber bisherigen Schiffen etwas grössere Einheit wird freudig begrüsst, doch die Eisenbahn wird der damaligen Blütezeit der Schifffahrt 14 Monate später ein Ende setzen!

Einzig *Gd. Escher* und *Cygne* werden das überleben. Käuflich geht die *Gd. Escher* im März 1863 an die Freiburger Schifffahrtsgesellschaft über, die sie nach Estavayer versetzt, wo sie abwechslungsweise mit der *Cygne* die Strecke nach Murten–Neuenburg

---

03 — *FAN*, 2.9.1858.

03 — FAN 2.9.1858.

reste à Neuchâtel; il assure notamment le bateau du marché pour Morat.

En 1913, après révision, le *Gd. Escher* est rebaptisé *Helvétie (II)*. Ce long bateau à la ligne bien effilée a un tirant d'eau très réduit, 60cm, et plus tard de 95 cm à vide, raison pour laquelle il est très apprécié lors des fréquentes basses eaux dans les canaux et certains ports. Utilisé très intensivement jusqu'en 1916, le *Gd. Escher/Helvétie(II)* présente en moyenne – de 1895 à 1916 – un parcours annuel de 27 812 km. Il y a donc beaucoup d'usure, notamment à cause du frottement sur le fond sablonneux des canaux, et l'office de contrôle exige des réparations coûteuses pour l'entreprise.

En 1919, le Département demande que ce bateau ne soit plus utilisé que pour le service des marchandises. La machine est passablement avariée; la chaudière arrive peu à peu au terme de son usage. L'entreprise souhaite conserver sa meilleure unité pour le passage des canaux par les basses eaux, de manière à éviter des interruptions de service entre Neuchâtel, le Vully et Morat.

Mais les devis pour la rénovation du bateau sont jugés trop élevés et l'entreprise obtient une prolongation. En 1924, l'*Helvétie* termine sa carrière en transportant depuis Estavayer les tuiles pour le nouveau chantier naval, en attendant sa métamorphose en un chaland du Léman.

Hallwyl
1870-1955 Vapeur à roues, pont simple, avec deux cabines sous le pont.

1870 Sulzer, lancement à Nidau le 29 juin pour la Société Moratoise de Navigation.
- Capacité: 300 passagers (ultérieurement 250)
- Longueur entre perpendiculaires: 33,60 m, dès 1905: 38,20 m
- Largeur au maître bau: 4,50 m
- Largeur totale: 8,40 m
- Tirant d'eau: lège 0,90 m, en charge 1,05 m
- Déplacement lège: 99 t
- Machine d'origine inclinée: 150 ch
- Chaudière: à un seul tube-foyer, d'origine timbrée à 5 atm, celle de 1900 à 7,5 atm
- Vitesse: 18 km/h

bedient. Nach der Gründung der SNV im Jahr 1872 ändert der Einsatz wenig. Ab 1885 wird eines der beiden Schiffe in Neuenburg stationiert, wo es die Fahrten zum Markt nach Murten übernimmt.

Im Jahr 1913 übernimmt das gründlich erneuerte Schiff einen neuen Namen: *Helvétie^{II}*. Weil das elegante, langgezogene Schiff mit bloss 90 cm Tiefgang auskommt, eignet es sich vorzüglich für Fahrten bei Niedrigwasser und in gewisse Häfen. Darum wird es bis 1916 auch intensiv genutzt. Ab 1895 erreichte die jährlich Fahrleistung der *Gd. Escher/Helvétie^{II}* im Mittel 27 812 Kilometer. Das führt zu Abnützungen, namentlich auch zu Schleifspuren vom sandigen Grund der Kanäle, und die Aufsichtsbehörde verlangt kostspielige Reparaturen.

Für 1919 lässt das Departement nur mehr Einsätze im Güterverkehr zu. Die Maschine ist mitgenommen und der Kessel kommt ans Ende seiner Nutzungsdauer. Klar, dass das Unternehmen sein bestes Schiff für Kanalfahrten behalten möchte, um den Verkehr zwischen Neuenburg, Vully und Murten auch bei Niedrigwasser aufrechterhalten zu können. Die nötigen Investitionen kommen zu teuer, das Unternehmen ersucht erfolgreich um Aufschub. Im Jahr 1924 beendet die *Helvétie^{II}* ihre Laufbahn mit dem Transport von Ziegeln ab Estavayer für den Werftneubau. Seine Schale wird auf dem Genfersee für einen Lastkahn weiterverwendet.

Hallwyl
1870–1955 Eindeck-Raddampfer mit zwei Kajüten

1870 Sulzer, Stapellauf in Nidau am 29. Juni für die Murtner Schifffahrtsgesellschaft.
- Tragkraft: 300 Passagiere (später 250)
- Länge zwischen den Perpendikeln: 33,60 m, 38,20 m im Jahre 1905
- Breite über Hauptspant: 4,50 m
- Grösste Breite: 8,40 m
- Tiefgang: leer 0,90 m, beladen 1,05 m
- Leerverdrängung: 99 t
- Liegende Original-Maschine: 150 PS
- Kessel mit einem Flammrohr: Druck 5 atü, Kessel von 1900: 7,5 atü
- Geschwindigkeit: 18 km/h

	C'est le premier bateau des lacs jurassiens avec étrave verticale, au lieu du beaupré.		Es ist das erste Schiff auf Juragewässern ohne Bugspriet und mit vertikalem Steven.
1876	Réparation majeure à la machine qui se trouvait dans un état déplorable; plusieurs pièces importantes, telles que les tiroirs, la cheminée, les tiges de pistons et les couvercles de ces derniers, ont dû être refaites entièrement à neuf; ces seules réparations se sont élevées au chiffre de Fr. 5000.- environ. Le restant du bâtiment, à la même occasion, a été retenu et réparé très convenablement, peinture extérieure et intérieure, canapés, divans, etc.; en un mot, il a été remis en bon état. Le coût des réparations totales faites à ce seul bateau atteint les Fr. 7500.-.	1876	Grössere Reparaturen an der Maschine, die in schlechtem Zustand ist; mehrere wichtige Teile wie Schieber, Kolbenstangen, Zylinderdeckel und Kamin müssen neu gefertigt werden, was allein rund 5000 Franken kostet. Das übrige Schiff wird bei gleicher Gelegenheit gründlich aufgearbeitet, Anstrich aussen und innen, Mobiliar wie Sofas und Liegen, kurz: Die *Hallwyl* wird wieder instand gestellt. Die Gesamtkosten aller Arbeiten erreichen 7500 Franken.
1886	Rénovation du 25 novembre 1886 au 9 juillet 1887, remise en service le 1er août 1887. La machine est transformée pour le système compound à vapeur saturée. La vitesse est portée à 21 km/h (précédemment 14 à 15 km/h). Economie de houille, consommation de 130 kg/heure au lieu de 180 à 200 kg).	1886	25. November bis 9. Juli 1887: Renovation. Wiederinbetriebnahme am 1. August 1887. Die Nassdampfmaschine wird auf Verbundwirkung umgebaut, die Geschwindigkeit auf 21 km/h erhöht (zuvor 14 bis 15 km/h). Kohleverbrauch 130 kg/h statt 180 bis 200 kg).
1889	Avarie de machine (arbre de couche brisé) entre Sugiez et le lac de Morat.	1889	Maschinenschaden (Wellenbruch) zwischen Sugiez und Murtensee.
1900	Nouvelle chaudière à un seul tube, timbrée à 7,5 atm.	1900	Neuer Kessel mit einem Flammrohr und 7,5 atü Betriebsdruck.
1904	Grande transformation. Le *Hallwyl*, conçu très légèrement et d'une façon peu rationnelle, est reconstruit pour un montant de Fr. 55 000.- à 60 000.-.	1904	Grosser Umbau. Die leicht gebaute und wenig wirtschaftliche *Hallwyl* wird für stolze 55 000 bis 60 000 Franken erneuert. Sie wird um 4,60 m verlängert und erhält eine neue liegende Dampfmaschine von Escher Wyss, Nr. 540, mit 150 PS Leistung, ebenso neue Schaufelräder. Wiederinbetriebnahme am

Le port de Neuchâtel vers 1875 avec le *Gd. Escher* et le *Hallwyl* dans son état original.
Der Hafen von Neuenburg um 1875 mit *Gd. Escher* und *Hallwyl* im Urzustand.
— Musée suisse des transports/Verkehrshaus der Schweiz

| Les bateaux à vapeur | Die Dampfschiffe |

Le *Hallwyl* quitte Neuchâtel par fort vent en 1934.
Die *Hallwyl* verlässt Neuenburg bei starkem Wind um 1934.
— FP-DAV

Le *Hallwyl* quitte Neuchâtel vers 18 h 30 pour Estavayer, vers 1940.
Dampfer *Hallwyl* verlässt um 18.30 Uhr den Hafen von Neuenburg nach Estavayer, um 1940.
— Carte Perrochet 11415

Le *Hallwyl* à Cudrefin, vers 1935.
Dampfer *Hallwyl* in Cudrefin, um 1935.
— Carte Perrochet 10697

Le *Hallwyl* à Estavayer-le-Lac, vers 1940.
Dampfer *Hallwyl* in Estavayer-le-Lac, um 1940.
— Carte Metzger 1194

Le port de Neuchâtel vers 1900 avec le *Hallwyl*. Débarquement d'une vache et de nombreuses boilles de lait.
Der Hafen von Neuenburg um 1900. Auslad einer Kuh und vieler Milchkannen.
— Carte CPN

Le *Hallwyl* chargé de produits agricoles pour le marché de Neuchâtel, en 1944.
Dampfer *Hallwyl* beladen mit Obst und Gemüse fur den Markt in Neuenburg, um 1944.
— Photo/Foto F. Perret

Le *Hallwyl* vers 1952 dans le canal de la Broye, avant l'élargissement. Au fond, le Vully.
Dampfer *Hallwyl* um 1952 im noch schmalen Broyekanal. Im Hintergrund, der Vully.
— Photo/Foto Chiffelle

Le *Hallwyl* en marche arrière, tous purgeurs en action, sort du port de Neuchâtel. 3 avril 1949.
Dampfer *Hallwyl* in Rückwärtsfahrt aus dem Hafen Neuenburg. 3. April 1949.
— Photo/Foto K. Wyrsch

	à 60 000. -. Allongé de 4,60 m, doté d'une nouvelle machine inclinée Escher Wyss No 540 de 150 ch et de nouvelles roues à aubes. Il reprend le service le 1ᵉʳ juin 1905. Ces travaux contribuent à diminuer la dépense de la houille.
1919	Le bateau *Hallwyl* a cessé de naviguer en août, puis a été mis en carène. Il subit à cette date les réparations et transformations demandées par l'inspectorat fédéral, qui consistent à changer et renforcer les fondations de la chaudière. Cette dernière a été détubée et les tubes remplacés. Une nouvelle paroi étanche a été construite à la poupe. Ce bateau étant particulièrement destiné à un emploi hivernal, une cabine fermée a été construite pour le pilote. Son canot de sauvetage doit être remplacé par un plus grand, selon la nouvelle prescription du 2 juillet 1918.
1920	Le *Hallwyl* est toujours en carène; le niveau du lac n'a pas permis de le mettre à l'eau.
1921	Le *Hallwyl* est mis à l'eau le 19 août après être resté en carénage durant 19 mois. Il donne pleine satisfaction. Installation d'un second gouvernail à la proue (mécanisme de commande combiné avec celui à l'arrière), qui facilite la marche en arrière pour sortir du port de Chevroux. Une installation semblable au bateau *Yverdon* serait de toute nécessité.
1929	Révision et transformation de la timonerie.
1938	Dimanche 19 juin. Collision avec le mur du port à Neuchâtel: 43 blessés légers. Distrait par un voyageur, le mécanicien n'a pas entendu les ordres du capitaine. Bateau remis en service le dimanche suivant.
1944	Installation de la lumière électrique, dynamo du *Stadt Thun*. Le *Hallwyl* était la dernière unité de la flotte lacustre suisse encore éclairée au gaz acétylène. La dépense est bientôt amortie sous peu grâce au prix élevé du carbure.
1950	Peinture complète et réparation de la chaudière en automne.
1955	Le *Hallwyl* prend à couple son successeur *Ville-de-Morat*, de Nidau à Neuchâtel. Puis il est ancré à Estavayer hors service, quelques mois plus tard à Serrières, puis enfin pour de longues années dans la Thielle où il est démoli par l'entreprise Bühler.

	1. Juni 1905. Der Umbau lohnt sich mit einer wesentlichen Kohleersparnis.
1919	Die *Hallwyl* wird im August still- und auf Kiel gelegt. Auf Verlangen des Technischen Inspektorats werden verschiedene Reparaturen und Änderungen ausgeführt, namentlich bekommt der Kessel neue, stärkere Auflager, und er wird neu berohrt. Achtern wird ein Schott unterteilt. Ein geschlossenes Steuerhaus erleichtert künftig den Winterbetrieb. Nach den Vorschriften vom 2. Juli 1918 muss das Rettungsboot durch ein grösseres Modell ersetzt werden.
1920	Die *Hallwyl* liegt noch auf Kiel, weil der Pegel das Einwassern nicht zulässt.
1921	19. August: Die *Hallwyl* läuft vom Stapel, nachdem sie 19 Monate am Trockenen gelegen hat. Nun befriedigt sie voll, besonders dank des am Bug installierten zweiten Ruders, dessen Steuerung mit jener des Heckruders kombiniert ist. Dadurch wird die Rückwärtsfahrt wesentlich vereinfacht, was die Hafenausfahrt in Chevroux bei jedem Wetter erleichtert. Eine analoge Verbesserung für die *Yverdon* wäre nötig.
1929	Erneuerung und Umbauten am Steuerhaus.
1938	Sonntag, 19. Juni: Kollision mit der Hafenmauer in Neuenburg, weil der von einem Reisenden abgelenkte Maschinist die Befehle des Kapitäns überhört. Es gibt 43 Leichtverletzte. Das Schiff kann den Dienst eine Woche später wieder aufnehmen.
1944	Die *Hallwyl* ist die letzte Einheit auf Schweizer Seen mit Acetylengas-Beleuchtung. Sie erhält mitten im Krieg elektrisches Licht. Der Dynamo stammt von der *Stadt Thun*. Weil Karbid sehr teuer ist, amortisieren sich die Kosten von über 3 000 Franken rasch.
1950	Herbst: Neuanstrich und Reparaturen am Kessel.
1955	Die *Hallwyl* bringt ihre Nachfolgerin, die *Ville-de-Morat*, Seite an Seite, von Nidau nach Neuenburg. Danach liegt sie ausser Dienst in Estavayer vor Anker, einige Monate später in Serrières, um schliesslich mehrere Jahre in der Zihl zu warten, bis die Firma Bühler sie zerlegt und verschrottet.

| Les bateaux à vapeur | Die Dampfschiffe |

Vue touristique du lac de Neuchâtel avec vue sur les Alpes et le *Hallwyl* après la transformation de 1905.
Touristisches Bild vom Neuenburgersee mit Sicht auf die Alpen und Dampfer *Hallwyl* nach dem Umbau von 1905.
— Carte Phototypie 8503

Le *Hallwyl* à l'Ile de Saint-Pierre Sud, le 25 juin 1952.
Dampfer *Hallwyl* in St- Petersinsel Süd.
— Photo/Foto SJ

Le *Hallwyl* bien chargé se dirige vers le canal de la Broye.
Dampfer *Hallwyl*, gut besetzt, näherte sich dem Broyekanal.
— Photo/Foto SJ, 7.6.1953

Le *Hallwyl* quitte le canal de la Broye et entre dans le lac de Morat, vers 1950.
Dampfer *Hallwyl* fährt aus dem Broyekanal in den Murtensee, um 1950.
— Photo/Foto Chiffelle

La machine Escher Wyss 540, construite en 1904 pour le *Hallwyl*.
Die Escher Wyss-Maschine 540, gebaut 1904 für den Dampfer *Hallwyl*.
— Catalogue Escher Wyss

Arrivée du *Hallwyl* en fin de journée. A droite, l'*Yverdon*, au fond, le bateau *Mouette* à moteur diesel.
Abendliche Ankunft des Dampfers *Hallwyl* im Hafen von Neuenburg. Rechts, Dampfer *Yverdon*, im Hintergrund das Motorschiff *Mouette* (Möve).
— Carte Perrochet 17350

161

Les bateaux à vapeur

En 1869 se constitue à Morat la Société moratoise de navigation qui commande un bateau neuf chez Sulzer, alors que quelques années auparavant, on venait de liquider les bateaux en surnombre! Lancé en 1870, il a subi des rénovations en 1876 déjà, puis en 1886-1887, et surtout en 1904-1905 lorsqu'il est allongé et doté d'une nouvelle machine. Avec la disparition des autres unités à pont ras (même niveau de la proue à la poupe), il assure pratiquement tout le trafic maraîcher de la rive sud vers Neuchâtel. Le dimanche, on le trouve entre Neuchâtel et Morat. Selon le deuxième rapport de Jakob Ammann, du 24 mai 1937[04], le *Hallwyl* a parcouru en 1935 32 552 km, soit 56,4 % du kilométrage total. Cette situation dure de 1921 à 1939. À cette époque, la flotte se compose uniquement de quatre bateaux à vapeur. Alors que la venue des bateaux à moteur diesel *Cygne* et *Mouette* en 1939 devait prendre le relais, la pénurie de carburants due à la guerre permet aux vapeurs chauffés au bois et à la tourbe de sauver la situation. Toujours sur la brèche, le *Hallwyl* a largement contribué au ravitaillement des Neuchâtelois durant cette période difficile. Après la guerre, le diesel revient en force et les camions se chargent des marchandises. Dès lors, le *Hallwyl*, tout comme les trois autres vapeurs, ne circule pratiquement que le dimanche. En 1955, il est remplacé par le bateau à moteur diesel *Ville-de-Morat*.

Le *Hallwyl* a été le bateau le plus utilisé. De 1895 à 1955, il a parcouru 1 470 455 km. Si l'on ajoute la période de 1870 à 1894, soit 25 ans avec une moyenne annuelle évaluée à plus de 25 000 km par an, on obtient un chiffre supérieur à deux millions de km. La moyenne annuelle de 1895 à 1955 est de 17 098 km; alors que de 1895 à 1939 (jusqu'à l'apparition des bateaux à moteur) elle est de 28 773 km. Le record connu est établi en 1899 avec 351 jours de service et 42 270 km.

---

04 — Réorganisation de la navigation sur les lacs de Neuchâtel et de Morat, Neuchâtel Imprimerie Centrale SA 1937.

Die Dampfschiffe

Im Jahr 1869 wird in Murten die Murtner Schifffahrtsgesellschaft gegründet. Sie bestellt bei Sulzer einen Neubau, und das nur wenige Jahre nach dem überzählige Schiffe liquidiert werden mussten! Das 1870 lancierte Schiff erlebt mehrere Renovationen: Schon 1876, dann 1886–1887 und vor allem 1904–1905, als sie verlängert wird und eine neue Maschine bekommt. Mit dem Verschwinden der anderen Flachdeckschiffe (Schiffe, deren Deck vom Bug bis ins Heck in einer Ebene liegt), besorgt sie nahezu den gesamten Gemüsetransport vom Südufer nach Neuenburg. Sonntags finden wir sie zwischen Neuenburg und Murten. Nach dem zweiten Bericht von Jakob Ammann vom 24. Mai 1937[04] legte die *Hallwyl* 1935 allein 32 552 km zurück. Das sind 56,4% der gesamten Fahrleistung des Unternehmens. Dieses Verhältnis ist für die Jahre 1921 bis 1939 typisch. Zu dieser Zeit zählt die Flotte nur vier Dampfschiffe. Eigentlich sollten im Jahr 1939 neue Dieselschiffe, *Cygne* und *Mouette,* den Verkehr übernehmen, doch kriegsbedingter Brennstoffmangel zwingt zum Rückgriff auf einheimische Brennstoffe wie Torf und Holz, was den Dampfschiffen die Rolle der Retterinnen in der Not zuweist. Unermüdlich trägt die *Hallwyl* in diesen schwierigen Jahren ihren Anteil an der Lebensmittelversorgung Neuenburgs. Sofort nach dem Krieg melden sich die Dieselmotoren kraftvoll zum Dienst zurück, und zwar für den Gütertransport auf der Strasse. Die *Hallwyl* und die drei anderen Dampfschiffe kommen nur mehr sonntags zu Ehren. 1955 wird sie vom Dieselmotorschiff *Ville-de-Morat* abgelöst.

Die *Hallwyl* ist das am häufigsten verwendete Dampfschiff. Von 1895 bis 1955 fuhr sie 1 470 455 km weit. Wenn für die 25 Jahre davor, 1870–1894, eine mittlere Fahrleistung von 25 000 km angenommen wird, hat sie insgesamt über zwei Millionen Kilometer zurückgelegt. Das Jahresmittel für die erstgenannte Periode, 1895 bis 1955, beträgt 17 098 km. Werden nur die Jahre bis zur Ankunft der Dieselmotorschiffe 1939 dazugerechnet, sind es 28 773 km. Die bekannte Jahresbestleistung datiert von 1899 mit 351 Fahrtagen und 42 270 km.

---

04 — Réorganisation de la navigation sur les lacs de Neuchâtel et de Morat, Neuchâtel Imprimerie Centrale SA, 1937.

Helvétie I, dès 1912 **Yverdon** (plan à la p. 79)
1881-1960 Vapeur à roues, demi-salon à l'arrière, cabine sous le pont à l'avant.

1881 Escher Wyss No 326
— Capacité: 450 passagers (dès 1926: 350)
— Longueur entre perpendiculaires: 40,50 m
— Largeur au maître bau: 4,90 m
— Largeur totale: 9,60 m
— Tirant d'eau lège: 1,05 m, en charge 1,27 m
— Déplacement lège: 105 t
— Machine compound oscillante: type Woolf, avec condensation 200 ch
— Chaudière à deux tubes-foyers, timbrée à 6 atm.
— Vitesse: 18 km/h, puis 22 km/h.
Les tambours de roues sont fermés, ce qui est défavorable lorsque de fortes vagues s'y engouffrent et enferment de l'air qui soulève le bateau. Les tambours ne présentent donc pas le soleil caractéristique des bateaux construits ou transformés en Suisse depuis 1895.
Les roues à aubes, avec neuf palettes en bois, produisent un bruit de battement caractéristique.

1897 Janvier. Installation de la pompe de cale pour les trois compartiments de la machine.
11 novembre – 15 février. Révision. Remplacement des fenêtres par des hublots dans les cabines des tambours. Supprimé le cabinet à côté du salon.

1898 1er août. Installation de la lumière à gaz acétylène.
Déc. Installation du chauffage à vapeur en IIe classe.

1901 Février: Installation de la lumière électrique.

1903 Février: Placé deux bouches à air.

1904 Avril: Fait une toiture à l'avant (sera supprimée par la suite).
Octobre: Placé un linoleum au salon.

1907 La chaudière de l'*Helvétie* a pu être réparée pour Fr. 500.-, et la pression normale de 6 atm a pu être rétablie (une chaudière neuve aurait coûté Fr. 20 000.–).

1911 14 octobre: sorti la chaudière du bateau.

1912 Montage d'une rotonde vitrée avec portes doubles, vitrage (lanterneau) entre les deux tambours. Nouvelle cheminée avec treuil hydraulique. Nouvelle chaudière à deux tubes-foyers ondulés, timbrée à 7 atm.

Helvétie I, ab 1912 **Yverdon** (Planzeichnung S. 79)
1881-1960 Halbsalon-Raddampfer mit Kajüte im Vorschiff

1881 Escher Wyss Nr. 326
— Tragkraft: 450 Passagiere (1926: 350)
— Länge zwischen den Perpendikeln: 40,50 m
— Breite über Hauptspant: 4,90 m
— Grösste Breite: 9,60 m
— Tiefgang leer: 1,05 m, 1,27 m beladen
— Leerverdrängung: 105 t
— Oszillierende Maschine: Typ Woolf, mit Kondensation, 200 PS
— Kessel: mit zwei Flammrohren, Druck 6 atü
— Geschwindigkeit: 18 km/h, später 22 km/h.
Die Radkästen sind geschlossen. Das führt bei hohem Wellengang dazu, dass das Wasser Luft einschliessen kann, was das Schiff in ungünstiger Weise aus dem «Gleichgewicht» hebt. Äusserlich fehlt den Radkästen auch jenes typische «Halb-Sonnen-Dekor», das alle ab 1895 in der Schweiz gebauten oder umgebauten Dampfschiffe auszeichnet.
Die Schaufelräder mit neun Holzpaletten erzeugen ein charakteristisches Fahrgeräusch.

1897 Januar: Einbau einer Lenzpumpe für die drei Schotträume des Maschinenraumes.
11. November bis 15. Februar 1898: Revision. Ersatz der Fenster an den Kabinen in den Radkästen durch Bullaugen. Abort beim Salon entfernt.

1898 1. August: Installation einer Acetylengas-Beleuchtung.
Dezember: Einbau der Dampfheizung im Raum II. Platz.

1901 Februar: Elektrisches Licht löst die Gasbeleuchtung ab.

1903 Februar: Aufbau von zwei Lüftern.

1904 April: Das Vorschiff wird überdeckt (später wieder entfernt).
Oktober: Der Salonboden bekommt einen Linoleum-Belag.

1907 Der Kessel kann für 500 Franken repariert werden, womit der Normaldruck von 6 atü wieder erreicht wird. Ein neuer Kessel würde 20 000 Franken kosten.

1911 14. Oktober: Der Kessel wird ausgebaut.

| Les bateaux à vapeur | Die Dampfschiffe |

L'*Helvétie*, tout neuf en 1881. C'est le premier bateau demi-salon des trois lacs.
Dampfer *Helvétie*, ganz neu um 1881. Es ist der erste Salondampfer der drei Seen.
— Collection privée/Privatsammlung.

L'*Helvétie* arrive dans le port de Neuchâtel où se trouvent déjà le *Gd. Escher* et le *Hallwyl*. Vers 1890.
Dampfer *Helvétie* bei Ankunft in den Hafen von Neuenburg, wo bereits *Gd. Escher* und *Hallwyl* stationiert sind. Um 1890.
— MAHN-B, photo/Foto Monbaron

L'*Helvétie* dans le port gelé de Neuchâtel, vers 1893.
Dampfer *Helvétie* im zugefrorenen Hafen Neuenburg um 1893.
— MAHN-B

L'*Helvétie* richement pavoisé et bien occupé, vers 1900.
Die *Helvétie* in grosser Flaggengala und gut besetzt um 1900.
— MAHN-B

L'*Helvétie* est utilisé en priorité pour les courses touristiques. Le voici au lac de Bienne vers 1895
Dampfer *Helvétie* wird vorzugsweise für die touristischen Fahrten eingesetzt, wie hier im Bielersee um 1895
— Carte Graenicher

L'*Helvétie* au débarcadère extérieur de Neuchâtel, vers 1910.
Dampfer *Helvétie* an der Aussenländte in Neuenburg, um 1910.
— Carte Photoglob j10441

| Les bateaux à vapeur | Die Dampfschiffe |

L'*Helvétie¹* près de Sugiez, dans le canal de la Broye.
Dampfer *Helvétie¹* bei Sugiez im Broyekanal.
— Carte Phototypie 162

L'*Helvétie I* avec le panorama des Alpes, vers 1905.
Dampfer *Helvétie I* mit Alpenpanorama, um 1905.
— Carte Phototypie 8502

L'*Helvétie¹* quitte Neuchâtel à destination d'Estavayer, vers 1910.
Dampfer *Helvétie¹* ab Neuenburg, mit Ziel Estavayer, um 1910.
— Carte J. Cavo 07 5683

L'*Helvétie¹* sortant du port de Neuchâtel, avec le phare du môle en arrière-plan. Vers 1910.
Dampfer *Helvétie¹* fährt aus dem Hafen von Neuenburg. Im Hintergrund der Leuchtturm der Hafenmole.
— Carte A. et H.C.

L'*Yverdon* vers 1930.
Dampfer *Yverdon* um 1930.
— Carte Phototypie 285

L'*Yverdon* près de Sugiez, dans le canal de la Broye, vers 1920.
Dampfer *Yverdon* bei Sugiez, im Broyekanal, um 1920.
— Carte SG 978

165

L'*Yverdon* bien chargé, vers 1920.
Dampfer *Yverdon*, gut besetzt, um 1920.
— Carte SG 2639

L'*Yverdon* peu après la rénovation de 1926.
Dampfer *Yverdon* kurz nach der Renovation von 1926.
— Carte Perrochet 1062

Les bateaux à vapeur | Die Dampfschiffe

L'*Yverdon* arrive à Neuchâtel avec la délégation zurichoise à la Fête fédérale de chant, le 12 juillet 1912.
Dampfer *Yverdon*, Ankunft in Neuenburg mit der Zürcher Delegation an das Eidg. Sängerfest, 12.Juli 1912.
— Carte W. Bous 13

Fête fédérale de chant. L'*Yverdon* bien chargé arrive à Neuchâtel, le 12 juillet 1912.
Eidg. Sängerfest. Die *Yverdon* gut besetzt bei der Ankunft in Neuenburg. 12. Juli 1912.
— MAHN-B

L'*Yverdon* au large de Morat lors de sa dernière course, le 25 septembre 1960.
Dampfer *Yverdon* bei Murten, am letzten Einsatztag, den 25. September 1960.
— Photo/Photo R. LeRoy

L'*Yverdon* à Morat, lors de sa dernière course, le 25 septembre 1960.
Dampfer *Yvrdon* in Murten, am letzten Betriebstag, den 25. September 1960.
— Photo/Foto R. Leroy

L'*Yverdon* à Neuchâtel, en 1960.
Dampfer *Yverdon* in Neuenburg, 1960.
— Photo/Foto Yves Müller

167

La timonerie de l'*Yverdon*, 1960.
Der Steuerstand des Dampfers *Yverdon*, 1960.
— Photo/Foto Yves Müller

La machine à cylindres oscillants de l'*Yverdon*.
Die Machine des Dampfers *Yverdon* mit oszillierenden Zylindern.
— Photo/Fotos Yves Müller

La machine à cylindres oscillants de l'*Yverdon*.
Die Machine des Dampfers *Yverdon* mit oszillierenden Zylindern.
— Photo/Fotos Yves Müller

La machine à cylindres oscillants de l'*Yverdon*.
Die Machine des Dampfers *Yverdon* mit oszillierende Zylinder.
— Photo/Fotos Yves Müller

1912 Montage eines verglasten Rundbaus mit doppelten Türen zwischen den Radkästen vorne und von Oberlichtfenstern im Mitteldeck. Neuer, hydraulisch senkbarer Kamin. Neuer Kessel mit zwei gewellten Flammrohren und 7 atü Betriebsdruck. Februar: Hydraulische Kesseldruckprobe mit 12 atü. Probefahrt mit Krängungsversuchen.
10. April: Erster Einsatz mit neuem Namen *Yverdon*.

1925 November bis Mai 1926: Generalüberholung

L'*Yverdon* dans la canal de la Broye, vers 1935.
Dampfer *Yverdon* im Broyekanal, um 1935.
— Carte Paul Savigny 41

L'*Yverdon* à La Sauge, en 1960.
Dampfer *Yverdon* in La Sauge, 1960.
— Photo/Foto Antoine Wavre

L'*Yverdon* sortant du port de Neuchâtel, en 1960.
Dampfer *Yverdon* bei der Ausfahrt in Neuenburg, um 1960.
— Photo/Foto Antoine Wavre

Février: Essai de la chaudière à la presse hydraulique à 12 atm. Essai de stabilité du bateau et course d'essais.

10 avril: Première course avec le nom *Yverdon*.

1925 Novembre – mai 1926. Grande révision générale. Démontage, chargement et expédition de la machine à Zurich pour la révision générale dans les ateliers Escher Wyss.
Renouvellement du pont et de la boiserie, renforcement de la coque. Montage d'un gouvernail à l'avant avec mécanisme de commande combiné avec celui à l'arrière. Renouvellement de l'étrave et changement de la proue. Renouvellement du potager de la cuisine avec cheminée à charnière. Renouvellement des deux bossoirs d'embarcation. Renouvellement d'un mât à charnière. Haussement du bastingage à la

mit Ausbau der Maschine, die bei Escher Wyss in Zürich hauptrevidiert wird. Deck und Holzaufbauten erneuert und Schiffsschale verstärkt. Dabei wird ein Bugruder eingebaut, dessen Steuerung mit jener des Heckruders kombiniert wird. Bug mit geradem Steven erneuert. Neuer Kochherd mit Kamin und Abzug. Achtern neue Davits zum Aufhängen des Rettungsboots. Neuer umlegbarer Mast. Erhöhen der Reling am Heck um 30 cm. Lackieren aller Holzteile und Neuanstrich des Schiffs innen und aussen.

1927 Neue Buglaterne.
1929 Zwei blinde Fenster am Heck werden entfernt. Eine demontierbare Rückwand schliesst das Mittelschiff hinten ab. Damit entsteht winters zwischen den Radkästen ein beheizter Raum.
1950 Schiff auf Dock, Maschine und Schaufelräder werden gründlich überholt.

poupe de 30 cm. Peinture au Ripolin blanc de toute la boiserie. Peinture complète du bateau, extérieurement et intérieurement.

1925 Nemplacement du falot de position à l'avant.

1929 Suppression de deux fenêtres simulées à la poupe.

Ajustage et montage d'un vitrage démontable à l'arrière des tambours de manière à disposer d'un compartiment chauffé pour le service d'hiver.

1950 Carénage du bateau. Révision générale de la machine et des roues.

1952 Remplacement des deux manchons supérieurs de la cheminée qui ont été arrachés au pont de la Directe dans la Thielle.

1956 Peinture avec coupages au rouge cerise, gris clair et gris foncé.

1960 25 septembre: Dernière course, Neuchâtel-Morat et retour, puis démolition.

Premier bateau demi-salon, *Helvétie¹/Yverdon* est utilisé en priorité pour les courses spéciales et les services touristiques de Neuchâtel vers Morat et l'Ile-de-Saint-Pierre où le débarcadère sud est aussi appelé débarcadère neuchâtelois. L'hiver, ce bateau navigue parfois pour des services utilitaires ou lors de «courses à la glace» organisées pour les patineurs vers les Grands-Marais (à l'entrée de la Thielle), comme par exemple en janvier 1935.

D'octobre 1911 à février 1912, le bateau subit – dans le port de Neuchâtel car le chantier est occupé par la construction du *Neuchâtel* – une transformation importante. À l'avant des tambours est installée une rotonde vitrée avec deux doubles portes. La toiture entre les tambours est rehaussée pour loger un lanterneau. La timonerie ne dispose pas d'une cabine fermée, mais se trouve à l'intérieur de la rotonde. Une nouvelle chaudière est fournie par Escher Wyss. La cheminée télescopique d'origine, verticale et à commande manuelle, est remplacée par une cheminée inclinée, commandée par un treuil hydraulique. Le sifflet harmonieux à trois tons fait très maritime. Une sonnerie électrique permet au timonier d'alerter le machiniste (la sonnerie de réponse est installée en 1919). Les ordres sont transmis par porte-voix.

Ainsi rajeuni, le bateau est rebaptisé *Yverdon*, cela pour que le canton de Vaud soit représenté dans la flotte au moment du lancement des nouveaux vapeurs *Neuchâtel* et *Fribourg*. Le nom *Helvétie* n'est

1952 Die beiden oberen Kamin-Schüsse werden ersetzt. Sie haben beim Unterqueren der Eisenbahnbrücke über den Zihlkanal Schaden genommen.

1956 Neuanstrich mit Zierpartien in Kirschenrot, Hell- und Dunkelgrau.

1960 25. September: Letzte Fahrt Neuenburg-Murten und zurück, danach Abbruch.

Der erste Halbsalondampfer *Helvétie¹/Yverdon* wird hauptsächlich als Extraschiff und für planmässige touristische Fahrten ab Neuenburg nach Murten oder zur Petersinsel eingesetzt. Dort gilt die südliche Ländte als «Neuenburger Landesteg.» Im Winter fährt das Schiff nach Bedarf, beispielsweise im Januar 1935 als «Eis-Kurs» für Schlittschuhläufer zum Grossen Moos am Eingang des Zihlkanals.

Vom Oktober 1911 bis Februar 1912 wir das Schiff modernisiert. Die Umbauarbeiten finden im Hafen von Neuenburg statt, weil die Werft durch den Bau der *Neuchâtel* belegt ist. Vor den beiden Radkästen schliesst eine verglaste Rotunde mit zwei Flügeltüren den gedeckten Raum. Das Dach zwischen den Radkästen wird angehoben und rundum mit Oberlichtfenstern ergänzt. Der Steuerstand hat kein eigenes Haus, ist aber im Inneren der Rotunde untergebracht. Escher Wyss liefert einen neuen Kessel. Der ursprüngliche vertikal angeordnete und von Hand teleskopierbare Kamin weicht einem geneigten Schornstein der sich mit einer hydraulischen Winde absenken und heben lässt. Das harmonische Dreiklanghorn hat eine maritime Note. Mit elektrischer Klingel alarmiert der Steuermann den Maschinisten (Eine Antwort-Sonnerie kommt 1919 dazu). Die Befehle werden per Sprachrohr übermittelt.

Der so verjüngte Dampfer erhält den Namen *Yverdon*. Damit bekommt der Kanton Waadt seine Präsenz in der Flotte, noch bevor die neuen Schiffe *Neuchâtel* und *Fribourg* vom Stapel laufen. Der Name *Helvétie* verschwindet nicht. Er wird auf die *Gd. Escher* von 1858 übertragen, die noch bis 1924 unterwegs sein wird.

Vom 27. November 1925 bis zum 18. Mai 1926 durchläuft die *Yverdon* eine weitere gründliche Jungkur. Die Maschine wird ausgebaut und bei Escher Wyss in Zürich aufgearbeitet. Ein Bugruder, das mit der Steuerung des Heckruders kombiniert wird, erleichtert das Navigieren bei Rückwärtsfahrt. Der Name *Yverdon* verschwindet am Heck und kommt

170

pas abandonné: il est attribué en 1913 au vapeur *Gd. Escher* de 1858, qui navigue jusqu'en 1924. Du 27 novembre 1925 au 18 mai 1926, l'*Yverdon* subit une nouvelle révision générale. La machine est démontée et envoyée à Zurich pour être révisée dans les ateliers Escher Wyss. Un gouvernail de marche arrière est monté dans la proue; son mécanisme de commande est combiné avec celui du gouvernail arrière. Le nom *Yverdon*, supprimé à la poupe, est écrit sur les tambours avec des lettres plus esthétiques.

À la même époque, une étude est demandée à Escher Wyss pour augmenter la stabilité du bateau et réduire le tirant d'eau, cela pour assurer le service Neuchâtel-Morat lors des basses eaux. Il est alors proposé d'allonger le bateau de 7 mètres, mais l'entreprise y renonce pour des raisons financières. La capacité du bateau est alors réduite de 450 à 350 passagers.

Le kilométrage total effectué de 1881 à 1960 dépasse 800 000 km, ce qui représente une moyenne annuelle d'environ 10 000 km. Le record est atteint en 1931 avec 257 jours de service et 22 575 km. Depuis 1946, les prestations diminuent fortement à cause de la concurrence des unités à moteur diesel. Dès 1954, le *Neuchâtel* est équipé pour la chauffe au mazout et devient le vapeur qui navigue en priorité. Les prestations de l'*Yverdon* tombent alors à moins de 2000 km par an. En 1960, dernière année de service, la statistique indique 15 jours et 1305 km.

Cette longue carrière se déroule sans incident notable. Au cours de l'été 1952, au retour d'Estavayer par la rive sud, une passagère accouche au salon d'une petite Bernadette assistée par la sommelière qui fait office de sage-femme. Le 9 février 1954, après une période de fort gel, une vanne saute et l'eau pénètre dans le compartiment de la machine. Deux motopompes sont mises en action, et l'ouverture de la vanne est fermée par un bouchon provisoire en bois.

Le 20 mars 1958, après révision en présence d'un monteur d'Escher Wyss, la chaudière subit avec succès l'épreuve de pression à 10,5 atm. Et pourtant, jugé démodé, l'*Yverdon* est retiré du service à peine deux ans plus tard.

Après deux courses d'adieu de Neuchâtel à Morat et retour le dimanche 25 septembre 1960, l'*Yverdon* est désaffecté et immédiatement démoli. L'année suivante, il est remplacé par le bateau à moteur diesel *Ville-d'Estavayer*.

auf den Radkästen mit einer neuen Schrift besser zur Geltung.

Gleichzeitig studiert Escher Wyss, wie sich die Stabilität der Schale verbessern und der Tiefgang reduziert werden könnte, damit der Dienst zwischen Neuenburg und Murten auch bei Niedrigwasser aufrecht erhalten bleiben kann. Der Vorschlag, die Schale um sieben Meter zu verlängern, wird aus finanziellen Gründen nicht umgesetzt. Hingegen wird die Tragkraft von 450 auf 350 Passagiere reduziert.

Die von 1881 bis 1960 zurückgelegte Gesamtfahrstrecke beträgt mehr als 800 000 km oder im Jahresmittel rund 10 000 km. Die Höchstleistung wird 1931 an 257 Tagen mit 22 575 km erreicht. Ab 1946 nehmen die Leistungen stark ab, weil die Dieselmotorschiffe den Dampf verdrängen. Als 1954 die *Neuchâtel* auf Ölfeuerung umgebaut wird, kommt die *Yverdon* weiter ins Hintertreffen. Ihre Jahresleistungen sinken dann unter 2000 km. Im letzten Betriebsjahr 1960 notiert die Statistik bloss mehr 15 Fahrtage und 1305 km.

Die lange Laufbahn dieses Schiffes verläuft ohne nennenswerte Zwischenfälle. Im Sommer 1952 während einer Rückfahrt von Estavayer dem Südufer entlang, schenkt eine Reisende in einer Kombüse einer Bernadette das Leben. Die Kellnerin des Bordrestaurants amtet erfolgreich als Hebamme. Am 9. Februar 1954, nach einer extremen Kälteperiode, bricht ein Schieber und Wasser dringt in den Maschinenraum. Zwei Motorpumpen und ein Behelfspfropfen aus Holz im Schieber verhindern Schlimmeres.

Am 20. März 1958, nach der Revision im Beisein eines Spezialisten von Escher Wyss, besteht der Kessel die hydraulische Druckprüfung mit 10,5 atü. Dennoch kommt das Aus für die als «veraltet» eingestufte *Yverdon* schon zwei Jahre später.

Am Sonntag, 25. September 1960, wird das Schiff nach zwei Abschiedsfahrten von Neuenburg nach Murten und zurück stillgelegt und sofort abgebrochen. Im folgenden Jahr übernimmt das Motorschiff *Ville-d'Estavayer* die Aufgaben der *Yverdon*.

La Broye

1898-1917 Remorqueur à vapeur, à deux hélices, cabines sous le pont.

1876 Escher Wyss No 285-289, l'un des cinq remorqueurs de la Commission intercantonale chargée de la correction des eaux du Jura.
- Capacité : 3 t ou 40 voyageurs
- Longueur entre perpendiculaires : 15,00 m
- Largeur au maître bau : 2,85 m
- Tirant d'eau lège : 1,08 m, en charge 1,19 m
- 2 machines verticales fixes à un cylindre, sans condensation, 2 × 25 ch
- 2 hélices à 2 pales
- Chaudière à un tube foyer, timbrée à 5 atm
- Vitesse : 12 km/h

1897 Le 1er octobre, mise en carène. Transformation du bateau. Remplacement d'une partie des tôles de la coque. Reconstruction par Escher Wyss des machines et arbres de transmission. Remplacement des tubes à fumée et de toutes les garnitures. Installation de la pompe de cale pour les trois compartiments.

1898 16 juillet, lancement, puis le 20 juillet mise en service à la Société de navigation et baptême au nom de **La Broye**.

Deux barques sont commandées en février chez M. Schmutz, constructeur à Schwadernau, pour le prix de Fr. 7400.-. L'une a été livrée le 1er juillet, l'autre à fin août 1899.

1905 Hors service en janvier. En carène du 6 juin au 14 août. Démontage du pont et du bastingage pour sortir la chaudière. Remplacement de la chaudière, cheminée, boîte à fumée et manteau de chaudière. Cette chaudière Sulzer de 1891 était auparavant sur le bateau *Morat*. Déplacement de la timonerie.

1917 Octobre, mise hors service.

1919 Février, démontage et vente du bateau et de la chaudière comme vieux fer Fr. 6500.- (14 100 kg).

Ce remorqueur à deux hélices provient d'une série de cinq unités construites pour la Commission intercantonale chargée de la correction des eaux du Jura. Une fois les travaux terminés, trois remorqueur sont vendus ailleurs. En 1897, la Navigation achète à M. G. Ritter, ingénieur à Neuchâtel, pour le prix de 2000 fr., les épaves de deux remorqueurs qui étaient coulés à fond depuis une dizaine d'années. Le remorqueur le

La Broye

1898-1917 Schraubendampfer, Schlepper mit zwei Propellern und Kajüten unter Deck.

1876 Escher Wyss Nr. 285-289, einer von fünf Schleppern der Interkantonalen Kommission für die Juragewässerkorrektion.
- Tragfähigkeit : 3 t oder 40 Passagiere
- Länge zwischen den Perpendikeln : 15,00 m
- Breite über Hauptspant : 2,85 m
- Tiefgang leer : 1,08 m, 1,19 m beladen
- 2 vertikale Einzylinder-Nassdampfmaschinen ohne Kondensation, 2 × 25 PS
- 2 Propeller mit je 2 Flügeln
- Kessel mit einem Flammrohr, Druck 5 atü
- Geschwindigkeit : 12 km/h

1897 1. Oktober : Schiff auf Dock. Umbau mit Teilersatz der Schalenbleche. Escher Wyss revidiert und erneuert Maschinen und Triebwellen. Ersatz aller Rauchrohre und Armaturen. Einbau einer Lenzpumpe für drei Schotträume.

1898 16. Juli : Stapellauf und am 20. Juli Inbetriebnahme durch die Schifffahrts-gesellschaft Neuenburger- und Murtensee. Das Schiff erhält den Namen *La Broye*.

Bei Schmutz in Schwadernau werden im Februar zwei Lastkähne zum Preis von 7400 Franken bestellt. Sie treffen am 1. Juli und Ende August 1899 ein.

1905 Januar : ausser Betrieb.

6. Juni bis 14 August : Demontage des Decks und der Reling, um den Kessel ausbauen zu können. Austausch von Kessel, Isolation, Rauchkammer und Kamin. Der Kessel von Sulzer im Jahre 1891 erbaut, war zuvor auf der *Morat* in Betrieb. Das Steuerhaus wird versetzt.

1917 Oktober : Schiff stillgelegt.

1919 Februar : Abbau und Verkauf des Schiffes und des Kessel als Alteisen (14 100 kg) für 6 500 Franken.

Dieser Schlepper mit zwei Schrauben gehört zu einer Serie von fünf baugleichen Einheiten, die für die Interkantonale Kommission für die Juragewässerkorrektion gebaut worden sind. Als deren Arbeiten zu Ende sind, werden drei dieser Schraubendampfer anderweitig verkauft. Im Jahre 1897 kauft die Schifffahrtsgesellschaft von Herrn G. Ritter, Ingenieur in Neuenburg, für 2000 Franken die

plus complet était tout à fait susceptible d'être remis en état, moyennant une dépense n'excédant pas pas les 6000 à 7000 francs (il avait coûté Fr. 28 000.- en 1876).	Überreste zweier Schlepper, die seit rund zehn Jahren auf Grund liegen. Der besser erhaltene von beiden scheint für das Aufarbeiten mit relativ geringem Aufwand geeignet. Man rechnet mit Kosten von 6 000 bis 7 000 Franken. (Der Neupreis liegt 1876 bei 28 000 Franken.)
Le remorqueur est destiné à remorquer des barques, de manière à décharger les bateaux réguliers des marchandises encombrantes, essentiellement les jours de marché et de foire, ce qui occasionnait des retards considérables. Il est également utilisé pour remorquer des barques de pierres, de gravier et de sable, mais il est aussi employé pour effectuer des promenades de petites sociétés de 40 à 50 personnes.	Der Schlepper soll Barken ziehen, die sperrige Güter befördern und damit die Kursschiffe vom umständlichen Warentransport entlasten. Dies besonders vor und an Markttagen oder Messen. Die *La Broye* wird auch mit Kies, Steinen oder Sand beladene Kähne ziehen und kleinere Reisegruppen von 40 bis 50 Personen befördern.

Remorqueur *La Broye* dans le port de Neuchâtel vers 1915 avec le *Neuchâtel* en hivernage.
Schlepper *La Broye* im Hafen von Neuenburg um 1915, mit Dampfer *Neuchâtel* im Winterquartier.
— Carte postale/Postkarte

Remorqueur *La Broye* lors de manœuvres militaires du 15 mars au 16 avril 1915.
Schlepper *La Broye* bei Armee-Manöver vom 15. März bis 16. April 1915.
— Carte Rep. Neuphila-Dienst

Remorqueur *La Broye* dans le port de Neuchâtel vers 1910.
Schlepper *La Broye* im Hafen von Neuenburg, um 1910.
— Carte A.-G. Berthoud 12

Morat

1899-1918 Vapeur à deux hélices, cabines sous le pont.
1891 Sulzer, bateau à hélices *Rhein* livré à Schaffhouse (Untersee und Rhein)
— Capacité: 90 passagers
— Longueur entre perpendiculaires: 24,0 m
— Largeur au maître bau: 3,50 m
— Tirant d'eau lège 1,20 m, en charge 1,35 m
— Déplacement lège: 32,7 t
— 2 machines compound verticales fixes, 2×45 ch
— 2 hélices à 3 pales
— Chaudière à un tube-foyer, timbrée à 8 atm, avec tirage forcé
— Vitesse: 15 km/h
1899 Ce bateau a été transporté de Schaffhouse à Neuchâtel au mois d'avril. En carène du 5 au 26 mai, en service dès le 1er juin pour l'ouverture du service local du lac de Morat. En octobre, placé un fourneau à vapeur.
1902 Le *Morat* en réparation est remplacé durant trois mois par un grand bateau.
1904 En mars, supprimé la descente dans la cabine devant.
1905 En mai, grande révision. Nouvelle chaudière Escher Wyss à un tube-foyer, timbrée à 9½ atm avec boîte à fumée, cheminée et manteau de chaudière. Diminution sensible de la dépense de houille. Placé deux bouches à air. Remplacé les deux tentes. Chaudière d'origine pour le remorqueur *La Broye*.
1906 11-21 février: congélation du lac de Morat. En août: installation de la sonnerie pour le machiniste.
1909 6-27 février: congélation du lac de Morat. La rupture d'un des arbres de couche de l'hélice nécessite le remplacement du *Morat* par un grand bateau durant cinq semaines, provoquant une forte augmentation de la dépense pour la houille (plus de mille francs) et sur les coûts de l'équipage plus nombreux.
1910 21-26 janvier: trafic suspendu à cause des hautes eaux.
1917 3 février-21 mars: congélation du lac de Morat.
1918 5-9 janvier: congélation du lac de Morat.
21 oct. Mise en carène pour expertise qui impose des réparations majeures: détubage de la chaudière, remplacement de plusieurs tôles, restauration générale de la machine.

Morat

1899-1918 Schraubendampfer mit zwei Propellern und Kajüten unter Deck.
1891 Sulzer liefert den Schraubendampfer *Rhein* nach Schaffhausen (Untersee und Rhein)
— Tragfähigkeit: 90 Passagiere
— Länge zwischen den Perpendikeln: 24,0 m
— Grösste Breite: 3,50 m
— Tiefgang leer: 1,20 m, 1,35 m beladen
— Leerverdrängung: 32,7 t
— 2-Zylinder-Nassdampf-Verbundmaschine: 2×45 PS
— 2 Propeller, je 3 Flügel
— Kessel, 1 Flammrohr und Gebläse, Druck 8 atü
— Geschwindigkeit: 15 km/h
1899 April: Das Schiff wird von Schaffhausen nach Neuenburg überführt.
5. Mai bis 26. Mai: Auf Dock.
1. Juni: Einsatz im Lokalverkehr ab Murten.
Oktober: Einbau einer Dampfheizung.
1902 Während die *Morat* repariert werden muss, besorgt ein grosses Schiff den Dienst.
1904 März: Der vordere Abgang in die Kajüte wird entfernt.
1905 Mai: GeneralüberholunGd. Escher Wyss liefert einen isolierten Neubaukessel mit einem Flammrohr, 9½ atü Druck, samt Rauchkammer für deutlich weniger Heizkosten. Zwei Lüfter platziert, beide Blachen ersetzt. Original-Kessel kommt in Schlepper *La Broye*.
1906. 11. bis 21. Februar: Murtensee gefroren.
August: Eine Sonnerie verbindet Steuermann und Maschinist.
1909 6. bis 27. Februar: Murtensee gefroren.
Der Bruch einer der beiden Antriebswellen erfordert während fünf Wochen den Ersatz der *Morat* durch einen Raddampfer, was die Heizkosten (über 1000 Franken) und den Personalaufwand enorm in die Höhe treibt.
1910 21. bis 26. Januar: Betrieb wegen Hochwasser eingestellt.
1917 3. Februar bis 21. März: Murtensee gefroren.
1918 5. bis 9. Januar: Murtensee gefroren.
21. Oktober. Schiff auf Dock. Revision und grössere Reparaturen wie Ersatz aller Kesselrohre, mehrerer Schalenbleche und die Generalüberholung der Maschine werden erwogen. In Anbetracht der damit verbundenen hohen

| Les bateaux à vapeur | Die Dampfschiffe |

En considération des fortes dépenses qu'occasionneraient ces réparations, on envisage le remplacement des deux petites machines à vapeur par un moteur à benzine ou à huile. Le coût de cette transformation est évalué à Fr. 30 000.- environ.

1919 Le Département ayant retiré le permis de marche du bateau *Morat*; il est désaffecté pour éviter la dépense énorme qu'aurait entraînée sa restauration complète.

1921 7 octobre, mise hors service du bateau et démolition. La chaudière du *Morat* est vendue à la Société Myceta, à Nyon, pour le prix de Fr. 5000.-.

Kosten, wird untersucht, ob ein Benzinmotor die beiden Dampfmaschinen ersetzen könnte. Angesichts der geschätzten Kosten in Höhe von 30 000 Franken beschränkt man sich darauf, einige Schalenbleche zu ersetzen.

1919 Nach dem das Eisenbahndepartement die Betriebsbewilligung der *Morat* zurückgezogen hat, wird sie stillgelegt, was die teure Revision erspart.

1921 7. Oktober: Die *Morat* wird ausrangiert und abgebrochen. Der Kessel geht für 5000 Franken an die Firma Myceta in Nyon.

Le *Morat*, vapeur à deux hélices pour le service local du lac de Morat, de 1899 à 1918.
Doppelschraubendampfer *Morat* für den Lokalverkehr auf dem Murtensee, von 1899 bis 1918.
— MAHN-B

Le *Morat*, côté bâbord.
Die *Morat*, Backbordseite.
— Collection privée/Privatsammlung.

Avec l'ouverture du chemin de fer Fribourg-Morat le 23 août 1898, les populations riveraines du lac de Morat ont demandé une amélioration du service des bateaux sur ce lac. Des plans et devis sont demandés à deux constructeurs pour un nouveau bateau: devis Escher Wyss, bateau de 23 à 28 m de long sur 3,50 m de large, à hélice Fr. 76 500.–, à roues Fr. 91 750.-; devis Sulzer, bateau à hélice, de Fr. 72 000.- à 75 000.-. Vu le coût, recherche d'un bateau ayant déjà fait du service sur un autre lac suisse, mais se trouvant encore dans un bon état. On visita un grand nombre de bateaux à vapeur à hélice. La direction a conclu définitivement avec la Société de navigation à vapeur « Untersee und Rhein » à Schaffhouse pour l'acquisition de son seul bateau à hélice, le *Rhein* tarifé à 100 passagers. Cette capacité était insuffisante pour le service de cette Société de navigation, à laquelle il fallait un plus grand bateau,

Die Eröffnung der Eisenbahnlinie Freiburg–Murten am 23. August 1898 weckt den Wunsch nach mehr Schiffskursen auf dem Murtensee, was die Anwohner in einem Gesuch bekräftigen. Zwei Firmen sind eingeladen, Pläne und Voranschläge einzureichen. Escher Wyss offeriert ein 23 bis 28 m langes und 3,50 m breites Schiff als Schraubendampfer zu 76 500 Franken, als Raddampfer für 91 750 Franken. Bei Sulzer kommt der Schraubendampfer auf 72 000 bis 75 000 Franken. Angesichts dieser Kosten macht man sich auf den Schweizer Seen auf die Suche nach einem gebrauchten Schiff in gutem Zustand. Viele Schraubendampfer werden besichtigt. In Schaffhausen wird man bei der Schifffahrtsgesellschaft Untersee und Rhein fündig. Sie verkauft ihr einziges Schraubenschiff, die *Rhein*, mit 100 Plätzen, weil es für sie zu klein geworden ist.

capable de transporter 350 à 450 passagers.

Le *Rhein* a été construit en 1891-1892 par la maison Sulzer frères à Winterthour pour le prix de Fr. 65 000.–. Le bateau a été visité à fond, avec course d'essai. Promesse de vente: Fr. 31 000.–, bateau pris sur l'eau à Constance (sortie de l'eau, chargement, transport et mise à l'eau à la charge de l'acquéreur). Le bateau n'a que 7 ans de service; il n'était utilisé que du 1er juin au 30 septembre, soit quatre mois par an; il est en excellent état.

Le bateau arrive par chemin de fer à Nidau où il est mis à l'eau. Rebaptisé *Morat* il assure depuis le 1er juin 1899 le nouveau service local du lac de Morat avec desserte de Praz et Môtier, puis aussi de Vallamand dès le mois d'août 1899, de Faoug dès le 1er juin 1904. Les billets sont à un prix minime: 20, 30 et 40 centimes au maximum. De 1900 à 1918, la fréquentation moyenne est de 29 000 passagers par an, soit 80 par jour. Le service du bateau est déficitaire et les communes sollicitées se dérobent. Le tarif est alors augmenté de 10 centimes dès le 1er septembre 1907. Malgré cela, le déficit s'aggrave.

L'horaire d'été 1899 est très étoffé: 11 circuits de 5h20 à 21h00, dont 4 limités à Praz et Môtier. L'hiver, il y a 4 circuits de 7h30 à 16h50, dont 2 limités. Dès l'année suivante, l'horaire est légèrement réduit et se stabilise, l'été à 7 ou 8 circuits dont 3 limités, l'hiver à 4 ou 5 circuits. En temps de guerre, la situation se dégrade: 5 circuits pour les étés de 1915 et 1916, 4 en été 1917 et 3 l'hiver de cette même année, dont un seul jusqu'à Vallamand. En été 1918, il y a 3 circuits quotidiens (4 le mercredi, 6 le premier mercredi du mois); Vallamand est alors desservie une fois mercredi et dimanche, trois fois le premier mercredi du mois. Dès le 1er novembre 1918, tout est fini: le service local du lac de Morat est supprimé. Les stations sont uniquement desservies par les bateaux de Neuchâtel.

Il faudra attendre 1940 pour rétablir un service local, avec le bateau à moteur *Sarcelle*.

Sie braucht ein grösseres Schiff mit etwa 350 bis 450 Plätzen.

Die *Rhein* ist 1891–1892 bei Gebrüder Sulzer in Winterthur zum Preis von 65 000 Franken gebaut worden. Das Schiff wird gründlich inspiziert. Man unternimmt eine Probefahrt und einigt sich für den Kaufpreis auf 31 000 Franken. Zu Lasten der Käuferin wird die *Rhein* in Konstanz ausgewassert, verladen und verschickt. Die Occasion ist in sehr gutem Zustand, denn sie hat nur 7 Jahre lang, jeweils vom 1. Juni bis zum 30. September, Dienst getan.

Per Bahn erreicht das Schiff Nidau und wird eingewassert. Unter dem neuen Namen *Morat* versieht es ab 1. Juni 1899 den Lokalverkehr auf dem Murtensee mit Halten in Môtier, Praz und ab August auch in Vallamand. Am 1. Juni 1904 wird zudem Faoug bedient. Die Billette sind sehr günstig und kosten 20, 30 oder 40 Rappen. Von 1900 bis 1918 benützen im Jahresmittel 29 000 Passagiere das Angebot, das sind rund 80 Personen pro Tag. Damit ist der Schiffsbetrieb nicht kostendeckend. Die betroffenen Gemeinden ziehen sich zurück. Trotz der am 1. September 1907 um 10 Rappen erhöhten Preise geht die Rechnung nicht auf. Das Defizit wächst.

Der Sommerfahrplan 1899 ist mit 11 Kursen zwischen 5:20 und 21:00 Uhr sehr dicht. Vier Kurse bedienen nur Praz und Môtier. Im Winter gibt es vier Kurse zwischen 7:30 und 16:50 Uhr, wovon deren zwei auf begrenztem Parcours. Ab dem folgenden Jahr wird der Fahrplan leicht eingeschränkt und auf sieben oder acht Rundfahrten, davon drei kleinere, stabilisiert. Im Winter fallen drei Kurse weg. Der Kriegsausbruch reduziert das Angebot auf fünf Sommerkurse für 1915 und 1916 und auf deren vier im Jahr 1917. Im Winter sind es drei Kurse, davon einer nur bis Vallamand. Der Sommer 1918 bringt nur mehr drei Rundfahrten täglich, mittwochs deren vier, aber am ersten Mittwoch des Monats sind es sechs. Vallamand wird bloss je einmal mittwochs und sonntags bedient, jedoch am ersten Mittwoch des Monats immerhin dreimal. Der 1. November 1918 bringt das Aus für den Lokalverkehr auf dem Murtensee. Die Ländten werden nur noch durch die Kursschiffe aus Neuenburg angefahren.

Bis 1940 das Motorschiff *Sarcelle* auftaucht, gibt es auf dem Murtensee keine lokalen Kurse mehr.

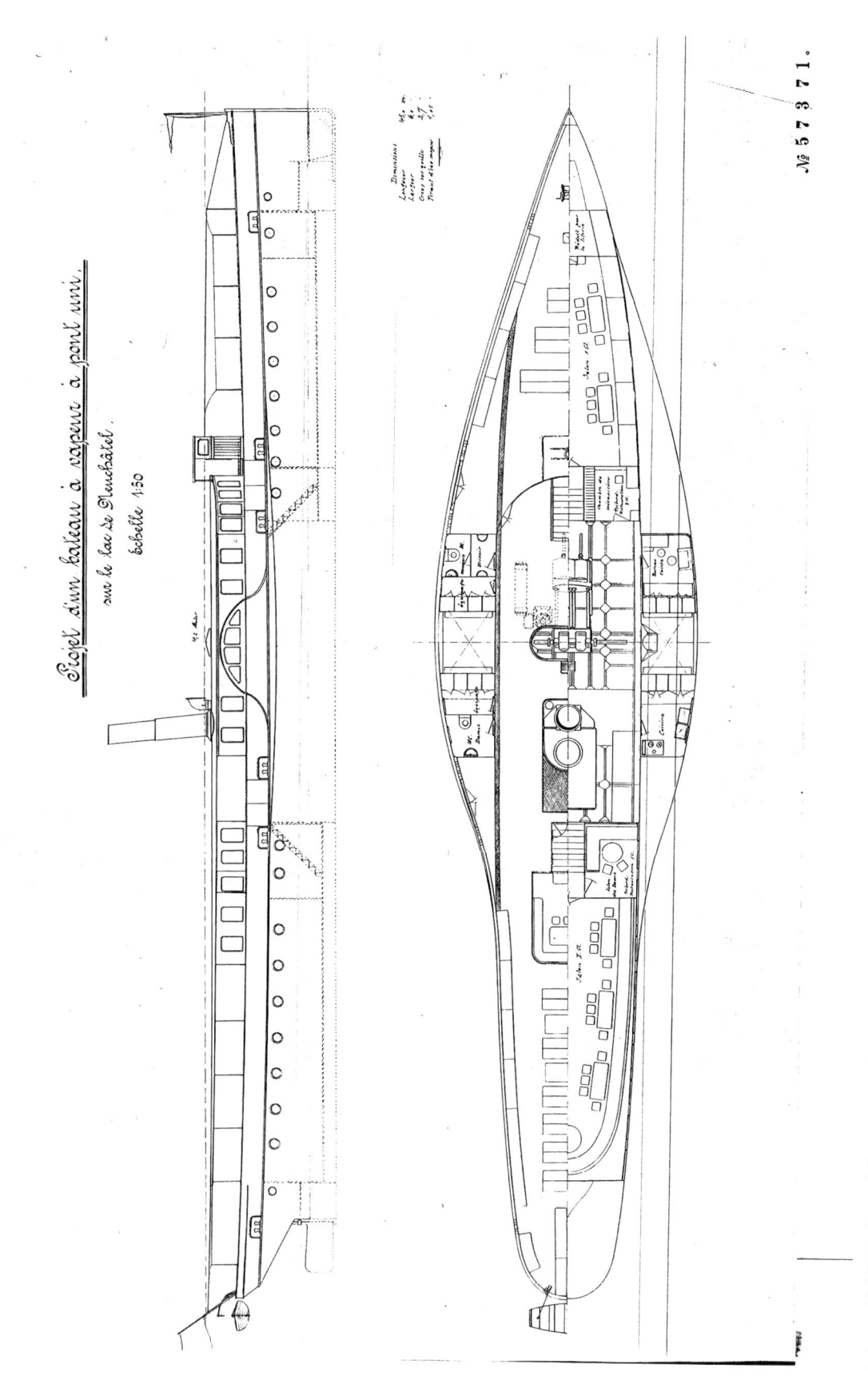

Projet non-réalisé d'Escher Wyss, probablement vers 1912: bateau à vapeur à pont uni, pour remplacer le *Gd. Escher* au service mixte, voyeurs et marchandises.
Nichtausgeführtes Projekt von Escher Wyss, etwa 1912, für ein Glattdeckschiff als Ersatzt für die *Gd. Escher* im Personen- und Güterverkehr.

Neuchâtel et Fribourg

Deux vapeurs demi-salon

1912 *Neuchâtel* – Escher Wyss No 578
1913 *Fribourg* – Escher Wyss No 579
— Capacité: 550 passagers
— Longueur entre perpendiculaires: 46,00 m
— Largeur au maître bau: 6,00 m
— Largeur totale: 11,00 m
— Tirant d'eau lège: 1,035 m, en charge 1,215 m
— Déplacement lège: *Neuchâtel* 153,0 t
  Fribourg 157,5 t
— Machine inclinée: compound à deux cylindres, 350 ch
— Une chaudière à deux tubes foyers, 10,5 atm
— Vitesse: 23 km/h

1935 environ. Suppression des décorations de proue.
1946 Dans la nuit du 20 au 21 septembre, un violent coup de joran arrache une partie de la toiture du *Neuchâtel*, ancré au port d'Estavayer, emportant dans le lac environ 25 m² de tôle.
1949 Nouvelles chaloupes en métal léger sur les deux vapeurs.
 Neuchâtel: nouveau toit en métal léger.
1954 *Neuchâtel*: nom du bateau ajouté à la proue. Brûleurs à huile lourde. Le chauffeur n'étant plus nécessaire, l'équipage est réduit de cinq à quatre personnes (pilote, machiniste, caissier-matelot et contrôleur-matelot).
1955 *Fribourg*: nom du bateau ajouté à la proue.
1958 *Neuchâtel*: cheminée peinte en jaune ocre dans sa partie inférieure.
1961 *Neuchâtel*: cheminée, suppression du manchon supérieur, inutile avec la chauffe au mazout.
1962 *Fribourg*: cheminée peinte en jaune ocre dans sa partie inférieure.
1965 *Neuchâtel*: la chaloupe est déplacée de la poupe sur le tambour de bâbord, pour offrir une meilleure vue vers l'arrière.
 Fribourg: dernière course le 30 mai.
1966 *Neuchâtel*: démolition partielle du fumoir de manière à créer une niche pour l'orchestre du bateau-dansant.
1968 *Neuchâtel*: dernière année de service.

Neuchâtel und Fribourg

Zwei Halbsalon Dampfer.

1912 *Neuchâtel* – Escher Wyss Nr. 578
1913 *Fribourg* – Escher Wyss Nr. 579
— Tragkraft: 550 Passagiere
— Länge zwischen den Perpendikeln: 46,00 m
— Breite über Hauptspant: 6,00 m
— Grösste Breite: 11,00 m
— Tiefgang leer: 1,035 m, beladen 1,215 m
— Leerverdrängung: *Neuchâtel* 153,0 t
  Fribourg 157,5 t
— Schrägliegende Zweizylinder-Verbundmaschine: 350 PS
— Kessel mit zwei Flammrohren, Druck 10,5 atm
— Geschwindigkeit: 23 km/h

1935 ca. Bugzier entfernt.
1946 In der Sturmnacht vom 20. auf den 21. September in Estvayer, hebt eine aggressive Joran-Böe wesentliche Teile des Schiffsdaches der *Neuchâtel* an. 25 m² Blech landen im See.
1949 Neue Rettungsboote aus Leichtmetall für beide Schiffe.
 Neuchâtel: neues Dach aus Leichtmetall.
1954 *Neuchâtel*: Schiffsname erscheint am Bug. Der Schweröl-Brenner erspart den Heizer. Die Besatzung reduziert sich von fünf auf vier Mann (Schiffsführer, Maschinist, Kassier-Matrose, Kondukteur-Matrose).
1955 *Fribourg*: Schiffsname erscheint am Bug.
1958 *Neuchâtel*: Der Kamin wird im unteren Teil ockergelb.
1961 *Neuchâtel*: Die Ölfeuerung macht den obersten Kamin-Schuss entbehrlich. Er wird entfernt.
1962 *Fribourg*: Der Kamin wird im unteren Teil ockergelb.
1965 *Neuchâtel*: Das Rettungsboot wird vom Heck auf den Radkasten versetzt, was die Sicht nach achtern verbessert.
 Fribourg: letzter Einsatz am 30. Mai.
1966 *Neuchâtel*: Teilabriss des Rauchsalons, es entsteht eine Orchesternische für das Tanzschiff.
1968 *Neuchâtel*: letztes Betriebsjahr.

En Suisse, les bateaux-salon et demi-salon apparaissent simultanément en 1870. Le passage sous les ponts des canaux de la Broye et de la Thielle limite la hauteur, ce qui impose le demi-salon. Ce type est caractérisé par un pont légèrement surélevé du milieu à l'arrière, permettant de loger confortablement le salon-restaurant de Ire classe dans la cale. Cette construction surbaissée offre aussi moins de prise au vent. La SNV a acquis trois bateaux à vapeur demi-salon: *Helvétie* en 1881 (*Yverdon* dès 1912), *Neuchâtel* en 1912 et *Fribourg* en 1913. Les noms font honneur aux trois cantons qui financent la SNV.

La «Grande navigation»

Les imposants vapeurs *Neuchâtel* et *Fribourg* sont acquis dans un but bien précis. Avec le développement du tourisme, les responsables de la navigation rêvent de reprendre la «Grande navigation» de Bienne à Yverdon. En novembre 1888 déjà, une première conférence réunit à Neuchâtel les autorités des villes intéressées.

Il n'y a pas alors de service de navigation à Bienne; la ville ne s'étend pas encore jusqu'au lac et n'a pas de port. Les vapeurs neuchâtelois abordent occasionnellement à Vigneules, près de l'hôtel Beau-Rivage – endroit relativement éloigné de la ville et de la gare, mais proche du funiculaire de Macolin, ouvert le 2 juin 1887.

Pour que le rêve se réalise, il faut encore attendre plus de vingt ans! Le 21 janvier 1908, une rencontre a lieu à Bienne avec des membres du conseil municipal pour obtenir la construction d'un port et une subvention pour l'exploitation de la ligne Bienne-Yverdon. Au printemps 1909, le directeur des travaux publics de la ville de Bienne donne une conférence sur ce thème à la Société d'embellissement et d'utilité publique de cette ville. Les choses semblent en bonne voie de réalisation, mais l'initiative neuchâteloise blesse l'amour-propre de certains riverains du lac de Bienne qui créent le 29 novembre 1909 un comité d'initiative pour la navigation. Celui-ci veut étendre à l'ensemble du lac les services de la Société Union qui assure, depuis 1887, au moyen de deux petits vapeurs à hélice, le service de La Neuveville à Cerlier et à l'Ile de Saint-Pierre. Le comité biennois réunit les fonds nécessaires pour acheter au Léman le vapeur *Cygne* (1875) qui débute son service à Bienne sous le nom de *Stadt Biel* en 1911. Un deuxième vapeur, *Berna*, est lancé en 1913. Malgré cette concurrence inattendue,

Die «Grosse Schifffahrt»

Die eindrücklichen Dampfschiffe *Neuchâtel* und *Fribourg* werden mit klarem Ziel beschafft. Angesichts des Aufschwungs im Tourismus träumen die Verantwortlichen der Schifffahrt von der «Grossen Schifffahrt» Biel–Yverdon. Bereits im November 1888 treffen sie sich mit Behördevertretern der betroffenen Städte.

Damals hat Biel noch keine eigene Schifffahrt, die Stadt reicht nicht an den See und hat keinen Hafen. Die Dampfer aus Neuenburg fahren gelegentlich bis Vingelz, wo sie beim Hotel Beau-Rivage anlegen, weitab von Bahn und Stadt. Einzig die am 2. Juni 1887 eröffnete Standseilbahn nach Magglingen liegt in der Nähe.

Bis der Traum der «Grossen Schifffahrt» wahr wird, verstreichen über 20 Jahre! Am 21. Januar 1908 trifft man Vertreter der Stadt Biel, um für den Bau eines Hafens und einen Betriebsbeitrag für die Linie Biel–Yverdon zu werben. Zu diesem Thema referiert im Frühling 1909 der Bieler Vorsteher für Öffentliche Arbeiten vor dem Verkehrs- und Verschönerungsverein Biel und Umgebung. Die Dinge scheinen gut voranzukommen, doch ritzt die Neuenburger Initiative das Selbstwertgefühl einiger Seeanrainer. Am 29. November 1909 gründen sie ein Initiativkomitee für eine eigene Schifffahrt. Die seit 1887 in Erlach wirkende Dampfschiffgesellschaft Union soll ihre Tätigkeit auf den ganzen See erweitern. Ihre zwei Schraubendampfer verbinden den Ort bisher nur mit Neuenstadt und der St. Petersinsel. Der Ausschuss beschafft die Mittel, um den Dampfer *Cygne* (1875) vom Genfersee zu erwerben. Als *Stadt Biel* nimmt er 1911 den Dienst auf. Als zweites Dampfschiff läuft 1913 die *Berna* vom Stapel. Trotz der unerwarteten Marktbegleiterin

la société neuchâteloise obtient la subvention de la ville de Bienne, avec l'appui du canton de Berne.

Dans sa séance du 31 mai 1911, le comité de direction SNV prend connaissance des devis pour deux nouveaux bateaux, présentés par Escher Wyss et Sulzer. Les plans des deux constructeurs sont pratiquement semblables en ce qui concerne les dimensions et les aménagements. L'offre d'Escher Wyss est choisie, car ce constructeur promet la livraison du premier bateau pour la saison 1912 déjà, c'est-à-dire pour la Fête fédérale de chant. Le financement est assuré par un emprunt à la Banque d'Etat de Fribourg. Le paiement des intérêts est garanti grâce à une augmentation de la subvention versée par les cantons de Neuchâtel, Fribourg et Vaud ainsi que par la Ville de Neuchâtel.

Inaugurations et Fête fédérale

Le *Neuchâtel* est lancé le 9 mai 1912. La course inaugurale a lieu le samedi 15 juin 1912. Le vapeur fait alors le tour complet du lac: il passe devant Saint-Blaise et Cudrefin, longe la rive droite avec escales à Estavayer et Yverdon, puis regagne Neuchâtel par la rive gauche.

Peu après, le vendredi 12 juillet 1912, le *Neuchâtel* et l'*Yverdon* font une entrée triomphale à Neuchâtel, ouvrant le Fête fédérale de chant en transportant la bannière fédérale et 500 chanteurs venus de Zurich. Ceux-ci sont venus en train jusqu'au Landeron – première gare située sur sol neuchâtelois. Accueillis par des chanteurs du cru, ils ont ensuite traversé en cortège cette cité historique jusqu'au débarcadère, au bord de la Thielle, avant d'embarquer sur les deux vapeurs.

Le *Fribourg* est lancé le 4 février 1913. La course inaugurale a lieu le 29 avril 1913, à destination de Morat.

Le service assuré

Le lancement des grands vapeurs permet enfin d'offrir deux courses quotidiennes, du 1er juin au 30 septembre dès 1913, de Neuchâtel à Bienne avec le *Neuchâtel*, de Neuchâtel à Yverdon avec le *Fribourg*. Le *Neuchâtel* totalise 119 jours de service et 14 557 km, le *Fribourg* 120 jours et 18 580 km. L'année suivante, le service Neuchâtel-Bienne cesse déjà le 27 juillet au soir, les hautes eaux ne permettant plus le passage au Landeron sous le pont de Saint-Jean. Quant au service Neuchâtel-Yverdon, il prend également fin de

erhält die Neuenburger Schifffahrt Betriebsbeiträge der Stadt Biel und eine Unterstützung des Kantons Bern.

In seiner Sitzung vom 31. Mai 1911 nimmt die Direktion der Schifffahrtsgesellschaft Neuenburger- und Murtensee Kenntnis der Offerten von Escher Wyss und von Sulzer für zwei neue Dampfschiffe. Die Pläne beider Hersteller sind bezüglich Grösse und Ausstattung praktisch identisch. Escher Wyss erhält den Zuschlag, weil diese Firma die erste Einheit für die Saison 1912 verspricht, so dass sie am Eidgenössischen Sängerfest einsatzbereit ist. Die Finanzierung wird über ein Darlehen der Freiburger Kantonalbank sichergestellt. Die anfallenden Zinsen decken höhere Betriebsbeiträge der Kantone Neuenburg, Freiburg und Waadt sowie der Stadt Neuenburg.

Einweihungen und Eidgenössisches

Die *Neuchâtel* läuft am 9. Mai 1912 vom Stapel. Die Jungfernfahrt führt am Samstag, 15. Juni, rund um den See. Man kreuzt vor St. Blaise und Cudrefin, fährt dem rechten Seeufer entlang, hält in Estavayer und Yverdon und kehrt dem linken Seeufer folgend zurück nach Neuenburg.

Kurz danach, am Freitag, 12. Juli 1912, erlebt Neuenburg eine triumphale Hafeneinfahrt der Dampfer *Neuchâtel* und *Yverdon,* die damit das Eidgenössische Sängerfest eröffnen. Sie bringen die eidgenössische Fahne und 500 Sänger aus Zürich, die mit dem Zug nach Le Landeron, dem ersten Ort auf Neuenburger Boden, gereist sind. Dem festlichen Umzug folgt am Ufer der Zihl der feierliche Empfang mit Gesang, bevor man an Bord der beiden Dampfer geht.

Die *Fribourg* läuft am 4. Februar 1913 vom Stapel, und die Jungfernfahrt führt am 29. April nach Murten.

Die Dienstleistung

Die beiden grossen Schiffe ermöglichen nun täglich vom 1. Juni bis 30. September 1913 zwei Kurse von Neuenburg nach Biel mit der *Neuchâtel* und von Neuenburg nach Yverdon mit der *Fribourg*. Die *Neuchâtel* leistet an 119 Tagen 14 557 km, die *Fribourg* während 120 Tagen 18 580 km. Im folgenden Jahr endet der Dienst nach Biel wegen Hochwassers schon am 27. Juli abends, weil die Brücke von St. Johannsen bei Le Landeron die Passage verwehrt. Die Kurse nach Yverdon enden vorzeitig und fallen ab dem 12. August abends der

180

manière prématurée le 12 août au soir à cause de la mobilisation de guerre. Cette année-là, les jours de navigation atteignent 60 pour le *Neuchâtel* et 100 pour le *Fribourg*.

Avec la guerre, le tourisme s'effondre. En 1915, l'horaire prévoit une seule course pour Bienne les mardis, jeudis et dimanches, une seule aussi pour Yverdon les mercredis, vendredis et dimanches. Mais cet horaire porte la mention: «Ne circule pas jusqu'à nouvel avis»! Ainsi, les grands vapeurs ne naviguent presque pas: le *Neuchâtel* 10 jours et le *Fribourg* 16 jours. Un peu meilleure, la saison 1916 s'étend du 14 mai au 17 septembre. Le service de Bienne est assuré jeudi et dimanche, alors que le service d'Yverdon est offert tous les jours. Le *Neuchâtel* obtient ainsi 30 jours de service, alors que le *Fribourg* en totalise 133. Mais dès 1917, le charbon se fait rare et les deux grands vapeurs connaissent une activité réduite. En 1918, le *Neuchâtel* est hors service alors que le *Fribourg* totalise 4 jours de service et 239 km.

Après la guerre, la situation se clarifie lentement avec des services très modestes. L'un des grands vapeurs navigue le dimanche vers Estavayer-Yverdon, l'autre le jeudi et le dimanche vers l'Ile de Saint-Pierre. Les «promenades» à l'Ile de Saint-Pierre ne figurent pas à l'horaire, mais elles sont régulièrement annoncées la veille dans la presse. L'hiver, un grand vapeur est parfois mis en chauffe pour les «courses à la glace», c'est-à-dire pour le transport des patineurs vers les Grands-Marais. Le bateau se rend alors dans la Thielle où il aborde à côté d'un chaland. C'est le cas en février 1917 et 1922, puis en janvier 1924 pour le *Neuchâtel*, en janvier 1914 et décembre 1931 pour le *Fribourg*. Certains dimanches d'hiver, il y a jusqu'à trois bateaux en course vers les Grands-Marais!

De 1920 à 1939, la moyenne annuelle par unité atteint 46 jours de service et 3555 km. Pour cette période, les résultats extrêmes sont les suivants:
— *Neuchâtel* 15 jours et 816 km en 1920, 86 jours et 6193 km en 1926;
— *Fribourg* 16 jours et 832 km en 1921, 78 jours et 5677 km en 1930.

À la fin de l'année 1939, les deux vapeurs sont à égalité, totalisant chacun 109 000 km depuis la mise en service, soit à peine 4000 km par an.

De 1940 à 1953, cette moyenne chute encore de moitié à cause de la Deuxième Guerre mondiale, puis de la concurrence des bateaux à moteur diesel. Les jours de service varient alors de 7 à 34 par an et

allgemeinen Mobilmachung zum Opfer. Für die *Neuchâtel* schliesst die Saison nach 60, für die *Fribourg* nach 100 Einsatztagen.

Mit dem Krieg bricht der Tourismus ein. Eigentlich würde der Fahrplan 1915 dienstags, donnerstags und sonntags je einen Kurs nach Biel anbieten und mittwochs, freitags und sonntags je eine Fahrt nach Yverdon, doch relativiert der Vermerk «verkehrt nicht bis auf weiteres» das Angebot. Und so wird es um die beiden Dampfschiffe still. Die *Neuchâtel* fährt an total 10 Tagen, die *Fribourg* an deren 16 Kurse nach Biel gibt es donnerstags und sonntags, nach Yverdon sogar täglich. Die *Neuchâtel* kommt dabei auf 30 Einsatztage, die *Fribourg* auf 133. Kohleknappheit prägt die Jahre ab 1917, was die Schifffahrt praktisch lähmt. 1918 bleibt die *Neuchâtel* ausser Dienst, während die *Fribourg* an 4 Tagen 239 km zurücklegt.

Nach dem Krieg erholt sich die Situation langsam mit bescheidenen Leistungen. Eines der grossen Schiffe fährt sonntags nach Estavayer–Yverdon, das andere donnerstags und sonntags zur St. Petersinsel. Diese Kurse zur Insel sind nicht im Fahrplan, werden aber regelmässig am Vortag in der Zeitung angeboten. Ab und zu wird auch im Winter angeheizt, und zwar für Fahrten zum Schlittschuhlaufen im Grossen Moos. Sie führen in den Zihl-Kanal wo ein Nauen als Ländte vertäut wird. Im Februar 1917 und 1922, sowie im Januar 1924 besorgt die *Neuchâtel* diesen Dienst, im Januar 1914 und im Dezember 1931 die *Fribourg*. An einzelnen Sonntagen pendeln bis zu drei Schiffe ins Grosse Moos!

Von 1920 bis 1939 leisten die grossen Schiffe im Mittel an je 46 Tagen 3555 km. Die beiden Extremwerte erreichen in diesem Zeitraum für die:
— *Neuchâtel* 15 Tage mit 816 km im Jahr 1920; 86 Tage mit 6193 km im Jahr 1926;
— *Fribourg* 16 Tage mit 832 km im Jahr 1921; 78 Tage mit 5677 km im Jahr 1930.

Am Ende des Jahres 1939 liegen die Totalleistungen der beiden Dampfer eben auf: jeder hat seit seiner Inbetriebnahme 109 000 km zurückgelegt, 4 000 km pro Jahr.

Von 1940 bis 1953 fällt diese Durchschnittsleistung kriegsbedingt und wegen der Konkurrenz der Dieselschiffe auf die Hälfte. Die Zahl der Einsatztage pro Einheit schwankt zwischen 7 und 34. Sonntags fährt der eine grosse Dampfer via Südufer nach Estavayer, der andere via Nordufer, um dann noch Yverdon zu erreichen. Die während des Krieges ein-

par unité. Le dimanche, un grand vapeur assure alors le service vers Estavayer par la rive sud, l'autre par la rive nord, ce dernier poursuivant sa course jusqu'à Yverdon. Supprimées durant la guerre, les promenades à l'Ile de Saint-Pierre reprennent sporadiquement vers la fin de l'été 1946, et il en va de même pour les courses spéciales.

Depuis 1954, le *Neuchâtel* est le vapeur utilisé en priorité, étant plus économique grâce à la chauffe au mazout et à son équipage réduit. Pour cette dernière période, le meilleur résultat est atteint en 1965 avec 60 jours de service et 6052 km. Dès cette année-là, un deuxième bateau circule quotidiennement entre Neuchâtel et Morat et c'est en général le *Neuchâtel*. Depuis la réintroduction du service Neuchâtel-Bienne, en 1961, le vapeur assure fréquemment cette course le samedi. À cette époque, le *Neuchâtel* illuminé se transforme en bateau dansant pour la croisière du samedi soir.

Description technique
Les deux vapeurs *Neuchâtel* et *Fribourg* sont identiques. Ils se caractérisent par leur robustesse et une excellente stabilité.

La machine compound à deux cylindres inclinés développe 350 ch et actionne les roues à aubes munies de neuf palettes en fer. La chaudière à deux feux, timbrée à 10,5 atm, est placée derrière la machine. La vitesse du bateau atteint 23 km/h.

La timonerie se trouve devant la rotonde, dans une cabine à deux accès latéraux par une porte fermant à mi-hauteur. A part la porte d'accès, les parois latérales et la paroi frontale ont chacune deux fenêtres (une seule fenêtre latérale sur le *Fribourg*). Ces fenêtres sont toutes à cadre de bois et lanière de cuir, permettant de les abaisser totalement. Il y a deux roues de gouvernail, l'une pour la marche avant, l'autre pour la marche arrière (gouvernail de proue). Près des accès se trouve une plaquette: «Défense de parler au timonier».

Les ordres du capitaine au machiniste sont transmis par télégraphe (Chadburn), mais il y a également un porte-voix. Le puissant sifflet chante sur trois notes simultanées. Une dynamo à vapeur fournit le courant pour l'éclairage.

Pour passer sous les ponts, la cheminée inclinée se compose de deux manchons télescopiques qui sont manœuvrés par un treuil hydraulique. Le mât avant est amovible alors que le mât arrière se replie

gestellten Fahrten zur St. Petersinsel werden gegen Ende Saison 1946 sporadisch wieder aufgenommen. Auch Extrafahrten gibt es wieder.

Ab 1954 wird die *Neuchâtel* bevorzugt eingesetzt, weil ihr Betrieb dank Ölfeuerung und deshalb reduzierter Mannschaft wirtschaftlicher geworden ist. In dieser letzten Einsatzperiode wird 1965 mit 60 Tagen 6052 km die Jahresbestleistung erreicht. Damals wird täglich ein zweiter Kurs von Neuenburg nach Murten gefahren, und dafür normalerweise die *Neuchâtel* eingeteilt. Seit der Wiederaufnahme der Kurse Neuenburg–Biel im Jahre 1961 versieht samstags die *Neuchâtel* meist auch diesen Dienst. Und samstagabends kreuzt der Raddampfer in jenen Jahren oft hell erleuchtet als Tanzschiff.

Technisches
Die beiden Dampfschiffe *Neuchâtel* und *Fribourg* sind baugleich. Sie sind kräftig und in jeder Hinsicht stabil.

Die schrägliegende Zweizylinder-Heissdampf-Verbundmaschine leistet 350 PS und treibt Schaufelräder mit je neun Eisenschaufeln. Der Kessel mit zwei Flammrohren und 10,5 atm Arbeitsdruck liegt hinter der Maschine. Die Fahrgeschwindigkeit beider Schiffe erreicht 23 km/h.

Das Steuerhaus ist vor der Rotunde angeordnet. Seine Kabine ist durch zwei nur die untere Hälfte schliessende Seitentüren zugänglich. Neben der Türöffnung haben Seiten und Frontwände je zwei Fenster (*Fribourg* nur je ein Seitenfenster). Alle Fenster haben Holzrahmen und sind mit einem Lederriemen ganz absenkbar. Bugruder (Fahrt rückwärts) und Heckruder (Fahrt voraus) sind je ein Steuerrad zugeordnet. Beim Zugang mahnt ein Schild «Nicht mit dem Steuermann sprechen.»

Des Kapitäns Befehle übermittelt der Maschinentelegraf (Chadburn). Ergänzend dient das Sprachrohr der Verständigung mit dem Maschinisten. Die kräftige Pfeife ertönt simultan dreistimmig. Der dampfgetriebene Dynamo liefert Strom für die Beleuchtung.

Um unter den Brücken durchzukommen, ist der zweischüssige Kamin teleskopierbar. Dem Absenken und Anheben dient ein hydraulischer Seilzug. Der Bugmast kann entfernt, der Heckmast umgeklappt

vers l'avant. En cas de hautes eaux dans la Thielle, il faut encore démonter la cabine de timonerie et enlever les quatre bouches à air ainsi que la partie supérieure de la cheminée, parfois même le sifflet! L'équipage procède à ces travaux de démontage et de remontage en cours de route

La hauteur du bateau atteint 4,60 m au toit de la timonerie.

L'accès au bateau se trouve devant les tambours de roues, sous les yeux du timonier. Une entrée derrière les tambours, dotée d'un porte-voix, est utilisée lorsque le bateau doit aborder dans la Thielle, dans le sens du courant.

Le pont avant est ouvert; il peut être protégé par une bâche.

Le pont arrière – initialement 1re place – est à l'air libre, mais recouvert d'un toit sur la plus grande partie de sa longueur. Des bancs transversaux sont disposés de manière à constituer des compartiments de quatre places avec table. En outre, des bancs placés dos à dos sont situés dans l'axe du bateau.

La partie couverte située entre les tambours est éclairée par un lanterneau; elle est fermée à l'avant par la rotonde et ouverte à l'arrière (une fermeture amovible est ajoutée en hiver). Dans cette partie centrale, il y a quelques bancs placés vers la rotonde et le puits de la machine, permettant d'en observer le mouvement. Les tambours abritent non seulement les roues à aubes, mais également le bureau du caissier, la cuisine, le local de l'équipage (matériel de nettoyage, cordages, etc.) et les toilettes séparées pour dames et messieurs.

Le restaurant – initialement 1re place – réalisé en demi-salon est doté de fenêtres rectangulaires placées malheureusement un peu haut. Un salon des dames est attenant alors qu'un fumoir pour les messieurs est placé sur le pont arrière.

La buvette se trouve à l'avant, dans la cale; elle est éclairée par des hublots. L'accès est réalisé par un escalier depuis l'intérieur de la rotonde. Dans la cale se trouvent en outre l'office du restaurant et les dortoirs pour l'équipage.

werden. Bei Hochwasser in der Zihl müssen auch das Führerhaus abgebaut, die vier Lüfter, das obere Kaminteil, ja selbst die Pfeife – entfernt werden. Abbau und Aufbau geschehen während der Fahrt.

Das Schiff ist von der Wasserlinie bis zum Dach des Steuerhauses 4,60 m hoch.

Ein Zugang zum Schiff liegt beidseits vor den Radkästen im Blickfeld des Steuermanns. Die zweite Zugangsmöglichkeit ist mit Sprachrohr ausgestattet und liegt hinter den Radkästen. Sie wird im Zihlkanal benützt, wenn das Schiff mit der Strömung anlegen muss.

Das Vorderdeck liegt offen. Es kann mit einer Blache geschützt werden.

Das Achterdeck, damals I. Platz, ist ebenfalls offen, aber grösstenteils mit einem festen Dach geschützt. Die Bänke sind quer und mit Tischen zu Viererabteilen gruppiert. Weitere Bänke in der Schiffsachse bieten Sitzmöglichkeiten «Rücken an Rücken.»

Den gedeckten Teil zwischen den Radkästen erhellt ein Oberlicht. Diese Partie ist nach vorne zu und als Rotunde ausgestaltet. Nach hinten kann sie Winters mit einer Wand und zwei Türen abgeschlossen werden. In diesem zentralen Teil sind Bänke in der Rotunde und so um den Maschinenschacht herum angeordnet, dass das Spiel der Kurbelwelle zur Geltung kommt. Die Radkästen beherbergen nicht nur die Schaufelräder sondern auch die Schiffskasse, die Küche, den Mannschaftsraum mit Reinigungsutensilien und Reserveleinen sowie die für Frauen und Männer getrennten Toiletten.

Das Restaurant ist als Halbsalon ausgestattet. Es hat leider sehr hoch liegende Rechteckfenster. Angrenzend findet sich der Damensalon, während das Fumoir für die Herren hinter der Treppe auf dem Achterdeck liegt.

Die Schenke ist in der Kajüte im Vorderschiff eingerichtet. Sie wird durch Bullaugen erhellt. Der Treppenzugang liegt in der Rotunde. Die Treppe selbst wird von einem Büro und einem Schlafraum für die Mannschaft flankiert.

Lancement du *Neuchâtel* le 9 juin 1912 au chantier primitif de la Maladière, à Neuchâtel.
Stapellauf des Dampfers *Neuchâtel* am 9. Juni 1912 aus der alten Werft Maladière, in Neuenburg.
— Collection privée/Privatsammlung

Lancement du *Neuchâtel* le 9 juin 1912 au chantier primitif de la Maladière, à Neuchâtel.
Stapellauf des Dampfers *Neuchâtel* am 9. Juni 1912 aus der alten Werft Maladière, in Neuenburg.
— Collection privée/Privatsammlung

Le *Neuchâtel* tout neuf, le 9 juin 1912, jour de son lancement, dans l'ancien port de la Maladière, à Neuchâtel.
Dampfer *Neuchâtel*, ganz neu, am 9. Juni 1912, Tag des Stapellaufs, im alten Hafen Maladière, in Neuenburg.
— Collection privée/Privatsammlung

Le salon du *Neuchâtel* le 15 juin 1912, jour de son inauguration.
Salon des Dampfers *Neuchâtel*, am Tag der Jungfernfahrt, 15. Juni 1912.
— Collection privée/Privatsammlung

Le *Neuchâtel* prêt pour le départ de la course inaugurale, le 15 juin 1912.
Dampfer *Neuchâtel* bereit zur Jungfernfahrt am 15. Juni 1912.
— Photo/Foto Chiffelle

Le *Neuchâtel* en course inaugurale, le 15 juin 1912.
Dampfer *Neuchâtel* auf Jungfernfahrt, 15. Juni 1912.
— Collection privée/Privatsammlung

Neuchâtel et Fribourg *Neuchâtel und Fribourg*

Le *Neuchâtel* devant le port de Neuchâtel lors de la course inaugurale, le 15 juin 1912.
Dampfer *Neuchâtel* vor dem Hafen Neuenburg, bei der Jungfernfahrt, 15. Juni 1912.
— Carte W. Bous a695

Le *Neuchâtel* en course inaugurale, le 15 juin 1912.
Dampfer *Neuchâtel* auf Jungfernfahrt, 15. Juni 1912.
— Carte Phototypie 33

La plus belle vue du *Neuchâtel*! Avec plaques de destination « Auvernier, Estavayer, Yverdon ». Vers 1930.
Das schönste Bild des Dampfers *Neuchâtel*! Mit Routentafeln « Auvernier, Estavayer, Yverdon ». Um 1930.
— Carte SG 2665

Le *Neuchâtel* sortant du port de cette ville.
Dampfer *Neuchâtel* fährt aus dem Hafen dieser Stadt.
— Photo/Foto J.-B. Deillon, 22.7.1967

Belle vue en élévation du *Neuchâtel*.
Schöne Längsaufnahme des Dampfers *Neuchâtel*.
— Photo/Foto J.-B. Deillon, 22.7.1967

Le *Neuchâtel* quitte Cortaillod.
Dampfer *Neuchâtel* bei der Abfahrt in Cortaillod.
— Photos/Fotos S. Jacobi, 1967

Le *Neuchâtel* quitte Cortaillod.
Dampfer *Neuchâtel* bei der Abfahrt in Cortaillod.
— Photos/Fotos S. Jacobi, 1967

Le *Neuchâtel* part de Chez-le-Bart, après une brève marche arrière.
Dampfer *Neuchâtel* verlässt Chez-le-Bart nach einer kurzen Rückwärtsfahrt.
— Photo/Foto SJ, 1968

Le *Neuchâtel* dans le canal de la Thielle, vers 1925.
Dampfer *Neuchâtel* im Zihlkanal um 1925.
— Collection Christian Fauzia

186

Le *Neuchâtel* dans la Thielle, près du pont ferroviaire BN.
Dampfer *Neuchâtel* im Zihlkanal, bei der Bahnbrücke der BN.
— Photo/Foto SJ, 16.7.1966

Le *Neuchâtel* dans la Thielle.
Dampfer *Neuchâtel* im Zihlkanal.
— Photo/Foto S.Jacobi, 16.7.1966

Le *Neuchâtel* près de Thielle.
Dampfer *Neuchâtel* bei Thielle.
— Photo/Foto SJ, 16.7.1966

Le *Neuchâtel* passe sous le pont couvert de Saint-Jean.
Dampfer *Neuchâtel* bei der gedeckten Brücke von St. Johannsen.
— Photo/Foto SJ, 16.7.1966

Le Neuchâtel près de l'ancien débarcadère du Landeron.
Dampfer Neuchâtel bei der alten Ländte von Le Landeron.
— Photo/Foto SJ, 1968

Le *Neuchâtel* arrive à Bienne.
Dampfer *Neuchâtel* kommt in Biel an.
— Photo/Foto SJ, 9.7.1966

Neuchâtel et Fribourg | Neuchâtel und Fribourg

Le *Neuchâtel* vers l'ancien pont de La Sauge.
Dampfer *Neuchâtel* bei der alten Brücke von La Sauge.
— Photo/Foto Lucien Lorimier, 1966

Le *Neuchâtel* passe sous le nouveau pont de La Sauge.
Dampfer *Neuchâtel* bei der neuen Brücke von La Sauge.
— Photo/Foto SJ

Le *Neuchâtel* dans la Broye, avec cheminée abaissée.
Dampfer *Neuchâtel* im Broyekanal, mit gesenktem Kamin.
— Photo/Foto SJ, 1968

Le *Neuchâtel* dans le canal de la Broye élargi, avec vue sur le Mont Vully.
Dampfer *Neuchâtel* im verbreiteten Broyekanal. Im Hintergrund, der Mont Vully.
— Photo/Foto SJ, 1968

Le *Neuchâtel* arrive à Morat en 1965.
Dampfer *Neuchâtel* in Murten, um 1965.
— Photo/Foto SJ

L'arrivée du bateau à vapeur est un spectacle !
Die Ankunft des Dampfschiffs ist ein Schauspiel !
— Photo/Foto SJ, 1968

Neuchâtel et Fribourg | Neuchâtel und Fribourg

Le *Neuchâtel* quitte Chez-le-Bart. Après une marche arrière, il repart en avant.
Dampfer *Neuchâtel* verlässt Chez-le-Bart. Nach einer kurzen Rückwärtsfahrt geht es vorwärts.
— Photo/Foto SJ, 1968

Le *Neuchâtel* quitte Chez-le-Bart.
Dampfer *Neuchâtel* verlässt Chez-le-Bart.
— Photo/Foto SJ

Départ de Cortaillod, vue sur la Pointe du Grain.
Abfahrt in Cortaillod, Im Hintergrund, die Pointe du Grain.
— Photo/Foto SJ, 1968

Le *Neuchâtel* à Estavayer-le-Lac.
Dampfer *Neuchâtel* in Estavayer-le-Lac.
— Photo/Foto SJ, 1964

Arrivée du *Neuchâtel* par un beau soir d'été.
Ankunft des Dampfers *Neuchâtel* an einem schönen Sonntag Abend.
— Photo/Foto R. LeRoy

Le machiniste Willy Rognon, nostalgique devant « son » vapeur *Neuchâtel* déjà hors service.
Nostalgisch steht Maschinist Willy Rognon vor « seinem » Dampfer *Neuchâtel*, der ausrangiert wird.
Septembre/September 1969.
— Photographe inconnu/Photograph unbekannt

Le machiniste Willy Rognon et « sa » machine. Septembre 1969.
Maschinist Willy Rognon und « seine » Dampfmaschine. September 1969.
— Photographe inconnu/Photograph unbekannt

Détail de la machine du *Neuchâtel*.
Detailaufnahme der Dampfmaschine des Dampfers *Neuchâtel*.
— Photographe inconnu/Photograph unbekannt

Bateau à vapeur *Neuchâtel* : le télégraphe de marine, Chadburn.
Dampfer *Neuchâtel* : Maschinentelegraf Chadburn.
— Photographe inconnu/Photograph unbekannt

La machine à vapeur d'origine du *Neuchâtel*.
Die Original-Maschine des Dampfers *Neuchâtel*.
— Collection/Sammlung Kurt Hunziker.

La machine originale du *Neuchâtel* (1912).
Die Originalmaschine der *Neuchâtel* (1912)
— Photo/Foto Jurg Meister

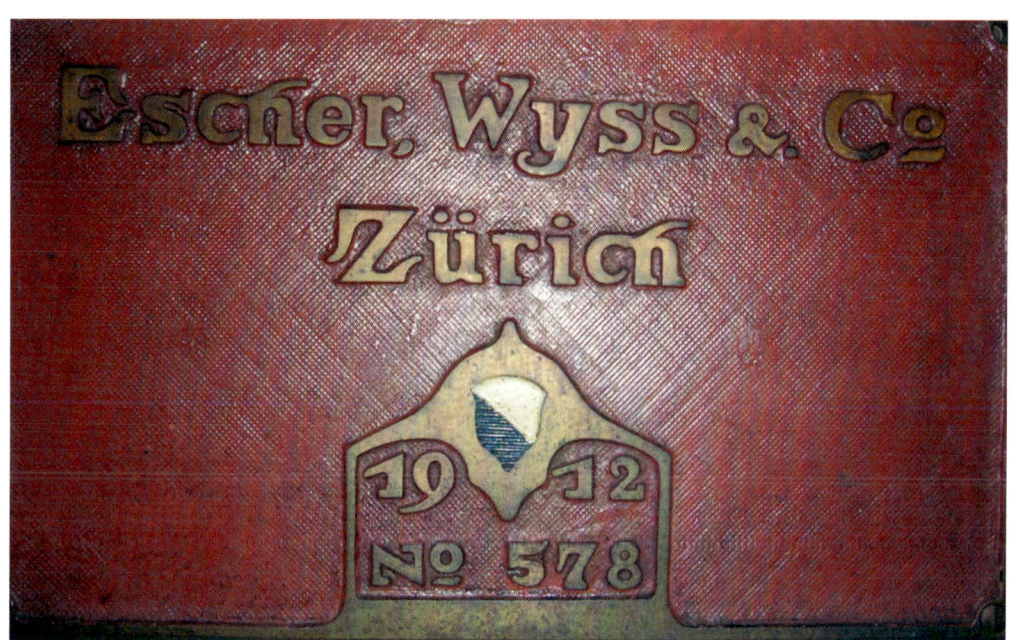

Plaque de construction du *Neuchâtel*.
Fabrikschild der *Neuchâtel*.
— Photo/Foto OBa

Vapeur *Neuchâtel* : le pont principal arrière.
Dampfer *Neuchâtel :* Hauptdeck hinten.
— Photo/Foto Marc Dietschy, 21.7.1968

Vapeur *Neuchâtel* : le pont principal, entre les tambours, avec vue vers l'arrière.
Dampfer *Neuchâtel* : Hauptdeck, zwischen den Radkästen, mit Sicht nach hinten.
— Photo/Foto Marc Dietschy, 21.7.1968

Vapeur *Neuchâtel* : la rotonde, à l'entrée du pont principal.
Dampfer *Neuchâtel* : das Rondell, beim Eingang auf dem Hauptdeck.
— Photo/Foto Marc Dietschy, 21.7.1968

Vapeur *Neuchâtel* : le salon, vue vers l'arrière.
Dampfer *Neuchâtel* : der Salon, Blick nach hinten.
— Photo/Foto Marc Dietschy, 21.7.1968

Vapeur *Neuchâtel* : le salon, vue vers l'avant.
Dampfer *Neuchâtel* : der Salon, Blick nach vorn.
— Photo/Foto Marc Dietschy, 21.7.1968

Neuchâtel et *Fribourg*   *Neuchâtel* und *Fribourg*

Le *Fribourg* lors des essais officiels du 24 février 1913.
Dampfer *Fribourg* bei den offiziellen Probefahrten, am 24. Februar 1913.
— Carte W. Bous

Le *Fribourg* au débarcadère extérieur, prêt à partir en course inaugurale, le 29 avril 1913.
Dampfer *Fribourg* an der äusseren Ländte, abfahrbereit zur Jungfernfahrt, am 29. April 1913.
— Collection privée/Privatsammlung

Le *Fribourg* à Morat, lors de la course inaugurale, le 29 avril 1913.
Dampfer *Fribourg* in Murten bei der Jungfernfahrt, am 29. April 1913.
— Collection privée/Privatsammlung

Le *Fribourg*, décoré d'arbustes pour une course spéciale, sort du canal de la Broye pour se rendre à Morat.
Dampfer *Fribourg*, mit kleinen Bäumen geschmückt für eine Sonderfahrt, fährt aus dem Broyekanal in den Murtensee.
— Photo/Foto SJ, 28.9.1952

Le *Fribourg* pavoisé pour une course spéciale, vers 1913.
Dampfer *Fribourg* beflaggt für eine Sonderfahrt, um 1913.
— Photo/Foto Chiffelle

Le *Fribourg* s'approche du port de Neuchâtel par gros temps.
Dampfer *Fribourg* nähert sich bei stürmischer Witterung dem Hafen von Neuenburg.
— Photo/Foto F. Perret, vers 1944

193

Neuchâtel et Fribourg — *Neuchâtel und Fribourg*

Le *Fribourg* en hivernage dans le port de Neuchâtel gelé, probablement en 1929.
Dampfer *Fribourg* im gefrorenen Hafen von Neuenburg, wahrscheinlich 1929.
— Collection Marinette Swedor-Koelliker

Le port de Neuchâtel, un beau dimanche de 1953, avec les quatre vapeurs prêts au départ vers 13 h 30. Au premier plan, le *Fribourg* avec la timonerie démontée, pour se rendre dans le Thielle par niveau du lac élevé.
Der Hafen von Neuenburg an einem schönen Sonntag im Sommer 1953. Alle vier Dampfer sind um 13:30 Uhr abfahrbereit. Im Vordergrund, Dampfer *Fribourg* mit – wegen Hochwassers – demontiertem Steuerhaus für die Durchfahrt unter den Brücken im Zihlkanal.
— Photo/Foto Chiffelle

Le *Fribourg* près de La Neuveville, vers 1925.
Dampfer *Fribourg* bei Neuenstadt, um 1925.
— SG 7315

Le *Fribourg* dans le canal de la Thielle, en 1953.
Dampfer *Fribourg* im Zihlkanal um 1953.
— Photo/Foto Chiffelle.

Le *Fribourg* à l'Ile de Saint-Pierre Sud, vers 1925.
Dampfer *Fribourg* an der St. Petersinsel, Südländte, um 1925.
— Collection privée

Le *Fribourg* en pleine course et un sillage harmonieux, vers 1913.
Dampfer *Fribourg* in voller Fahrt und bescheidenem Wellengang. Um 1913.
— Carte SG 2629

Le *Fribourg* entre Serrières et Auvernier, vers 1913.
Dampfer *Fribourg* zwischen Serrières und Auvernier, um 1913.
— Carte SG 2581

Le *Fribourg* à Estavayer-le-Lac, en 1964.
Dampfer *Fribourg* in Estavayer-le-Lac, um 1964.
– Photo/Foto SJ

Le Fribourg sort du port de Neuchâtel, en 1965.
Dampfer Fribourg fährt aus dem Hafen von Neuenburg, um 1965.
– Photo/Foto Antoine Wavre

Le *Fribourg* quitte Estavayer-le-Lac.
Dampfer *Fribourg* verlässt Estavayer-le-Lac.
– Photo/Foto SJ, 1964

La machine du *Fribourg*.
Die Maschine des Dampfers *Fribourg*.
– Photo/Foto Jürg Meister

À bord du *Fribourg*, l'ancien capitaine Louis Delley dans la rotonde, près de l'entrée.
An Bord des Dampfers *Fribourg* sitzt der ehemalige Kapitän Louis Delley in der Rotunde, beim Eingang.
– Photo/Foto J. Schetty, 1965

Vapeur *Fribourg*, le pont entre les tambours, avec vue vers l'arrière, sur le puits de la machine et le manteau de la chaudière.
Dampfer *Fribourg*, das Deck zwischen den Radkästen mit Sicht nach hinten auf Maschinenschacht und Kesselverschalung.
– Photo/Foto J. Schetty, 1965

196

Vapeur *Fribourg*, vue du milieu vers l'arrière avec le petit salon fumoir.
Dampfer *Fribourg*, Sicht von der Mitte zum Heck, mit dem kleinen Rauchersalon.
— Photo/Foto J. Schetty, 1965

Vapeur *Fribourg*, vue de la poupe vers l'avant. Au milieu, le salon fumoir.
Dampfer *Fribourg*, Sicht vom Heck nach vorn. In der Bildmitte, der Rauchersalon.
— Photo/Foto J. Schetty, 1965

Vapeur *Fribourg*, intérieur du salon fumoir.
Dampfer *Fribourg*, Innenaufnahme des Raucher Salons.
— Photo/Foto J. Schetty, 1965

Vapeur *Fribourg*, le salon.
Dampfer *Fribourg*, der Salon.
— Photo/Foto J. Schetty, 1965

Vapeur *Fribourg*, dans le salon.
Dampfer *Fribourg*, im Salon.
— Photo/Foto J. Schetty, 1965

Le *Fribourg* au repos dans l'anse ouest du port. Les volets du salon sont fermés pour protéger le mobilier des méfaits du soleil et de l'eau.
Dampfer *Fribourg* im westlichen Teil des Hafens. Die Fensterladen vom Salon sind geschlossen, als Schutz gegen Wasser und Sonne.
— Carte JJ 3668

Le *Fribourg* à Estavayer-le-Lac, lors de son dernier voyage, le 30 mai 1965, avec le *Cygne*.
Dampfer *Fribourg* in Estavayer-le-Lac, am letzten Betriebstag, dem 30. Mai 1965, mit Motorschiff *Cygne*.
– Photo/Foto SJ

À bord du *Fribourg*, le pont avant.
An Bord des Dampfers *Fribourg*, das Vorderdeck.
– Photo/Foto SJ, 30.5.1965

À bord du *Fribourg*, le salon.
An Bord des Dampfers *Fribourg*, der Salon.
– Photo/Foto SJ, 30.5.1965

À bord du *Fribourg*, la buvette dans la cale avant.
An Bord des Dampfers *Fribourg*, die Kajüte unter dem Vorderdeck.
– Photo/Photo S. Jacobi, 30.5.1965

À bord du *Fribourg*, vue de la proue vers la timonerie.
An Bord des Dampfers *Fribourg*, Sicht vom Bug zum Steuerhaus.
– Photo/Foto SJ, 30.5.1965.

Le *Fribourg* à Yverdon, lors de sa dernière course, le 30 mai 1965.
Dampfer *Fribourg* in Yverdon, bei der letzten Fahrt, am 30. Mai 1965.
– Photo/Foto SJ

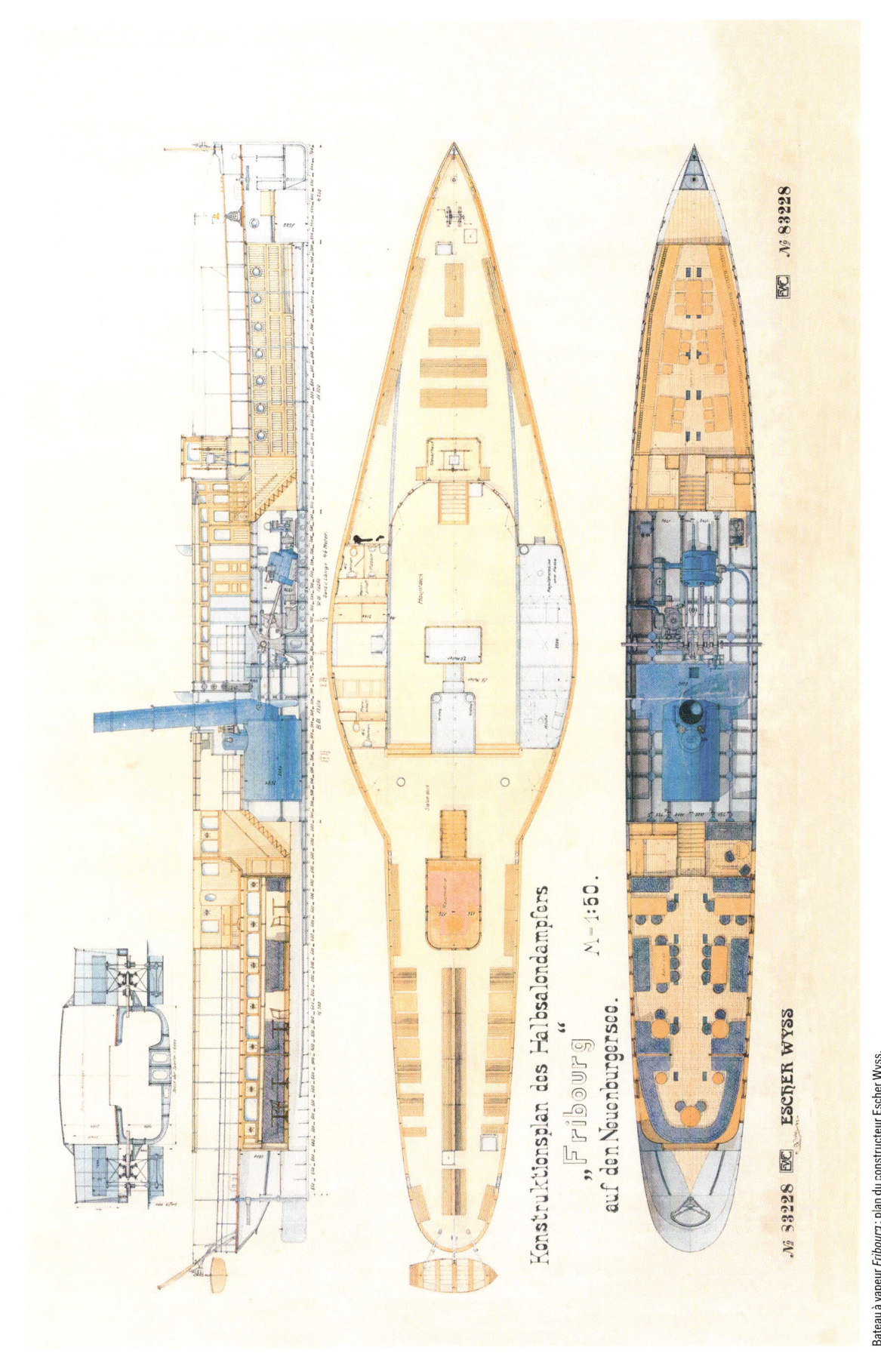

Bateau à vapeur *Fribourg* : plan du constructeur Escher Wyss.
Dampfschiff *Fribourg* : kolorierter Plan der Baufirma Escher Wyss.

Les bateaux à vapeur du lac de Bienne

Union

1887-1914 Vapeur à hélice, à un pont couvert, sans cabine.
1887 Escher Wyss No 399
— Capacité : 70 passagers
— Longueur entre perpendiculaires : 14,90 m
— Largeur au maître bau : 3,10 m
— Tirant d'eau lège 1,22 m, en charge 1,40 m
— Machine verticale à un cylindre, 35 ch
— Chaudière à un tube foyer, timbrée à 7 atm
— Vitesse : 13 km/h

1911 Dès l'acquisition du bateau moteur *Jolimont*, l'*Union* n'est pratiquement plus utilisé : 1912 = 132 km, 1913 = 6 km, 1914 = 20 km.
1916 Vente à un récupérateur de métaux.
    Ce petit vapeur à pont simple ne dispose d'aucune cabine ; seul un toit protège les passagers. Pas de données sur le kilométrage avant 1912.

Dampfschiffe des Bielersees

Union

1887-1914. Eindeck-Schraubendampfer mit offenem Deck ohne Kabine.
1887 Escher Wyss Nr. 399
— Tragfähigkeit : 70 Personen
— Länge zwischen den Perpendikeln : 14,90 m
— Breite am Hauptspant : 3,10 m
— Tiefgang leer : 1,22 m, beladen 1,40 m
— Vertikale Einzylinder-Dampfmaschine : 35 PS
— Kessel mit einer Feuerröhre : 7 atü
— Geschwindigkeit : 13 km/h.

1911 Nach der Beschaffung von MS *Jolimont* wird die *Union* praktisch nicht mehr eingesetzt : 1912 = 132 km, 1913 = 6 km, 1914 = 20 km.
1916 Verkauf an Alteisenhändler.
    Dieser kleine Eindeck-Dampfer ist ganz offen ; es gibt keine Personen-Kabine und die Passagiere verfügen bloss über ein Schutzdach. Keine Kilometer-Angaben vor 1912.

Le petit vapeur à hélice *Union* arrive à La Neuveville, vers 1900.
Der kleine Schraubendampfer *Union* bei der Ankunft in Neuenstadt, um 1900.
— Carte Chiffelle 406 b.

J.J. Rousseau

1889-1929 Vapeur à hélice avec cabine à l'arrière, style demi-salon.
1929-1953 Bateau à moteur diesel.

1889 Escher Wyss No 423
- Capacité : 90 passagers
- Longueur entre perpendiculaires : 21,00 m
- Largeur au maître bau : 3,10 m
- Tirant d'eau lège : 1,32 m, en charge 1,45 m
- Déplacement lège : 20,6 t (diesel 19,0 t)
- Machine verticale compound : 40 ch
- Chaudière à un tuber foyer, timbrée à 7,5 atm
- Vitesse : 13 km/h
- Consommation de charbon : 5,5 kg/km.

1929 Transformation en bateau à moteur diesel Sulzer, 4 cylindres, 2 temps, 50 ch.
La transformation est un succès : Le bateau est toujours prêt à partir, la capacité passe de 90 à 100 passagers, économie d'un homme d'équipage et de 60 % sur le carburant.
1953 Remplacé en fin d'année par une nouvelle unité du même nom. Le bateau vétuste est mis hors service et démoli.

Du 1er septembre 1889 jusqu'en décembre 1953, le bateau a parcouru 616 510 km, dont 415 950 km à la vapeur et 200 560 km au diesel.

Le nom *Jean-Jacques Rousseau* rend hommage au poète et philosophe français, né en 1712 à Genève et qui séjourna en 1765 à l'Ile de Saint-Pierre.

J.J. Rousseau

1889-1929 Eindeck-Schraubendampfer mit eingebauter Kabine hinten (Halbsalon).
1929-1953 Diesel-Motorschiff.

1889 Escher Wyss Nr. 423
- Tragfähigkeit : 90 Personen
- Länge zwischen den Perpendikeln : 21,00 m
- Breite am Hauptspant : 3,10 m
- Tiefgang leer 1,32 m, beladen 1,45 m
- Leerverdrängung 20,6 t (Diesel 19,0 t)
- Vertikale Compound-Dampfmaschine 40 PS
- Kessel mit einem Feuerrohr : 7,5 atü
- Geschwindigkeit : 13 km/h
- Kohlenverbrauch : 5,5 kg/km

1929 Umbau in Dieselmotorboot. Der Sulzer-4-Zylinder-2-Takt-Motor leistet 50 PS. Der Umbau ist erfolgreich: Das Schiff ist immer betriebsbereit, die Passagierzahl wird von 90 auf 100 erhöht, ein Mann Besatzung kann eingespart werden und die Brennstoffkosten verringern sich um ca. 60 %.
1953 Nachdem das Schiff baufällig und abgenutzt ist, wird es Ende 1953 abgebrochen.

Vom 1. September 1889 bis Dezember 1953 hat das Schiff 616 510 km geleistet, davon 415 950 km im Dampfbetrieb und 200 560 km im Dieselbetrieb.

Der Name *Jean-Jacques Rousseau* bezieht sich auf den französischen Dichter und Philosoph, der 1712 in Genf geboren ist und 1765 auf der St. Petersinsel weilte.

Les deux vapeurs à hélice, *J.J. Rousseau* et *Union* à Cerlier, vers 1900.
Die beiden Schraubendampfer *J.J. Rousseau* und *Union* in Erlach, um 1900.
— Carte Phototypie 2368

Le *Stadt Biel* et le *J.J. Rousseau* à La Neuveville.
Dampfer *Stadt Biel* und *J.J. Rousseau* bei Neuenstadt.
— Carte Graenicher

Stadt Biel

1911-1932 Vapeur à roues, à pont simple avec deux demi-salons.

1875 Escher Wyss No 265, *Cygne* du lac Léman
- Capacité : 300 passagers
- Longueur entre perpendiculaires : 35,72 m
- Largeur au maître bau : 4,83 m
- Largeur totale : 9,40 m
- Tirant d'eau lège : 1,085 m, en charge 1,33 m
- Déplacement lège : 89 t
- Machine oscillante, compound avec condensation, 160 ch
- Vitesse : 17 km/h
- Chaudière originale système Niclausse, Paris, timbrée à 8 atm
- Consommation de charbon : 11 kg/km.

1911 Dans le chantier édifié à La Neuveville, le *Cygne* est métamorphosé en *Stadt Biel*. La coque est élargie de deux fois 11 cm en dessous des fenêtres du salon et une nouvelle cheminée télescopique est mise en place pour permettre le passage sous les ponts de la Thielle et de la Broye.

1924 Le vapeur est hors service jusqu'en 1927 pour réparations urgentes.

1927 La chaudière est remplacée par celle de tribord du *Stadt Basel* (lac des Quatre-Cantons).

1932 Dernière année de service.

1933 Démolition à Nidau.

Stadt Biel

1911-1932 Eindeck-Raddampfer mit zwei Kajüten (doppelter Halbsalon).

1875 Escher Wyss Nr. 265, als *Cygne* auf dem Genfersee
- Tragfähigkeit : 300 Personen
- Länge zwischen den Perpendikeln : 35,72 m
- Breite am Hauptspant : 4,83 m
- Breite über alles : 9,40 m
- Tiefgang leer : 1,085 m, beladen 1,33 m
- Leerverdrängung : 89 t
- Oszillierende Verbund-Dampfmaschine mit Kondesation : 160 PS
- Geschwindigkeit : 17 km/h
- Originalkessel System Niclausse, Paris, 8 atü
- Kohlenverbrauch : 11 kg/km

1911 Im neuen Werftschuppen in Neuenstadt wird die *Cygne* in die *Stadt Biel* umgewandelt. Die Schale wird unterhalb der Salonfenster auf jeder Seite um 11 cm verbreitert und ein neuer teleskopierbarer Kamin wird eingebaut für die Brückenpassagen im Zihl- und im Broyekanal.

1924 Ausser Dienst bis 1927 wegen dringender Reparaturen.

1927 Einbau des Steuerbordkessels der *Stadt Basel* vom Vierwaldstättersee.

1932 Letztes Betriebsjahr.

1933 Abbruch in Nidau.

Le *Stadt Biel* à Bienne, en 1911.
Dampfer *Stadt Biel* in Biel, um 1911.
— Carte A. Gerber a7948

Le *Stadt Biel* arrive à Bienne, vers 1911.
Dampfer *Stadt Biel* bei der Ankunft in Biel, um 1911.
— Carte Perrochet & David

202

Le *Stadt Biel* par temps d'orage.
Dampfer *Stadt Biel* bei Gewitterstimmung.
— Carte Graenicher

Le *Stadt Biel* vers 1911 à Cerlier, son port d'attache jusqu'en 1930.
Dampfer *Stadt Biel* um 1911 in Erlach, Heimathafen bis 1930.
— Carte W. Bous

Le *Stadt Biel* lors de sa dernière saison, en 1932, près de l'Ile de Saint-Pierre.
Dampfer *Stadt Biel* im letzten Betriebsjahr 1932, bei der St. Petersinsel.
— Photo Léopold Jacobi

Disposant de moyens limités, le comité biennois pour la navigation se procure un bateau d'occasion. C'est le vapeur *Cygne*, construit en 1875 par Escher Wyss à Zurich (No 265) pour la Compagnie Générale de Navigation sur le lac Léman (CGN).

Les premières courses d'essai ont lieu en avril 1911. Le vapeur est stationné à Cerlier et il assure le service régulier dès le 14 mai. Le *Stadt Biel* est une source de soucis, car il y a toujours quelque chose à réparer. En 1924, le constat est alarmant. La chaudière est remplacée par une d'occasion du lac des Quatre-Cantons (chaudière tribord du *Stadt Basel*). Le bateau est arrêté pendant trois ans, mais seules les réparations urgentes sont effectuées, de manière à reprendre le service de 1927 à 1932. Les deux bateaux à moteur diesel *Seeland* et *Jura* prennent alors la relève.

Durant les 21 ans de service, le *Stadt Biel* a parcouru 126 935 km, soit en moyenne 6000 km par an. Curieusement, le record a été atteint lors de sa dernière année de service, en 1932, avec 15 491 km.

Wegen knapper Mittel begnügt man sich mit einem Occasionskauf. Es handelt sich um den Raddampfer *Cygne*, gebaut 1875 durch Escher Wyss in Zürich für die Compagnie Générale de Navigation sur le lac Léman (Genfersee).

Die ersten Probefahrten finden im April 1911 statt. Der Dampfer ist in Erlach stationiert und verkehrt fahrplanmässig seit dem 14. Mai. Die *Stadt Biel* ist ein Sorgenkind, denn es gibt immer wieder etwas zu reparieren. Im Jahr 1924 ist der Zustand alarmierend. Der Kessel wird durch einen Occasionskauf vom Vierwaldstättersee ersetzt (Steuerbordkessel der *Stadt Basel*). Das Schiff steht drei Jahre ausser Dienst, aber nur die dringendsten Reparaturen werden ausgeführt, um den Betrieb von 1927 bis 1932 zu sichern. Als Ersatz werden die beiden Dieselmotorschiffe *Seeland* und *Jura* angeschafft.

Während der 21 BDG-Dienstjahre hat die *Stadt Biel* 126 935 km zurückgelegt, Jahresmittel genau 6000 km. Erstaunlicherweise wird die Jahresbestleistung von 15 491 km im letzten Betriebsjahr erreicht.

Berna

1913-1964 Vapeur à roues, demi-salon avec pont supérieur.

1913 Escher Wyss No 585
- Capacité : 550 passagers
- Longueur entre perpendiculaires : 41,00 m
- Largeur au maître bau : 5,80 m
- Largeur totale : 11,12 m
- Tirant d'eau lège : 1,00 m, en charge 1,295 m
- Déplacement lège : 125,4 t
- Machine oscillante : compound avec condensation, 250 ch
- Vitesse : 20 km/h
- Chaudière à deux tubes foyers, timbrée à 7,5 atm
- Consommation de charbon : 15 kg/km.

1927-1928 Au chantier de Neuchâtel, extraction de la machine (15 t) et envoi aux ateliers Escher Wyss, à Zürich, pour révision. Nouvelle cheminée.

1930 Installation d'un gouvernail de proue nécessaire pour la marche arrière dans le nouveau port de Bienne.

1956 Lettre du 22 juin, de l'Office fédéral des transports (OFT), relative à la stabilité (voir ci-dessous). Accès interdit au pont supérieur.

1964 Dernière course le 25 juin, puis démolition à Bienne.

La machine Escher Wyss No 410 a été construite en 1888 pour le vapeur lémanique *Guillaume Tell* (1856 *Flèche* du lac de Neuchâtel, 1865 avec le même nom sur le Léman, 1872 *Ville-de-Genève*, 1893 *Guillaume Tell*).

Berna

1913-1964 Halbsalon-Raddampfer mit Oberdeck.

1913 Escher Wyss Nr. 585
- Tragfähigkeit : 550 Personen
- Länge zwischen den Perpendikeln : 41,00 m
- Breite am Hauptspant : 5,80 m
- Breite über alles : 11,12 m
- Tiefgang leer : 1,00 m, beladen 1,295 m
- Leerverdrängung : 125,4 t
- Oszillierende Verbund-Dampfmaschine mit Kondesation : 250 PS
- Kessel mit zwei Flammrohren : 7,5 atü
- Geschwindigkeit : 20 km/h
- Kohlenverbrauch : 15 kg/km

1927-1928 In der Werft Neuenburg, Ausbau der Maschine (15 t) und Versand derselben an die Firma Escher Wyss in Zürich für Revision. Erstellen eines neuen Kamins.

1930 Ein Bugsteuer wird eingebaut, für die Rückwärtsfahrt aus dem neuen Hafen in Biel.

1956. Brief vom Eidg. Amt für Verkehr (EAV) betr. Stabilität (siehe Text unten). Oberdeck geschlossen.

1964 Letzte Fahrt am 25. Juni, anschliessend Abbruch in Biel.

Die oszillierende Dampfmaschine, Escher Wyss Nr. 410, gebaut 1888, stammt aus dem Genfersee-Schiff *Guillaume Tell* (1856 *Flèche* vom Neuenburgersee, ab 1865 Genfersee mit gleichem Name, 1872 *Ville-de-Genève*, 1893 *Guillaume Tell*).

Le *Berna*, lors des essais de stabilité, à La Neuveville, 1913.
Dampfer *Berna* anlässlich der Krängungsversuche, Neuenstadt 1913.
– Photo/Foto Acquadro

Le *Berna* vers 1920.
Dampfer *Berna* um 1920.
– Carte Photoglob 5871

Le *Berna* arrive à Cerlier, vers 1950.
Dampfer *Berna* bei der Ankunft in Erlach, um 1950.
— Carte W. Nydegger

Le *Berna* vers 1960.
Dampfer *Berna* um 1960.
— Carte W. Walliser

| Les bateaux à vapeur du lac de Bienne | Dampfschiffe des Bielersees |

Le salon du *Berna*.
Der Salon des Dampfers *Berna*.
— Collection privée/Privatsammlung

La machine à cylindres oscillants du *Berna*.
Die Maschine mit oszillierenden Zylinder des Dampfers *Berna*.
— Photo/Foto Michel Schaer

La machine à cylindres oscillants du *Berna*.
Die Maschine mit oszillierenden Zylinder des Dampfers *Berna*.
— Photo/Foto J. Meister

Le *Berna* entre l'Ile de Saint-Pierre et La Neuveville, en 1962.
Dampfer *Berna* zwischen der St. Petersinsel und Neuenstadt, um 1962.
— Photo/Foto SJ

Le *Berna* en 1962.
Dampfer *Berna* um 1962.
— Photo/Foto SJ

Au lieu de se joindre à la commande des Neuchâtelois, la BDG se procure un bateau inapte au service dans les canaux. Le *Berna* ne peut donc pas quitter le lac de Bienne; lorsqu'il vient à Neuchâtel pour révision au chantier naval de la Maladière, il est nécessaire de lui démonter les superstructures et de le prendre en remorque. Cela se fait régulièrement depuis 1927, le chantier de La Neuveville, en mauvais état, ayant été vendu.

L'assistance technique de l'entreprise de navigation du lac de Thoune influence le type, la silhouette et les coloris du bateau. La sirène à trois sons a les mêmes tonalités que celle du *Lötschberg*.

Contrairement à ceux de Neuchâtel, les deux grands vapeurs biennois nécessitaient un capitaine en plus du timonier, donc un équipage plus nombreux (6 hommes au lieu de 5).

Le montage du bateau à vapeur *Berna* débute le 10 mars 1913 dans le chantier naval de La Neuveville et le lancement a lieu le 10 juin 1913. Le premier départ de Bienne a lieu le 22 juin avec la Fanfare municipale qui se rend à Cerlier, à la Fête de tir du district du Seeland.

Le tirant d'eau est moins grand que prévu et les roues à aubes ne s'enfoncent pas suffisamment dans l'eau. Escher Wyss augmente à ses frais le diamètre des roues. Par manque de temps en juin 1913, la dernière couche de peinture n'est appliquée qu'en avril 1914.

Depuis l'inauguration du port de Bienne, le 1er mai 1930, les deux grands vapeurs ne sont plus stationnés à Cerlier, mais à Bienne.

Statt sich der Bestellung der Neuenburger anzuschliessen, bestellt die BDG ein Schiff das nicht Kanalfähig ist. Die *Berna* ist zu hoch und kann den Bielersee nicht verlassen; wenn sie sich nach Neuenburg für Unterhaltsarbeiten in die Werft Maladière begeben muss, wird nach Demontage der oberen Teile im Schlepp gefahren. Das ist seit 1927 regelmässig der Fall, nach dem Verkauf der baufälligen Werft von Neuenstadt.

Die beratende Schifffahrtsunternehmung vom Thunersee hat Einfluss auf Bauart, Erscheinungsbild und Farbwahl des Schiffes. Die Dreiklangpfeife tönt wie jene der *Lötschberg*. Entgegen den Raddampfern von Neuenburg benötigen jene aus Biel nebst Steuermann noch einen Kapitän, so insgesamt 6, statt 5 Angestellte.

Die Montagearbeiten am Raddampfer beginnen am 10. März 1913 in der eigenen Werft in Neuenstadt und schon am 10. Juni 1913 kann der schmucke Dampfer glücklich vom Stapel gelassen werden. Am 22. Juni findet die erste Ausfahrt statt. Sie führt mit der Bieler Stadtmusik an Bord von Biel nach Erlach an das Seeländische Bezirks-Schützenfest.

Weil der Tiefgang geringer ausfällt als erwartet, tauchen die Schaufelräder zuwenig ins Wasser ein. Escher Wyss vergrössert darum auf eigene Kosten den Raddurchmesser. Wegen Zeitmangels im Juni 1913 erhält das Schiff den letzten Anstrich erst im April 1914.

Seit der Einweihung des neuen Hafens von Biel am 1. Mai 1930 sind die beiden grossen Dampfer nicht mehr in Erlach, sondern in Biel stationiert.

Une lettre de l'Office fédéral des transports du 22 juin 1956, concernant le *Berna*, relève une stabilité insuffisante. S'appuyant sur les résultats de l'essai de stabilité du 20 juin 1956, il est constaté qu'avec la charge définie de 120 passagers sur le pont supérieur, 175 sur le pont du salon et 255 sur le pont principal, la hauteur métacentrique n'est plus que de 15 cm. Cette valeur est tout à fait insuffisante et inadmissible. En outre, par suite de divers aménagements, le déplacement à vide qui était de 125,4 t en 1913 est passé à 145 t. Avec effet immédiat, la charge est limitée à 500 passagers, l'accès au pont supérieur n'est plus autorisé aux passagers et les bancs et autres poids doivent être enlevés. D'autres mesures doivent encore être envisagées, comme par exemple l'adjonction de bulbes sur les côtés de la coque et le démontage du pont supérieur.

La BDG décide alors de remplacer le vapeur par un bateau à moteur diesel. Le vapeur *Berna* navigue pour la dernière fois le 25 juin 1964 lors d'une croisière du soir avec 300 passagers à bord, puis il est démoli dans le port de Bienne.

Durant ses 52 ans de service, le *Berna* ne parcourt que 197 544 km, soit une moyenne de 3800 km par an, avec un record de 5562 km en 1924 (*Stadt Biel* en réparation). La période de 1945 à 1952[01] représente les meilleures années du *Berna* avec env. 5000 km et 50 à 55 jours de service par an.

....
01 — 1952 est l'année de livraison du nouveau *Stadt Biel* à moteur diesel.

In einem Brief stellt das Eidgenössische Amt für Verkehr am 22. Juni 1956 fest, dass die Stabilität der *Berna* nicht genügt. «Gestützt auf die Resultate des am 20. Juni 1956 mit Ihrem DS *Berna* vorgenommenen Krängungsversuch, beehren wir uns, Ihnen folgendes mitzuteilen: Die metazentrische Höhe dieses Schiffes, unter den bisherigen Belastungsannahmen, Oberdeck 120 Personen, Salondeck 175 Personen und Hauptdeck 255 Personen, beträgt nur noch 15 cm. Dieser Wert ist vollständig ungenügend und unzulässig. Das Leerdeplacement dieses Schiffes betrug im Jahre 1913 125,4 Tonnen, heute sind es 145 Tonnen. (..) Als Sofortmassnahme zur Verbesserung der Auffangsstabilität ersuchen wir Sie, den Zugang zum Oberdeck abzusperren und sämtliche Bänke und anderweitige Gewichte auf dem Oberdeck zu entfernen. (..) Es sind daher weitere Massnahmen zur Verbesserung der Stabilität zu treffen. Wir sehen hiefür 2 Möglichkeiten: 1. Anbau von Seitenwülsten. 2. Demontage des Oberdecks (...).» Die Tragfähigkeit wird auf 500 Personen reduziert.

Die BDG sieht die Lösung in der Anschaffung eines neuen Motorschiffes. Der Dampfer *Berna* führt am 25. Juni 1964 seine letzte Fahrt aus, eine Abendrundfahrt mit 300 Personen an Bord. Anschliessend wird das Schiff im Hafen von Biel abgewrackt.

Während ihrer 52 Dienstjahren hat die *Berna* bloss 197 544 km zurückgelegt, durchschnittlich 3800 km pro Jahr, mit einem Rekord von 5562 km im Jahr 1924 (*Stadt Biel* in Reparatur). Dann waren die besten Jahre jene von 1945 bis 1952 (Baujahr der neuen *Stadt Biel*) mit etwa 5000 km und 50 bis 55 Betriebstagen.

Le *Berna* près de l'Ile de Saint-Pierre, 1962.
Dampfer *Berna* bei der St. Petersinsel, um 1962.
— Photo/Foto SJ

Les bateaux à vapeur disparaissent

Pour des raisons d'économie et surtout pour suivre la mode, les entreprises de navigation remplacent les bateaux à vapeur par des unités à moteur diesel. De 1950 à 1970, le nombre des vapeurs sur les lacs suisses passe de 54 à 14! Par bonheur et grâce à une saine réaction populaire, ce nombre s'est stabilisé depuis lors.

Sur le lac de Neuchâtel, les vapeurs disparaissent rapidement: *Hallwyl* en 1955, *Yverdon* en 1960. Le 30 mai 1965, le *Fribourg* fait sa dernière course de Neuchâtel à Yverdon et retour. Vendu le 9 février 1966 au propriétaire du restaurant Saint-Louis, à Portalban, il se trouve depuis le 1er avril 1966 sur la terre ferme, au milieu du village.

À la fin de la saison 1968, le *Neuchâtel* est préparé pour le repos hivernal et chacun est persuadé qu'il naviguera encore de nombreuses années. Pourtant, l'inspecteur constate que la chaudière doit être remplacée. Le coût d'une nouvelle chaudière est devisé à cent mille francs, mais la direction renonce, ne désirant pas investir dans un «vieux bateau». Mis hors service, le *Neuchâtel* est vendu et exploité comme restaurant flottant dans le port de Neuchâtel.

Les deux grands vapeurs neuchâtelois figurent parmi les plus modestes quant aux kilomètres parcourus:

— *Neuchâtel*: 194 697 km en 57 saisons,
 soit 3416 km par an;
— *Fribourg*: 164 635 km en 53 saisons,
 soit 3106 km par an.

À titre de comparaison, l'*Yverdon* a parcouru 800 000 km en 80 ans, le *Hallwyl* 2 millions de km en 85 ans.

La faible utilisation des deux grands vapeurs prouve que le tourisme dans la région des trois lacs est principalement axé sur les excursions dominicales. Avec l'étalement des vacances et les facilités accordées (abonnement demi-tarif, swiss-boat-pass), cette tendance est moins marquée aujourd'hui.

Dampfschiffe verschwinden

Aus Gründen der Wirtschaftlichkeit, aber auch der damaligen «Mode» folgend, ersetzen die Schifffahrtsgesellschaften ihre Dampfschiffe durch Dieseleinheiten. Von 1940 bis 1970 schrumpft die Zahl der Dampfer auf Schweizer Seen von 54 auf 14! Zum Glück hat die gesunde Reaktion breiter Kreise diesen Trend gestoppt.

Auf dem Neuenburgersee verschwinden die Dampfschiffe schon früh und schnell: 1955 die *Hallwyl*, 1960 die *Yverdon*. Am 30. Mai 1965 fährt die *Fribourg* letztmals von Neuenburg nach Yverdon und zurück. Am 9. Februar 1966 kauft der Eigentümer des Restaurants Saint-Louis in Portalban das Schiff. Und genau dort steht es seit dem 1. April 1966 mitten im Dorf am Trockenen.

Ende Sommersaison 1968 wird die *Neuchâtel* fürs Überwintern vorbereitet, und jedermann ist überzeugt, dass das Schiff noch lange fährt. Der Kesselinspektor sieht das anders. Er verlangt einen neuen Heizkessel. Und der kostet rund CHF 100 000.–, zu viel für ein altes Schiff, findet die Direktion der Gesellschaft, und nimmt Abschied. Die stillgelegte *Neuchâtel* wird verkauft und zum schwimmenden Restaurant im Neuenburger Hafen umfunktioniert.

Was ihre Lebensleistung angeht, gehören die beiden grossen Dampfschiffe auf dem Neuenburgersee zu den Bescheidenen:

— *Neuchâtel:* 194 697 km in 57 Jahren
 oder 3416 km pro Jahr;
— *Fribourg*: 164 635 km in 53 Jahren
 oder 3106 km pro Jahr.

Im Vergleich dazu hat die *Yverdon* in 80 Jahren 800 000 km, die *Hallwyl* in 85 Jahren 2 Millionen km zurückgelegt.

Der spärliche Einsatz der beiden grossen Dampfer zeigt, dass sich der Ausflugs- und Fremdenverkehr in der Drei-Seen-Region vor allem auf die Sonntage konzentriert. Die inzwischen länger gewordenen Ferien und attraktivere Angebote wie Halbtaxabo, Seniorenangebote oder Swiss Boat Pass beleben heute die Nachfrage auch unter der Woche.

Les bateaux à moteur

Die Motorschiffe

7

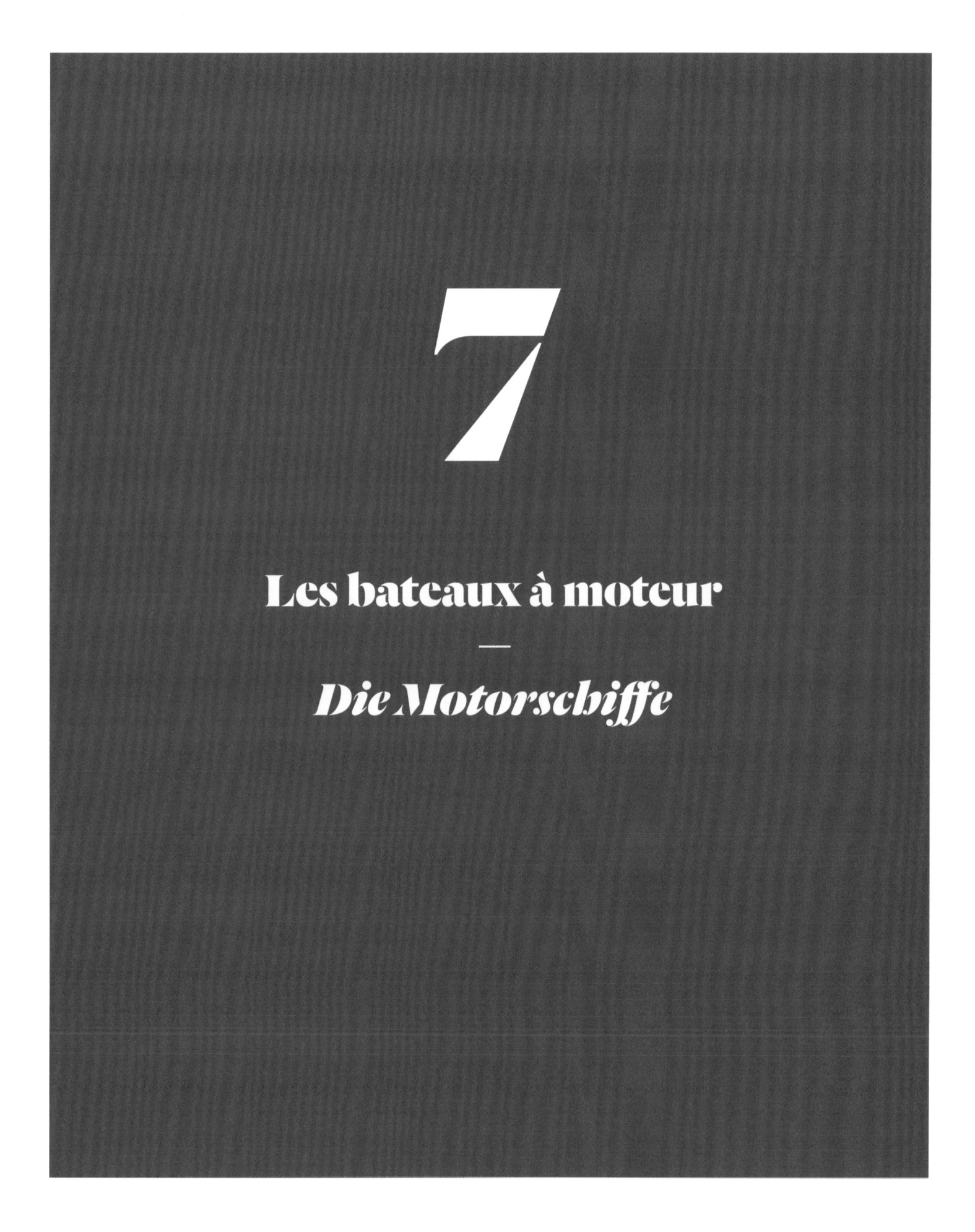

Les bateaux à moteur

Die Motorschiffe

Les bateaux à moteur

La Société du lac de Bienne (BSG) a joué un rôle de pionnier dans l'adoption de bateaux à moteur. Ainsi, dès 1933, la flotte se compose de quatre bateaux à moteur et d'un seul bateau à vapeur. La Société des lacs de Neuchâtel et Morat (LNM) obtient ses premiers bateaux à moteur en 1939.

Voici une brève chronologie des bateaux à moteur. Ce relevé comprend les bateaux des entreprises ayant une concession fédérale et assurant des services publics à l'horaire.

Le nombre de passagers peut changer au cours des ans. Ici figure le nombre indiqué lors de la mise en service à l'état neuf. Le tableau à la fin du chapitre donne l'état en 2013.

Die Motorschiffe

Die Schifffahrtsgesellschaft auf dem Bielersee (BSG) übernimmt beim Beschaffen von Motorschiffen die Vorreiterrolle. So besitzt sie 1933 bereits vier Motorschiffe und nur noch ein Dampfschiff. Die Schifffahrtsgesellschaft auf dem Neuenburger- und Murtensee (LNM) beschafft 1939 erstmals ein Motorschiff.

Die chronologische Übersicht nennt nur Schiffe eidgenössisch konzessionierter Schifffahrtsunternehmen mit öffentlichem Verkehr nach publiziertem Fahrplan.

Bei verschiedenen Schiffen ändert sich die Zahl der zugelassenen Passagiere im Lauf der Zeit. Die hier angeführten gelten für den Zeitpunkt des Stapellaufs, jene in der Tabelle gelten für 2013.

Cerlier, le *J.J. Rousseau* (1889-1953, diesel dès 1929) et le *Jolimont* (1911-1954, à benzine puis diesel dès 1936).
Erlach, die *J.J. Rousseau* (1889-1953, Diesel ab 1929) und die *Jolimont* (1911-1954, Benzinmotor, ab 1936 Diesel).
– Carte Sartori 5273

Seeland (1932-2012).
– Carte Ernst Willi.

Jura (1933-1991)
– Photo/Foto SJ, 20.6.1987

| Les bateaux à moteur | Die Motorschiffe |

Cygne (1939).
– Carte SG 2637

Mouette (1939-2003).
Photo/Foto R. LeRoy

Le port de Neuchâtel en 1939 avec les bateaux *Mouette, Cygne, Yverdon, Neuchâtel* et *Hallwyl*.
Neuenburger-Hafen um 1939 mit den Schiffen *Mouette, Cygne, Yverdon, Neuchâtel* und *Hallwyl*.

Yverdon (1881-1960), *Grèbe* (1942-1952, Sulzer 1).
– Photo/Foto SJ, 24.9.1952

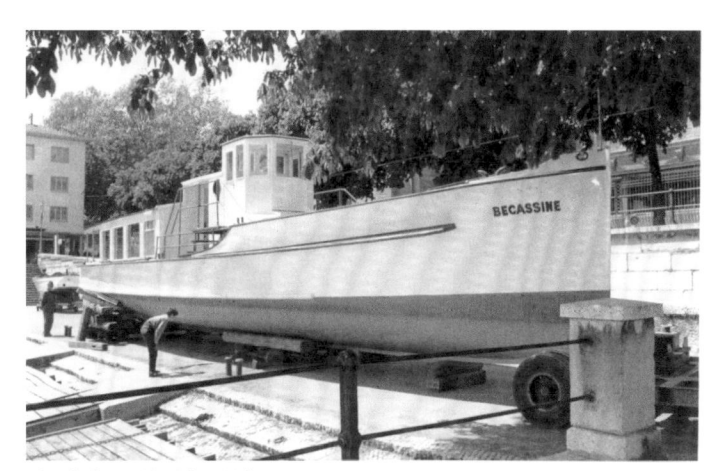

Sarcelle (1940-1995, Sulzer 1930)
– Carte P. Savigny

Bécassine (1940-1961, Sulzer 1931)
– Photo/Foto R. LeRoy, 17.5.1961

1911   Le premier bateau à moteur est le **Jolimont** construit par Hitzler à Hambourg[01]. D'une capacité de 60 passagers, il est équipé d'un moteur à benzine et remplace le petit vapeur *Union* de 1887 pour le service Cerlier-La

1911   Das erste Motorschiff, die *Jolimont*, kommt von Hitzler in Hamburg.[01] Es fasst 60 Personen, hat einen Benzinmotor und löst den Schraubendampfer *Union* von 1887 im Lokalverkehr zwischen Erlach, Neuenstadt

---

01 — Contrairement à d'autres publications, le *Jolimont* est arrivé directement de Hambourg et n'a jamais été à Lugano. *Bieler Tagblatt*, 4.8.1911 et 20.8.1911.

01 — Entgegen anderen Publikationen kam die *Jolimont* direkt aus Hamburg und war nie in Lugano. Bieler Tagblatt 4.8.1911 und 20.8.1911.

	Neuveville-Ile de St-Pierre. En 1936, le moteur à benzine est remplacé par un diesel Sulzer. Relativement peu utilisé (202 233 km en 43 ans), ce bateau est vendu en 1954 à un particulier.		und der St. Petersinsel ab. Der Benzinmotor weicht 1936 einem Sulzer-Diesel. Das nur mehr wenig eingesetzte Schiff (202 233 km in 43 Jahren) wechselt 1954 in Privatbesitz.
1929	Le vapeur à hélice **J.J.Rousseau** de 1889 est transformé en bateau à moteur. Il est doté d'un moteur diesel Sulzer. La capacité augmente de 90 à 100 passagers. Le bateau est remplacé en décembre 1953 par une nouvelle unité qui porte le même nom. L'ancêtre est démoli peu après.	1929	Der Schraubendampfer **J.J.Rousseau** von 1889 wird zum Motorschiff umgebaut. Neu treibt ein Sulzer-Dieselmotor die Einheit an. Dabei klettert die Tragfähigkeit von 90 auf 100 Passagiere. Im Dezember 1953 ersetzt ein Neubau gleichen Namens diesen Veteran, der wenig später abgewrackt wird.
1932-1933	Lancement à La Neuveville du **Seeland** et du **Jura**, deux unités identiques de 200 passagers construites en Allemagne par Bodan-Werft à Kressbronn (lac de Constance). Le *Jura* est mis hors service en 1991, puis vendu à une association. Le *Seeland* navigue jusqu'en 2011, puis il est vendu aux Pays-Bas.	1932–1933	In Neuenstadt laufen die Schwesterschiffe **Seeland** und **Jura** vom Stapel. Beide haben 200 Plätze. Lieferant ist die Bodan-Werft in Kressbronn am Bodensee, Deutschland. Die *Jura* leistet Dienst bis 1991 und geht dann käuflich an einen Verein, und die *Seeland* fährt bis 2011, worauf sie in die Niederlande verkauft wird.
1939	Sur le modèle des bateaux *Munot* et *Arenenberg* de 1936 de l'entreprise Untersee und Rhein (Schaffhouse), la LNM lance le **Cygne** le 20 juin et la **Mouette** le 19 août, deux unités identiques de 250 passagers, avec pont supérieur. Après	1939	Nach dem Vorbild der 1936 für den Untersee und Rhein beschafften *Munot* und *Arenenberg* baut die Bodan-Werft in Kressbronn zwei Schiffe für die SNLNM. Die **Cygne** läuft am 20. Juni, die **Mouette** am 19. August vom Stapel.

Romandie (1952-1960) à Soleure.
Romandie (1952-1960) in Solothurn.
— Carte Photoglob 1261

Romandie (1952-1960), *Bécassine* (1940-1961), *Yverdon* (1881-1960).
— Carte O. Sartori 1782

Walter Koelliker (Bouby, 1902-1977), pionnier de la navigation sur l'Aar.
Walter Koelliker (Boubi, 1902-1977), Pionier der Aareschifffahrt.
— Collection privée/Privatsammlung

Romandie II (1953-2005, ex-*Grèbe*, *Sulzer* 1929).
— Photo/Foto SJ, 6.3.1983

quelques années d'inaction par manque de mazout durant la guerre, ces deux bateaux sont utilisés de manière intensive. Le *Cygne* est toujours en activité en 2013, alors que la *Mouette,* vendue à un particulier en 2003, se trouve dès lors sur la Tamise, à Londres.

1940 Deux administrateurs de la SNLNM se procurent auprès des Mouettes Genevoises (MG) quatre bateaux Sulzer de 60 passagers qui sont mis gratuitement à disposition de la SNLNM. En 1943, SNLNM les rachète après avoir reçu la subvention fédérale demandée pour cette acquisition. **Sarcelle** (construction datant de 1930) et **Bécassine** (de 1931) sont mis en service en 1940, **Grèbe** (de 1929) en 1942 et **Foulque** (de 1929) en 1944. Ces deux derniers sont vendus en 1953 à l'entreprise Bühler qui les revend à l'entreprise Koelliker de la navigation sur l'Aar. *Bécassine* est vendue en 1961 à la CGN du Léman, puis retourne aux

Die baugleichen Einheiten mit Oberdeck bieten je 250 Plätze. Nach einigen Jahren Kriegs und Brennstoffmangels bedingten Stillstands sind sie fleissig unterwegs. Während die *Mouette* 2003 zu einem privaten Käufer nach London wechselt und fortan auf der Themse fährt, leistet die *Cygne* 2013 immer noch zuverlässige Dienste bei der SNLNM.

1940 Zwei Verwaltungsräte der SNLNM beschaffen bei den Mouettes Genevoises (MG) vier Schiffe mit Sulzer-Motoren und je 60 Plätzen, die sie ihrer Gesellschaft gratis zur Verfügung stellen. Als der Bund 1943 die nachgesuchte Subvention gewährt, erwirbt die SNLNM die vier Einheiten zu Eigentum. Die **Sarcelle** von 1930 und die **Bécassine** von 1931 kommen ab 1940 zum Einsatz, die **Grèbe** von 1929 folgt 1942 und die **Foulque** von 1929 fährt ab 1944. Die beiden letztgenannten Schiffe werden 1953 an die Firma Bühler veräussert, die

	Les bateaux à moteur	Die Motorschiffe

	MG en 1985. *Sarcelle* retourne également aux MG, en 1995.	sie an Walter Koelliker für die Aareschifffahrt weiterverkauft, Die *Bécassine* geht 1961 käuflich an die CGN über und kommt 1985 zurück zu den MG, die *Sarcelle* folgt ebenfalls 1995 nach Genf.
1952	À Neuchâtel, Walter Koelliker fonde la navigation sur l'Aar et met en service le **Romandie**, construit par Decker, Neuchâtel, 130 passagers.	
1953	Le **Stadt Biel /Ville-de-Bienne** est inauguré par la BSG en 1953. Il est construit à Walsum (Allemagne) sur les plans de l'ingénieur bâlois Fred Bösch. En fin d'année, le nouveau **J.J. Rousseau** de Portier à Meilen, 130 passagers, remplace l'ancêtre du même nom de 1889. Après la suppression du service utilitaire La Neuveville-Cerlier, ce bateau est vendu et part en Belgique en 1996.	
1952		In Neuenburg gründet Walter Koelliker die neue Aareschifffahrt und nimmt dazu die 130plätzige **Romandie**, erbaut von Decker in Neuenburg, in Betrieb.
1953		Als erste Neubeschaffung nach dem Krieg nimmt die BSG die **Stadt Biel** in Betrieb. Sie wird nach Plänen des Basler Ingenieurs Fred Bösch in Walsum, Deutschland, erbaut. Ende Jahr folgt die neue **J.J. Rousseau**, ein 130-Personen-Schiff von Portier in Meilen als Ersatz für den Veteran gleichen Namens von 1889. Als 1966 der konzessionierte öffentliche Regionalverkehr Erlach–Neuenstadt wegfällt,
1955	Le **Ville-de-Morat**, Bodan-Werft, 260 passagers, remplace le vapeur *Hallwyl* de 1870.	
1959	L'entreprise Koelliker met en service le	

Stadt Biel (1953).
– Carte W. Walliser

J.J. Rousseau II (1953-1996).
– Photo/Foto SJ 1964

Ville-de-Morat (1955), *Ville-d'Estavayer* (1961).
– Carte P. Prince 4344

Vully (1960).
– Photo/Foto SJ 18.6.1985

216

Nidau, ex-*Romandie III* (1959-2005).
— Photo/Foto SJ, 9.9.1999

Büren, ex-*Romandie IV* (1960-2012).
— Photo/Foto SJ, 2.9.1984

Chasseral (1960).
— Photo/Foto SJ, 1.5.1988

Ville-d'Yverdon (1965).
— Photo/Foto SJ, 24.9.1988

Romandie III, des Ateliers de constructions mécaniques de Vevey (ACMV), 200 passagers.

1960 Pour le service local du lac de Morat, LNM fait l'acquisition du **Vully**. Bodan-Werft, 130 passagers. BSG agrandit sa flotte avec le **Chasseral,** Bodan-Werft, 400 passagers. L'entreprise Koelliker remplace le *Romandie* de 1952 (vente au lac de Hallwyl) par le **Romandie IV**, ACMV, 230 passagers.

1961 LNM remplace le vapeur *Yverdon* de 1881, mis hors service en 1960, par le **Ville-d'Estavayer**, Bodan-Werft, 250 passagers, quasi sister-ship du *Ville-de-Morat*.

1964 BSG remplace le vapeur **Berna** de 1913 par un nouveau bateau du même nom, construit à Linz pour 600 passagers.

wird dieses Schiff 1996 nach Belgien verkauft.

1955 Die **Ville-de-Morat**, Bodan-Werft, 260 Passagiere, ersetzt das Dampfschiff *Hallwyl* von 1870.

1959 Unternehmer Koelliker nimmt die **Romandie**[III] in Dienst, von den Ateliers méchaniques, Vevey, ACMV, 200 Personen.

1960 Für den Lokalverkehr auf dem Murtensee beschafft die LNM MS **Vully**: Bodan-Werft, 130 Plätze. Die BSG erweitert ihre Flotte mit der **Chasseral,** Bodan-Werft, 400 Passagiere. Unternehmer Koelliker ersetzt *Romandie* von 1952 (Verkauf auf den Hallwyler See) durch **Romandie**[IV], ACMV, 230 Passagiere.

1964 BSG ersetzt der Raddampfer **Berna** von 1913 durch einen Neubau gleichen Namens aus Linz für 600 Passagiere.

| Les bateaux à moteur | Die Motorschiffe |

Ville-de-Neuchâtel (1972).
Photo/Foto SJ, 24.9.2005

Stadt Solothurn (1973)
— Photo/Foto SJ, 13.6.2006

Petersinsel (1976).
Photo/Foto SJ, 16.5.2002, Expo.02, Yverdon-les-Bains.

La Béroche (1981).
— Photo/Foto SJ, 3.5.2003

Siesta (1991).
Photo/Foto SJ, 13.6.2006

Fribourg (1995).
Photo/Foto SJ, 3. 7.2005

MobiCat (2001).
Photo/Foto SJ, 28.5.2002

1965 LNM remplace le vapeur *Fribourg* de 1913 par le **Ville-d'Yverdon**, construit à Linz, 560 passagers.

1966 BSG reprend de M. Koelliker la Société de navigation sur l'Aar avec les bateaux *Romandie II, III* (dès 1973 *Nidau*) et *IV* (dès 1973 *Büren*). BSG vend *Romandie II* en 2005 à Feldmeilen, *Nidau* en 2005 à Berlin, *Büren* en 2012 à Genève.

1972 LNM remplace le vapeur *Neuchâtel* de 1912, mis hors service en 1969, par le **Ville-de-Neuchâtel**, construit à Linz, 550 passagers.

1973 BSG inaugure le **Stadt Solothurn**, pour la navigation sur l'Aar. Construit à Linz, il a une capacité de 300 passagers.

1976 BSG inaugure le **Petersinsel/Ile de St-Pierre**, Linz, 800 passagers, la plus grande unité des trois lacs.

1981 LNM inaugure **La Béroche**, Linz, 400 passagers.

1991 BSG inaugure le catamaran **Siesta**, Deggendorfer Werft, 500 passagers.

2001 BSG inaugure le **MobiCat**, le plus grand catamaran solaire de Suisse (avec diesel d'appoint), constructeurs Rudolf Minder et Christian Bolinger, 150 passagers.

2002 LNM remplace la *Mouette* de 1939 par **Idée Suisse**, Bodan-Werft, 250 passagers.

2012 BSG remplace le *Buren* (ex-*Romandie IV*) et le *Seeland* par le **Rousseau**, Linz, 300 passagers, apte au service sur les lacs, les canaux et sur l'Aar.

1961 Die LNM ersetzt das im Vorjahr stillgelegte Dampfschiff *Yverdon* von 1881 mit der **Ville d'Estavayer**, Bodan-Werft, 250 Passagiere, fast baugleich mit MS *Ville-de-Morat*.

1964 Die BSG ersetzt den Raddampfer **Berna** von 1913 durch einen 600-Personen-Neubau gleichen Namens der Schiffswerft Linz.

1965 Die LNM ersetzt den Raddampfer *Fribourg* von 1913 durch die **Ville-d'Yverdon**, erbaut in Linz für 560 Passagiere.

1966 Die BSG übernimmt von W. Koelliker, die Aare-Schifffahrts-Gesellschaft mit den *Romandie*-Schiffen *II, III* und *IV*. Im Jahr 2005 verkauft die BSG *Romandie II* nach Feldmeilen am Zürichsee, die *Romandie III* (seit 1973 *Nidau*) im gleichen Jahr nach Berlin und 2012 die *Romandie IV* (seit 1973 Büren) nach Genf.

1972 Als Ersatz für das 1969 stillgelegte Dampfschiff *Neuchâtel* von 1912 beschafft die NLM die **Ville-de-Neuchâtel**, ein Linzer Schiff für 550 Passagiere und stammt aus Linz.

1973 Die BSG weiht MS **Stadt Solothurn** ein. Das Aare-Schiff fasst 300 Passagiere.

1976 In Biel läuft die **Petersinsel** vom Stapel. Das Schiff aus Linz ist für 800 Personen zugelassen und damit die grösste Einheit auf den Jura-Seen.

1981 Die NLM nimmt **La Béroche** in Dienst, erbaut in Linz für 400 Passagiere.

1991 Die BSG übernimmt den Katamaran **Siesta** für die Aareschifffahrt, Deggendorfer Werft, 500 Passagiere.

2001 Die BSG weiht mit **MobiCat** den grössten Solar-Katamaran der Schweiz ein. Das von Rudolf Minder und Christian Bolinger entworfene Schiff hat einen Hilfsdiesel und bietet 150 Passagieren Platz.

2002 Die LNM ersetzt die *Mouette* von 1939 durch MS **Idée Suisse**, Bodan-Werft, 250 Passagiere.

2012 Die BSG ersetzt MS *Büren* (ex *Romandie IV*) und MS *Seeland* durch die universell einsetzbare **Rousseau** (Seen, Kanäle, Aare), Linz, 300 Passagiere.

LNM – État de la flotte en 2013

1939	*Cygne*	200 passagers
1955	*Ville-de-Morat*	260
1960	*Vully*	130
1961	*Ville-d'Estavayer*	240
1965	*Ville-d'Yverdon*	560
1972	*Ville-de-Neuchâtel*	520
1981	*La Béroche*	400
1995	*Fribourg*	560
2002	*Idée Suisse*	250

Deux bateaux ont franchi plus d'un million de km: *Cygne* 1 221 823 km, *Ville-d'Estavayer* 1 155 307 km (valeurs au 31 décembre 2012).

LNM-Schiffsliste 2013

1939	*Cygne*	200 Passagiere
1955	*Ville de Morat*	260
1960	*Vully*	130
1961	*Ville-d'Estavayer*	240
1965	*Ville-d'Yverdon*	560
1972	*Ville-de-Neuchâtel*	520
1981	*La Béroche*	400
1995	*Fribourg*	560
2002	*Idée Suisse*	250

Zwei Schiffe haben bis Ende 2012 schon über eine Million Kilometer zurückgelegt *Cygne* 1221823 km, *Ville-d'Estavayer* 1155307 km.

BSG – État de la flotte en 2013

1953	*Stadt Biel*	500 passagers
1961	*Chasseral*	350
1964	*Berna*	600
1973	*Stadt Solothurn*	300
1975	*Petersinsel*	700
1991	*Siesta*	500
2001	*MobiCat*	150
2012	*Rousseau*	300

Les trois bateaux les plus anciens ont parcouru chacun plus de 700 000 km.

BSG-Schiffsliste 2013

1953	*Stadt Biel*	500 Passagiere
1961	*Chasseral*	350
1964	*Berna*	600
1973	*Stadt Solothurn*	300
1975	*Petersinsel*	700
1991	*Siesta*	500
2001	*MobiCat*	150
2012	*Rousseau*	300

Die Fahrleistung der drei ältesten Schiffe übersteigt je 700 000 Kilometer.

Riedtwil: transport du bateau *Idée Suisse* du lac de Constance à Thielle.
Riedtwil: überfuhr der *Idée Suisse* vom Bodensee nach Thielle.
— Photo/Foto SJ 20.2.2002

Idée Suisse (2002).
– Photo/Foto SJ, 24.4.2010

Rousseau (2012).
– Photo/Foto SJ, 20.4.2012

Les catamarans Iris d'Epo.02

Iris-Boote der Expo.02

8

Les catamarans Iris d'Expo.02

Iris-Boote der Expo.02

Les catamarans Iris d'Expo.02

Du 15 mai au 20 octobre 2002 a lieu l'exposition nationale suisse «Expo.02». Cette manifestation est décentralisée sur quatre sites: Bienne, Neuchâtel, Yverdon et Morat. L'exposition se déroule sur les «arteplages» situés sur les rives lacustres, notamment sur de vastes pontons. Pour l'accès aux différents sites de l'exposition et le déplacement entre chacun des sites, l'accent est mis sur les transports publics. Les CFF proposent une carte journalière qui comprend l'entrée à l'expo. Sur les lacs jurassiens, l'Expo.02 apporte à la navigation un essor extraordinaire. Pour assurer cet important trafic, deux offres distinctes et complémentaires sont prévues en 2002: d'une part celle des navettes Expo.02, d'autre part celle des entreprises LNM (lacs de Neuchâtel et Morat) et BSG (lac de Bienne).

Les catamarans Iris

La flotte comprend six unités:
— 2 «grands» catamarans Iris de type 6.2,
— 4 «petits» catamarans Iris de type 3.1.

D'aspect futuriste, les catamarans Iris font partie intégrante de l'image de marque d'Expo.02; ils ont pour mission de rapprocher les sites par un lien visible, de manière à donner une certaine cohésion à cette manifestation décentralisée. Six unités sont louées à Expo.02 par le constructeur Iris Catamarans, basé à La Rochelle (France). Les deux grands Iris de type 6.2 sont de conception maritime. Plus modestes, les quatre Iris de type 3.1 sont conçus pour la navigation fluviale et lacustre. Les caractéristiques figurent dans le tableau. L'avantage primordial des Iris aurait dû être la vitesse, mais la concession fédérale a freiné les élans. Ainsi, la vitesse autorisée est de 30 km/h sur les lacs et de 15 km/h dans les canaux. Seuls les deux grands catamarans circulent à 50 km/h entre Neuchâtel et Yverdon, offrant ainsi des temps de parcours compétitifs par rapport aux liaisons terrestres, notamment grâce à l'accès direct aux arteplages.

Les deux premières unités (de types 6.2 et 3.1) sont lancées à Thielle le 23 juillet 2001; elles sont baptisées le 29 octobre 2001: *Lyon* pour la grande,

Iris-Boote der Expo.02

Vom 15. Mai bis 20. Oktober 2002 findet die Schweizerische Landesausstellung «Expo.02» statt. Sie ist auf vier Standorte verteilt, die «Arteplages» Biel, Neuenburg, Yverdon und Murten. Für Fahrten an die Ausstellungsorte oder zu deren Wechsel setzt die Expo.02 auf den öffentlichen Verkehr. Und dieser bietet eine Expo.02-Tageskarte samt Ausstellungseintritt an. Die Expo.02 bringt der Schifffahrt einen ausserordentlichen Aufschwung. Um diesen wichtigen Verkehr zu bewältigen stehen im Jahr 2002 zwei verschiedene, sich ergänzende Angebote bereit: einerseits die Iris-Pendelschiffe der Expo.02, andererseits die Kursschiffe der LNM (Schifffahrtsgesellschaft Neuenburger- und Murtensee) und der BSG (Bielersee-Schifffahrts-Gesellschaft).

Die Iris-Katamarane

Die Flotte der Expo.02 besteht aus sechs Einheiten:
— 2 «grosse» Katamarane Iris 6.2,
— 4 «kleine» Katamarane Iris 3.1.

Futuristisch aussehend, sind die Iris-Katamarane Prestige und Blickfang der Expo.02. Durch sie werden die Verbindungen zwischen den getrennten Expo-Standorten sichtbar, und der Grossanlass zur Einheit. Die sechs Katamarane der Iris Catamarans, La Rochelle, Frankreich, sind durch die Expo.02 gemietet. Die beiden grossen Iris-Boote sind hochseetüchtig, die kleinen für Fluss- und Binnenseen ausgelegt. Die Hauptmerkmale der Iris-Boote sind in der Tabelle aufgeführt.

Hauptvorteil der Iris-Boote wäre deren hohes Tempo 70/46, das der Bund als Konzessionsbehörde allerdings massiv dämpft: für die kleinen Boote 30 km/h, in den Kanälen gar auf 15 km/h. Den grossen Katamaranen werden zwischen Neuenburg und Yverdon immerhin 50 km/h zugestanden, was gegenüber Schiene und Strasse dank des direkten Zugangs auf den Arteplages knapp attraktiv bleibt.

Am 23. Juli 2001 läuft in Thielle (NE) die erste grosse Einheit vom Stapel. Am 29. Oktober 2001 erhält sie den Namen *Lyon*, und der erste kleine Katamaran jenen von *Sydney*. Als weitere Namen folgen

224

Sydney pour la petite. Les autres portent aussi des noms de villes étrangères où la concentration d'Helvètes est particulièrement élevée, cela en tenant compte d'une répartition sur les cinq continents: *Buenos Aires, Johannesburg, New-York* et *Tel-Aviv*. Il s'agit par ce biais d'intéresser à Expo.02 les communautés de Suisses de l'étranger.

Les six catamarans sont loués par le constructeur à Expo.02 au prix de 15 millions de francs suisses, somme à laquelle il faut ajouter les frais de transport, montage et démontage (3 millions). En outre, la formation des équipages se chiffre à un demi-million de francs.

Les équipages

L'équipage des grands Iris comprend deux capitaines et deux hommes de pont, celui des petits Iris un capitaine et deux hommes de pont. Responsable de la formation du personnel, la LNM doit fournir 16 capitaines et 24 matelots, cela de manière à disposer de deux équipes par bateau. Sur les grands Iris, il y a constamment deux capitaines, car la manœuvre d'accostage se fait avec vue sur écran, sans visibilité directe. Pour la LNM, la formation de ce personnel supplémentaire constitue un tour de force, car elle réalise en une année ce qu'elle produit normalement sur dix ans!

Exploitation

La concession fédérale pour l'exploitation des catamarans Iris est octroyée le 6 juin 2000 à Expo.02. Les prestations sont les suivantes:
— Iris 6.2 Neuchâtel-Yverdon en 45 minutes avec 7 départs simultanés de Neuchâtel et d'Yverdon, toutes les 90 minutes de 10 h à 19 h;
— Iris 3.1 Neuchâtel-Bienne en 1 h 45 avec 6 départs simultanés de Neuchâtel et de Bienne, toutes les deux heures de 9 h à 9 h;
— Iris 3.1 Neuchâtel-Morat en 1 h 15 avec 6 départs simultanés de Neuchâtel et de Morat, toutes les 90 minutes de 10 h à 17 h 30.

Les petits Iris 3.1 accostent dans les ports, alors que les 6.2 disposent de débarcadères spéciaux dans les arteplages de Neuchâtel et d'Yverdon.

Buenos Aires, Johannesburg, New-York und *Tel-Aviv*. Diese Weltstädte vereinigen die meisten Auslandschweizer, die so symbolisch in die Landesausstellung eingebunden werden. Zudem will sich die Expo.02 so in der ganzen Welt auf sympathische Art bekannt machen.

Die Miete der sechs Katamarane kostet die Expo.02 CHF 15 Mio. Für Transport, Zusammenbau und nachträgliche Demontage kommen weitere CHF 3 Mio. dazu.

Besatzung

Das Personal einer grossen Iris umfasst zwei Kapitäne und zwei Matrosen. Die kleinen Iris erfordern einen Kapitän und zwei Matrosen. Der gleichzeitige Einsatz von zwei Kapitänen auf den Iris 6.2 ist für die Anlegemanöver nötig, weil sich da ein Schiffsführer auf einen Bildschirm verlassen muss, weil er selber nur nach vorne blicken kann. Die LNM ist verantwortlich für das Bereitstellen des Personals, insgesamt 16 Kapitäne und 24 Matrosen. Das bedeutet einen Kraftakt für das Unternehmen, muss es doch das Zehnfache des eigenen Jahresbedarfs rekrutieren, ausbilden und einteilen.

Betrieb

Die Eidgenössische Konzession für den Betrieb der Iris-Boote datiert vom 6. Juni 2000. Es geht um folgende Leistungen:
— Iris 6.2 Neuenburg-Yverdon, Fahrtdauer 45 Minuten, 7 gleichzeitige Abfahrten von Neuenburg und von Yverdon, alle 90 Minuten von 10 bis 19 Uhr;
— Iris 3.1 Neuenburg-Biel, Fahrtdauer 1 Stunde und 45 Minuten, 6 gleichzeitige Abfahrten von Neuenburg und von Biel, alle 2 Stunden von 9 bis 19 Uhr;
— Iris 3.1 Neuenburg-Murten, Fahrtdauer 1 Stunde und 15 Minuten, 6 gleichzeitige Abfahrten von Neuenburg und von Murten, alle 90 Minuten von 10 bis 17.30 Uhr.

Während die kleinen Iris die normalen Hafenanlagen benützen, gibt es für die grossen innerhalb der Arteplages von Neuenburg und Yverdon besondere Landungsbrücken.

Petit Iris 3.1 *Sydney* et grand Iris 6.2 *Lyon* à Neuchâtel, port du Nid-du-Crô.
Kleines Iris 3.1 *Sydney* und grosses Iris *Lyon* in Neuenburg, Hafen Nid-du-Crô.
Photo/Foto SJ 5.8.2001.

A Thielle, mise à l'eau de l'Iris 3.1 *Buenos Aires*.
In Thielle, Stapellauf der Iris 3.1 *Buenos Aires*.
Photo/Foto SJ 28.11.2001.

A Thielle, mise à l'eau des deux coques de l'Iris 6.2 *New York*.
In Thielle, Stapellauf der beiden Schalen der Iris 6.2 *New York*.
Photo/Foto SJ 16.1.2002.

A Neuchâtel, port du Nid-du-Crô, montage des différents modules qui composent le catamaran *New York*.
In Neuenburg, Hafen Nid-du-Crô, die Module von Katamaran *New York* fügen sich zu einem Ganzen.
Photo/Foto SJ 12.2.2002.

Propulseur hydrojet qui équipe les deux coques des Iris 6.2.
Hydrojet-Düsenantrieb für beide Schalen einer Iris 6.2.
Photo/Foto SJ 28.11 2001.

Les catamarans Iris d'Epo.02 | Iris-Boote der Expo.02

Iris *New York* à Yverdon-les-Bains.
Iris *New York* in Yverdon-les-Bains.
Photo/Foto SJ 16.5.2002

Iris *Sydney* au départ de Bienne.
Iris *Sydney* verlässt den Hafen von Biel.
Photo/Foto SJ 16.5.2002.

Iris *Tel Aviv* à Sugiez.
Iris *Tel Aviv* in Sugiez.
Photo/Foto SJ 29.7.2002.

Le *Johannesburg* devant l'arteplage de Neuchâtel.
Die *Johannesburg* vor der Arteplage Neuenburg.
Photo/Foto SJ 12.10.2002.

Tel Aviv et *La Béroche* à Morat.
Tel Aviv und *La Béroche* in Murten.
Photo/Foto SJ 12.6.2002.

A côté de l'offre Expo.02, les compagnies LNM et BSG proposent leurs services aux tarifs habituels avec les nouveautés suivantes:
- un service local avec huit circuits sur le lac de Morat,
- un horaire cadencé Neuchâtel-Morat avec 6 départs (dont un par BSG) à la cadence de deux heures,
- un tour des trois lacs BSG modifié avec desserte de tous les débarcadères et passage à Neuchâtel à l'aller et au retour.

Le service des catamarans Iris se déroule avec exactitude et sans incident. Les prestations sont bien accueillies par le public et constituent une attraction bienvenue. Le résultat financier est en revanche moins enthousiasmant: les recettes ne couvrent pas la moitié des dépenses. Mais ce service n'avait pas été conçu pour être bénéficiaire. Les Iris parcourent au total 208 000 km pour transporter 600 011 passagers, dont 337 123 (56 %) sur la ligne Neuchâtel-Yverdon, 144 469 (24 %) sur la ligne Neuchâtel-Morat et 118 419 (20 %) sur la ligne Neuchâtel-Bienne. Le trafic dans le port de Neuchâtel, avec 31 départs quotidiens (12 Iris[01], 17 LNM et 2 BSG) était très animé!

Paradoxalement, la période de l'Expo.02 a été excellente pour LNM, alors que BSG enregistrait son plus mauvais résultat. Les deux entreprises ont du reste profité de la dynamique d'Expo.02 pour obtenir de nouveaux équipements portuaires à Bienne et à Neuchâtel et faire l'acquisition de deux nouveaux bateaux: *MobiCat* et *Idée Suisse*.

Petits catamarans solaires

Quatre catamarans fonctionnant à l'énergie solaire relient la rive de Morat avec le monolithe, gros cube flottant abritant le panorama de la bataille de Morat (1476). D'une capacité de 60 passagers, ils ont été construits par MW-Line SA, à Yvonand (VD). Ils portent les noms de *il glischun, tinca, wels* et *bondelle*. L'un de ces catamarans électriques a été vendu à une entreprise d'Evian.

---

01 — Uniquement petits Iris 3.1: 6 départs pour Bienne et 6 départs pour Morat. Les grands Iris 6.2 ont leur débarcadère à l'arteplage d'Expo.02.

Le sort des Iris

Il a été construit au total neuf catamarans Iris, dont six pour Expo.02. Ces derniers sont retournés à La Rochelle après l'Expo et ont été mis en vente. Entre-temps, le constructeur a fait faillite et l'affaire s'est enlisée. Le sort de deux petits Iris 3.1 nous est connu: *Tel Aviv*, rebaptisé *Océane IV* assure la liaison La Rochelle – Fort Boyard – Ile d'Aix. *Johannesburg*, rebaptisé *Maarten Tromp* navigue entre Rotterdam et Doordrecht. Les deux autres étaient encore à la Rochelle en 2004, mais en partance pour les Pays-Bas. En outre, un grand Iris 6.2 d'Expo.02, navigue depuis mai 2007 sur la ligne Split – Hvar – Korcula, en Croatie.

Die Iris-Boote nach der Expo.02

Insgesamt hat die Werft in La Rochelle neun Iris-Boote gebaut, sechs davon für die Expo.02. Alle sechs kehren nach der Expo.02 zurück nach La Rochelle, wo sie zum Verkauf ausgeschrieben sind. Doch inzwischen geht der Erbauer in Konkurs, und das Geschäft gerät ins Stocken. Zwei kleine Iris-Boote finden neue Aufgaben: Die *Tel Aviv*, fährt als *Océane^{IV}* auf der Linie La Rochelle–Fort Boyard–Ile d'Aix und die *Johannesburg* verbinden als *Maarten Tromp* Rotterdam und Doordrecht. Weitere zwei sind 2004 in La Rochelle bereit, in die Niederlande aufzubrechen. Seit Mai 2007 pendelt eines der grossen Iris-Boote 6.2 in Kroatien auf der Linie Split–Hvar–Korcula.

Caractéristiques des catamarans *Hauptmerkmale der Katamaranen*	Iris 6.2	Iris 3.1
Longueur hors tout/Länge über alles	42,9 m	25,63 m
Longueur à la flottaison / Länge zwischen den Perpendikeln	39,45 m	24,90 m
Largeur hors tout/Grösste Breite	10,60 m	9,15 m
Tirant d'eau, en charge/Tiefgang, beladen	1,8 m	0,81 m
Déplacement, en charge/Verdrängung, vollbeladen	175 t	51 t
Passagers/Tragkraft, Personen	400	200
Vitesse technique/Höchstgeschwindigkeit, technisch	70 km/h	46 km/h
Vitesse autorisée en Suisse [01] / Geschwindigkeit zulässig in der Schweiz [01]	50 km/h	30 km/h
Dans les canaux/In den Kanälen	— km/h	15 km/h
Moteurs diesel MTU [03] / Dieselmotoren MTU [03]	2 × 2320 kW / 2 × 3155 ch/PSi	2 × 426 kW / 2 × 580 ch/PS
Propulsion/Antrieb	2 hydrojets/2 Hydrojets	2 hélices/2 Propeller
Architectes/Architekten	D. Andrieu design / O. Flahaut design	D. Andrieu design

02 — Le bateau doit pouvoir faire un arrêt d'urgence sur une fois et demie sa propre longueur; ce critère détermine la vitesse maximum. Les hydrojets permettent des réactions plus efficaces que les hélices.

03 — Pour respecter la législation fédérale sur les gaz d'échappement, la puissance est limitée à 2 × 1900 kW (2 × 2584 ch).

02 — Das Schiff muss auf dem Anderthalbfachen seiner eigenen Länge anhalten können; diese Vorschrift bestimmt die maximal zulässige Geschwindigkeit. Die Hydrojets eignen sich zum Bremsen besser als Propellerantriebe.

03 — Um die Schweizer Abgasvorschriften einhalten zu können, muss die Motorenleistung auf 2 × 1900 kW (2 × 2584 PSi) gedrosselt werden.

La transformation des vapeurs en restaurant | Restaurant-Schiffe

230

9

La transformation des vapeurs en restaurant

—

Restaurant-Schiffe

La transformation des vapeurs en restaurant

Une fois retirés du service, les bateaux à vapeur ont été démolis à brève échéance, à l'exception du Hallwyl dont l'agonie a duré une dizaine d'années. Or voici que les deux derniers vapeurs neuchâtelois font exception à la règle.

Le Fribourg

Dimanche 30 mai 1965, le *Fribourg* assure une dernière fois la course d'Yverdon, puis il est mis hors service. La famille Keusen, propriétaire du restaurant Saint-Louis, à Portalban, en fait l'acquisition le 9 février 1966. Après avoir traversé le lac à couple d'un autre bateau, le *Fribourg* provisoirement aminci par l'enlèvement des roues et des tambours est transporté le 1er avril 1966 par la route jusqu'à son emplacement définitif au centre du village. Il ne s'agit pas ici d'un restaurant flottant, mais d'un bateau pratiquement mis à sec dans un bassin symbolique, en contact direct avec le restaurant susmentionné. Une fois les travaux d'aménagement terminés, l'inauguration du bateau-restaurant a lieu le vendredi 31 janvier 1970.

Restaurant-Schiffe

Die aus dem Dienst entlassenen Dampfschiffe wurden jeweils kurze Zeit später abgewrackt. Nur die Hallwyl erlebt ein qualvolles, rund zehn Jahre dauerndes Ende. Einen ausserordentlichen Abgang finden die beiden letzten Neuenburger Raddampfer.

Die Fribourg

Am Sonntag, 30. Mai 1965, fährt die *Fribourg* letztmals als Kursschiff nach Yverdon und zurück. Familie Keusen, Eigentümerin des Restaurant Saint-Louis in Portalban erwirbt den ausrangierten Dampfer am 9. Februar 1966. Nach Überqueren des Sees im Schlepp eines anderen Schiffs, wird die vorübergehend von Schaufelrädern und Radkästen befreite *Fribourg* am 1. April 1966 auf der Strasse zu ihrem endgültigen Ruheplatz mitten ins Dorf transportiert. Nicht als schwimmendes, aber doch in einem symbolischen Wasserbecken fix aufgestelltes, mit dem Stammbetrieb verbundenes Restaurant wird die *Fribourg* am 21. Januar 1970 ein zweites Mal eingeweiht.

Le *Fribourg* amarré au restaurant Saint-Louis, à Portalban.
Die *Fribourg* beim Restaurant Saint-Louis, in Portalban.
Photo/Foto SJ, 21.4.1979.

232

Le *Fribourg* en retraite parmi les tulipes.
Die *Fribourg* im Ruhestand mitten im Tulpen-Meer.
Photo/Foto SJ, 25.4.1981.

Portalban
Le «Fribourg» sur la route du village

Par moments, le «Fribourg» a même touché les arbres et les poteaux électriques ont dû être écartés à l'aide de cordes
(Avipress - Pache)

SPECTACLE insolite, hier à Portalban, où l'on a procédé au transport du bateau «Fribourg», du lac à son emplacement définitif, à côté de l'hôtel Saint-Luis, à l'entrée du village. On sait que le propriétaire de l'hôtel a racheté cette unité désaffectée du lac de Neuchâtel, afin d'en faire un restaurant, qui ne manquera certes pas d'originalité. Ces travaux délicats (sortie de l'eau et transport) ont été confiés à une maison de transports spécialisée de Morges, qui a utilisé d'énormes camions-grues, pouvant soulever plus de cent tonnes. Vendredi matin, il s'agissait de conduire le bateau du bord du lac jusqu'au village, en empruntant la route du port. Ce qui ne fut pas aussi facile qu'on se l'imagine, les deux rangées d'arbres et les poteaux électriques ayant à peine un écartement suffisant. Placé sur des chariots à roues multiples et tiré à l'aide d'un treuil se trouvant sur l'un des camions-grues, le «Fribourg» avança centimètre par centimètre et il fallut bien des heures pour arriver jusqu'au village.

La rareté de cette opération avait attiré sur les lieux de nombreux habitants, qui suivirent avec l'intérêt que l'on devine le déroulement de cette délicate manœuvre.

PAGE 23

Le «Fribourg» va faire connaissance avec... le plancher des vaches!

LES choses n'ont pas traîné dès l'arrivée du «Fribourg» dans le débarcadère de Portalban. Dimanche, en effet, l'avant du bateau était déjà à sec et, lundi, la coque de la vieille unité disait définitivement adieu au lac de Neuchâtel.

Les travaux vont maintenant se poursuivre sans relâche afin d'amener le bateau à son emplacement définitif. L'une des principales difficultés sera de le hisser sur les chariots, mais la force titanesque des grues présentes résoudra le problème sans trop d'ennuis. Enfin, l'animation sera sans doute vive demain, à Portalban, puisque le convoi quittera le port pour gagner le centre du village.

(Avipress - Périsset.)

Le *Fribourg*, provisoirement amputé des tambours de roues pour le transport routier du rivage au village de Portalban.
Die Fribourg, für den Strassentransport vom Seeufer zum Dorf Portalban vorübergehend ohne Radkästen.
FAN, 31.3.1966.

Le *Fribourg* sur le chemin du port au village de Portalban.
Die *Fribourg* untewegs von der Ländte ins Dorf Portalban.
FAN, 2.4.1966.

Le Neuchâtel

Contrairement aux autres vapeurs, la fin du *Neuchâtel* n'a pas été programmée. Ce bateau semblait promis à un bel avenir, et ce, jusqu'à l'inspection de la chaudière à la fin de la saison 1968. Malgré l'expertise favorable de Daniel Dubath, responsable technique des bateaux du Léman, le conseil d'administration de la LNM ne veut pas investir dans un vieux bateau!

Comme chaque automne, le *Neuchâtel* est mis en hivernage à la fin de la saison 1968. La chaudière est vidée, la cheminée est abaissée et fermée par un couvercle. En 1969, il ne se passe rien, mais le machiniste Willy Rognon veille à une bonne présentation du bateau : la cheminée est remise en place pour l'été, de même que les bouches à air.

C'est alors que M. Robert Witschger (1931-2011), ingénieur ETS, crée la société Neuchaflotte et se procure le bateau au prix de Fr. 20 000—. Avec la collaboration de M. Fred Bösch, ingénieur naval à Bâle, le *Neuchâtel* est transformé au port de la Maladière pour un montant de 1,5 million. Les travaux s'étendent sur un an et demi. M. Witschger propose à la ville d'exposer la machine à vapeur au port, dans une vitrine, sans succès. La machine et la chaudière sont alors évacuées et ferraillées. Les roues à aubes sont amputées au niveau du moyeu dans leur partie supérieure pour créer des locaux dans les anciens tambours : cuisine à tribord, garde-robe à bâbord. Le pont arrière est rehaussé par un faux plancher et doté d'une superstructure métallique pour créer un grand restaurant fermé. Le pont avant reste ouvert, mais sera également fermé quelques années plus tard. Dans la cale, les parois étanches transversales sont supprimées, de manière à créer un bar-dancing. Tout l'aménagement est réalisé avec soin et dans le respect d'une ambiance maritime.

Une fois les travaux terminés, le *Neuchâtel* est conduit au port de Neuchâtel où il prend place dans l'anse ouest. Le restaurant «Au vieux vapeur» est ouvert le 13 juin 1971. L'hiver, le bateau est déplacé dans l'angle nord-ouest pour éviter aux clients un cheminement dissuasif lors des intempéries.

Mais le rêve de M. Witschger est d'en faire un casino! N'obtenant pas les autorisations à Neuchâtel, il envisage de déménager le *Neuchâtel* à Bâle. Or, en 1978, lorsque l'affaire est présentée au législatif de cette ville, les abstentions sont nombreuses à cause d'un match, et le projet est refusé à une faible majorité. M. Witschger remet alors l'exploitation du restaurant

Die Neuchâtel

Im Gegensatz zu allen anderen Dampfschiffen kommt das Ende der *Neuchâtel* überraschend. Bis zum Besuch des Kesselinspektors Ende 1968 scheint das Schiff eine gute Zukunft zu haben. Doch der Inspektor spricht den Kessel ab. Trotz positiven Gutachtens von Daniel Dubath, technischer Leiter der Genfersee Schifffahrt, lehnt der LNM-Verwaltungsrat Investitionen in eine neue Kesselanlage für das alte Schiff ab!

Wie jeden Herbst wird die *Neuchâtel* Ende 1968 eingewintert. Der Kessel wird geleert, der Kamin gesenkt und mit einem Deckel geschützt. Das Jahr 1969 beginnt ruhig, Maschinist Willy Rognon setzt den Kamin in die Sommerposition und platziert die Lüfter.

In dieser Zeit gründet Robert Witschger (1931-2011), Ingenieur FH, das Unternehmen Neuchaflotte und erwirbt das Schiff für CHF 20 000.–. In Zusammenarbeit mit Fred Bösch, Schiffsbau-Ingenieur in Basel, wird die *Neuchâtel* im Hafen Maladière für anderthalb Millionen Franken umgebaut. Die Arbeiten dauern anderthalb Jahre. Herr Witschger schlägt der Stadt vor, die Dampfmaschine in einer Vitrine am Hafen auszustellen. Erfolglos. Sie wird mit dem Heizkessel ausgebaut und verschrottet. Zu beiden Seiten wird die obere Hälfte der Schaufelräder gekappt, um den Platz in den Radkästen anderweitig zu nutzen: Steuerbord für die Küche, Backbord für die Garderobe. Das Achterdeck wird aufgedoppelt und zum geschlossenen Restaurant ausgebaut. Das Vorderdeck bleibt zunächst offen, bekommt aber ein paar Jahre später ebenfalls einen Umbau und ein Dach. In der Schale geben die Schottwände Raum frei für eine Tanzfläche mit Bar. Umsichtig und sorgfältig entsteht Schritt für Schritt ein gepflegtes Lokal in maritimem Ambiente.

Die so zur Gastrokulisse umgebaute *Neuchâtel* wird in den Hafen geschleppt und an der westlichen Mole festgemacht. Das Restaurant «Au vieux vapeur» öffnet am 13. Juni 1971. Winters stationiert das Schiff an der Nordwestecke des Hafens, was bei Kälte und Schnee einen bequemen Zugang sichert.

Eigentlich schwebt Herr Witschger ein Kasinobetrieb vor! Weil Neuenburg ihm die nötige Konzession verweigert, will er die *Neuchâtel* nach Basel versetzen. Als die Basler Legislative 1978 darüber befindet, bleiben eines Fussballmatchs wegen viele Sitze im Saal leer. Das Vorhaben wird

à son beau-fils, M. Bruno Recoing.

L'inspectorat cantonal de la navigation prescrit notamment qu'un contrôle de la coque doit intervenir environ tous les dix ans. Chaque année, un contrôle est fait par un plongeur et tout se passe bien ; la coque est bien étanche. Le 18 octobre 1983, l'inspectorat exige la mise en cale sèche pour contrôle de la coque. La Société de navigation prétend que son chantier n'est plus accessible à cause de la hauteur des nouvelles superstructures du bateau. Le slip de Nidau n'est pas disponible avant 1985, mais l'inspectorat refuse un ajournement. Seule la nouvelle installation de La Poissine, près de Grandson, entre en considération. Le *Neuchâtel* est mis en cale sèche le 18 février 1984 par une forte bise. La mise en place sur les wagonnets du plan incliné à 7° s'avère laborieuse. La coque subit des chocs provoquant des déformations. Des réparations sont entreprises d'urgence de manière à garantir l'étanchéité. Pour accéder à la coque, l'aménagement intérieur doit être partiellement démonté, ainsi que les réservoirs d'eau. Quelques tôles neuves sont soudées sur les anciennes. En plus de ces ajouts, quatre longerons sont fixés sous la coque. À couple d'un chaland, le *Neuchâtel* rejoint son port d'attache le 14 avril 1984.

Plus tard, le restaurant est acquis par M. René Balmelli.

En 1999, le *Neuchâtel* est mis en vente lors d'une procédure de liquidation. C'est alors que Denis Barrelet fonde l'association Trivapor dans le but d'acquérir le bateau et de le reconvertir en bateau à vapeur. Mais en septembre, le bateau acquis par CPS Gestion est confié à Charles-Hubert Tarbouriech, jeune cuisinier français de 32 ans, qui tient également l'Auberge d'Auvernier et l'Hôtel du Marché à Neuchâtel. Pourtant, ce chef réputé quitte le bateau après quatorze mois déjà ![01] Ce dernier est repris le 14 novembre 2000 par Carla et Jecky Halimi qui se font rapidement une fidèle clientèle, mais abandonnent dès la fin d'Expo.02 à cause du loyer trop élevé. Le restaurant est alors fermé durant un an et demi avant d'être repris le 14 août 2004 par M. Pascal Rothpletz, dont le père est le responsable de CPS Gestion, alors propriétaire du bateau. Le *Neuchâtel* est déplacé dans l'angle nord-est pour être proche du parking souterrain. Le restaurant est alors rebaptisé « Au Bateau ».

hauchdünn abgelehnt. Witschger zieht sich zurück und überträgt den Betrieb seinem Schwiegersohn Bruno Recoing.

Das kantonale Schifffahrtsinspektorat schreibt vor, Schiffsschalen seien alle zehn Jahre zu untersuchen. Jährlich überprüft ein Taucher die *Neuchâtel* sorgfältig, alles scheint in Ordnung, die Schale hält dicht. Am 18. Oktober 1983 verlangt das Inspektorat eine Kontrolle auf Dock. Die Neuenburger Schifffahrtsgesellschaft behauptet, das Schiff könne der neuen Aufbauten wegen nicht mehr ausgewassert werden, und die Slipanlage in Nidau ist bis 1985 anderweitig belegt. Weil das Schifffahrtsinspektorat jeden Aufschub ablehnt, muss auf die neue Anlage von La Poissine bei Grandson ausgewichen werden. Am 18. Februar 1984 wird die *Neuchâtel* bei grosser Kälte und starker Bise an Land gezogen. Das Aufsetzen der Schale auf die Rollwagen der sieben Grad geneigten Ebene ist extrem schwierig und aufwändig. Die Schale wird deformiert und beschädigt, die Reparatur zwingend. Für diese Arbeit müssen das Innere teilweise freigelegt und die Wassertanks ausgebaut werden. An einigen Stellen werden neue Bleche aufgedoppelt und verschweisst. Vier Längsprofile verstärken fortan den Rumpf. Im Schlepp erreicht die *Neuchâtel* am 14. April 1984 wiederum den angestammten Liegeplatz.

Später erwirbt Herr René Balmelli das schwimmende Restaurant.

In einem Liquidationsverfahren steht die *Neuchâtel* 1999 zum Verkauf. Zu dieser Zeit gründet Denis Barrelet den Verein Trivapor mit dem Ziel, das Schiff zu erwerben und wiederum als Raddampfer herzurichten. Doch CPS Management kommt dem zuvor, und im September ist Charles-Hubert Tarbouriech am Zug. Dieser 32 Jahre junge französische Koch führt schon die Auberge d'Auvernier und das Hôtel du Marché in Neuenburg. Aber der renommierte Gastronom verlässt den « Vieux Vapeur » nach 14 Monaten.[01] Am 14. November 2000 übernehmen Carla und Jecky Halimi das Schiff. Sie gewinnen rasch einen guten Namen und eine treue Kundschaft. Am Ende der Expo.02 zwingt die hohe Pacht die beiden zur Aufgabe. Anderthalb Jahre lang bleibt das Restaurant zu, bis am 14. August 2004 Pascal Rothpletz, Sohn des Managers der CPS, der Schiffseignerin, das Steuer in die Hand nimmt.

---

01 — Voir notamment *L'Express* du 4.10.1999 et du 15.11.2000.

01 — Siehe *L'Express* vom 4.10.1999 und vom 15.11.2000.

| La transformation des vapeurs en restaurant | Restaurant-Schiffe |

La rotonde démontée est sur le quai.
Die demontierte Rotunde liegt auf dem Kai.
Photo/Foto Marc Dietschy, 5.9.1970.

Le *Neuchâtel* au port du Nid-du-Crô en phase de démontage.
Die *Neuchâtel* wird Hafen Nid-du-Crô demontiert.
Photo/Foto Marc Dietschy, 5.9.1970.

Pièces de machine et de chaudière. A droite : la dynamo.
Maschinen- und Kesselteile. Rechts : der Dynamo.
Photo/Foto Marc Dietschy, 5.9.1970.

Eléments de chaudière, en vrac.
Kesselteile in loser Schüttung.
Photo/Foto Marc Dietschy, 6.9.1970.

Après des fortunes diverses, le restaurant ferme définitivement au soir du 31 décembre 2006.

Alors que les personnes d'un certain âge conservent le souvenir du *Neuchâtel* en navigation et évoquent leur admiration pour la rutilante machine à vapeur, le bateau-restaurant a été le témoin de belles soirées pour de plus jeunes générations.

Die *Neuchâtel* wird an die Nordost-Ecke des Hafens in die Nähe des unterirdischen Parkhauses umgesiedelt und als «Au Bateau» neu eröffnet. Nach erneut bewegter Zeit schliesst das Lokal am 31. Dezember 2006 abends für immer.

Während sich ältere Semester gerne ihrer Fahrten an Bord der *Neuchâtel* erinnern, bleibt das Gastro- und Tanzschiff Zeuge tiefer Erlebnisse jüngerer Generationen.

L'ossature du restaurant prend forme avec un toit rehaussé d'environ 30 cm.
Der Rohbau des Restaurants gewinnt mit 30 cm höherem Dach Gestalt.
FAN, 22.5.1971.

Le restaurant dans ses débuts, avec l'escalier central pour descendre au bar.
Das Restaurant in den Anfangsjahren mit zentralem Treppenzugang zur Bar.
Photo/Foto Charlet.

L'ambiance à bord.
Stimmung an Bord.
Collection privée/Privatsammlung

Le *Neuchâtel* en cale sèche pour révision à La Poissine, près de Grandson.
Die *Neuchâtel* auf Stapel bei der Revision in La Poissine bei Grandson.
Photo/Foto SJ, 17.3.1984.

Retour à Neuchâtel après la révision.
Zurück in Neuenburg nach gelungener Revision.
Photo/Foto Jean-Bernard Deillon, 14.4.1984.

Le restaurant Au Bateau avant la reprise par Trivapor.
Das Restaurant Au Bateau (zum Schiff) vor der Übernahme durch Trivapor.
Photo/Foto SJ, 20.5.2005.

10

Le *Neuchâtel* vu par des artistes et modélistes

—

Die Neuchâtel in Kunst und Modell

Le *Neuchâtel* vu par des artistes et modélistes

Les scènes maritimes ou lacustres sont une source d'inspiration privilégiée pour les artistes, et notamment les peintres. Si le lac Léman a été le modèle de prédilection de François Bocion (1828-1890), le lac de Neuchâtel a été celui de William Roethlisberger (1862-1943). Le port de Neuchâtel a également été une révélation pour l'art pictural, pensons notamment à la fresque de Georges Dessouslavy (1898-1952) dans le hall de la gare de cette ville, aux nombreux tableaux de Max Robert Theynet (1875-1949) et à certaines œuvres d'Ivan Moscatelli. Le vapeur *Neuchâtel* y figure dans son environnement portuaire. Plus rares sont les compositions spécialement dédiées au bateau lui-même. Ce sont en particulier les aquarelles d'Uli Colombi et de Rolf Peter (Cerlier/Erlach), les huiles de Sokol Maloku inspirées de photographies ainsi que les dessins aux stylo-feutres de couleur d'Aloys Perregaux.

    Le *Neuchâtel* a également séduit des modélistes, que ce soient des professionnels tels que Pierre Stauffer ou des amateurs tels que Richard Bindschedler et Erich Scholl. Une série de vingt modèles à l'échelle 1:200 a été réalisée par Didier Laeser; ils sont disponibles à la vente au stand d'information Trivapor ou par correspondance.

    Un modèle original mérite une mention particulière: celui qui a été réalisé pour figurer dans le cortège de la Fête des vendanges en 1955.

Die Neuchâtel *in Kunst und Modell*

Das Meer und die Schifffahrt bieten Eindrücke, die Künstler und ganz besonders Maler inspirieren. Wenn der Genfersee als Vorliebe von François Bocion (1828 bis 1890) dient, gilt der Neuenburgersee als Quelle von William Roethlisberger (1862 bis 1943). Im Hafen von Neuenburg findet Georges Dessouslavy (1898 bis1952) seine Quelle zum Fresko, das die Halle des Neuenburger Bahnhofs schmückt. Gleiches gilt für etliche Werke von Max Robert Theynet (1875 bis 1949) und für einige Arbeiten von Ivan Moscatelli. So zeigt er das Dampfschiff *Neuchâtel* innerhalb seines Heimathafens. Seltener sind Bilder, die dem Schiff selber die Reverenz erweisen. Hierzu gehören namentlich die Aquarelle von Uli Colombi (Thun) oder Rolf Peter (Erlach) und die kräftigen Ölgemälde von Sokol Maloku. Nicht vergessen seien die Acryl-Bilder, Aquarelle und Zeichnungen des Neuenburgers Aloys Perregaux.

    Die *Neuchâtel* zieht auch Modellbauer in ihren Bann, und zwar beruflich wie Peter Stauffer oder aus reiner Liebhaberei wie Richard Bindschedler und Erich Scholl. Eine Reihe von 20 Modellen hat Didier Laeser im Massstab 1:200 angefertigt und zum Verkauf angeboten, etwa am Infostand von Trivapor oder übers Internet.

    Spezielle Erwähnung verdient das besondere Modell, das 1955 im Umzug am Neuenburger Winzerfest für Aufsehen sorgt.

Léopold Gern
Port de Neuchâtel. Dessin colorié.
Hafen von Neuenburg. Kolorierte Zeichnung.
— Collection privée/Privatsammlung 14.10.1939

Uli Colombi
Fribourg.
— Collection privée/Privatsammlung

Rolf Peter, Erlach
Berna.
– Collection privée/Privatsammlung

Rolf Peter, Erlach
Berna.
– Collection privée/Privatsammlung

Rolf Peter, Erlach
Neuchâtel.
— Collection privée/Privatsammlung

Sokol Maloku
Neuchâtel.
— Collection privée/Privatsammlung

Le *Neuchâtel* vu par des artistes et modélistes | Die *Neuchâtel* in Kunst und Modell

Aloys Perregaux
Dessins aux feutres de couleurs. Atmosphère portuaire avec le *Neuchâtel*.
Zeichnung mit bunten Filzstiften. Hafenstimmung mit Dampfer *Neuchâtel*.

Aloys Perregaux
Dessins aux feutres de couleurs. Atmosphère portuaire avec le *Neuchâtel*.
Zeichnung mit bunten Filzstiften. Hafenstimmung mit Dampfer *Neuchâtel*.

Pierre Stauffer
Neuchâtel, 1:50.
Trivapor

Pierre Stauffer
Neuchâtel, 1:100.
Musée suisse des transports/Verkehrshaus der Schweiz

Erich Scholl
Neuchâtel, 1:45.
Trivapor

Didier Laeser
Neuchâtel, 1:200.
20 modèles vendus par Trivapor /20 Modelle, verkauf durch Trivapor

Richard Bindschedler
Yverdon, 1:50.
Collection privée/Privatbesitz

Richard Bindschedler
Neuchâtel, 1:50.
Collection privée/Privatbesitz

248

A bord du Neuchâtel, l'artiste-peintre Ivan Moscatelli numérote et signe les estampes de son œuvre
« L'invitation au voyage », vendues au profit de Trivapor.
An Bord der Neuchâtel signiert Kunstmaler Ivan Moscatelli numerierte Abzüge seines Oeuvres
« L'invitation au voyage » (Einladung zur Reise), die zu Gunsten von Trivapor in Liebhaberhände wechseln.
Photo/Foto SJ, 9.5.2008

Lors de la fête d'adieu au Neuchâtel, le mécène Marc Oesterle reçoit un tableau de Sodok Maloku.
Bei der Abschiedsfeier in Neuenburg, bekommt der Gönner Marc Oesterle ein Bild von Sodok Maloku.
Photo/Foto SJ, 3.9.2010

Fête des Vendanges, 1955 : le Neuchâtel en char fleuri.
Am Winzerfest Neuenburg 1955 nimmt DS Neuchâtel als Blumen-Wagen teil.
Collection Ariane Burgat / Sammlung Ariane Burgat

249

11

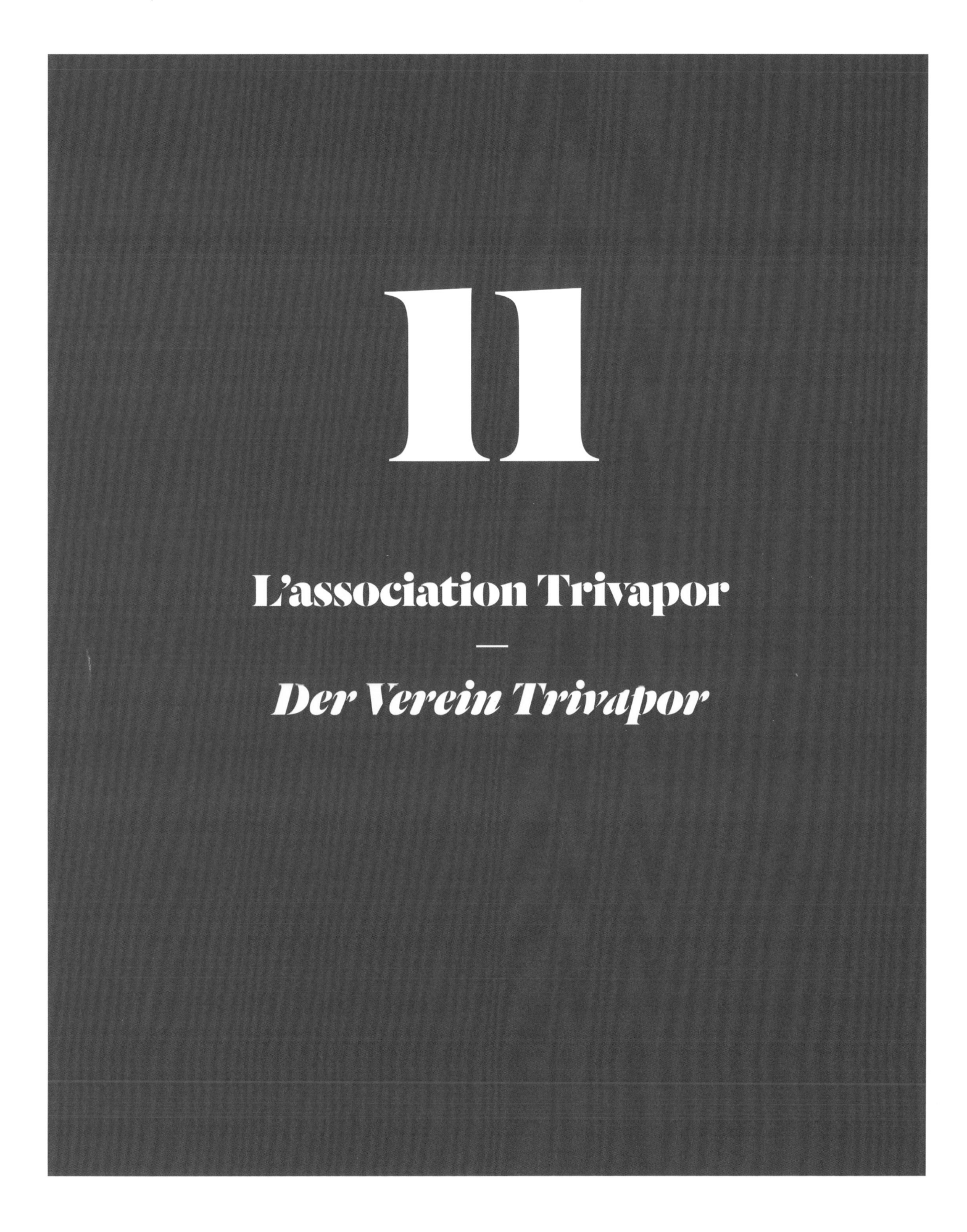

L'association Trivapor
—
Der Verein Trivapor

L'association Trivapor

Une première initiative en 1969

L'annonce de la mise hors service du *Neuchâtel* a provoqué un choc parmi les amis des bateaux à vapeur. Quelques-uns d'entre eux ont alors formé le Comité suisse pour la préservation des bateaux à vapeur. Ce comité s'est manifesté en adressant une lettre aux députés au Grand Conseil de Vaud et Fribourg, leur proposant de refuser l'allocation d'une somme de Fr. 200 000,- à la Société de navigation sur les lacs de Neuchâtel et Morat SA pour l'achat d'un nouveau bateau. Une annexe démontre que les incidences financières d'un bateau neuf grèveraient les comptes bien davantage qu'un vapeur restauré. Il en est résulté de vives discussions. Or les députés au Grand Conseil neuchâtelois avaient déjà accepté le crédit, si bien que les cantons partenaires ont cru bon d'être solidaires. [01] Les lettres étaient signées de P.-Y. Barrelet, prof au gymnase Langenthal/Berne (frère de Denis, futur président-fondateur de Trivapor); S. Jacobi, rédacteur, Berne; J. Schetty, juriste, Auvernier; G. Bonfils, fonctionnaire, Yverdon.

Création de l'association Trivapor

Dans le quotidien L'Express du 17 juin 1999 figure une annonce concernant la mise en vente du bateau-restaurant *Au vieux vapeur*. Denis Barrelet, docteur en droit, journaliste au Palais fédéral et passionné de bateaux à vapeur, réagit immédiatement. Il prend contact avec différentes personnes convaincues pour fonder une association dont le but est d'acquérir l'objet, puis de le réhabiliter comme bateau à vapeur. «Il faut réparer une erreur historique!»

L'Association navigation à vapeur sur les lacs jurassiens est fondée le 23 août 1999 au Restaurant des Beaux-Arts à Neuchâtel. Les personnes présentes sont au nombre de huit. Il s'agit de Denis Barrelet, Jean-Pierre Baer, Marc-Antoine Bombail, Markus Grünig, Sébastien Jacobi, Daniel Lehmann, François Noguera, Willy Schaer. M. Denis Wicht, directeur Navigation, est excusé. Ces neuf personnes forment le premier

---

01 — Voir notamment «Le Grand Conseil se passionne pour un vieux bateau à vapeur», Tribune de Lausanne-Le Matin du 26 nov. 1969 et la Feuille d'avis de Lausanne du même jour.

Annonce de la vente du bateau-restaurant.
Inserat für den Verkauf des Restaurant-Schiffs.
L'Express, 17.6.1999

comité. Denis Barrelet contacte des personnalités des Quatre-Cantons concernés pour former un comité de patronage. Ce dernier publie un communiqué dans lequel il «souligne l'importance du *Neuchâtel* en tant qu'élément du patrimoine de toute une région.». Rendu à sa fonction d'origine, il «constituerait une importante attraction touristique, dont toute la région tirerait profit, de Bienne à Yverdon». [02]

Une conférence de presse est organisée à Bienne le 13 septembre, puis une séance d'information publique a lieu le 14 septembre au soir à Neuchâtel, dans la salle circulaire du Lycée Jean-Piaget (ancien Collège latin). Denis Wicht y prend part en tant que «personne passionnée par un projet audacieux et persuadée de son succès». [03] Dans l'auditoire, il y a Willy Rognon, dernier machiniste du *Neuchâtel*.

Une pétition est lancée: Faites revivre le vapeur *Neuchâtel*. Les soussignés prient instamment l'Union de Banques Suisses (UBS, détentrice de la créance) de ne pas entraver la sauvegarde du patrimoine

gesellschaft, entschuldigt sich. Diese neun Personen bilden den ersten Vorstand. Denis Barrelet knüpft Kontakte zu Persönlichkeiten in den vier betroffenen Kantonen. Sie bilden das Patronatskomitee, das öffentlich erklärt, «das Dampfschiff *Neuchâtel* gehöre zum kulturellen Erbe der ganzen Region.» Sobald es seine ursprüngliche Funktion wiederbekommen habe, sei es «eine wichtige Touristenattraktion, von der die ganze Gegend von Biel bis Yverdon profitiere.» [02]

Eine Pressekonferenz orientiert am 13. September in Biel, eine öffentliche Informationsveranstaltung im runden Raum des Lyzeums Jean Piaget (ehemals Collège Latin) am 14. September abends in Neuenburg. Denis Wicht nimmt Stellung, «von einem kühnen Projekt begeistert und zuversichtlich für dessen Erfolg.» [03] Im Publikum sitzt Willy Rognon der letzte Maschinist der *Neuchâtel*.

Restauration = gastronomie ou réhabilitation du bateau à vapeur?
Restauration: an welcher Sauce? Wortspiel über die Zukunft der Neuchâtel als Restaurant oder als restauriertes Dampfschiff.
— Manchette du quotidien L'Express, en septembre 1999/Aushang der Tageszeitung L'Express, im September 1999.

02 — L'Express/L'Impartial du 7.9.1999
03 — L'Express du 16.9.1999

02 — L'Express/L'Impartial vom 7.9.1999.
03 — L'Express vom 16.9.1999.

neuchâtelois et de mettre le bateau *Neuchâtel* à disposition de l'Association Navigation à vapeur sur les lacs jurassiens, en vue de sa remise en service. Ils prient le Conseil communal de la Ville de Neuchâtel de faire usage de ses compétences pour donner une nouvelle vie au *Neuchâtel*, dans l'intérêt de la population tout entière.

Ainsi, quelque 3 000 signatures sont récoltées les samedis 4 et 11 septembre 1999, essentiellement dans la zone piétonne au centre de Neuchâtel. Les listes ou des copies sont remises le 4 octobre 1999 au Conseil communal de Neuchâtel et à la succursale neuchâteloise de l'UBS.

Déception: le bateau est déjà vendu!
—

Mais les choses vont très vite: L'Express du 4 octobre 1999 révèle que le bateau est vendu à CPS-Gestion au prix de Fr. 430 000,- pour être maintenu dans le rôle de restaurant flottant. Dans son commentaire «Une occasion manquée», Jean-Michel Pauchard relève notamment «Les affaires sont les affaires. Peut-être la grande banque aurait-elle juste pu comprendre ce qu'elle aurait gagné en matière d'image en associant son nom à une opération qui a rencontré un écho certain au sein de la population neuchâteloise. En revanche, on pouvait attendre d'une autorité publique comme le Conseil communal de Neuchâtel qu'elle voie dans la restauration et la remise en exploitation normale du *Neuchâtel* l'opération la plus conforme à l'intérêt général qu'elle est censée défendre. Intérêt économique parce que l'expérience des autres lacs suisses montre quel attrait touristique y représentent les bateaux à vapeur. Intérêt d'une région, aussi, à voir vivre son patrimoine plutôt que de le voir immobilisé et dénaturé.»

L'association est mise en veilleuse
—

L'association compte alors 48 membres et son avenir est en jeu. Une assemblée générale extraordinaire est convoquée pour le 18 novembre 1999 à l'Hôtel City de Neuchâtel. Après un débat approfondi, l'assemblée décide à l'unanimité le maintien de l'association. L'argument principal, c'est d'avoir un mouvement organisé qui soit prêt à acheter immédiatement le *Neuchâtel* ou le *Fribourg* si l'un ou l'autre de ces bateaux est mis en vente. Dans l'intervalle, il faut

Eine Petition für die Renaissance des Dampfers *Neuchâtel* wird lanciert. Die Unterzeichneten fordern die UBS als Inhaberin aller Schulden auf, den Erhalt dieses Neuenburger Kulturgutes nicht zu gefährden und dem Verein für die Dampfschifffahrt auf den Juraseen eine Chance zu geben. Der Gemeinderat Neuenburg ist gebeten, seine politische Kraft im Interesse der ganzen Bevölkerung für das Revival des Dampfers einzusetzen.

An den Samstagen vom 4. und 11. September kommen in der Fussgängerzone des Zentrums von Neuenburg 3 000 Unterschriften zusammen, die. am 4. Oktober 1999 dem Stadtrat und in Kopie der UBS-Filiale von Neuenburg übergeben werden.

Enttäuschung: Das Schiff ist bereits verkauft!
—

Aber alles geht sehr schnell: Gleichen Tags, am 4. Oktober 1999, meldet L'Express, das Schiff sei für 430 000 Franken an die CPS-Management verkauft worden, die es weiterhin als schwimmendes Restaurant betreiben will. In seinem Kommentar spricht Jean-Michel Pauchard von «einer verpassten Chance». Er anerkennt, «Geschäft sei Geschäft,» meint aber «die Grossbank hätte vielleicht merken dürfen, wie viel Image-Gewinn für sie in dem von grossen Teilen der Neuenburger Bevölkerung gewollten Dampfer-Revial gelegen hätte. Ausserdem hätte man erwartet, dass eine öffentliche Behörde wie der Neuenburger Stadtrat das öffentliche Interesse am Revival des Dampfers anerkannt und in seinem öffentlichen Auftrag auch vertreten hätte, einmal im wirtschaftlichen Interesse wie es das Beispiel des touristischen Erfolgs auf den anderen Schweizer Seen belegt, dann aber auch im Interesse der ganzen Region, deren historisches Erbe mehr verdient, als zweckentfremdet blockiert zu bleiben.»

Der Verein ist auf Eis gelegt
—

Der Verein zählt 48 Mitglieder, und seine Zukunft scheint verspielt. Dennoch lädt er auf den 18. November 1999 zur ausserordentlichen Hauptversammlung ins Hotel City de Neuchâtel ein. Nach ausführlicher Diskussion wird einstimmig beschlossen, den Verein weiterzuführen. Der wichtigste Punkt dafür ist, als Organisation bereit zu sein, die *Neuchâtel* oder die *Fribourg* sofort zu kaufen, sobald eines der beiden Schiffe zu haben ist. In der Zwischenzeit sollen

trouver des activités intéressantes en faveur du tourisme lacustre, cela de manière à maintenir la flamme auprès du public et à élargir le nombre des membres: organisation ou participation à des fêtes, expositions, conférences, voyages; création et vente de matériel de propagande. Le président propose de compléter le nom de l'association par un raccourci tel que **Trivapor**, évocation de «trois lacs» et de «vapeur».

En 2000, l'association est en veilleuse. Il faut laisser décanter le choc émotionnel de la bataille perdue. Edition d'une vignette autocollante et de deux cartes postales. L'assemblée générale du 11 mai 2000 a lieu à bord du nouveau *Fribourg*. M. Yves Muller, directeur technique CGN, présente un exposé très intéressant: La revaporisation de quatre bateaux diesel-électriques du Léman. L'année suivante, l'assemblée générale a lieu le 23 juin à Portalban, à bord de l'ancien vapeur Fribourg. L'invité est M. Uli Colombi, architecte qui s'est occupé de la restauration du *Blümli*salp et du *Montreux*.

Des tractations interminables

Dès 2001, le comité entreprend des démarches en vue de la mise à l'inventaire du *Neuchâtel*, mais il faut l'accord du propriétaire. Ce dernier, ayant eu vent de notre demande, signale à Denis Barrelet, par téléphone le 31 décembre 2001, que le bateau est à vendre. Le prix demandé est de 1,2 million, dont 500 000 francs comptant et 700 000 francs prêtés par l'actuel propriétaire avec un intérêt de 5 %. Ce montant est jugé trop élevé.

L'assemblée générale du 3 mai 2002 a lieu au port de Neuchâtel, à bord du nouveau *Fribourg*. Le thème principal est la mise à l'inventaire du vapeur *Neuchâtel*. Pour terminer, M. Jean-Didier Bauer, capitaine au long cours et écrivain, présente un exposé historique et technique sur la navigation: «Sur la mer et sous les étoiles».

Le 23 mai une délégation comprenant MM. René Felber (ancien Conseiller fédéral), Denis Barrelet, Laurent Geninasca et Daniel Lehmann se rend à Zurich pour y rencontrer M. Alain Robert, directeur général de l'UBS. Pour réparer l'erreur de 1999, il est demandé à l'UBS de verser à Trivapor la somme de Fr. 430 000,- perçue alors pour la vente du bateau. Ce serait une sorte de cadeau à la région

Aktivitäten das Interesse am Tourismus auf den drei Seen fördern, die Begeisterung für das Dampfschiff erhalten und die Mitgliederzahl erhöhen. Dazu dienen Organisation von und/oder Teilnahme an Messen, Ausstellungen, Konferenzen, Reisen sowie das Erstellen und Verteilen von Werbematerial. Der Präsident schlägt vor, den Namen des Vereins mit dem Kürzel **Trivapor** zu ergänzen, was die «drei Seen» und den «Dampf» emotional einbezieht.

Im Jahr 2000 ruhen die Vereinsaktivitäten, die Ernüchterung nach verlorener Schlacht verflüchtigt. Ein Aufkleber und zwei Postkarten halten das Vereinsziel hoch. Die Hauptversammlung vom 11. Mai 2000 findet an Bord der neuen *Fribourg* statt. Yves Müller, der technische Direktor der CGN, präsentiert das Projekt, die vier diesel-elektrischen Radschiffe des Genfersees zu revaporisieren. Im folgenden Jahr wird die Generalversammlung am 23. Juni bei Portalban an Bord des alten Dampfers *Fribourg* durchgeführt. Gastreferent ist Architekt Uli Colombi, der beim Restaurieren der Dampfschiffe *Blümlisalp* und *Montreux* mitgewirkt hat.

Endlose Verhandlungen

Im Jahr 2001 unternimmt der Vereinsvorstand Schritte, das Schiff *Neuchâtel* ins Inventar der geschützten Kulturgüter aufzunehmen. Dazu braucht er die Zustimmung des Eigentümers. Als dieser Wind vom Gesuch bekommt, ruft er am 31. Dezember bei Denis Barrelet an, und bietet ihm das Schiff zum Kauf. Den Preis beziffert er mit 1,2 Millionen Franken. Man erwartet 500 000 Franken in bar und bietet 700 000 Franken als verzinsliches Darlehen zu 5 Prozent. Zuviel für den Verein.

Die Hauptversammlung vom 3. Mai 2002 wird wiederum in Neuenburg an Bord von MS *Fribourg* durchgeführt. Hauptthema bleibt die Aufnahme des Dampfers *Neuchâtel* ins Kulturgüter-Inventar. Kapitän und Buchautor Jean-Didier Bauer präsentiert technisch-historische Aspekte der Schifffahrt: «Auf dem Meer und unter den Sternen.»

Am 23. Mai wird eine Delegation nach Zürich entsandt. Die Herren René Felber, alt Bundesrat, Denis Barrelet, Laurent Geninasca und Daniel Lehmann besuchen Herrn Alain Robert, Generaldirektor der UBS. Man hofft, die Grossbank werde die 1999 kassierte Summe von 430 000 Franken an Trivapor überweisen, und damit den damals begangenen Feh-

des trois lacs et dont l'effet sera durable : un bateau à vapeur en souvenir d'Expo.02. Mais UBS ne veut pas entrer en matière, ne se sentant aucune obligation morale suite à l'affaire de 1999.

En vue de l'Expo.02, Trivapor édite un dépliant avec carte-réponse à diffuser notamment à bord des bateaux LNM et BSG. Ainsi, l'effectif s'élève à 153 membres au 21 mars 2003.

Par lettre du 3 décembre 2002 à Denis Barrelet, CPS Gestion SA annonce que Carla et Jacky Halimi résilient leur bail pour le 31 janvier 2003 et que le bateau est mis en vente pour le 1er février 2003 au prix de 1,4 million de francs. Une annonce est publiée dans différents journaux, notamment dans la Berner Zeitung du 13 avril 2004. La situation s'envenime : le 4 juillet 2004, M. Rothpletz, propriétaire de CPS Gestion SA, porte plainte pénale contre Denis

ler wiedergutzumachen. Dies als eine Art Geschenk an die Drei-Seen-Region für ein Dampfschiff als bleibende Erinnerung an die Expo.02. Die UBS tritt darauf nicht ein. Ihr fehlen dazu Kraft, Gespür, Einsicht und Anstand.

Für die Expo.02, veröffentlicht Trivapor ein Faltblatt mit Antwortkarte, das auf den Schiffen der LNM und BSG aufgelegt wird. Damit klettert die Mitgliederzahl per 21. März 2003 auf 153.

Mit Schreiben vom 3. Dezember 2002 teilt die CPS Management SA Präsident Denis Barrelet mit, dass Carla und Jacky Halimi ihren Mietvertrag auf den 31. Januar 2003 gekündigt haben. Das Schiff sei darum ab 1. Februar 2003 feil, und zwar für 1,4 Millionen Franken. Das entsprechende Inserat erscheint in verschiedenen Zeitungen, darunter in der Berner Zeitung vom 13. April 2004. Die Situation eskaliert:

Logo de Trivapor.
Logo von Trivapor.
mab-créations.

Interprétation très réussie du *Neuchâtel* par Marc-Antoine Bombail
Gut gelungene Zeichnung der *Neuchâtel* von Marc-Antoine Bombail
mab-créations.

Barrelet qui « mène une campagne de dénigrement systématique dans le but de s'approprier à vil prix le bien d'autrui ! » [04] (Denis perdra en première instance, mais gagnera le recours au Tribunal fédéral). Le 1er septembre 2004, Trivapor organise une conférence de presse pour présenter le comité de soutien, fort de 21 personnalités représentatives de la région des Quatre-Cantons concernés. [05]

La machine du *Ludwig Fessler*
—

Dans le magazine « Dampfer-Zeitung » No 1/2004 figure une photo avec les caractéristiques d'une machine à vapeur qui serait à vendre à Rotterdam. Elle provient du *Ludwig Fessler*, bateau du Chiemsee (Bavière), qui a été doté d'une propulsion diesel-hydraulique. D'emblée Denis Barrelet et Yves Muller se rendent aux Pays-Bas pour examiner cette offre. C'est un émerveillement ! Cette machine a les caractéristiques et les dimensions qui correspondent parfaitement à celles de la machine d'origine du *Neuchâtel*. Un vrai miracle pour le projet de réhabilitation du *Neuchâtel*. Le prix de vente est de 200 000 euros. Il est urgent de chercher des sponsors. Un dépliant, tiré à 14 000 exemplaires en langue allemande et à 6 000 exemplaires en langue française est largement diffusé, notamment par les associations-sœurs des autres lacs. Le site internet www.trivapor.ch est également créé en 2004.

Am 4. Juli 2004 klagt Herr Rothpletz als Inhaber von CPS Management SA Herrn Denis Barrelet ein, er führe «eine Kampagne der Verleumdung, um billig ans Eigentum anderer zu kommen!»[04] Denis verliert in erster Instanz, gewinnt aber in seiner Berufung ans Bundesgericht. Am 1. September 2004 präsentiert Trivapor den Medien sein Unterstützungskomitee mit 21 Persönlichkeiten aus den vier Kantonen.[05]

Die Maschine der *Ludwig Fessler*
—

In der «Dampfer-Zeitung» Nr. 1/2004, erscheint ein Bild mit den technischen Daten einer Dampfmaschine, die in Rotterdam zum Verkauf steht. Die Maschine stammt aus Bayern vom Chiemsee-Dampfschiff *Ludwig Fessler*, das auf diesel-hydraulischen Antrieb umgebaut worden war. Spontan reisen Denis Barrelet und Yves Müller in die Niederlande, um dieses Angebot zu prüfen. Welch ein Glück! Die Maschine passt in Leistung und Abmessungen perfekt zur ursprünglichen Maschine der *Neuchâtel*. Und das erweist sich als Wunder für die Wiedergeburt der *Neuchâtel*. Der Verkaufspreis beträgt 200 000 Euro. Die Sponsorensuche tut Not. Eine Broschüre wird gedruckt, 14 000 Exemplare deutsch und 6 000 Exemplare französisch, und entsprechend weit gestreut, unter anderem durch Schwestervereine von anderen Seen. Die Website www.trivapor.ch wird erstellt und 2004 aufgeschaltet.

---

04 — L'Express du 10 août 2004
05 — L'Express du 2 septembre 2004

04   L'Express vom 10. August 2004
05   L'Express vom 2. September 2004

Un mécène providentiel: Marc Oesterle

Le 7 septembre 2004 a lieu à Thoune la Deuxième rencontre internationale des canots à vapeur. À cette occasion, Trivapor a déplacé dans cette ville son stand d'information avec vente de cartes postales. Quelques jours plus tard, le président Denis Barrelet est interpellé par un habitant de la banlieue de Berne. Ce Marc a reçu d'une dame américaine une carte postale achetée au stand Trivapor; il a été intrigué par la mention «Devenez membre! Notre but: faire revivre le vapeur *Neuchâtel*». Cette dame avait fait la croisière du soir à bord du *Blümlisalp* et avait observé que Marc figurait sur le tableau des sponsors, ce qui lui a donné l'idée de lui envoyer un petit mot. Denis se rend chez Marc et lui explique avec passion le projet et la possibilité d'acheter une machine à vapeur adéquate. Marc est séduit au point qu'il avance la somme nécessaire.

Ein Schutzpatron: Marc Oesterle

Am 7. September 2004 nutzt Trivapor das Zweite Internationale Dampfschiffstreffen, um seinen Infostand aufzustellen und Postkarten anzubieten. Ein paar Tage später erhält Präsident Denis Barrelet einen Anruf aus einem Berner Vorort. Der Anrufer Namens Marc hatte den Kartengruss einer Amerikanerin bekommen, die ihre Karte am Stand von Trivapor erworben hatte. Der rückseitige Aufruf: «Werden Sie Mitglied! Die *Neuchâtel* soll wieder dampfen!» Die Dame hatte nämlich auf der Abendfahrt an Bord der *Blümlisalp* den Namen von Marc auf der Sponsorentafel entdeckt, was ihr die Idee gab, Marc eine Grusskarte zukommen lassen. Denis sucht Marc an seinem Wohnort auf und berichtet ihm begeistert von der einmaligen Gelegenheit, eine passende Dampfmaschine gefunden zu haben.

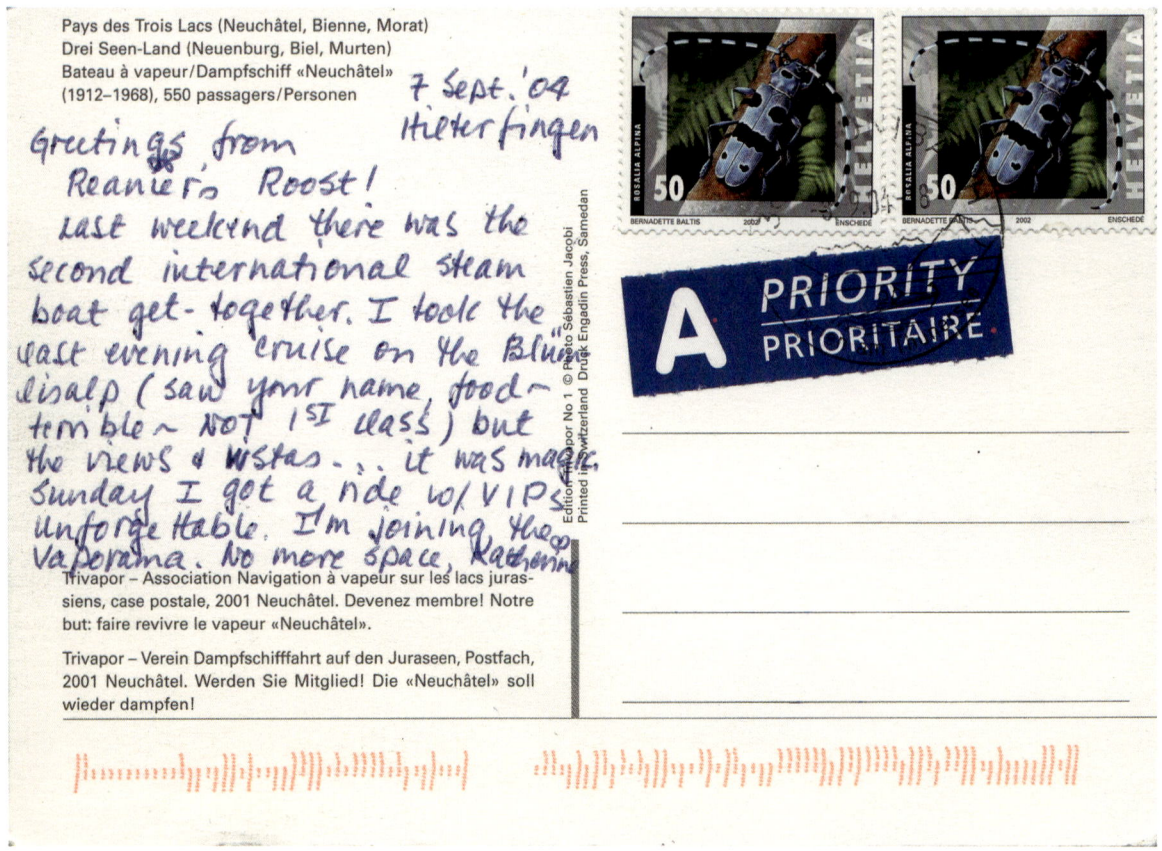

Carte postale éditée par Trivapor, envoyée le 7 septembre 2004 et qui a fait connaître le projet au futur mécène du *Neuchâtel*.
Diese Trivapor-Postkarte mit dem Poststempel vom 7. September 2004 knüpft den ersten Kontakt zum grossen Förderer und Mäzen der *Neuchâtel*.

Dans la correspondance de Marc et sur les bulletins de versement figure toujours le dessin d'un petit chien. Il s'agit de *Patches*, qui appartenait à la dame américaine. Elle avait dû s'en séparer pour raison de santé et l'avait confié à son ami Marc. Ainsi, *Patches* a joué un rôle important: grâce à lui, Trivapor a trouvé son mécène.

Ein überzeugter Marc streckt das nötige Geld vor.

Marcs Korrespondenz und seine Einzahlungsscheine sind immer mit der Skizze eines kleinen Hundes verziert. Es ist Patches, das Hündchen der amerikanischen Dame, die sich aus gesundheitlichen Gründen von ihm trennen muss. So kommt Patches zu Marc. Und so steht Patches am Anfang jener Verbindung, die für Trivapor zum tragenden Rettungsanker wird.

Rhein – DS Hansa/Niederlande

Bei der Restauration des Raddampfers Hansa hat die Dampfererhaltungsorganisation, die bereits die «Majesteit» (1926, KD) zum Fahren brachte, eine Dampfmaschine zu verkaufen. Die Maschine ist ursprünglich gebaut worden für die «Ludwig Fessler» (Chiemsee). Sie ist in gutem Zustand, völlig neu renoviert und komplett. Der Organisation ist es ein Anliegen, dass die Maschine wieder in Betrieb kommt. Kontaktperson: Klemens Key, Info@rader-stoomboot.nl

Technische Daten der Maschinenanlage von DS Ludwig Fessler

Hersteller	J. A. Maffei, München
Baujahr	1926
Fabriknummer	576
Bauart	schrägliegende Heissdampf-Verbundmaschine
Leistung	320 PS
Zylinderdurchmesser	HD 440 mm / ND 720 mm
Kolbenhub	900 mm
Betriebsdruck	11,5 atü
Umsteuerung	Bauart Stephenson

Annonce dans la Dampferzeitung 01/2004
Anzeige in der Dampferzeitung 01/2004

Achat, révision et pose de la machine
—

Une fois le financement assuré grâce à notre mécène, une délégation de Trivapor composée de Olivier Bachmann, Francis Monnard et Andrew Thompson se rend en janvier 2005 à Rotterdam avec Roger Waller (constructeur de la machine du *Montreux*) pour faire l'inventaire des pièces de la machine démontée et quelque 250 photos de celles-ci.

Acheminée dans deux conteneurs de Rotterdam à Yverdon-les-Bains, la machine est accompagnée depuis Bâle, le 12 février 2005, par quelque 300 participants à bord d'un train spécial à vapeur organisé par Andrew Thompson.

La machine est entreposée à Gressy, près d'Yverdon, aux bons soins de John Gaillard et d'une équipe de bénévoles qui entreprennent le polissage de divers éléments.

En 2006, la machine est transportée chez Nobs à Gwatt pour le contrôle de certaines géométries et la rectification de certaines pièces. Le vilebrequin est envoyé en 2007 à Hambourg pour être rectifié par l'entreprise spécialisée Metalock qui a déjà révisé les vilebrequins des vapeurs *Schiller* et *Gallia*.

Le 18 septembre 2008, la machine est transportée à Lucerne pour y subir une révision générale par Shiptec (filiale technique de SGV). Une fois remontée, la machine est dirigée sur Cornaux où elle arrive le 22 avril 2010. Là, prête à l'emploi, elle est entreposée dans les meilleures conditions dans l'usine électrique du «groupe e». Le 3 mai 2012, la machine et la chaudière neuve sont placées dans le bateau.

L'achat du bateau
—

En 2005, Trivapor possède bien une machine, mais toujours pas de bateau! Les tractations pour l'achat du bateau sont très laborieuses. Le restaurant cesse toute activité après la nuit de la Saint-Sylvestre, le 31 décembre 2006. Après de longues négociations menées par Beat Schär et Olivier Bachmann avec le propriétaire, le contrat d'achat au prix de Fr. 600 000,- est signé le 21 février 2007, cela grâce aux membres dont le nombre s'est accru de 40 % en 2006, passant de 872 à 1232, et à une nouvelle avance de notre mécène.

Kauf, Revision und Einbau der Maschine
—

Sobald die Finanzierung dank des vornehmen und grosszügigen Gönners gesichert ist, fährt Anfang 2005 eine Trivapor-Delegation nach Rotterdam. Mit dabei ist neben Olivier Bachmann, Francis Monnard und Andrew Thompson auch Roger Waller, der Erbauer der Maschine für die *Montreux*. Ziel ist es, die Teile der zerlegten Maschine zu inventarisieren und in rund 250 Bildern zu dokumentieren.

Die Maschine reist in zwei Behältern von Rotterdam nach Yverdon-les-Bains. Am 12. Februar 2005 begleiten 300 Teilnehmer ab Basel den von einer Dampflokomotive gezogenen von Andrew Thompson organisierten Extrazug.

Die Maschine und ihre Einzelteile werden in Gressy bei Yverdon deponiert und von John Gaillard und einem Freiwilligen-Team sorgfältig gepflegt.

Im Jahr 2006 wird die Maschine nach Gwatt gebracht, wo sie bei Nobs ausgemessen in einzelnen Teilen neu gerichtet wird. Die Kurbelwelle wird 2007 nach Hamburg geschickt, wo sich der Spezialist Metalock ihrer annimmt. Metalock hat schon die Kurbelwellen der *Schiller* und der *Gallia* revidiert.

Am 18. September 2008 erreicht die Maschine Luzern, wo sich Shiptec, eine Tochtergesellschaft der SGV, ihrer annimmt. Nach erfolgreicher Hauptrevision reist die neuwertige Maschine nach Cornaux, wo sie am 22. April 2010 eintrifft. Bereit zum Einbau lagert sie unter idealen Bedingungen in der Werkhalle des Elektrizitätswerks «groupe e». Am 3. Mai 2012 erhalten Heizkessel und Maschine ihren Platz im Schiff.

Der Kauf des Schiffs
—

Trivapor besitzt 2005 eine Maschine, aber noch kein Schiff! Die Verhandlungen zum Schiffskauf sind langwierig und aufwendig. Das Restaurant schliesst den Betrieb in der Silvesternacht vom 31. Dezember 2006. Nach langwierigen Verhandlungen die Beat Schär und Olivier Bachmann mit dem Besitzer führen, kommt am 21. Februar 2007 der Kaufvertrag für CHF 600 000.– zustande. Dies nicht zuletzt dank der Mitglieder, deren Zahl 2006 um 40 Prozent von 872 bis 1232 steigt und dank des grosszügigen Gönners, der erneut Entscheidendes leistet.

Le comité de Trivapor vient de signer l'acte d'achat du bateau à Neuchâtel, restaurant des Arts. De gauche à droite : Jean-Louis Scheurer, Beat Schär, Ludwig Oechslin, Yves Muller, Olivier Bachmann, Sébastien Jacobi, Denis Barrelet, Nathanael Jacobi, Jean-René Bannwart.
Das Komitee von Trivapor unterschreibt den Kaufvertrag für das Schiff im Restaurant des Arts in Neuenburg. Von links nach rechts: Jean-Louis Scheurer, Beat Schär, Ludwig Oechslin, Yves Muller, Olivier Bachmann, Sébastien Jacobi, Denis Barrelet, Nathanael Jacobi, Jean-René Bannwart.
Photo/Foto SJ, 21.2.2007

Quelques jours après l'achat du bateau, des bénévoles s'occupent des travaux d'entretien. Grâce à Hans Gasser, la cheminée retrouve ses couleurs d'antan.
Wenige Tage nach dem Schiffskauf übernehmen Freiwillige Unterhaltsarbeiten. Hans Gasser gibt dem Kamin das frühere Kleid zurück.
Photo/Foto SJ, 2007

Après démontage des boiseries d'un côté sur toute la longueur du bateau par les bénévoles, deux collaborateurs de SGV-Shiptec reconstituent le plan de la coque, notamment au moyen de rayons laser.
Nach Abbau von Holzwand und Fussboden auf einer Seite durch Freiwillige, vermessen zwei Spezialisten der SGV-Shiptec einem Laser-Gerät die Schale.
Photo/Foto SJ, 6.2.2008

Le *Neuchâtel* sous la neige le 31 décembre 2008.
Die verschneite *Neuchâtel* am 31. Dezember 2008.
Photo/Foto SJ.

La Fondation

Pour des raisons de pérennité, la Fondation Trivapor dont le président est Thierry Béguin, est créée le 6 juin 2007; elle devient propriétaire du bateau. De cette façon, le bateau est protégé juridiquement et toute l'opération est placée sous le contrôle du canton. L'association subsiste pour faire connaître le projet, enthousiasmer un large public et accueillir des membres toujours plus nombreux. Elle doit permettre de financer la fondation qui prend en charge les travaux de reconstruction du bateau. En l'honneur de son généreux mécène et pour marquer de manière officielle la reconnaissance à son égard, le conseil de fondation décide le 16 novembre 2012 de modifier les statuts pour adopter le nom de « Fondation Trivapor-Marc Oesterle-Navigation à vapeur sur les lacs jurassiens ». L'autorité de surveillance des fondations de Suisse occidentale, à Lausanne, approuve cette modification qui est publiée dans la Feuille officielle suisse du commerce du 19 février 2013.

Le décès du président-fondateur Denis Barrelet (26 novembre 1945-23 juin 2007)

Atteint d'une tumeur cérébrale cancéreuse, Denis Barrelet est fortement atteint dans sa santé. Il préside encore l'assemblée générale du 14 avril 2007 et demande alors à ne pas renouveler son mandat. Il est nommé président d'honneur avec reconnaissance et par acclamation. Proposé par Denis Barrelet, le nouveau président est Willy Schaer, ancien président de la Banque cantonale neuchâteloise. Ce n'est pas un novice : il avait déjà pris part à la séance constitutive de Trivapor le 23 août 1999, puis avait pris des contacts avec M. Rothpletz pour l'achat du bateau.

Études et projets

Dès la création de l'association, Denis Barrelet prend contact avec Yves Muller, responsable technique de la flotte CGN du Léman et qui vient de restaurer le *Montreux*, avec remplacement de la propulsion diesel-électrique par une machine à vapeur neuve. En 2004, Yves est invité à participer aux séances du comité, notamment pour la question de la machine à vapeur. Une fois retraité, Yves entre au comité de Trivapor, donnant à l'association une crédibilité incontestable. En 2004, un premier contact est pris avec l'Office

Die Stiftung

Um dem Projekt die Kontinuität zu sichern, wird am 6. Juni 2007 die Stiftung Trivapor gegründet. Sie ist der Schiffseigner. Das Schiff gewinnt so rechtlichen Schutz und das ganze Projekt kommt unter kantonale Aufsicht. Der Verein besteht weiter, um das Projekt zu fördern, bekanntzumachen, ein breites Publikum zu begeistern und die wachsende Mitgliederzahl zu betreuen. Er finanziert die Stiftung, die den Schiffsbau trägt. Als Zeichen des Danks und der Anerkennung gegenüber ihrem vornehmen Gönner und grosszügigen Förderer ändert die Stiftung mit Beschluss vom 16. November 2012 ihren statutarischen Namen. Sie heisst neu «Stiftung Trivapor - Marc Oesterle - Dampfschifffahrt auf den Juraseen.» Die westschweizerische Stiftungsaufsicht in Lausanne genehmigt diesen Namen und lässt ihn im Schweizerischen Handelsamtsblatt vom 19. Februar 2013 publizieren. Präsident der Stifftung ist Thierry Béguin.

Gründer und Präsident Denis Barrelet stirbt (26. November 1945-23. Juni 2007)

Ein Hirntumor schwächt Denis Barrelet schwer. Mit grosser Anstrengung präsidiert er die Generalversammlung vom 14. April 2007, an der er demissioniert und eine Wiederwahl ausschliesst. Dank und spontaner Applaus ernennen ihn zum Ehrenpräsidenten. Auf Vorschlag von Denis Barrelet wird mit Willy Schaer der langjährige Präsident der Neuenburger Kantonalbank zum Nachfolger. Schaer ist kein Neuling, er ist seit der Gründung von Trivapor am 23. August 1999 dabei, und er hat die Kontakte zu Herrn Rothpletz für den Schiffskauf geknüpft.

Studien und Projekte

Seit der Vereinsgründung ist Denis Barrelet im Gespräch mit Yves Müller, der als technischer Leiter der Genfersee-Flotte soeben die *Montreux* restauriert und deren Diesel-Elektro-Antrieb durch eine neue Dampfmaschine ersetzt hat. Im Jahr 2004 wird Yves Müller zu den Ausschuss-Sitzungen eingeladen, um in Fragen zur Dampfmaschine mitzuwirken. Einmal im Ruhestand, wird Yves Müller Mitglied im Trivapor-Ausschuss, was dem Vorhaben viel Glaubwürdigkeit schenkt.

fédéral des transports (OFT). Ce dernier ne traite qu'avec les entreprises au bénéfice d'une concession fédérale. Trivapor doit obtenir une lettre d'intention d'une entreprise de navigation officielle ou de préférence des deux (LNM et BSG) concernant l'exploitation future du bateau. Cette condition a été remplie.

Étude de faisabilité

Trivapor propose aux chantiers navals Bodan-Werft à Kressbronn[06] et Öswag à Linz de présenter une étude de faisabilité. Tous deux délèguent un ingénieur qui visite le bateau avec Yves Muller. Il s'agit de Jürgen Mattulat pour Bodan et de Reinhard Rath pour Oeswag. Bodan propose une offre d'étude pour Fr. 14 300, -, alors que Oeswag n'adresse pas une offre, mais une estimation du coût des travaux se montant à trois millions d'Euros. L'étude commandée à Bodan est livrée le 15 décembre 2005. En bref, le projet est faisable : prix de la restauration huit millions.

Chauffe aux granulés de bois (pellets)

À l'assemblée générale du 7 mai 2004, M. Martin Schmid, ingénieur à l'Oekozentrum de Langenbruck (BL) donne une information sur les possibilités de remplacer la chauffe au mazout par des granulés de bois (pellets). L'étude de faisabilité prouve que le pouvoir calorifique des pellets imposerait une chaudière d'un poids et d'un volume trop conséquents pour le bateau.

L'avant-projet

Après l'étude de faisabilité, un avant-projet un peu plus élaboré est commandé à la Société de navigation du lac des Quatre-Cantons (SGV) pour une capacité de 300 passagers et en se référant à la catégorie D2 qui est appliquée aux bateaux à vapeur des lacs suisses. Cet avant-projet est remis par Yves Muller à Gerhard Kratzenberg de l'OFT le 29 septembre 2008.

Le projet définitif

Par lettre du 20 janvier 2008, l'OFT précise que les bateaux qui n'ont pas eu d'autorisation d'exploiter valable (= permis de navigation) pendant plus de 40 ans relèvent de la classe B, c'est-à-dire qu'ils doivent remplir toutes les conditions d'un bateau neuf. Pour le *Neuchâtel*, cela signifie notamment l'adjonction de

---

06 — Ce chantier a cessé de fonctionner en 2010

Im Jahr 2004 werden erste Kontakt zum Bundesamt für Verkehr (BAV) geknüpft. Weil sich dieses Amt nur mit Unternehmen befasst, die eine eidgenössische Konzession haben, muss Trivapor die Absichtserklärung einer Schifffahrtsgesellschaft für den künftigen Betrieb des Dampfers vorweisen. Zwei Unternehmen kommen dafür in Frage (LNM und BSG). Diese Bedingung wird erfüllt.

Machbarkeitsstudie

Trivapor lädt die Bodan-Werft Kressbronn[06] und die Oeswag in Linz ein, eine Machbarkeitsstudie zu erstellen. Beide Unternehmen delegieren einen Ingenieur, der mit Yves Müller das Schiff aufsucht. Es sind Jürgen Mattulat von Bodan und Reinhard Rath für Oeswag. Bodan macht das Angebot das Projekt für CHF 14300.– zu studieren, während Oeswag keine Offerte abgibt, dafür die Kosten aller Arbeiten auf 3 Millionen Franken schätzt. Die Bodan-Studie trifft am 15. Dezember 2005 ein. Kurz: Projekt machbar, Restaurierungskosten rund acht Millionen.

Heizen mit Holz-Pellets (Granulat)

An der Hauptversammlung vom 7. Mai 2004 berichtet Martin Schmid, Ingenieur beim Oekozentrum Langenbruck BL, über die Möglichkeiten für den Ersatz von Heizöl durch Holz-Pellets. Die Machbarkeitsstudie zeigt, dass der Heizwert von Pellets einen Kessel erfordert, dessen Gewicht und Volumen die Möglichkeiten des Schiffsrumpfs übersteigen.

Der Vorentwurf

Nach der Machbarkeitsstudie, wird die Schifffahrtsgesellschaft des Vierwaldstättersees (SGV) beauftragt, ein etwas detaillierteres Vorprojekt auszuarbeiten, und zwar für die Tragkraft von 300 Personen nach Kategorie D2 für Dampfschiffe auf Schweizer Seen. Dieses Vorprojekt legt Yves Müller am 29. September 2008 beim BAV Herrn Gerhard Kratzenberg vor.

Das endgültige Projekt

Mit Schreiben vom 20. Januar 2008 erklärt das BAV, dass Schiffe, die während mehr als 40 Jahren keine Betriebserlaubnis (Schiffsausweis) hatten der Klasse B zuzuordnen sind, das heisst, alle Anforderungen eines Neubaus erfüllen müssen. Für die *Neuchâtel* bedeutet das den Einbau zusätzlicher Schottwände

---

06 — Diese Werft hat den Betrieb 2006 eingestellt.

cloisons étanches supplémentaires, avec la perte d'un tiers du salon dans la cale arrière.

Le 20 octobre 2008, Trivapor lance un appel d'offre pour les prestations d'ingénieurs suivantes:
1. Élaboration du projet détaillé (engineering)
2. Élaboration d'un cahier des charges et des documents d'appel d'offres, destinés aux chantiers navals capables de réaliser l'ensemble des travaux. Analyse des offres, recommandation d'adjudication.
3. Direction des travaux.

Cet appel d'offres est adressé à deux entreprises:
— BIL, Bateaux & infrastructures lacustres, MM. Pétignat & Cordoba, Montreux. Il s'agit d'un groupement d'ingénieurs qui s'est occupé de la restauration du *Savoie*. Il est créé pour chaque commande un consortium d'entreprises de tous les métiers concernés, qui est dissous une fois l'ouvrage terminé. Le BIL collabore notamment avec MEC Maritime Engineering Consulting, bureau technique de Bodan-Werft.
— Société de navigation du lac des Quatre-Cantons (SGV). Lucerne.

Après examen des offres, le choix se porte sur SGV, propriétaire et exploitant d'une flotte de cinq bateaux à vapeur, essentiellement pour la raison que cette entreprise garantit le suivi «après vente».

Le projet détaillé de Shiptec (service technique de SGV) prévoit une exécution en trois phases:
1. Restauration de la coque et construction des cloisons étanches..
2. Équipements techniques: installation de la machine, de la chaudière, de la génératrice, des gouvernails, des roues à aubes et du pont.
3. Superstructures, aménagement intérieur et équipements divers.

La durée de chaque phase serait de 12 mois, avec possibilité de réduire la durée totale en groupant les phases, selon les possibilités financières.

Le projet détaillé comprend notamment 103 plans et des notes de calculs, de stabilité notamment. Il est envoyé le 15 décembre 2009 par Shiptec à l'OFT qui valide la procédure d'approbation des plans selon lettre du 25 janvier 2010. Ainsi, les travaux peuvent commencer. Le contrat d'exécution pour la phase 1 est signé le 15 septembre 2010.

und achtern den Verlust eines Drittels des Salons. Am 20. Oktober 2008 schreibt Trivapor die Ingenieurarbeiten aus für
1. Ausarbeiten des Detailprojekts (Engineering)
2. Ausarbeiten des Pflichtenhefts, der Ausschreibeunterlagen für die Werften, die in der Lage sind, die ganze Arbeit zu leisten. Analyse der Angebote und Empfehlungen für die Vergabe.
3. Bauleitung

Diese Ausschreibung wird an zwei Unternehmen gerichtet:
— BIL, Bateaux & Infrastructures lacustres, MM. Petignat & Cordoba, Montreux. Das ist eine Gruppe von Ingenieuren, die sich mit dem Restaurieren der *Savoy* befasst hat. Sie bildet für jeden Auftrag ein Konsortium aller beteiligten Firmen, das nach Abschluss der Arbeiten wieder aufgelöst wird. BIL arbeitet mit MEC Engineering-Maritime Consulting, dem technischen Büro der Bodan-Werft zusammen.
— Schifffahrtsgesellschaft des Vierwaldstättersees (SGV), Luzern.

Nach Prüfung der Angebote fällt die Wahl auf die SGV, die Eigentümerin und Betreiberin einer Flotte von fünf Dampfschiffen, hauptsächlich aus dem Grund, dass das Unternehmen auch einen Service «nach Verkauf» garantiert.

Der ausführliche Projektbericht von Shiptec (so heisst der Technische Dienst der SGV) offeriert die Ausführung in drei Phasen:
1. Restarieren des Schiffsrumpfs und Einbau der Schottwände.
2. Technische Ausstattung: Einbau von Kessel, Maschine, Generator, Ruder, Schaufelräder und des Holzdecks.
3. Aufbauten, Innenausbau und Ausstattung.

Jede Phase würde etwa 12 Monate in Anspruch nehmen, mit möglicher Verkürzung beim Zusammenstellen von Phasen. Diese Option hängt von den finanziellen Möglichkeiten ab.

Das Detailprojekt umfasst 103 Zeichnungen und Berechnungen, namentlich zur Stabilität des Schiffes. Es wird am 15. Dezember 2009 dem BAV vorgelegt, welches das Plangenehmigungsverfahren durchführt und das Vorhaben mit Schreiben vom 25. Januar 2010 auch genehmigt. Die Arbeit kann beginnen. Der Leistungsvertrag für Phase 1 wird am 15. September 2010 unterzeichnet.

Modifications par rapport à l'état d'origine

Le but de Trivapor est de reconstituer le *Neuchâtel* dans un état aussi proche que possible de l'original. Mais depuis la construction du *Neuchâtel* en 1912, le monde a évolué! Pour notre projet, cela concerne essentiellement la sécurité, l'environnement et le confort.

— **Sécurité**: Le *Neuchâtel* doit remplir les conditions très rigoureuses d'un bateau à passagers neuf. Ainsi, les cloisons étanches destinées à garantir la flottabilité en cas de voie d'eau passent de quatre à huit. Ce nouvel agencement de la coque a pour effet de raccourcir le restaurant demi-salon situé dans la cale arrière. Ce local était peu utilisé, car la position élevée des sabords ne permettait pas aux passagers assis d'admirer le paysage. L'emplacement restant sera aménagé en espace convivial, alors que le restaurant sera placé sur le pont principal (voir ci-dessous). Selon les nouvelles normes, le bastingage doit avoir un mètre de haut, c'est-à-dire dix cm de plus qu'à l'origine.

— **Environnement:** Les toilettes d'origine, situées à bâbord de part et d'autre des tambours, avaient un écoulement direct au lac! Un WC pour handicapés sera aménagé dans l'une des cabines actuelles, alors que les autres seront situés dans la cale avant. L'écoulement se fera dans un réservoir pour matière fécale, également placé dans la cale avant et qui sera régulièrement vidé dans une conduite menant aux canalisations et à la station d'épuration. Une autre nouveauté relative à l'environnement concerne la chaudière qui sera à trois circuits de vapeur. Elle sera donc plus encombrante que celle d'origine et devra être séparée de la machine par une paroi étanche. De ce fait, la place manquera pour l'installation d'une cheminée télescopique, ce qui impose une cheminée basculante.

— **Confort:** Le pont principal arrière, partiellement doté d'un vitrage, accueillera le nouveau restaurant panoramique qui pourra accueillir 70 convives. Une partie ouverte et abritée sera conservée en poupe, alors que les fervents d'air du large préfèreront s'installer sur le pont totalement ouvert à l'avant du bateau.

L'alimentation en électricité sera totalement nouvelle. En fin de carrière, le *Neuchâtel* ne disposait que d'une faible dynamo pour l'éclairage. Il n'y avait pas d'autres besoins en électricité. Les boissons étaient tenues au frais dans des armoires étanches

Änderungen gegenüber dem Ursprungszustand

Ziel von Trivapor ist es, die *Neuchâtel* in einem Zustand aufzubauen, der dem Original von 1912 möglichst nahe kommt. Aber seit dem Bau der Neuchâtel hat sich die Welt verändert! Für unser Projekt betrifft das vor allem die Sicherheit, den Umweltschutz und den Komfort.

— **Sicherheit:** Die *Neuchâtel* muss die sehr strengen Randbedingungen für ein neues Passagierschiff erfüllen. So werden neu acht statt vier Schotträume nötig sein, um die Schwimmfähigkeit des leckgeschlagenen Schiffs zu garantieren. Das so veränderte Layout der Schale bedingt das Verkürzen des Halbsalons achtern unter Deck. Dieser Raum wurde ohnehin selten benutzt, weil die hohe Lage der Fenster sitzenden Fahrgästen den Blick auf die Landschaft erschwerte. Der verkleinerte Raum wird so freundlich wie möglich gestaltet, während das Restaurant künftig auf dem Hauptdeck angeordnet ist (siehe unten).

Nach den neuen Bestimmungen muss die Reling einen Meter hoch werden. Das sind zehn Zentimeter mehr als zuvor.

— **Umwelt:** Die Fallrohre der ursprünglichen Toiletten, die Backbord beidseits der Schaufelräder angeordnet waren, führten direkt zum See! In der einen dieser beiden Kabinen wird nur mehr die Behindertentoilette untergebracht, während die übrigen WCs ins Vorschiff unter Deck zu liegen kommen. Die Abwässer werden ebenfalls im Vorschiff in einem Fäkalientank gesammelt und künftig regelmässig über eine bewegliche Leitung in die Kanalisation der Kläranlage geleitet. Als weitere Neuerung für die Umwelt wird der Kessel mit drei Kreisläufen arbeiten. Dadurch wird er voluminöser, was den für einen teleskopierbaren Kamin nötigen Raum belegt und dazu zwingt, den Schornstein für Brückendurchfahrten zu kippen.

— **Komfort:** Das Hauptdeck wird achtern teilweise verglast. In diesen Bereich kommt das Panorama-Restaurant mit 70 Plätzen. Eine offene und überdachte Zone wird achtern beibehalten. Wer den Fahrtwind geniessen will, wird sich auf dem offenen Vorderdeck wohlfühlen.

Das elektrische Bordnetz wird komplett neu. Bis ans Ende ihrer ersten Laufbahn verfügte die *Neuchâtel* bloss über einen bescheidenen Dynamo für Beleuchtung. Andere Strombezüger gab es nicht. Die Getränke wurden in dichten Schränken aufbewahrt,

265

garnies de blocs de glace livrés par les brasseurs. La cuisinière à bois n'était plus guère utilisée. Dorénavant, l'électricité sera omniprésente: gouvernail assisté, radar, GPS, frigos, cuisine... Une génératrice efficace, mue par un moteur diesel, trouvera place dans la cale avant, au-delà des toilettes. La buvette de 2e classe, qui avait des airs de taverne, sera donc sacrifiée.

La capacité de charge du *Neuchâtel* était de 550 passagers. Compte tenu des modifications apportées et des nouvelles prescriptions de sécurité, la nouvelle norme sera de 300 passagers.

Mi-février 2010, Trivapor a encore obtenu une offre indicative. Les coûts, basés sur une exécution en trois étapes, s'élèvent à quelque 9 millions de francs. Pour la mise en cale sèche et l'entreposage du bateau, l'emplacement et l'infrastructure sur place, l'estimation de SGV porte sur un million supplémentaire.

Les études économiques
—

Indépendamment des questions techniques, les entreprises de navigation, les sponsors et les pouvoirs publics souhaitent connaître la viabilité économique de l'exploitation du bateau à vapeur. Sur mandat de Trivapor, le professeur Jürg Meister, Dr ès sciences économiques, chargé de cours à l'Université de Saint-Gall, a produit deux études qui font autorité et contribuent à la crédibilité du projet.[07]

Rapport sur l'impact d'un bateau à vapeur sur l'économie de la région des Trois lacs
Ce rapport a été présenté lors d'une conférence de presse le 15 avril 2008 à bord du *Neuchâtel*; en voici un bref résumé.

Le vapeur *Neuchâtel* est-il une attraction? Oui, car il cumule les critères de succès: navigation, technique vivante, nostalgie, gastronomie, plus d'autres joies annexes procurées par des liens en réseau. Le mélange du plaisir de la navigation avec celui de la technique classique, grâce aux belles machines au fonctionnement admirable et simple, constitue un créneau porteur de nostalgie. L'atmosphère inhérente au bateau à vapeur offre une ambiance de dépaysement et une sensation de bien-être. En outre, le *Neuchâtel* n'est pas une réplique, mais un bien culturel authentique grâce

---

07 — Le prof. Meister avait déjà produit en 2004, sur mandat de l'Association suisse de la navigation (VSSU), un rapport sur l'impact de la navigation sur l'économie suisse, touristique notamment.

für welche die Brauereien Eisblöcke zum Kühlen lieferten. Der Holzherd wurde selten eingeheizt. Künftig wird Strom allgegenwärtig genutzt: Servolenkung, Radar, GPS, Kühlschrank, Küche... Eine leistungsfähige Diesel-Generatorgruppe wird im Vorderschiff vor den Toiletten untergebracht. Ihr muss die einstige Zweitklass-Schenke, deren Interieur an eine Taverne erinnerte, geopfert werden.

Die Tragfähigkeit der *Neuchâtel* betrug früher 550 Personen. Die oben beschriebenen Veränderungen und die neuen Sicherheitsvorschriften reduzieren die Norm auf 300 Passagiere.

Mitte Februar 2010 erhält Trivapor nochmals eine Richtofferte. Die Kosten erreichen bei der Ausführung in drei Etappen rund 9 Millionen Franken. Für das Aufdocken und Unterbringen des Schiffs, die Miete von Infrastruktur und Werftplatz rechnet die SGV mit einer weiteren Million.

Wirtschaftlichkeitsstudien
—

Neben den technischen Fragen interessieren sich Schifffahrtsunternehmen, Gönner, Sponsoren und Behörden auch für die betriebswirtschaftlichen Aspekte. Im Auftrag von Trivapor hat Dr. oec Jürg Meister, Lehrbeauftragter der Universität St. Gallen, mit zwei massgebenden Studien an die Glaubwürdigkeit des Vorhabens beigetragen.[07]

Bericht zum volkswirtschaftlichen Nutzen eines Raddampfschiffes in der Drei-Seen-Region
Dieser Bericht ist am 15. April 2008 an Bord der *Neuchâtel* den Medien vorgestellt worden. Hier das Wesentliche in Kürze:

Ist der Raddampfer *Neuchâtel* eine Attraktion für Fremdenverkehr und Wirtschaft? Ja! Ein Dampfschiff kombiniert verschiedene Erlebniswerte: Schifffahrt, mit den Sinnen erlebbare Technik, Nostalgie, Gastronomie, und sie bereichert damit bestehende Betätigungs- und/oder Erlebnisfelder. Die Freuden einer Schifffahrt und das Bewundern der klassischen Mechanik einer prächtigen Maschine, deren Arbeit alle Sinne erfassen kann, erschliesst eine tragfähige Marktnische. Stimmung und Atmosphäre ergänzen sich. Ein reaktiviertes DS *Neuchâtel* wirkt

---

07 — Prof. Meister hat bereits 2004 im Auftrag des Verbands Schweizerischer Schifffahrtsunternehmen (VSSU) einen Bericht über die Wertschöpfung der Schifffahrt auf Schweizer Seen und Flüssen erstellt.

L'association Trivapor	Der Verein Trivapor
à la substance originale dominante et à la machine historique appropriée. Dernier vapeur fluvial et lacustre de Suisse, le *Neuchâtel* représente quelque chose d'unique sur le marché.	mit dominierender Originalsubstanz und historisch passender Maschine sehr authentisch (keine Replik!). Einmal als Kulturgut par excellence, dann aber auch als letzter Seitenraddampfer für Fluss-, und Binnenseeschifffahrt der Schweiz, wird die *Neuchâtel* einmalig im Markt.
Un bateau à vapeur correspond à la «philosophie» globale de la destination Pied du Jura et Pays des trois lacs; il contribue à valoriser ces entités, à les profiler. À titre complémentaire, voire concurrentiel, l'attraction du bateau à vapeur doit pouvoir s'intégrer à un réseau: autres offres vapeur, institutions culturelles, gastronomie, mise en valeur de sites naturels. Le choix est abondant: Vapeur Val-de-Travers, réserves naturelles du Fanel (La Sauge) et de Champ-Pittet (Yverdon), Chaumont, Ile de Saint-Pierre, etc. L'offre d'un bateau à vapeur et de liens correspondants pourrait mettre en valeur les éléments positifs, leur «mettre de la couleur». Ainsi, il serait possible de mieux travailler le marché suisse et d'accroître l'activité économique de la région.	Ein Dampfschiff passt in die Gesamtphilosophie der Destination Jurasüdfuss oder der Drei-Seen-Region. Es ist geeignet diese aufzuwerten und zu profilieren. Chancen bietet die Zusammenarbeit mit anderen technikgeschichtlichen, kulturellen touristischen und gastronomischen Angeboten der Region, etwa der Dampfbahn im Val-de-Travers, dem Naturschutzgebiet Fanel, dem Pro Natura-Zentrum Champ-Pittet, dem Aussichtspunkt Chaumont oder der geschützten Landschaft Petersinsel. Der Einsatz des Dampfschiffs kann Bestehendes ergänzen, verstärken und «farbiger» gestalten, was die Wertschöpfung in der Region insgesamt positiv beeinflusst.
Le succès d'une attraction, aussi marquante soit-elle, dépend essentiellement d'une mise en valeur constante et professionnelle. Au marketing qualifié doit suivre une prestation parfaite pour que le bon renom persiste: état technique impeccable, transparence de l'offre (horaire et prix), information actualisée, service de premier ordre par un personnel accueillant et compétent.	Der nachhaltige Erfolg jeden Erlebnisangebots bleibt abhängig vom konsequenten Marketing, und perfektem Service die den guten Ruf begründen und fördern. Tadelloser technischer Zustand, absolute Zuverlässigkeit, Angebotstransparenz (Fahrplan, Preis), aktueller Information und freundliche, kompetente Leistungen des flott auftretenden Personals.
Il est essentiel que le bateau soit intégré dans un système structuré et exploité selon les règles de bonne gestion. C'est possible avec LNM ou BSG ou un consortium de ces deux sociétés. Trivapor finance le bateau prêt à l'emploi: c'est une solution extrêmement avantageuse pour le futur exploitant qui ne doit pas procéder à un investissement de départ.	Das Schiff als Attraktionspunkt muss in einer strukturierten Organisation angesiedelt werden und nach sorgfältigem Konzept betrieben sein. LNM oder BSG oder ein Konsortium beider bieten sich an. Trivapor finanziert das Schiff betriebsbereit. Eine ausgesprochen günstige Ausgangslage, die ohne Initialinvestition auskommt.
En Suisse, et dans l'Europe entière, il y a une clientèle de passionnés qui naviguent périodiquement et qui entrent aussi en considération pour le Pays des trois lacs.	In der Schweiz (und in ganz Europa) gibt es Verkehrs- und Dampferfreunde, die bereit sind, für Fahrten mit der *Neuchâtel* in die Drei-Seen-Region zu kommen.
Les courses vapeur doivent être clairement définies et publiées en conséquence, donc facilement accessibles. Le tarif doit être correct, sans supplément de prix. Dans toute la Suisse, l'offre vapeur a dynamisé le marché de la navigation et a élevé son seuil de saturation.	Der Einsatz eines Dampfschiffs muss regelmässig, klar publiziert und niederschwellig zugänglich sein. Das heisst, dass die Fahrten ohne Preiszuschlag anzubieten sind. Dampfschiff-Angebote haben den Schifffahrtsmarkt Schweiz dynamisiert und dessen Sättigungslevel angehoben.
En plus des courses publiques à l'horaire, le *Neuchâtel* ouvre un créneau intéressant dans l'offre des courses spéciales. Le prix devrait être abordable à des groupes dès 60 passagers, pour lesquels les autres vapeurs suisses sont trop chers vu leur grande capacité.	Über den Verkehr nach Fahrplan hinaus ergibt sich für die *Neuchâtel* ein interessantes Potential für Extrafahrten. Die anderswo eingesetzten grösseren Dampfschiffe haben höhere Charterpreisen.

Un marché potentiel non négligeable existe: le vapeur *Neuchâtel* réactivé est apte à générer un surplus de trafic respectable sur les lacs jurassiens, ce qui permet non seulement de rentabiliser le bateau, mais de générer un certain profit pour l'économie régionale. Le pronostic de succès pour la remise en service du bateau à vapeur *Neuchâtel* est absolument positif.

Plan d'affaires (business plan) du bateau à vapeur Neuchâtel

Cette étude, réalisée en collaboration avec les entreprises de navigation BSG à Bienne et LNM à Neuchâtel, a été présentée à la presse le 12 septembre 2008 à bord du *Seeland* au port de Bienne. Voici, brièvement résumées, les conclusions du plan d'affaires.

Le bateau à vapeur *Neuchâtel*, qui resterait propriété de la Fondation Trivapor, serait exploité par une entreprise concessionnaire, c'est-à-dire la Société de navigation du lac de Bienne et/ou celle des lacs de Neuchâtel et Morat. Le bateau serait mis à disposition gratuitement par Trivapor, ce qui aurait pour avantage d'éviter à l'entreprise les frais de capital et d'amortissement.

Le *Neuchâtel* pourrait être exploité avec un excédent de recettes de 30 000 à 50 000 francs par an, en tenant compte des hypothèses suivantes:

Utilisation dans des courses publiques à l'horaire, de mi-juin à mi-septembre, durant 90 jours consécutifs avec un équipage de quatre personnes. L'offre porterait sur deux courses aller et retour par jour, d'une durée d'environ quatre heures chacune. Par exemple Bienne-Neuchâtel et retour, Neuchâtel-Morat et retour ou Neuchâtel-Estavayer-Yverdon et retour. Il pourrait s'agir de courses existantes ou de prestations supplémentaires. La fréquentation devrait atteindre 105 à 115 passagers par simple course. Hors de cette période de haute saison, il conviendrait d'organiser 20 à 25 courses spéciales. Un bon service de restauration à bord permettrait d'améliorer encore ce résultat favorable.

Une utilisation du bateau à vapeur uniquement dans des croisières spéciales et à tarif spécial n'est pas recommandée. Il serait très difficile de rentabiliser de telles croisières tous les jours durant trois mois, sauf – peut-être – les deux ou trois premières années.

Cette étude très fouillée et bien documentée permet d'envisager avec optimisme la remise en service du *Neuchâtel*.

Hier könnten sie für Gruppen ab 60 Personen attraktiver sein. Ein hinreichender Markt ist insgesamt vorhanden: Ein reaktiviertes DS *Neuchâtel* ist geeignet, auf den Juraseen Mehrverkehr zu generieren, der sowohl den Einsatz des Schiffes rentabilisiert, als auch (vor allem regional) eine respektable induzierte volkswirtschaftliche Wertschöpfung generiert. Unter allen diesen Prämissen lautet die Prognose für die Wiederinbetriebnahme der *Neuchâtel* vorbehaltlos positiv.

«Business-Plan» für den Raddampfer Neuchâtel

Diese Studie, in Zusammenarbeit mit den Schifffahrtsgesellschaften von Biel und Neuenburg verfasst, wurde den Medien am 12. September 2008 an Bord des Motorschiffs *Seeland* im Hafen von Biel vorgestellt. Ihre Schlussfolgerungen sind hier zusammengefasst.

Der Raddampfer *Neuchâtel* soll Eigentum der Stiftung Trivapor bleiben und durch ein konzessioniertes Schifffahrtsunternehmen betrieben werden. Das kann die Bielersee-Schifffahrts-Gesellschaft (BSG) und/oder die Schifffahrtsgesellschaft Neuenburger- und Murtensee (LNM) sein. Das Schiff wird von Trivapor gratis zur Verfügung gestellt, was dem Betreiber Abschreibungs- und Finanzierungskosten erspart. Der Raddampfer hat ein jährliches Gewinnpotential von 30 000.– bis 50 000.– Franken und zwar unter folgenden Bedingungen:

Einsatz während 90 Tagen von Mitte Juni bis Mitte September nach Fahrplan mit vier Mann Besatzung. Das Angebot soll zwei Retourfahrten von knapp vier Stunden vorsehen. Zum Beispiel: Biel–Neuenburg und zurück, Neuenburg–Murten und zurück oder Neuenburg–Estavayer–Yverdon und zurück (schon bestehende oder zusätzliche Fahrten). Dies bei einer mittleren Nachfrage von 105 bis 115 Personen je einfacher Fahrt. In der Vor- und Nachsaison sollen 20 bis 25 Extrafahrten verkauft werden. Ein gutes Gastronomie-Angebot an Bord verbessert das Resultat.

Der Einsatz des Dampfers ausschliesslich in Sonderkursen und zu Sondertarifen ist nicht empfohlen. Bloss in den ersten zwei, drei Jahren, dürfte es gelingen, das Schiff drei Monate lang regelmässig gut auszulasten, also wirtschaftlich zu betreiben.

Diese fundierte und sorgfältig dokumentierte Studie erlaubt Optimismus mit Blick auf die Inbetriebnahme der *Neuchâtel*. Sie verspricht dem Raddampfer des Drei-Seen-Landes eine gute Zukunft.

Le financement

Au départ, le financement de la reconstruction du bateau a été envisagé essentiellement par les contributions des membres, de fondations et de sponsors de l'économie privée.

Les dons les plus importants ont été ceux du mécène. Les membres ont joué un rôle important, notamment par les affiliations aux Clubs 1926 et 1912, au nombre de 322 au début de 2013.

L'économie privée a montré peu d'intérêt pour un tel projet, car les entreprises concentrent leurs efforts sur le sponsoring du sport.

Pour la troisième phase, de l'ordre de 3,2 millions, il a donc été envisagé de solliciter les collectivités publiques, la somme étant répartie sur les quatre cantons riverains et trois ou quatre villes. Ceci à l'exemple des cantons et communes des autres lacs suisses qui ont soutenu généreusement la restauration de leur flotte historique. Le 23 juin 2009, les députés neuchâtelois acceptent par 57 voix contre 39 un postulat interparti priant le Conseil d'État «d'étudier le soutien à la réhabilitation du bateau à vapeur *Neuchâtel*.»

À l'initiative des Conseillers d'État neuchâtelois Philippe Gnaegi (chef du département de l'éducation, de la culture et des sports) et Thierry Grosjean (chef du département de l'économie), les représentants des quatre cantons concernés prennent une décision de principe, lors de la séance du 17 mai 2011, de financer la dernière phase des travaux.

À Neuchâtel, l'État alloue Fr. 400 000,- à Trivapor et la Ville Fr. 200 000.–, alors que l'Etat de Vaud, encouragé par les députés du Nord Vaudois, accorde une subvention de Fr. 500 000.–. Or voilà que Berne se désiste avec l'argument que le bateau sera exploité par Neuchâtel, donc en concurrence avec l'entreprise de navigation de Bienne. De ce fait, Fribourg renonce également, mais intervient par le biais de la Loterie romande (Fr. 250 0 00.-) On est donc loin du compte et il est urgent de signer le contrat de la phase 3! Une fois de plus, notre mécène débloque la situation en octroyant une avance de fonds.

L'importance du soutien d'un canton doit être mesurée à l'addition des contributions de l'État et de sa commission de répartition de la Loterie romande. Cette dernière avait déjà versé précédemment Fr. 850 000 pour le canton de Neuchâtel et Fr. 600 000 pour le canton de Vaud.

Finanzierung

Zunächst denkt man, die Renaissance des Schiffs über Mitgliederbeiträge, Stiftungen, Spenden und Sponsoring Privater finanzieren zu können.

Die grössten Beiträge leistete der grosse Gönner von Trivapor.

Mitglieder spielen eine wichtige Rolle, besonders jene der Clubs 1926 und 1912, die einen Beitrag in der Höhe dieser Jahreszahlen leisten Anfang 2013 sind das 322 Mitglieder.

Der private Sektor bekundet wenig Interesse am Vorhaben, er zieht sportliche Aktivitäten vor.

Zur Finanzierung der dritten Bauphase im Umfang von rund 3,2 Millionen schlägt Trivapor vor, den Betrag auf die vier Kantone und drei grössere Städte aufzuteilen. Dies nach dem Muster anderer Schweizer Seen, deren Anrainer-Kantone und Gemeinden ähnliche Schiffsprojekte gefördert haben. Am 23. Juni 2009 akzeptieren die Neuenburger Deputierten mit 57 zu 39 Stimmen einen überparteilichen Antrag an den Grossen Rat, «die Unterstützung des Revivals des Raddampfers *Neuchâtel* zu prüfen».

Auf Initiative der Neuenburger Staatsräte Philippe Gnägi, Departementschef Bildung, Kultur und Sport, und Thierry Grosjean, Departementschef Wirtschaft, fällen die Vertreter der vier Kantone am 17. Mai 2011 den Grundsatzentscheid, die letzte Phase der Arbeiten zu finanzieren.

Der Kanton Neuenburg bewilligt 400 000.- Franken für Trivapor, und die Stadt deren 200 000.-, während der Kanton Waadt, ermuntert durch die Deputierten des Nordteils eine halbe Million spricht. Wider Erwarten zieht sich Bern zurück mit dem Argument, das Dampfschiff werde von der Neuenburger Gesellschaft betrieben, welche die von Bern unterstützte Bieler Gesellschaft konkurriere. In der Folge zieht sich auch Freiburg zurück, trägt über die Loterie romande dennoch 250 000 Franken bei. Noch geht die Rechnung nicht auf und der Vertrag für die 3. Bauetappe harrt der Unterschriften. Einmal mehr springt der edle Gönner von Trivapor in die Lücke. Er rettet die Lage mit einem grosszügigen Vorschuss.

Gewiss, ergibt sich die Beitragshöhe der Kantone aus der Summe ihrer direkten Subventionen und dem Kantonsanteil an den Gutsprachen der Loterie romande. Schon zuvor überweist diese 850 000 Franken für Neuenburg und 600 000 Franken für die Waadt.

Entre-temps, sur recommandation de l'Office neuchâtelois du patrimoine et de l'archéologie, l'Office fédéral de la culture a financé 25 % des travaux subventionnables au titre des monuments historiques, pour un total de Fr. 1 894 000. – pour les trois phases de travail. C'est, à part celle du mécène, la contribution la plus importante.

L'effectif des membres

Après un début très modeste dû au sentiment d'échec au départ, le nombre des adhérents a connu une légère augmentation suite à la publicité faite lors d'Expo.02. L'achat de la machine, puis du bateau et enfin les travaux de restauration ont été les moteurs de motivation pour des membres toujours plus nombreux.

Évolution du nombre des membres, toujours au 31 décembre :
    1999=77   2003=187   2004=650
    2006=1232   2007=1956   2008=3269
    2009=3536   2010=3939   2011=4256
    2012=4589

Inzwischen und auf Empfehlung der kantonalen Denkmalpflege übernimmt das Bundesamt für Kultur einen Viertel der subventionierbaren denkmalpflegerischen Arbeiten aller drei Arbeitsetappen, im Gesamtbetrag von 1 984 000 Franken. Abgesehen vom weit grösseren Engagement des vornehmen Trivapor-Gönners ist es der wichtigste Beitrag überhaupt.

Die Zahl der Mitglieder

Nach einem zögerlichen Start im Erahnen eines möglichen Scheiterns steigt die Zahl der Mitglieder dank der Werbung während der Expo.02 allmählich an. Erst der Ankauf der Dampfmaschine und des Schiffs und schliesslich auch der Beginn der Renovierungsarbeiten beflügeln den Zulauf neuer Mitglieder endgültig.

Entwicklung der Mitgliederzahl, jeweils per 31. Dezember :
    1999=77   2003=187   2004=650
    2006=1232   2007=1956   2008=3269
    2009=3536   2010=3939   2011=4256
    2012=4589

Une roue à cinq pales au lieu de 9... et des algues.
Ein Schaufelrad mit fünf statt neun Schaufeln... dafür mit viel Bart.
Photo/Foto SJ, 1.10.2009

Les travaux de restauration
Travaux préliminaires

Dès l'acquisition du bateau, les bénévoles du jeudi («Jeudistes») en assurent l'entretien et procèdent au démontage de tous les équipements superflus. Le plan de la coque étant introuvable, Shiptec le reconstitue au laser. Pour cela, il est nécessaire de dégarnir l'intérieur de la coque dans toute sa longueur sur un côté. La salle du restaurant reste accueillante et disponible pour des réceptions privées et les séances du comité.

Die Renovation
Vorarbeit

Nach dem Erwerb des Schiffes, übernehmen jeweils donnerstags Freiwillige (*Les Jeudistes*) den Unterhalt. Sie demontieren alles Überflüssige. Mangels Originalplänen, zeichnet Shiptec mit Laserhilfe neue. Dazu muss die ganze Schale innen einseitig freigelegt werden. Noch bleibt das Restaurant intakt. Es dient privaten Anlässen und dem Vorstand für seine Sitzungen.

Les bénévoles « jeudistes » démontent tout ce qui ne sera pas utile pour la reconstruction du bateau. Sous le plancher du salon, l'état de la cale fait bonne impression.
Die Freiwilligen vom Donnerstag (« Jeudistes ») demontieren, was für die Rekonstruktion des Schiffes nicht benötigt wird. Der Zustand des Rumpfes unter dem Salonboden macht einen guten Eindruck.
Photo/Foto OBa

Les roues à aubes

Lors de la transformation du bateau en restaurant, la partie supérieure des roues à aubes a été détruite pour gagner de la place à l'intérieur. La partie inférieure, soit 5 pales sur 9, a été maintenue pour des raisons d'esthétique. Préalablement à la mise en chantier du bateau, les parties restantes des roues à aubes ont été retirées le 1er octobre 2009. Pour cela, les roues attachées à des cordes ont été lâchées au fond du port. Ensuite, le bateau a été reculé de quelques mètres et une grue a repêché les roues pour les transporter à Lucerne. Reconstruites par Shiptec en réutilisant les pales restantes, les roues ont été montées sur le bateau en novembre et décembre 2012.

Le chantier de Sugiez

Parmi les différents chantiers visités en vue des travaux de réhabilitation du *Neuchâtel*, celui de Sugiez (FR), au bord du canal de La Broye, présente le plus d'avantages. Il s'agit notamment du temps à disposition qui n'est pas limité et de la présence sur place de l'entreprise TSM Perrottet SA, garante d'une riche expérience et d'une organisation efficace. En outre, la situation géographique, au centre du Pays des Trois Lacs, est la bienvenue.

Le départ du bateau pour Sugiez

Le *Neuchâtel* quitte son port d'attache samedi 18 septembre 2010; il est d'abord transféré à Morat pour une présentation publique. Le lendemain, il est convoyé à Sugiez. Pour ces déplacements, le *Neuchâtel* est amarré sur le côté (à couple) du chaland *Attila*.

Une opération spectaculaire!
La mise à terre du *Neuchâtel*

Samedi 16 octobre 2010, à Sugiez, une grue géante est en place au bord du canal de La Broye. Les câbles sont reliés à un support en gros profilés d'acier qui repose dans le canal. Le *Neuchâtel* vient se placer sur les tins du longeron de ce berceau de manière très précise, avec l'aide de plongeurs. Ce berceau porte le bateau sur toute sa longueur, de manière à éviter toute déformation. Le levage commence. Emporté sur son berceau, le bateau s'élève d'une dizaine de mètres au-dessus de La Broye. Il pivote d'un quart de tour et avance de quelques mètres pour prendre place sur les socles préparés à cette intention.

Le poids du *Neuchâtel* est de 145 t, celui du

Schaufelräder

Beim Umbau des Schiffs in ein schwimmendes Restaurant, werden die oberen Hälften der Schaufelräder zerstört, um Platz für Küche und Garderoben zu gewinnen. Die unteren Hälften oder je fünf von total je neun Schaufeln wahren den Schein. Bevor die Rekonstruktion des Schiffs beginnt, werden die verbliebenen Schaufelradhälften am 1. Oktober 2009 im Hafen an Seilen auf Grund abgesenkt. Danach wird das Schiff rückwärts bewegt, damit ein Kran die Radteile erreichen, auswassern und für den Transport nach Luzern verladen kann. Shiptec vermisst diese Originalteile und konstruiert neue Räder mit Einbezug der historischen Schaufeln. Im November und Dezember werden die rekonstruierten Schaufelräder am Schiff montiert.

Die Werft in Sugiez

Für das Aufarbeiten des Schiffs werden verschiedene mögliche Bauplätze besichtigt. Jener von Sugiez am Broye-Kanal bietet am meisten Vorteile: Hier drängen keine ablaufenden Fristen, und man darf mit der Hilfe von TSM-Perrottet AG rechnen. Sie bürgt mit reicher Erfahrung für Qualität und beste Organisation. Ausserdem hat die geografische Lage mitten im Drei-Seen-Land mehr als nur symbolische Kraft.

Das Schiff wird nach Sugiez überführt

Die *Neuchâtel* verlässt ihren Stammhafen am Samstag, 18. September 2010, und wird zuerst in Murten öffentlich präsentiert. Am nächsten Tag geht's zurück nach Sugiez. Für diese Überfuhren geht das Mehrzweckschiff *Attila* der *Neuchâtel* buchstäblich zur Seite.

Ein spektakuläres Ereignis!
Die *Neuchâtel* wird ausgewassert!

In Sugiez am Ufer des Broye-Kanals steht am Samstag, 16. Oktober 2010, ein riesiger Raupenkran bereit. Er trägt einen besonderen Rahmen der das Schiff aufnehmen soll. Sobald dieser im Wasser liegt, wird die *Neuchâtel* genau über die auf dem Längsträger positionierten Stapelklötze gezogen. Taucher überwachen und dirigieren den Vorgang. Der Tragrahmen stützt die Schale auf der ganzen Länge und verhindert mögliche Verformungen. Der Kran hebt Tragrahmen und Schiff etwa zehn Meter über den Fluss. Eine Drehbewegung und eine kurze Fahrt landeinwärts bringen die *Neuchâtel* zum Werkplatz abgesenkt.

Le bateau quitte son emplacement, tiré par deux canots à moteur.
Das Schiff verlässt den Hafen, geschleppt von zwei Motorbooten.
Photo/Foto SJ, 18.9.2010

Au débarcadère extérieur, le *Neuchâtel* accoste le chaland *Attila*.
An der äusseren Ländte geht die *Neuchâtel* der *Attila* zur Seite.
Photos/Foto SJ, 18.9.2010

En prévision du déplacement à Sugiez, le bateau est ballasté au moyen de gros récipients remplis d'eau.
Für die Überfuhr nach Sugiez wird die Schale mit Wasserbehältern belastet.
Photo/Foto SJ, 28.8.2010

La cheminée factice a été dotée d'une charnière pour passer sous les ponts.
Ein Scharnier lässt die Kamin-Attrappe umklappen, um Brücken unterqueren zu können.
Photo/Foto YM, 18.9.2010

Le *Neuchâtel* à couple de l'*Attila*.
Die *Neuchâtel* in Fahrt mit *Attila*.
Photos/Foto SJ, 18.9.2010

Le *Neuchâtel* à couple de l'*Attila* dans le canal de La Broye.
Neuchâtel mit *Attila* im Broya-Kanal.
Photo/Foto Benjamin Gross, 18.9.2010

Le berceau destiné à porter le *Neuchâtel*.
Der Tragrahmen für die *Neuchâtel*.
Photo/Foto SJ, 5.10.2010

Le berceau suspendu à la grue va être immergé.
Der Tragrahmen wird eingetaucht.
Photo/Foto YM, 15.10.2010

Le berceau suspendu à la grue va être immergé pour être placé sous le bateau.
Der Tragrahmen wird eingetaucht und das Schiff darüber gezogen.
Photo/Foto YM, 15.10.2010

Malgré la pluie, le public est nombreux.
Trotz des Regens finden sich zahlreiche Zuschauer ein.
Photo/Foto YM, 16.10.2010

Le bateau est soulevé, tourné de 90°, puis déplacé pour être déposé sur les fondations en béton.
Das Schiff wird gehievt, um 90° gedreht, verschoben und schliesslich auf die Betonfundamente abgesenkt.
Photo/Foto OBa 16.10.10

Photo/Foto YM, 16.10.2010

Le poids du *Neuchâtel* est de 145 t, celui du berceau est de 27 t. La grue a une flèche de 55 m; elle pèse 400 t avec son ballast habituel. Vu l'éloignement de la berge, un lest supplémentaire est ajouté au moment du levage, puis successivement adapté selon la position de la flèche.

Cette opération spectaculaire est suivie par des centaines de personnes qui ne craignent pas d'affronter la pluie. Certes, à bord du chaland *Attila*, boissons et repas chauds sont les bienvenus.

Le déroulement des travaux

Dès la mise à terre du bateau, l'équipe des bénévoles de Trivapor (les Jeudistes) travaille quotidiennement jusqu'à Noël. La coque subit un nettoyage extérieur au moyen d'un jet à haute pression. Il s'agit d'éliminer la couche de mousse dans laquelle sont incrustés quelque 250 kg de coquillages! Ensuite, la même équipe démonte tout l'aménagement intérieur du bateau, éliminant plus de 40 tonnes de matériel superflu. En janvier 2011, le *Neuchâtel* est entouré d'un échafaudage, puis une entreprise spécialisée procède à l'enlèvement de toutes les superstructures.

Die *Neuchâtel* wiegt 145 t, der Tragrahmen deren 27. Der Kran, dessen Ausleger 55 m weit reicht, hat mit üblichem Ballast eine Masse von 400 t. Des grossen Abstands zum Kanal wegen, wird zusätzlicher Ballast als Gegengewicht nötig. Während des Abdrehens muss die Last der Gegengewichte mehrfach austariert werden.

Trotz des kühlen und regnerischen Wetters strömt eine grosse Zuschauermenge herbei. Die Festwirtschaft auf der *Attila* ist gut besucht.

Der Arbeitsablauf am Schiff

Kaum ist das Schiff in Sugiez ausgewassert, packen Freiwillige von Trivapor (Les Jeudistes) an. Täglich arbeiten sie bis Weihnachten. Die Schale wird äusserlich vom Moos befreit. Etwa 250 kg Muscheln fallen an. Das gleiche Team räumt das ganze Schiffsinterieur und entsorgt über 40 Tonnen Material. Im Januar 2011 umschliesst ein Arbeitsgerüst die *Neuchâtel*. Ein Spezialunternehmen baut alle Deck-Aufbauten ab. Anfang Februar bleibt noch das Deck über der Schale. Im April entsteht die provisorische Bauhalle, die alles überdeckt. Sie wird mietweise von

Toutes les superstructures ont disparu.
Die Aufbauten sind verschwunden.
Photo/Foto SJ, 7.2.2011

L'équipe des serruriers de Shiptec à Sugiez.
Shiptec-Schlosser-Equipe in Sugiez.
Photo/Foto YM, 2.2.2011

par le plancher du pont principal. En avril est mise en place la halle couvrant le chantier. Louée à l'entreprise Baumann de Cudrefin, elle a une longueur de 50 m, une largeur de 18 m et une hauteur de 11 m. Le toit est amovible, de manière à pouvoir introduire des pièces lourdes à la grue. En juillet 2011 est installée une galerie latérale permettant aux visiteurs d'avoir une bonne vue d'ensemble.

Entre-temps, une équipe de Shiptec, forte d'une dizaine d'ouvriers, vient habiter la région et travaille quotidiennement sous les ordres de Matthias Rohner, ingénieur naval et chef de projet, secondé par Sebastian Droese, chef de chantier. Pour commencer, les spécialistes procèdent au contrôle des tôles de bordé. Pour cet examen, près de 300 points doivent être libérés de la couche de peinture et sondés au marteau à aiguilles. Ensuite, l'épaisseur des tôles est mesurée avec un palpeur à ultrasons.

Rappelons que la coque se compose de membrures qui rappellent le squelette d'un grand mammifère. Ce sont les couples, qui constituent la partie lourde et essentielle. Les couples du *Neuchâtel* sont en parfait état de conservation, alors que la « peau » est constituée par les tôles de bordé dont 84 % de la surface totale doit être remplacé. Ce travail

ist 50 m lang, 18 m breit und 11 m hoch. Das Dach lässt sich öffnen, wenn schwere Gegenstände per Kran anzuliefern sind. Ab Juli 2011 schenkt eine Seitengalerie Besuchern Überblick.

Inzwischen arbeitet Shiptec täglich in Sugiez. Etwa zehn Mitarbeitende sind in die Region gezogen und wirken unter Projektleiter Matthias Rohner, Schiffbau-Ingenieur, flankiert von Sebastian Droese, am Projekt. Zunächst wird die Qualität der Schalenbleche ergründet. Etwa 300 Punkte werden sorgfältig von Farbschichten befreit und mit dem Nadelhammer kontrolliert. Mit Ultraschall wird die Blechdicke gemessen.

Die Schiffschale ist ein Stahlgerippe, ähnlich dem Skelett eines Dinosauriers. Spanten und Rippen bilden den gewichtigen Hauptteil der *Neuchâtel* und zeigen sich in sehr gutem Zustand. Die daran aufgenieteten Schalenbleche aber müssen zu 84% ersetzt werden. Bei grossen Schiffsrestauration ist das üblich. Die Arbeiten an der Schale dauern bis Frühling 2012. Sechs neue Schottwände werden eingebaut und die Fundamente für Maschine, Kessel und weitere Ausrüstungen vorbereitet. Der Einbau dieser Teile gehört zur 2. Bauphase ab Frühling 2012 und dauert bis Ende Jahr. Die 3. Bauphase befasst sich mit Aufbauten und

Au printemps 2011, une halle a été construite pour abriter le bateau.
Im Frühling 2011 umschliesst eine Halle das Schiff.
Photo/Foto SJ, 30.7.2011

Vestiges rouillés à remplacer.
Verrostete Originalteile sind zu ersetzen.
Photo/Foto SJ, 1.2.2011

Partie centrale du bateau avec les anciennes tôles rivées dans la partie haute. Nouvelle cloison étanche.
Das Mittelschiff mit alten, genieteten Blechen im höheren Teil. Neue Schottwand.
Photo/Foto SJ, 20.6.2011

Travaux de soudure à la coque.
Schweissarbeiten an der Schale.
Photo/Foto SJ, 28.9.2011

Partie renouvelée du bateau, avant sablage.
Encuerter Schiffsteil vor dem Sandstrahlen.
Photo/Foto SJ, 20.6.2011

Partie nouvelle avec peinture de protection à base de zinc.
Neuer Teil mit schützendem Zinkanstrich.
Photo/Foto SJ, 4.7.2011

La machine, suspendue à la gue, va rejoindre dans le bateau.
Der Kran senkt die Dampfmaschine ins Schiff.
Photo/Foto SJ 3.5.2012

La chaudière est descendue dans le bateau.
Der Kessel wird im Schiff platziert.
Photo/Foto SJ, 3.5.2012

est courant lors d'une restauration de bateau.

Le travail sur la coque s'étend jusqu'au début 2012. Il comprend également la pose de six parois étanches et l'aménagement des fondations destinées à accueillir la machine, la chaudière et d'autres équipements qui sont mis en place au cours de la deuxième phase des travaux, c'est-à-dire du printemps 2012 jusqu'à la fin de l'année. Viennent alors les superstructures et les aménagements. L'entrepreneur général est SGV/Shiptec, mais divers travaux sont confiés en sous-traitance à des entreprises de la région des Trois lacs qui ont manifesté leur intérêt et ont fait parvenir des offres.

Einrichtungen. Der Generalunternehmer SGV/Shiptec vergibt verschiedene Arbeiten an Unternehmen der Drei-Seen-Region, die ihr Interesse bekundet und ihr Können entsprechend offeriert haben.

Die «Jeudistes»

In Solothurn entsteht 1999 ein Verein, der einen Donau-Dampfer erwerben und auf der Aare und den drei Seen einsetzen will. Diese Initiative scheitert aus verschiedenen Gründen. In einem zweiten Anlauf schlagen die Mitglieder der Bielersee Schiffahrts-Gesellschaft AG vor, ein neues Dampfschiff zu bauen. Weil dieses Unternehmen auf den Vorschlag nicht

Calfatage du pont avant, pour redonner l'aspect d'époque.
Das Kalfatern auf dem Vorderdeck dichtet ab und gibt das Aussehen von damals zurück.
Photo/Foto YM, 22.10.2012

Pose de la deuxième couche de revêtement du pont arrière (il y a quatre couches de bois).
Verlegen der zweiten Boden-Schicht auf dem Hinterdeck (es gibt vier Lagen Holz).
Photo/Foto YM, 16.8.2012

| L'association Trivapor | Der Verein Trivapor |

Moyeu de la roue à aubes après révision.
Die Nabe des Schaufelrades nach der Revision.
Photo/Foto YM, 1.11.2012

Les roues à aubes sont posées.
Die Schaufelräder sind montiert.
Photo/Foto SJ, 11.3.2013

Reconstruction des roues à aubes au chantier Shiptec de Lucerne.
Wiederaufbau der Schaufelräder bei Shiptec, in Luzern.
Photo/Foto Olivier Bachmann, 11.7.2012

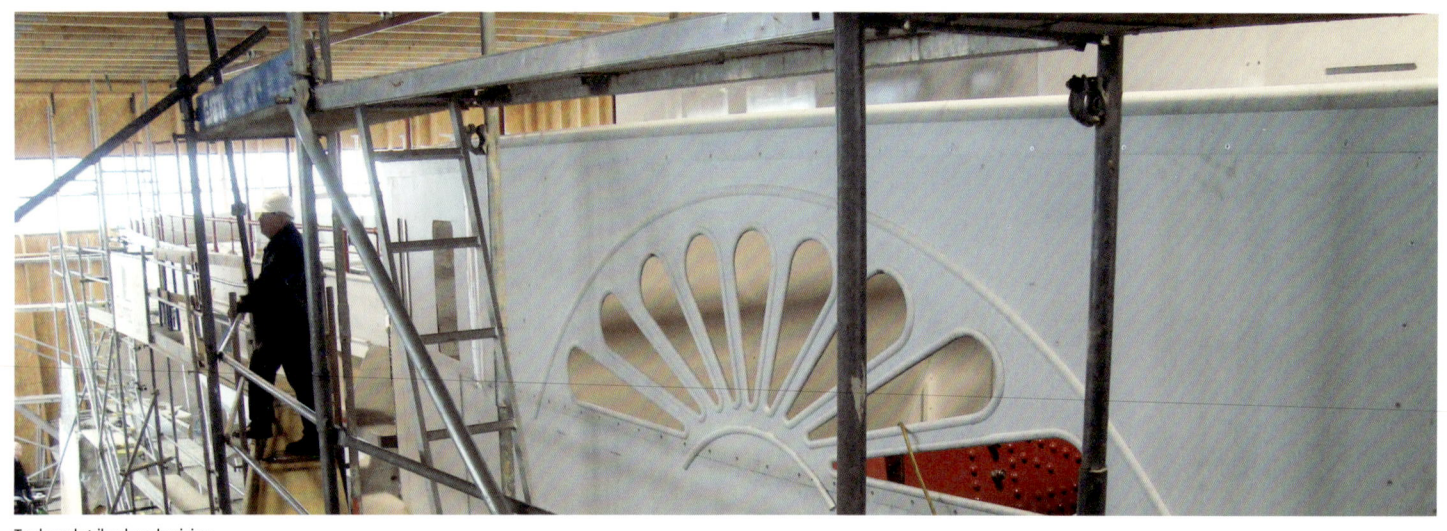

Tambour de tribord en aluminium.
Steuerbord-Radkasten aus Aluminium.
Photo/Foto SJ, 5.4.2013

Les « Jeudistes »

À Soleure, une association a été fondée en 1999 pour acquérir sur le Danube un bateau à vapeur appelé à naviguer sur l'Aar et les trois lacs. Cette initiative ayant été vouée à l'échec, des membres ont proposé à la Société de navigation biennoise (BSG) de construire un bateau à vapeur neuf. Cette entreprise n'étant pas entrée en matière, ces passionnés de vapeur ont rejoint Trivapor en 2003. Sous l'impulsion de Hans Gasser, ils se sont fortement engagés pour tenir des stands d'information et organiser du travail bénévole dès l'acquisition du bateau. C'est ainsi qu'est né le groupe des « Jeudistes », dont le nombre a compté une vingtaine de personnes et dont le moniteur est André Bernoulli. Quelques épouses de Jeudistes y participent avec Ariane Burgat, la bonne fée qui s'occupe de l'intendance.

Exposés pour la première fois du 13 au 21 août 2005 au péristyle de l'Hôtel-de-Ville de Neuchâtel, dix panneaux présentent l'histoire de la navigation à vapeur sur les trois lacs, recto en français, verso en allemand.

Les journées « écluses ouvertes »

Cette offre a intéressé 2 241 personnes en 2011, 4 444 en 2012 et 2 905 en 2013 jusqu'en octobre. Ainsi, depuis le 1er avril 2011, le nombre total de visiteurs est de 9 590. Avec la manifestation prévue en novembre, ce nombre dépassera largement les dix mille. lors de l'assemblée générale. En plus, 113 groupes ont été reçus sur rendez-vous. Ainsi, pour 2012, il y a eu au total 6 685 visiteurs.

eingetreten ist, haben sich die Solothurner Dampferfreunde 2003 Trivapor angeschlossen. Unter der Leitung von Hans Gasser engagieren sie sich mehrfach mit einem Infostand in der Öffentlichkeit, und sie organisieren seit dem Schiffskauf die ehrenamtliche Arbeit. So ist die Gruppe der «Jeudistes» (der Donnerstägler) entstanden, deren Zahl, koordiniert von André Bernoulli, an die 20 Helfer und Schwerarbeiter zählt. Einige Partnerinnen der Jeudistes mit Ariane Burgat an der Spitze beteiligen sich kräftig am Werk.

Zehn Informationstafeln erzählen die Geschichte der Dampfschifffahrt auf den drei Juraseen, und zwar zweisprachig: deutsch und welsch. Erstmals zu sehen sind sie vom 13. bis 21. August 2005 im Rathaus Neuenburg.

Tag der offenen Schleusen

Damit die Öffentlichkeit den Fortschritt des Projekts mitverfolgen kann, werden jeweils am ersten Freitag des Monats von 14 bis 16 Uhr die Tore der Werft in Sugiez geöffnet. Davon haben 2011 genau 2 241 Interessierte Gebrauch gemacht, 4 444 sind 2012 und bis Oktober 2013 kommen 2 905 dazu. Insgesamt werden ab 1. April 2011 9 590 Besuchende gezählt. Mit der für Ende November angekündigten Präsentation wird der Besucherstrom die Zehntausendergrenze weit übertreffen.

Comité de l'Association Trivapor en 2013
Vorstand des Vereins Trivapor 2013

— Willy Schaer (président NE)
— Olivier Bachmann (vice-président BE)
— Ernst Kuster (vice-président FR)
— Pierrette Roulet-Grin (vice-présidente VD)
— Jean-Pierre Baer
— Jean-René Bannwart
— Thierry Béguin
— André Bernoulli
— Yves Muller
— Ludwig Oechslin
— Guy Quenot
— Elisabeth Rüegsegger
— Claude Waelti

Conseil de la Fondation Trivapor en 2013
Stiftungsrat Trivapor 2013

— Thierry Béguin (président)
— Ludwig Oechslin
— Pierrette Roulet-Grin
— Willy Schaer
— Claude Waelti

Tous les membres sont bénévoles.
Die Mitglieder wirken ehrenamtlich.

Le président Willy Schaer

Né le 22 avril 1938 à Renan dans le Jura bernois, Willy Schaer a fait ses études à La Chaux-de-Fonds puis à Neuchâtel. A l'issue de ses dernières, il a travaillé dans une fiduciaire de la place durant plusieurs années. L'expérience du contrôle bancaire lui a permis de rédiger une thèse de doctorat consacrée au crédit bancaire en Suisse en 1971. Cette dernière a eu un réel succès auprès des praticiens bancaires puisqu'il y a eu deux éditions en français, une édition en allemand ainsi qu'une édition en polonais réalisée à la demande de l'Association des banquiers de Pologne.

Willy Schaer a ensuite travaillé dans l'industrie horlogère comme responsable administratif et financier. En 1978, il est devenu directeur commercial et financier de l'Agence Télégraphique Suisse à Berne, fonction qu'il a exercée jusqu'à la retraite en 2003.

Willy Schaer a, en outre, siégé au Grand Conseil neuchâtelois et présidé le Conseil de l'Université de Neuchâtel durant une dizaine d'années. En 1983, le gouvernement neuchâtelois l'a nommé président du Conseil d'administration de la Banque Cantonale Neuchâteloise, fonction qu'il a exercée jusqu'en 2005. Depuis le 14 avril 2007, Willy Schaer est président de l'association Trivapor où, grâce à ses compétences, son dévouement, son endurance et sa force de persuasion, il a su mener à bien le fabuleux projet de la renaissance du bateau à vapeur *Neuchâtel*.

Präsident Willy Schaer

Seit dem 14. April 2007 präsidiert Willy Schaer den Verein Trivapor. Der am 22. April 1938 in Renan im Berner Jura Geborene bezieht, nach Schulen in Renan und La Chaux-de-Fonds, die Universität in Neuenburg. Danach arbeitet er mehrere Jahre in einem Treuhandbüro. Seine Erfahrungen im Bankenbereich fliessen 1971 in seine Dissertation, die unter dem Titel «Der Bankkredit: die Praxis in der Schweiz» auch ins Deutsch übersetzt wird und weit über die Landesgrenzen hinaus Beachtung findet.

Willy Schaer übernimmt in der Uhrenindustrie Verantwortung für Administration und Finanzen. Im Jahre 1978 wird er Direktor für Kommerzielles und Finanzen bei der Schweizerischen Depeschen Agenur in Bern, bis er 2003 in den verdienten Ruhestand tritt.

Überdies wirkt Willi Schär ein Jahrzehnt im Grossen Rat von Neuenburg und präsidiert zugleich den Hochschulrat der Universität Neuenburg. Die Neuenburger Regierung beruft ihn 1983 zum Verwaltungsratspräsident der Kantonalbank Neuenburg, ein Amt, das er bis 2005 ausübt.

Sein Wissen und Können, seine Hingabe, seine Ausdauer und seine Überzeugungskraft führten das grossartige Projekt der Renaissance des Raddampfers *Neuchâtel* zum krönenden Erfolg.

Le bateau restaurétion | Das restaurierte Schiff

12

Le bateau restauré

Das restaurierte Schiff

Le bateau restauré

Caractéristiques
- Capacité: 300 passagers
- Longueur à la flottaison: 46,00 m
- Largeur au maître-bau: 6,00 m
- Largeur totale: 11,00 m
- Vitesse du bateau: 23 km/h à 56 tours/minute

Les données précises concernant le déplacement et le tirant d'eau ne sont pas encore disponibles au moment de la mise sous presse de cet ouvrage.

Machine à vapeur compound à deux cylindres Maffei no 576, construite en 1926 pour le *Ludwig Fessler* du lac bavarois Chiemsee.
- Puissance: 265 kW (360 ch)
- Pression de service: 10,5 bar
- Distribution: Stephenson
- Course des pistons: 900 mm
- Diamètre des cylindres: HP 440 mm
  BP 720 mm

Chaudière automatique Garioni, de Castelmella (Brescia, Italie), à 3 parcours et chauffe par brûleur unique à mazout léger:
- Production de vapeur 3t/heure
- Pression: 15 bar (testée à 25 bar)
- Poids: 14 500 kg
- La chaudière et la machine sont installées dans le bateau le 3 mai 2012.

Les caractéristiques du bateau n'ont pratiquement pas changé. Malgré les équipements nouveaux, tels que groupe générateur diesel, équipements modernes de restauration, réservoirs d'eau potable et de rétention d'eaux usées et trois cloisons d'étanchéité supplémentaires, le bateau n'est guère plus lourd. Ce résultat a pu être atteint grâce au recours à l'aluminium pour la restitution des superstructures.

À cause des nouvelles dispositions légales, la capacité du bateau a diminué de 550 à 300 passagers, le bastingage a été surélevé de 10 cm pour atteindre 1 m prescrit et la timonerie présente trois fenêtres frontales au lieu de deux. Le salon dans la cale arrière a été raccourci d'un tiers en raison d'une cloison étanche supplémentaire. L'aspect extérieur du bateau n'est guère modifié par l'aménagement

Das restaurierte Schiff

Merkmale
- Tragkraft: 300 Passagiere
- Länge zwischen den Perpendikeln: 46,00 m
- Breite über Hauptspant: 6,00 m
- Grösste Breite: 11,00 m
- Geschwindigkeit: 23 km/h bei 56 U/Min

Bei Drucklegung liegen genaue Daten über Tiefgang und Wasserverdrängung noch nicht vor.

Schrägliegende Zwei-Zylinder-Verbundmaschine Maffei Nr. 576, erbaut 1926 für DS *Ludwig Fessler* auf dem Chiemsee (Bayern)
- Leistung: 265 kW (360 PS)
- Dampfbetriebsdruck: 10,5 bar
- Steuerung nach Stephenson
- Hub: 900 mm
- Zylinder-Durchmesser: Hochdruck 440 mm
  Niederdruck 720 mm

3-Zug-automatischer-Kessel von Garioni in Castelmella (Brescia, Italien) mit einem einzigen Brenner für extraleichtes Öl:
- Dampferzeugung: 3 t/h
- Druck: 15 bar, geprüft bis 25 bar
- Gewicht: 14 500 kg
- Kessel und Maschine werden am 3. Mai 2012 eingebaut

Die Merkmale des Schiffes haben sich gegenüber früher kaum verändert. Trotz neuer Geräte wie Diesel-Generator, moderner Catering-Einrichtungen, Trinkwassertank sowie Fäkalienbehältern und drei zusätzlichen Schottwänden wird das Schiff kaum schwerer, weil die Aufbauten in Aluminium gebaut sind.

Neue gesetzliche Bestimmungen reduzieren hingegen das Fassungsvermögen von 550 auf 300 Passagiere. Die Reling wird aus gleichem Grund um 10 cm auf 1 m angehoben. Die Frontseite des Steuerhauses erhält drei statt zwei Fenster. Eine zusätzliche Schottwand verkürzt den Salon unter Deck achtern um einen Drittel. Das äussere Erscheinungsbild ändert sich wenig, nicht zuletzt auch dank der diskreten dreiseitigen Verglasung des Restaurants

discret sur le pont arrière du restaurant panoramique vitré sur trois côtés. En outre, l'encombrement de la chaudière ne permet plus la mise en place d'une cheminée télescopique. Celle-ci est donc basculante vers l'arrière et motorisée. Le sifflet d'origine à trois notes n'a pas été retrouvé, mais un sifflet identique provenant du *Major Davel* (lac Léman, 1892) est mis à disposition par le Musée du Léman.

Éléments d'origine conservés
—

Une question s'est posée dès la création de l'association Trivapor: ne vaudrait-il pas mieux construire un bateau à vapeur entièrement neuf? Or c'est la remise en état du bateau de 1912 qui a prévalu au sein de Trivapor. Du point de vue technique, les parties qui pouvaient être conservées représentaient une valeur certaine. Du point de vue culturel et sentimental, seule l'option de la restauration et de la remise à niveau technique du bateau ancien a convaincu et emporté la décision.

Parmi les éléments conservés, il convient de citer en priorité les couples (ou membrures), c'est-à-dire l'ossature qui permet de sauvegarder et restituer la géométrie originale de la coque. En liaison avec les couples, les barrots transversaux soutenant le pont ont été conservés en bonne partie. Les tôles de la coque ont été changées à hauteur de 84 %. Les parties conservées se situent au niveau des hublots, de la proue vers le milieu du bateau. Elles sont reconnaissables aux joints rivetés, alors que les nouvelles tôles sont soudées. Les roues à aubes ont conservé leurs moyeux et excentriques d'origine ainsi que les deux paliers et, de chaque côté, cinq aubes anciennes sur neuf ont été remises en place. Les lanternes de cuivre des feux de position et les quatre bouches à air. Parmi les éléments essentiellement décoratifs, citons les deux anciens timons de gouvernail, les plaques du constructeur Escher Wyss, une décoration de proue et l'écusson neuchâtelois en poupe.

auf dem Oberdeck. Der Neubaukessel vereitelt das Absenken des Kamins. Statt der Teleskopeinrichtung erhält der Kamin einen nach achtern orientierten, motorisch bewegten Klappmechanismus. Das ursprüngliche Dreiklanghorn ist verschollen. An seine Stelle tritt eine ähnliche Pfeife. Sie kommt aus dem Musée du Léman und stammt vom Genferseedampfer *Major Davel* (1892).

Ursprüngliches erhalten
—

Schon bei der Gründung von Trivapor wird die Frage aufgeworfen, ob es nicht günstiger wäre, ein neues Dampfschiff zu bauen. Der Erhalt und die gründliche Erneuerung des Originals von 1912 gewinnt aber rasch die Oberhand. Allein aus technischer Sicht haben die zu rettenden Teile einen nicht geringen Wert. Aus kultureller und emotionaler Sicht hat einzig die Variante zum Erhalt, das heisst für das Restaurieren und betriebstaugliche Aufarbeiten des alten Schiffs, überzeugt und sich letztlich als Entscheid durchgesetzt.

Zu den aufgearbeiteten Werten zählt in erster Linie das Skelett (die Rippen und Spanten), das die Rekonstruktion der Schale in der ursprünglichen Rumpfform ermöglicht. Damit verbunden sind die Querbalken, die grösstenteils und weitgehend im Original das Deck aufnehmen. Demgegenüber sind 84% der Schalenbleche neu. Die ursprünglichen Teile befinden sich am Vorderschiff im Bereich der Bullaugen. Die Nietverbindungen mit den ursprünglichen Spanten machen sie leicht erkennbar. Die neue Partie der Beplankung dagegen ist verschweisst. Die Schaufelräder gefallen mit im Original erhaltenen Naben und Exzentern. Ebenfalls erhalten sind die Lager zu beiden Seiten des Schiffs. Jedes Schaufelrad besteht aus neun Schaufeln, davon fünf Originale. Die kupfernen Positionslampen und die Lüfter erfüllen ihre Aufgabe am alten Standort weiterhin. Sehr dekorativ wirken die beiden Steuerräder, die Firmenschilder von Escher Wyss, die Bugzier und das Neuenburger Wappen am Heck.

Une reconstruction dans le respect de l'original

Les travaux de restauration ont bénéficié d'une documentation très complète et d'études approfondies du bateau tel qu'il était conservé. Lors de la transformation en restaurant (1970-1971), bien des éléments dès lors inutiles ont été démontés et mis au rebut. Les plans d'ensemble originaux et de nombreuses photographies anciennes ont permis de les reconstituer. À Portalban, la visite du *Fribourg* a permis de vérifier quelques détails d'aménagement mieux préservés que sur le *Neuchâtel*.

Pour l'aménagement intérieur, Trivapor a fait appel à Uli Colombi, architecte naval spécialiste des bateaux anciens.

Les travaux ont été régulièrement suivis par un expert délégué par l'Office fédéral de la Culture (OFC), Éric Teysseire et par le conservateur cantonal neuchâtelois, Jacques Bujard. C'est en effet sur recommandation de l'Office cantonal neuchâtelois du patrimoine et de l'archéologie, section Conservation, que la Confédération a financé 25 % des travaux subventionnables des trois phases de restauration.

Le *Neuchâtel* a été mis sous protection par l'Office fédéral de la culture, avec l'inscription d'une mention en faveur de la Confédération au Registre foncier neuchâtelois.

Le contrat avec la Société de navigation LNM

Après avoir obtenu des deux entreprises concessionnaires de navigation (LNM Neuchâtel et BSG Bienne) une lettre d'intention[01], les pourparlers pour l'exploitation sont engagés avec l'une et l'autre. La société biennoise formulant des exigences excessives, les tractations ne se sont pas poursuivies avec elle. Ultérieurement, lorsqu'il s'agit pour Trivapor d'obtenir une subvention de l'État de Berne, la BSG fait état d'un risque de concurrence: le *Neuchâtel* lui causerait un manque à gagner de 250 000 francs par an!

Les pourparlers avec LNM aboutissent à la signature du Contrat-cadre d'exploitation définitif du 16 décembre 2011, puis du Contrat complémentaire signé les 25 avril et 16 mai 2013. Selon ces documents,

---

01 — BSG 28.1.2008, LNM 4.7.2008.

286

LNM se charge de l'exploitation et de l'entretien courant du *Neuchâtel* qu'elle envisage de traiter en centre de profit autonome. Or la présence du bateau à vapeur en service régulier va certainement attirer du public supplémentaire sur nos lacs et contribuer à augmenter la clientèle de tous les bateaux !

Il est prévu que les fonctions de conducteur du bateau et de machiniste seront confiées dans un premier temps à du personnel de la Compagnie générale de navigation sur le lac Léman (CGN). Le personnel LNM correspondant sera formé en parallèle.

La mise à l'eau
—

Elle a lieu le mercredi 14 août 2013 à Sugiez au moyen de la même grue à chenilles qui a été utilisée pour l'opération inverse le 16 octobre 2010. Le poids total de la grue, des contrepoids, du berceau et du bateau est de quelque 750 tonnes. L'opération qui débute à 6h du matin attire quelque 700 spectateurs et se déroule sans anicroche, par un temps idéal. Vers 10h, le *Neuchâtel* est à flot et immédiatement convoyé, à l'aide de deux petites embarcations à moteur, à quelque 900 m en amont du chantier, jusqu'au quai du Centre de protection civile de Sugiez. C'est là que sont entrepris les derniers travaux d'aménagement intérieur et de finition.

Les essais
—

La chaudière est mise sous pression pour la première fois le 29 août 2013, puis la machine est mise en marche pour la première fois depuis 41 ans le 11 septembre 2013, au ralenti, bateau à quai. La première course d'essais se déroule le 18 septembre 2013 par fort vent sur le lac de Morat avec un équipage de SGV Lucerne : capitaines Beat Kallenbach et Michel Scheurer, machiniste Heimo Haas Les courses suivantes ont lieu le 1er octobre sur le lac de Morat, le lendemain à Bienne et le 8 octobre à Yverdon et Neuchâtel.

25. April und am 16. Mai 2013 unterschrieben. Darin verpflichtet sich die LNM zu Betrieb und laufendem Unterhalt der *Neuchâtel* innerhalb eines eigenständigen Profitcenters. Dass die Präsenz und vor allem der aktive regelmässige Einsatz des Dampfschiffes die Nachfrage auch auf allen übrigen Schiffen und damit letztlich die Rentabilität der allgemeinen Schifffahrt auf allen drei Seen günstig beeinflusst, steht ausser Zweifel.

In einer ersten Zeit nehmen erfahrene Personale der Genfersee Schifffahrtsgesellschaft CGN die Funktionen des Schiffsführers und des Heizers auf DS wahr die ihr Wissen und Können zugleich an Mitarbeitende der LNM weitergeben.

Das Einwassern
—

Am Mittwoch, 14. August 2013, verrichtet der gleiche Raupenkran in Sugiez die Arbeit vom 16. Oktober 2010 noch einmal mit umgekehrten Vorzeichen! Das Gesamtgewicht von Kran, Gegengewicht, Tragrost und Schiff übersteigt 750 Tonnen. Das Spektakel beginnt um 6 Uhr morgens. Rund 700 Zuschauer verfolgen das Schauspiel. Bei idealem Wetter verläuft alles reibungslos. Um 10 Uhr schwimmt DS *Neuchâtel*, die Schale ist dicht! Zwei Motorschaluppen fördern den noch stillen Dampfer etwa 900m weit zum Anleger des Zivilschutzzentrums von Sugiez. Hier werden die Innenarbeiten vollendet und die Abschlussarbeiten ausgeführt.

Probefahrten
—

Der Kessel ist am 29. August 2013 erstmals unter Druck, und am 11. September 2013 bewegt sich die Maschine nach 41 Jahren Pause wieder in eigener Kraft – langsam, das Schiff vertäut, drehen die Räder. Zur ersten Probefahrt werden die Leinen am 18. September 2013 gelöst. Bei starkem Wind steuert die SGV-Besatzung in den Murtensee. Es sind die Kapitäne Beat Kallenbach und Michel Scheurer, der Maschinist Heimo Haas. Weitere Fahrten führen am 1. Oktober nochmals auf den Murtensee, am nächsten Tag nach Biel und 8. Oktober nach Yverdon und Neuenburg.

Situation au début d'octobre 2013

Au moment de clore le manuscrit de cet ouvrage, le bateau a subi avec succès des courses d'essais durant cinq jours. Mais s'il fonctionne bien, les aménagements sont encore en plein travail : salon, restaurant, cuisines, WC, etc. Tout devrait être prêt pour la fin d'octobre en vue de l'obtention du permis de navigation délivré par l'Office fédéral des transports. Enfin, il est prévu que le vapeur mette le cap sur Neuchâtel en vue de la visite organisée pour les membres de Trivapor, les 29 et 30 novembre 2013. L'inauguration et la mise en service sont prévues au printemps 2014.

Die Lage Anfang Oktober 2013

Im Moment, da der Autor dem Verleger das Manuskript übergibt, hat das Schiff fünf Tage erfolgreicher Probefahrten hinter sich. Es funktioniert! Noch aber wird im Innern gearbeitet. Salon, Restaurant, Küche und WC bekommen den letzten Schliff. Ende Oktober werden die Inspektoren aus Bern erwartet. Sie werden sehen, ob das Bundesamt für Verkehr die Betriebsbewilligung erteilen kann. Danach soll die *Neuchâtel* Kurs auf ihre Heimatstadt nehmen, wo sie am 29. und 30. November 2013 für Mitglieder von Trivapor offen steht. Trivapor hat ein grosses Ziel erreicht: Die *Neuchâtel* ist klar. Die zweite Jungfernfahrt und die Inbetriebnahme sind im Frühling 2014 anberaumt.

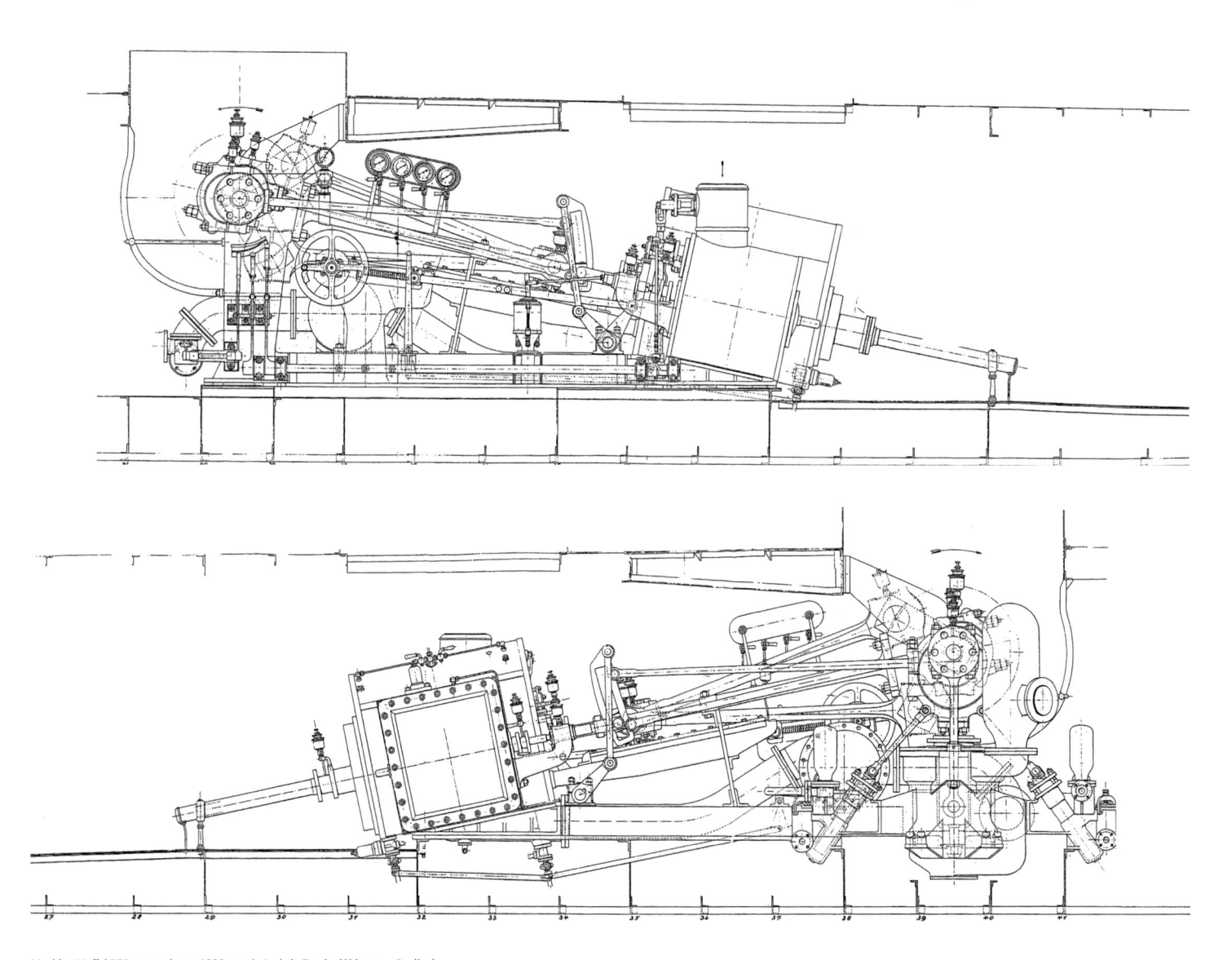

Machine Maffei 576 construite en 1926 pour le *Ludwig Fessler* (Chiemsee, Bavière).
Maffei-Maschine Nr. 576, gebaut 1926 für die *Ludwig Fessler* (Chiemsee, Bayern).
Collection privée/Privatsammlung

| Le bateau restauré | Das restaurierte Schiff |

La machine Maffei 576, vue d'ensemble.
Die Maffei-Maschine Nr. 576, Gesamtansicht.
Collection privée/Privatsammlung

Le vapeur *Ludwig Fessler*, sur le Chiemsee, en Bavière.
Raddampfer *Ludwig Fessler* auf dem Chiemsee, Bayern.
Photo/Foto SJ 16.6.1969

Le vilebrequin est déchargé à Lucerne sous l'œil vigilant de John Gaillard
John Gaillard beaufsichtigt den Ablad der Kurbelwelle in Luzern.
Photo/Foto YM, 18.9.2008

| Le bateau restaurétion | Das restaurierte Schiff |

La machine Maffei 576, telle que Klemens Key l'a trouvée dans l'annexe d'un musée à Hanau (D).
Die Maffei-Maschine Nr. 576, unsachgemäss gelagert in Hanau (D), wie sie Clemens Key entdeckte.
Photo/Foto Klemens Key

A Yverdon, des bénévoles procèdent à des travaux d'entretien de la machine, notamment au polissage de certaines pièces.
In Yverdon wird die Maschine durch Freiwillige unterhalten, und verschiedene Teile müssen geschliffen werden.
Photo/Foto YM 3.7.2008

Le bâti de la machine.
Der Maschinenstuhl.
Photo/Foto YM, 18.9.2008

La machine Maffei 576 après révision aux ateliers de Shiptec à Lucerne.
Die Maffei-Maschine nach der Revision durch Shiptec in der Werft Luzern.
Photo/Foto Olivier Bachmann 24.11.2009

Machine Maffei 576, fraîchement révisée, entreposée dans l'usine électrique du Groupe e à Cornaux.
Maffei-Maschine Nr. 576, frisch revidiert, gelagert im Kraftwerk der «groupe e», in Cornaux.
Photo/Foto SJ 31.10.2011

A Sugiez, la machine suspendue à la grue va être posée dans le bateau.
In Sugiez hängt die Maschine am Kran, um in das Schiff gestellt zu werden.
Photo/Foto SJ 3.5.2012

La machine descend dans la cale du bateau.
Die Maschine kommt in die Schiffsschale.
Photo/Foto YM 3.5.2012

Mise en place définitive.
Endgültige Verschiebung.
Photo/Foto YM 3.7.2012

Descente de la machine dans la cale.
Die Maschine wird in die Schale eingeführt.
Photo/Foto SJ 3.5.2012

Photo/Foto SJ 3.5.2012

Vue sur la fosse de la machine.
Sicht in den Maschinenschacht.
Photo/Foto YM 1.11.2012

Moment palpitant : le machiniste Heimo Haas met la machine en marche après 41 ans d'inaction.
Aufregender Moment: Maschinist Heimo Haas setzt die Maschine nach 41 Jahren Stillstands in Gang.
Photo/Foto SJ 11.9.2013

Le bateau restaurétion | Das restaurierte Schiff

Sugiez, mise à l'eau du bateau restauré, le 14 août 2013. Les chenilles portent la plus grande grue roulante de Suisse, les contrepoids, le bateau et son berceau, soit quelque 750 tonnes.
Sugiez: Das restaurierte Schiff wird am 14. August 2013 eingewassert. Die Raupen tragen den grössten fahrbaren Krans der Schweiz, die Gegengewichte, das Schiff und seinen Tragrahmen, insgesamt etwa 750 Tonnen.
Photo/Foto OBa

Sugiez, le bateau vient d'être mis à l'eau ; il est dirigé quelque 900 m en amont, vers le quai de la Protection civile. 14 août 2013.
Sugiez: Das Schiff schwimmt und wird 900 m südwärts zum Anleger des Zivilschutzes geführt.
Photo/Foto SJ

Sugiez, le bateau vient de passer sous le pont routier. 14 août 2013.
Sugiez: Das Schiff hat die Strassenbrücke unterquert. 14. August 2013.
Photo/Foto OBa

292

| Le bateau restauré | Das restaurierte Schiff |

Le salon Marc Oesterle. Le miroir sera surmonté de l'écusson de la famille Oesterle.
Der Salon Marc Oesterle. Über dem Spiegel wird das Wappen der Familie Oesterle platziert.
Dessin/Zeichnung Uli Colombi

Le restaurant panoramique avec vue dégagée sur trois côtés.
Das Panorama-Restaurant bietet freie Sicht nach drei Seiten hin.
dolmus Architekten, Luzern

Le bateau restaurétion | Das restaurierte Schiff

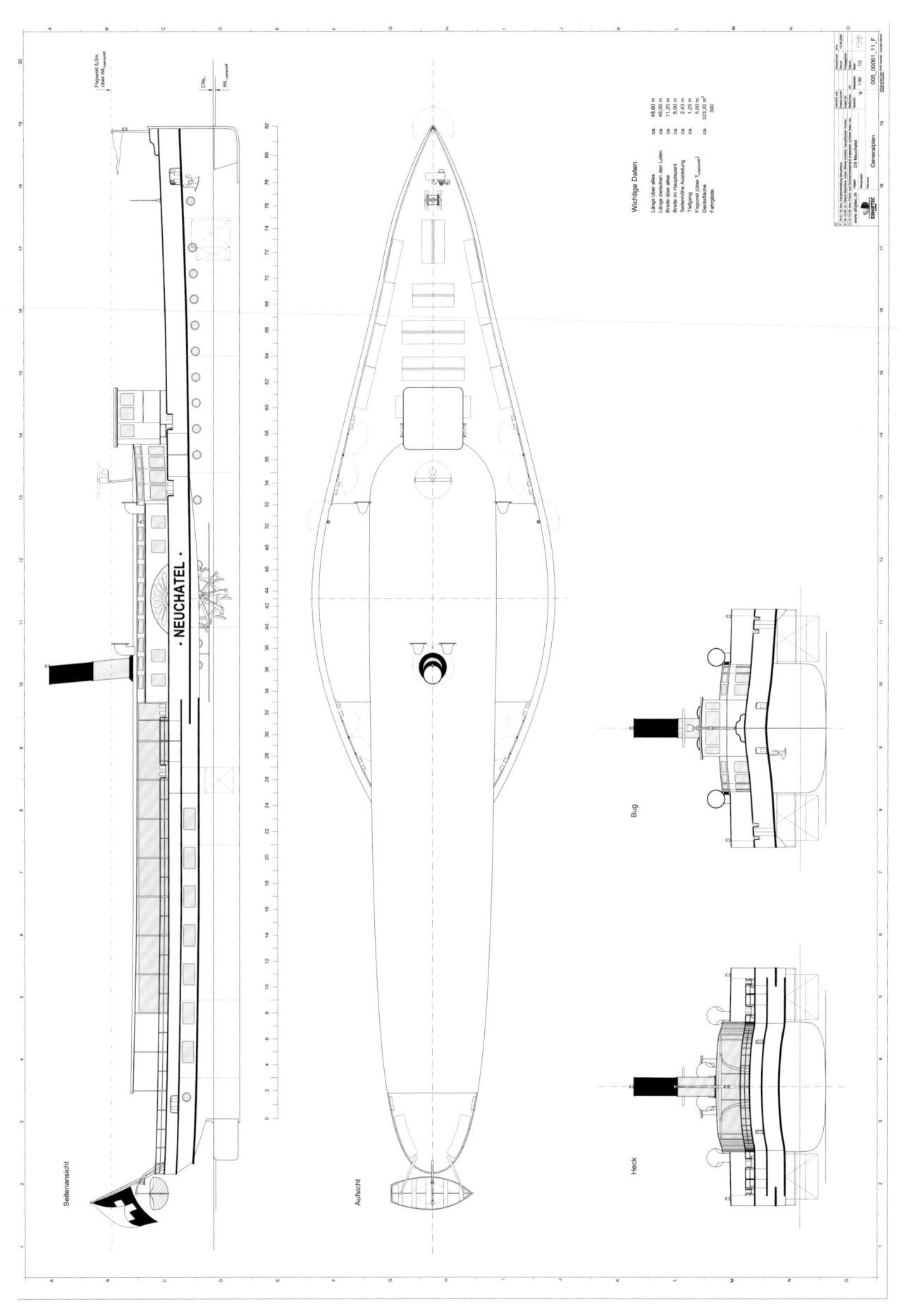

Plans Shiptec du Neuchâtel restauré.
Shiptec-Pläne für das restaurierte Schiff.

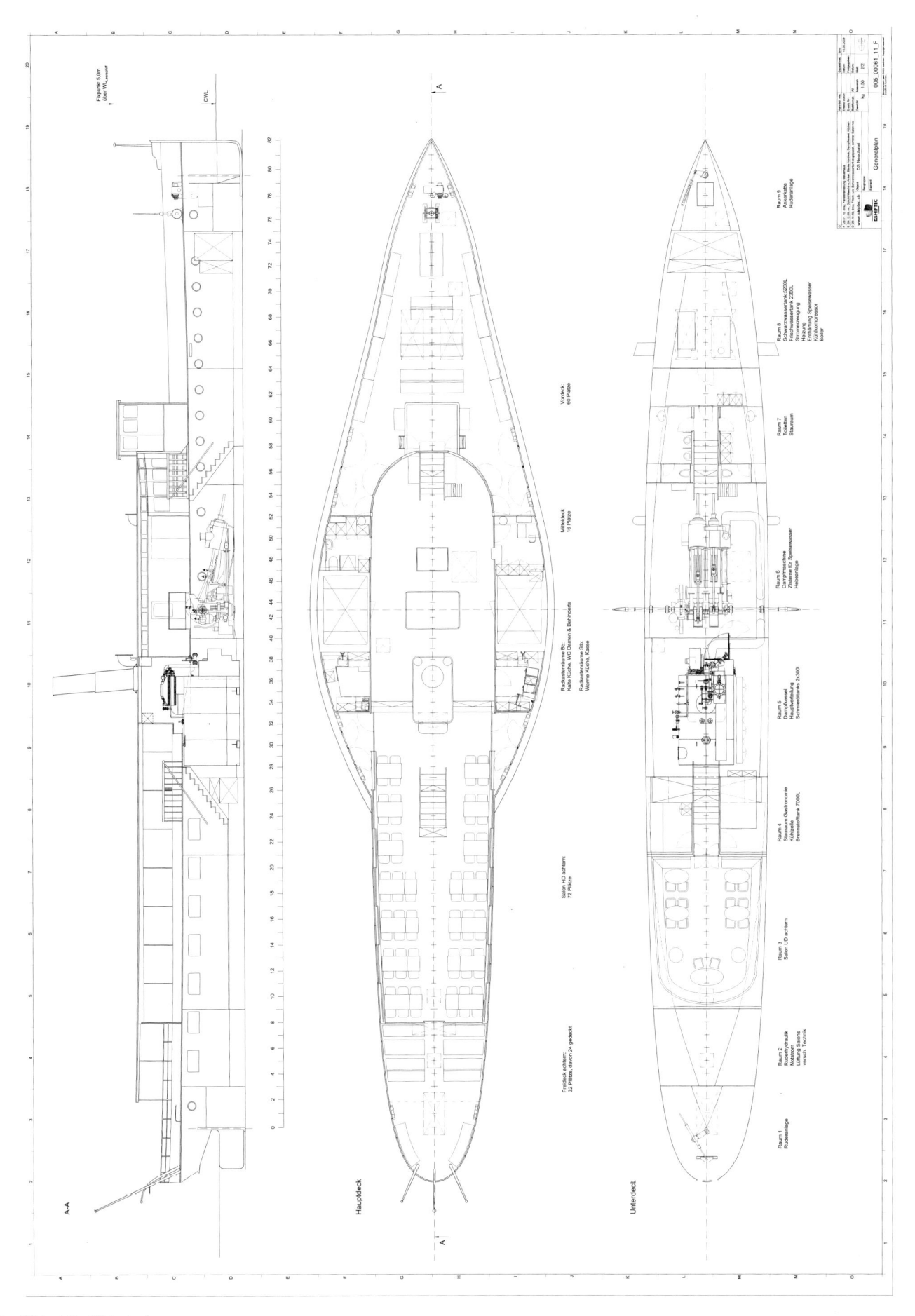

Le bateau restauré | Das restaurierte Schiff

Plans Shiptec du Neuchâtel restauré.
Shiptec-Pläne für das restaurierte Schiff.

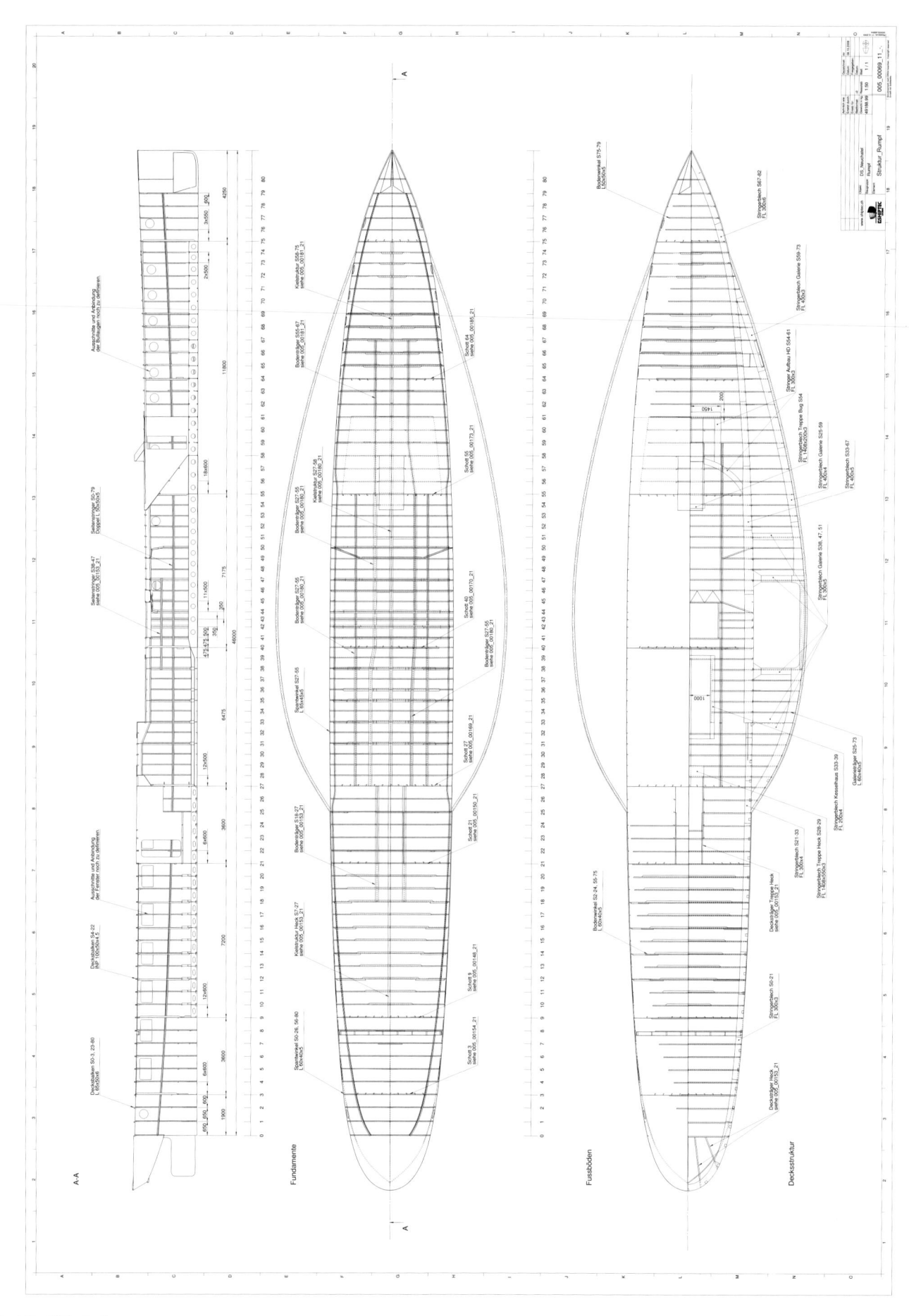

Le bateau restaurétion | Das restaurierte Schiff

Plans Shiptec du Neuchâtel restauré.
Shiptec-Pläne für das restaurierte Schiff.

| Le bateau restauré | Das restaurierte Schiff |

Le *Neuchâtel* navigue à nouveau après 45 ans d'inactivité. Première course d'essais le 18 septembre 2013. Il manque encore différents éléments, notamment les mâts, les bouches à air, le radar et le vitrage du pont arrière.
Die Neuchâtel fährt wieder, nach 45 Jahren Stillager. Erste Probefahrt am 18. September 2013. Noch fehlen Masten, Lüfter, Radar, Verglasung des Achterdecks ...
— Photo/Foto OBa

Première course d'essais du 18 septembre par fort vent sur le lac de Morat.
Erstc Prtobcfahrt vom 18. September 2013 bei starkem Wind im Murtensee.
— Photo/Foto OBa

Liste des souscripteurs
Verzeichnis der Subskribenten

A

Ackeret Hans / Hünenberg-See
Administration communale/Hauterive
Aemisegger Pia /Gossau
Affolter Jean-François / Yverdon-les-Bains
Albrici Charles / Yverdon-les-Bains
Andersson Thomas / Cudrefin
Andrist Kurt / Luzern
Angelrath Martin / La Neuveville
Arm Denis / Colombier
Association Romande des Hôteliers / Lausanne
Attinger Gilles / Hauterive
Avolio Bruno / Peseux

B

Bachmann François / Solothurn
Bachmann Mark /Herrenschwanden
Baehni Luc / Lausanne
Baer Adrien / Neuchâtel
Baer Jacqueline / Neuchâtel
Baer Jonas / Neuchâtel
Baillif Hanspeter / Gerolfingen
Ballenegger Cédric / Lausanne
Banderet Cédric / Saint-Aubin-Sauges
Bangerter Heinz / Murten
Bannwart Heribert / Bern
Barraud Pierre / Bevaix
Barrelet Louis / Neuchâtel
Barrelet Pierre-Yves / Bern
Barrelet Rémy / Hinterkappelen
Basci Peter / Aarberg
Battiaz Willy / La Chaux-de-Fonds
Baumberger Daniel / Prêles
Baumgartner Beat / Biel/Bienne
Beck Irène et Daniel / Bevaix
Beck Monika / Zug
Béguelin Marc / Neuchâtel
Béguin Jean-Michel / Areuse
Béguin Thierry / Saint-Blaise
Beljean Pierre-René / Valangin
Benguerel Eric / Neuchâtel
Bensch Arthur / Lausen
Benz Walter / Döttingen
Berger Marlène und Willi / Pieterlen

Bergundthal Ursula / Sugiez
Bernasconi Pierre-Alain / Cernier
Bernoulli André / Bellmund
Berringer Georges / La Chaux-de-Fonds
Berthoud Simone / Neuchâtel
Berweger Andreas / Saland
Beyer René / Rüschlikon
Bezençon Michel / Morges
Biber Martin / Mettmenstetten
Bieri Ernst / Zürich
Bigler Alfred / Lyss
Bigler Fritz / Münchenbuchsee
Bigler Rudolf / Belp
Bill Peter / Zollikofen
Biolley Claude / Boudry
Blaser Armand / Fontainemelon
Blaser Robert / Täuffelen
Blatter Markus / Lyss
Bloesch Ruth / Bellmund
Blum Franz / Schlieren
Boelen Carlo / NL-Zoetermeer
Bögli Werner / Münchenbuchsee
Boillat Jean-Paul / Les Bois
Bombail Marc-Antoine / Neuchâtel
Böni Kurt / Strengelbach
Bönzli Roland / Murten
Borel Pierre / Murten
Bosshard Ernst / Hinteregg
Bottacin François / Areuse
Botteron Marco / Ipsach
Boudry Henry / Peseux
Bourgeois Etienne / Vessy
Bourquin Frédy / Bevaix
Bourquin Roland / Rochefort
Bourquin Sean / Genève
Bouvy Bruno / Le Landeron
Bovay Pascal / Yvonand
Brägger Kurt / Wattwil
Braillard Jeannottat Ginette / Montalchez
Bréa Marceline / Saint-Aubin
Bregnard Rosmarie/ Hauterive
Briggen Thomas / Biel/Bienne
Brog Edmond / Payerne
Brönnimann Pio / Ried

Bruckner Lukas / Niederscherli
Bruderer Hans / Rüschlikon
Bruderer Martin / Tüscherz
Brüggemann Kai / Zürich
Brunner Olivier / Bevaix
Brunner Peter / Horgen
Brunner Pierre-François / Neuchâtel
Bugnon Marie-Claire / Neuchâtel
Bühlmann Raymond / Givrins
Burgat Ariane / Colombier
Burger Christian / Aarau
Burger Johny / Villiers
Buri Jacques / Onnens
Buri Rudolf / Erlach
Burri Anita und Mario / Sutz
Burri Hannelore/ Neuchâtel

C

Calame Jacques-André / Sauges
Caldart Marie-Madeleine / Neuchâtel
Dr. Castelberg /Ulrich / Aarberg
Cattin Bernard / Hauterive
Centurier Philippe / Pully
Ceré Ronald / Reconvilier
Choux Zumsteg A. + P. / Biel, Bienne
Christen Marianne / Nidau
Clément Nicolas / Muntelier
Clot Stéphane / Sainte-Croix
Colomb Gérard / Bex
Comina Pierre / Saint-Aubin
Conte Marie-Hélène / Neuchâtel
Copt Samuel / Fleurier
Dr. Creola Peter / Bern
Crettaz-Stürzel Elisabeth / Zinal
Crevoisier Georges / Neuchâtel
Crottaz Jean-Claude / Tolochenaz
Cuendet François / Chamblon
Curchod Daniel / Bullet

D

Dasen Verena / Mörigen
D'Astole Pascal / Genève
Decoppet Helmut / Chez-le-Bart
Delacrétaz Blaise / Neuchâtel

Liste des souscripteurs | Verzeichnis der Subskribenten

Delbanco Martin /Schlieren bei Köniz
Delvecchio Henri-François / Neuchâtel
Demarta Yves / Neuchâtel
Depraz François / Echallens
Dessoulavy Pascal / Neuchâtel
Dietschy Marc / Crans-près-Céligny
Dillier Alexander / Walchwil
Do Julia & Noé / Neuchâtel
Domjan Daniel / Neuchâtel
Dr. Dommann Alex / St. Gallen
Donner Fernand / Neuchâtel
Donner Philippe / Bôle
Drevenstedt Ruth und Carl / Basel
Droxler Monique / La Chaux-de-Fonds
Dubey Jean-Pierre / Estavayer-le-Lac
Ducry Marcel / Murten
Dumas Denis / Morges
Duplain Pierre / Neuchâtel
Dupraz Jean-Philippe / Prilly
Dürrenberger Pierre / Fontaines
Düscher François / Boudry
Duvoisin Jean-Pierre / Bulle

E

Eherler Dominique / Boudry
Eichenberger Daniel / Luzern
Elsener Rolf / Biel/Bienne
Erdin Manuel / Muttenz
Etter Alexis / Sugiez
Etter Jean-François / Môtier

F

Fankhauser Urs / Wädenswil
Farron Edgar / La Chaux-de-Fonds
Favre Jean-Daniel / Le Locle
Favre Jean-Louis / Peseux
Favre Jean-Paul / Bern
Favre Roland / Yverdon-les-Bains
Feldmann Hansueli / Safnern
Fellmann Lorenz / Biel/Bienne
Fellmann Rita / Biel/Bienne
Fink Andreas / Murten
Fischer Peter / Chez-le-Bart
Fleury Christian / Orpund
Flury Hedi und Daniel/ Ipsach
Forrer Hansruedi / Luchsingen
Frasse Eric / Corcelles
Frasse Gérald / Neuchâtel
Frauenfelder Peter / Ipsach

Frei Christine / Neuenhof
Frei Jörg / Estavayer-le-Lac
Frei Kurt / Biel/Bienne
Freire Mary-Christine et José / Onnens
Freitag Pierre / La Chaux-de-Fonds
Fridez Xavier / Cormondrèche
Friedli Agnes und Heinz / Lengnau
Friedli Leonie und René/ Baar
Fritz Victor / Basel
Fröhlich Norbert / Schwyz
Frommelt Josef / Biel/Bienne
Früh Urs / Wattwil
Fuchs Rolf / Genève
Füllemann Jürg / Jona
Furrer Raymond / Chaumont

G

Gaillard John / Yverdon-les-Bains
Gaille Gérard / Chaumont
Gallina Antonio / Neuchâtel
Garcin Dominique / Bôle
Gasser Hans / Biel/ Bienne
Gassner Danny / Vendlincourt
Gaudard Elsbeth/ Neuchâtel
Gavazzi Mario / Luzern
Geier Hermann / Hauterive
Geiser Franck / Yverdon-les-Bains
Genilog Sàrl / Neuchâtel
Gentil Jean-Pierre / Neuchâtel
Gertsch-Julius Anneliese / Lenzburg
Girardet Roland / Sainte-Croix
Giroud Daniel / Bôle
Glauser Francis / Bôle
Gloor Adrian / Steffisburg
Gloor Theophil / Basel
Gnägi Marianna und Hans Rudolf / Ittigen
Götz François / Neuchâtel
Gouzi Dominique / Neuchâtel
Graber Alfred / Lyss
Graber Pierre / Le Locle
Graf Markus / Préverenges
Graf Urs / La Neuveville
Grandjean Charles / Neuchâtel
Grandjean Sandro / La Chaux-de-Fonds
Graser Bernhard/ Bern
Griessen Roland / Richigen
Grob Michel / Colombier
Grüninger Margrit / Biel/Bienne
Guhl Christoph / Muntelier

Gurtner Samuel / Yverdon-les-Bains
Guye Fredy / Neuchâtel

H

Haag Willy / Bôle
Haag-Herrli Regula und Gallus / Nidau
Haas Daniel / Luzern
Haldemann Heinz / Jens
Haller Peter / Zetzwil
Hänni Markus / Schwadernau
Hartmann Walter W. / Riehen
Hartmann & Keller/ Windisch
Häsler Urs / Ostermundigen
Haudenschild Hans / Brügg
Hausmann Ferdinand / Le Landeron
Heene Andreas / D-Breitbrunn
Hefti Jean-Claude / Yverdon-les-Bains
Hefti Rudolf / Ins
Heimann Dori / Twann
Heiniger Martin / Bargen
Heinimann Andreas/ Pratterln
Heitz Ivo / Basel
Helfer André / Colombier
Henrioud Jean-François / Auvernier
Henry Daniel / Boudevilliers
Henry Michel / Lausanne
Herrli Walter / Seewen
Hertig Jean / Neuchâtel
Herzog Eduard / Solothurn
Herzog René / Utzigen
Hirschy Charles / La Brévine
Hirsig Franz / Adligenswil
Hirsig Laurent / Auvernier
Hofer Erhard / —
Hofer Toni / Biel/Bienne
Holdener Daniel /Küttigen
Horlacher Robert / Nussbaumen
Hotz Heinz / Biel/Bienne
Hügli Hans-Werner / Täuffelen
Huguenin Nadine / Le Locle
Humbert Michel / Neuchâtel
Humbert Pierre-André / Les Brenets
Hunziker Heinz / Finsterhennen
Hunziker Kurt / Luzern
Hurlebaus Sara und Markus
Hurlebaus Thomas / Studen

J

Jacobi Daniel / Marin

299

Liste des souscripteurs | Verzeichnis der Subskribenten

Jacot Christophe / Boudry
Jacot Laurent / Yverdon-les-Bains
Jacot Patrice / Neuchâtel
Jagmetti-de Reynier Denise / Zürich
Jakob Monique / Le Landeron
Jaquet Marcelle / Neuchâtel
Jaquet Rose-Marie / La Chaux-de-Fonds
Jaquier Christian / Le Landeron
Jaquier Daniel / Cormondrèche
Jau Walter / Bern
Jauslin Pascal / Cernier
Jauslin-Salathé Rudolf / Riehen
Jeandupeux Alphonse / La Chaux-de-Fonds
Jean-Mairet Roland / Colombier
Jeanneret-Zahnd F. et E. / Veytaux
Jelsch-Flammer Anne-Lise et Georges /Colombier
Jenny Joseph/ Sugiez
Jochberg Paul / Neuchâtel
Joder Peter / Safnern
Jost André / Les Geneveys-sur-Coffrane
Juchli Pierre / Zürich
Jud Marcel / Yverdon-les-Bains
Jungo Daniel / Guschelmuth

K

Kägi Andrea / Wädenswil
Kaiser Monique et Gérard / Peseux
Kallmann Roland / Bern
Kaufmann Hans / Neuenkirch
Kaufmann Heinz / Ehrendingen
Kaufmann Kurt / Widen
Kaufmann Peter / Baden
Keller Liliane Elisabeth/ Neuchâtel
Kessler Laurent / Wabern
Killias Martin / Lenzburg
Kipfer Pierre / Corcelles
Kistler André / Neuchâtel
Kläy Fritz / Wünnewil
Knoepfler François / Cortaillod
Knöpfel Robert / Bonstetten
Kocher Eric / D-Mörlenbach
Kohler Anita und Gerhard/ Bolligen
Kohler Michel / Neuchâtel
Kohler Walter / Bern
Kolb Hanspeter / Biel/Bienne
König Erhard / Bern
Kull-Jordi Kurt / Netstal
Kummli Hanspeter/ Basel
Küng Monique / Corcelles

Kurt Pierre / Veytaux

L

Lanfranchi Raymond / Cudrefin
Lanz Andreas / Kirchlindach
Lanz Reinhard / Brügg
Laubscher Eva und Theo / Täuffelen
Laubscher Florent / Neuchâtel
Laurent Roger / Yverdon-les-Bains
Le Coultre Yves / Bussigny
Lebert Fritz / Glattbrugg
Lebet Philippe / Neuchâtel
Lehmann Jean-Daniel / Chavannes-Renens
L'Eplattenier Jacques / La Vue-des-Alpes
Leutenegger Peter / Biel/Bienne
Liechti Erich / Wimmis
Liechti Fritz / Murten
Lienhard Martin / Le Fuet
Loup Marianne / Cugy
Lugon Georges R. / Lätti
Lüscher Markus / Ipsach
Lüscher Thomas / Wolfenschiessen
Lüthi Barbara und Andreas/ Gerolfingen
Lüthi Jean-Pierre / Neuchâtel
Lutz Reto / Bern

M

Mack Alain / Mézières
Mackert René / Schaffhausen
Maeder Frédérique / Ried
Magne Thérèse / Neuchâtel
Mahler Richard / Oberglatt
Marazzi Rita / Schwadernau
Margadant Pierre / Elsau-Räterschen
Marthe Marguerite / Cormondrèche
Marti Rudolf / Biel/Bienne
Martin Hans-Ulrich / Ligerz
Martin Marcel-André / Vionnaz
Matthey Francine / Fontaines
Matthieu Georges / Hauterive
Maurer Michael / Colombier
Mäusli Peter / Weinfelden
Mayland Régine / Villars-sur-Glâne
Meierhans Theresa / Murten
Meister Jürg / Basel
Menzel René / Zollikofen
Mercanton Bernard / Fribourg
Meyer Urs / Erlach
Meyer Urs / Riehen

Micheletti François / Hauterive
Minder Walter / Diessbach b. Büren
Mischler Beat / Bern
Mobbs Jean-Philippe / Corcelles-près-Payerne
Montandon Pierre-Olivier / Neuchâtel
Monteil Philippe / Lüscherz
Monti Jean-Claude / Yverdon-les-Bains
Moret Patricia / Avry-devant-Pont
Mori Hans / Fräschels
Moser Andres / Erlach
Mühl Christine / Neuchâtel
Mühlheim René / Biel/Bienne
Müller Annick et Denis / Corcelles
Müller Francis / Colombier
Müller Lucien / Yverdon-les-Bains
Müller Marc Alain / Ins
Müller Paul-André / Hauterive
Müller René / Niederwil
Mury Jacques / Cornaux

N

Neuenschwander Ruedi / Laupen
Niederer Kurt / Baden
Niederhauser René / Neuchâtel
Niklaus Alain / Grandson
Nussbaum Max / Olten
Nussbaumer Bertrand / Peseux
Nussbaumer Jean-Pierre / La Chaux-de-Fonds
Nydegger Jean-Pierre / Murten

O

Oesterle Marc / Spiegel bei Bern
Oppliger Käthy / Murten
Osterwalder Franz / Thalwil

P

Palli Marlyse / Lausanne
Pantillon Eliane / Sugiez
Parmelin Thitinan und Michel/ Belp
Pellaton Michel / Allschwil
Perrenoud Raymond / Le Locle
Perriard Georges / Neuchâtel
Perrin Jean-Louis / Neuchâtel
Peter Walter / Hauterive
Petitpierre Daniel / Pully
Pettmann Patrick / Fribourg
Pfammatter Marie-Thérèse
et Nicolas / Les Brenets
Pittet Jean-Paul / Corcelles

Liste des souscripteurs | Verzeichnis der Subskribenten

Porret Pierre / La Chaux-de-Fonds
Portenier Peter / Hagneck
Prébandier Georges / Cormondrèche
Probst Markus / Gwatt (Thun)
Probst Ursula und Christoph / Biel/Bienne
Purtschert Robert / Locarno
Puthod Josianne / Cormondrèche
Python Henri / Bigorio

Q

Quartier Jean-Claude /Neuchâtel
Quellet-Soguel Nicole /Biel/Bienne
Quinche Franziska et Michel /Neuchâtel

R

Racine Francis /F-Ensisheim
Rahm Eric /Bernex
Rapp Godinho Madeleine/Neuchâtel
Rasca Jean-Jacques /La Tour-de-Peilz
Rauber Jürg /Vinelz
Rebetez Simon /Le Mouret
Reidock Ansgar /D-Köln
Reimann Lukas /Schaffhausen
Renaud Edgar /Neuchâtel
Renaud Marc /Saint-Blaise
Rentsch François /Lausanne
Reutemann Martin /Ins
Reymond Alain /Chézard
Reymond Armand / Coffrane
Richter Michel / Vessy
Ricklin Jürg / Zürich
Riess Bruno / Brügg
Rindlisbacher Beat / Wohlen
Rindlisbacher Bendicht / Salavaux
Riom François / Genève
Ritter Hans / Arlesheim
Riva Eddy / Neuchâtel
Rizzolo Bruno / Neuchâtel
Roethlisberger Nicolas / Cortaillod
Romann Willy / Solothurn
Rosselet Jean-Daniel / Fenin
Rosselet Marie-Andrée / Neuchâtel
Rossetti Albert / Boudry
Rossi Paul / Biel/Bienne
Roulet Christian / Le Trétien
Roulet Philippe / Neuchâtel
Rüfli Eliane und Rudolf / Arch
Rumley Jean-François / Bevaix
Rupp August / Hilterfingen

Ryser Heinz / Bollodingen
Ryser Stephan / Biel/Bienne

S

Salus Yves / La Chaux-de-Fonds
Salvisberg Doris und Peter / Spiegel
Sandoz Robert / Neuchâtel
Schaad Peter / Rheinfelden
Schachenmann Olivier / Riehen
Schädler-Kälin L. E. / Einsiedeln
Schaer Beat / Murten
Schaer Martin / Arbon
Schäppi Eugen / Zürich
Schär Doudou und Daniel / Murten
Scherz Francis / Biel/Bienne
Schetty Jürg-A. / Auvernier
Scheurer Beatrice und Urs / Aarberg
Scheurer Francine / Le Lignon
Schild Martin / Interlaken
Schluep Albert / Biel/Bienne
Schlumpf Meinrad / Samedan
Schmid Laurence / Neuchâtel
Schmid Peter / Biel/Bienne
Schmid Peter / Erlach
Schmid Thomas / Solothurn
Schmid Walter / Sursee
Schmidli Jacqueline / Safnern
Schnegg Olivier / Neuchâtel
Schneider Bernard / Givisiez
Schneider Markus / Nidau
Schoch Renate / Wettingen
Schreiber Peter / Bargen
Schreier Olivier / Lausanne
Schreyer Sylvianne / Chez-le-Bart
Schumacher Roman / Luzern
Schüpbach Philippe / Lignières
Schürch Elvira und Adrian / Gais
Schurter R. et P. / Dotzigen
Schwaar Roland / Bern
Schwab René / Neuchâtel
Schwabe Myrte / Basel
Dr. Schwaller Robert / Schmitten
Schweizer Roger / Pieterlen
Seitz Olivier / La Brévine
Senn Jean / La Chaux-de-Fonds
Senn Ramon / Dornach
Sieber Philippe / Lugnorre
Siegrist Willy / Cormondrèche
Simonet Jacques / Neuchâtel
Socchi Pierre-Alain / Neuchâtel

Soland Reto / Twann
Soldini Michel / La Chaux-de-Fonds
Sommer Alain / Peseux
Spalinger René / Lausanne
Spinnler Hans/ Zürich
Stähli Stefan / Gerolfingen
Staudenmann Ulrich / Münchenbuchsee
Steinegger P. et U. / Feldmeilen
Steiner Marcel / Münchenstein
Steiner Martin / Bern
Steiner Pierre-André / Bevaix
Steinmann Marco / Zürich
Stettler Heinz / Rapperswil
Stettler Maya / Utzenstorf
Storrer Pierre / Bern
Streit Eric / Colombier
Streit Gilles / Cormondrèche
Strutz Kathy / Itingen
Stucker Konrad / Schüpfen
Studer Henri / Schüpbach
Studer Olivier / Peseux
Sudan Anne-Marie / Neuchâtel
Sunier Sylvain / La Neuveville
Sunier Yvonne / Fleurier
Swedor-Koelliker Marinette/Auvernier

T

Tabord José / Neuchâtel
Teofani Eva Maria / Neuchâtel
Terrier France / Yverdon-les-Bains
Thiébaud Marie / Chaumont
Thonney Eric / Mézières
Thueler Aline / Cornaux
Thueler Christiane / Cornaux
Thuner Philippe / Morges
Tiefenbach Britta / Bellmund
Tinguely Rose / Neuchâtel
Tissot Alain / La Chaux-de-Fonds
Toggwiler Michel / Bern
Tonka Serge / Saint-Blaise
Trachsel Jörg / Zürich
Tribolet Suzanne / Neuchâtel
Trüb Simon / Kriens
Tschabold Martin / Laupen

U

Uhler Pierre /Neuchâtel
Urech Jean-Louis / Dombresson
Uttinger Henry / Neuchâtel

V

Vallotton Jean-Claude / Yverdon-les-Bains
Veillard Jean-François / Savagnier
Veillon Martin / Basel
Veluzat Etienne / Marin-Epagnier
Vermande Cédric / Cernier
Vernay Pierre / Remaufens
Viglietti Dimitri / Fontainemelon
Villars Gilbert / Waltenschwil
Vivarelli Henri / Boudry
Voirol Charles-André / Bôle
Vollenweider Françoise / Neuchâtel
Vollmer Peter / Zürich
von Büren Patrick / Ecublens
von Büren Willy / La Chaux-de-Fonds
Von Gunten Michel / Fontainemelon
Von Känel Walter / Saint-Imier
Von Siebenthal Pascal / La Cibourg
Vonlanthen-Bord Arlette / Yvonand
Vouga François / Morges
Vuille Antoinette et Michel / La Chaux-du-Milieu
Vuillemin Michel / Neuchâtel
Vuistiner Alain / Lausanne

W

Waber Muller Barbara / Cortaillod
Walder Pierre / Neuchâtel
Walder Renate und Hans / Murten
Wälti Alain / Saint-Aubin-Sauges
Wassmer R. / Zürich
Watter Louis / Schafis
Wavre Antoine / Plan-les-Ouates
Weber Rogette et Jacques / Bôle
Weber Ueli / Lohn
Weber-Werthmüller Peter / Nidau
Wegmüller Claudine / Neuchâtel
Weibel Ernest / Auvernier
Wenger Hans / Biel/Bienne
Widmer Jean-Pierre / Neuchâtel
Wieland Werner / Studen
Winzenried Heinrich / Biel/Bienne
Wipfli Marie-Madeleine / Neuchâtel
Wirz Ruedi / Biel/Bienne
Witschi Markus / Müntschemier
Würgler Andreas / Jegenstorf
Wyler Peter / La Neuveville

Z

Dr. Zähner Walter / Basel
Zbinden Hansueli / Weggis
Zigerli Hans / Neuenegg
Zimmermann André / Colombier
Zürcher Christoph / Bern
Zürcher Petra und Urs / Schüpfen
Zysset Ernst / Macolin

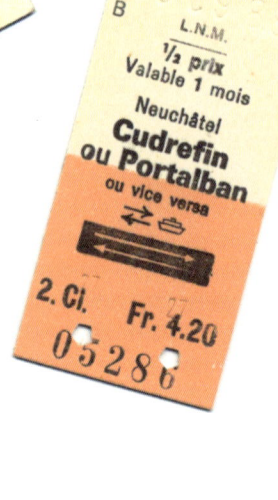

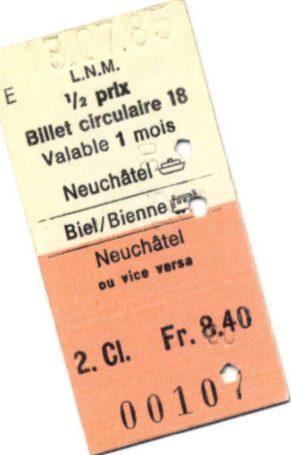

Archives consultées / Benutzte Archive
- Archives de l'Etat de Neuchâtel
- Archives d'Estavayer-le-Lac et notes de Daniel de Raemy
- Bibliothèque de La Chaux-de-Fonds, département audio-visuel DAV
- Bibliothèque publique et universitaire, Neuchâtel
- Bundesarchiv, Bern
- Staatsarchiv Bern
- Infothèque CFF, Berne / Infothek SBB, Bern
- Musée d'art et d'histoire, Neuchâtel

Bibliographie / Bibliographie
- Allimann, Fritz : Geschichte der Dampfschiffahrt auf dem Bielersee, Biel, 1964
- Avolio, Bruno : La Société de navigation sur les lacs de Neuchâtel et Morat SA (LNM) (1872-1914), Université de Neuchâtel, 2007
- Dampfschiffe auf den Schweizerseen, Zürich, 1949
- Jacobi, Sébastien : Les derniers vapeurs des lacs suisses = Die letzten Dampfschiffe der Schweiz = The last steamships in Switzerland. Neuchâtel, 1969.
- Jacobi, Sébastien : Bateau à vapeur centenaire Neuchâtel = Hundertjähriger Raddampfer Neuchâtel. Neuchâtel, 2012.
- Liechti Erich, Meister Jürg, Gwerder Josef : Die Geschichte der Schiffahrt auf den Juragewässern, Schaffhausen 1982
- La navigation sur les lacs de Neuchâtel et Morat, Neuchâtel 1972
- Le lac de Neuchâtel, miroir d'une région, éditions Gilles Attinger, Hauterive NE
- Meister, Jürg : Transport und Tourismus. Pioniere der Dampfschifffahrt. Zürich 2009.
- Räber, A., Schiffahrt auf den Schweizer Seen, Zürich 1963, 1972
- Schlup, Michel : Le temps des bateaux à vapeur. Neuchâtel, 1986.
- Wägli, Hans G. : Aare-Schiffahrt – einst und jetzt, BSG 1979 (Jurablätter 4/5 1979)
- Schweizerische Dampfschiffahrt (Die industrielle und kommerzielle Schweiz), Zürich 1907
- Verzeichnis der Dampfschiffe und Schiffsmaschinen, konstruiert von der AG der Maschinenfabriken Escher Wyss & Cie, Zürich 1912

Journaux et périodiques / Zeitungen und Zeitschriften:
- Indicateur officiel / Amtliches Kursbuch
- Rapports de gestion LNM, BSG / Geschäftsberichte LNM, BSG
- Dampferzeitung, Luzern.
- Musée neuchâtelois, Neuchâtel, 1878, 1926
- Feuille d'Avis de Neuchâtel
- Intelligenzblatt der Stadt Bern
- Gazette de Lausanne
- Journal de Genève
- Bieler Tagblatt

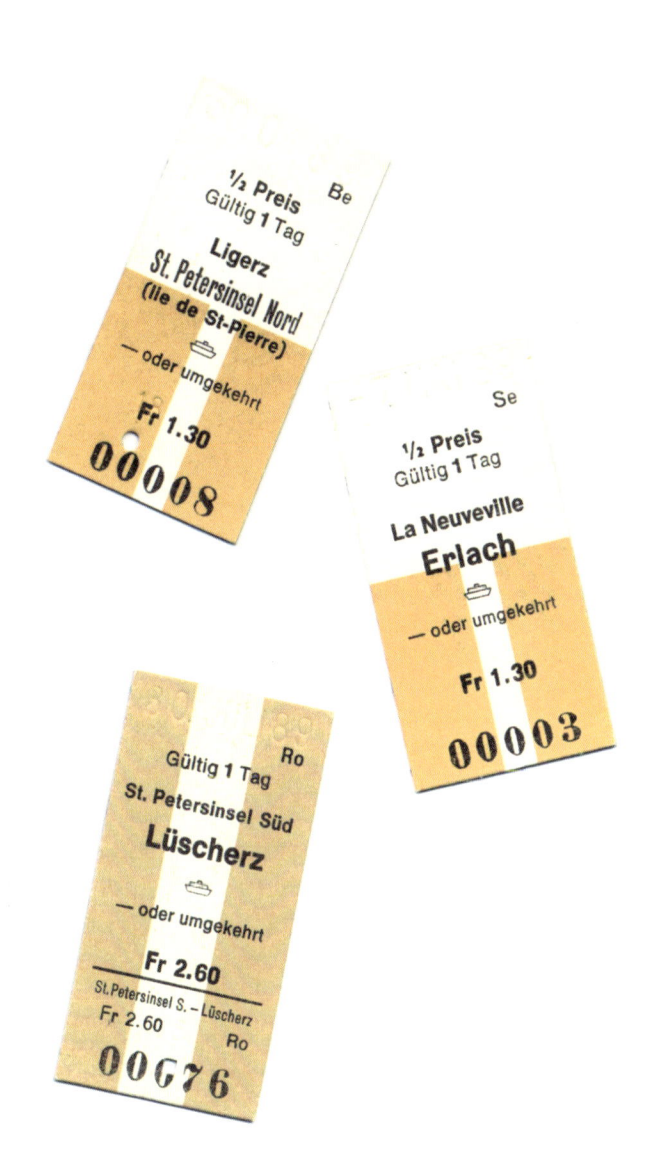

Impressum

Rédaction: Sébastien Jacobi
Traduction allemande: Hans G. Wägli
Illustration de couverture / Umschlagbild:
Marc-Antoine Bombail, mab-créations
Design graphique: **YANN DO** assisté par **NICOLAS LEUBA**

Achevé d'imprimer en novembre 2013, à 2000 exemplaires.

Remerciements / Dank:
L'auteur remercie tout particulièrement son ami Hans G. Wägli pour l'important travail de traduction, M. Gerd Weber qui a mis à disposition le fruit de ses recherches historiques. Un tout grand merci également à l'Association Trivapor et aux Éditions Attinger, sans qui ce livre n'aurait pas vu le jour.

Tous droits réservés:
L'ensemble du contenu du présent ouvrage est protégé, en particulier par la Loi fédérale sur le droit d'auteur et les droits voisins (RS 231.1). Toute représentation ou reproduction, intégrale ou partielle, faite par quelque moyen que ce soit, sans l'autorisation préalable et écrite de l'éditeur est interdite.

Édité par:
Éditions Attinger
Rue des Longschamps 2
Case postale 124
CH–2068 Hauterive

Tél: +41 (0)32 753 82 73
Fax: +41 (0)32 753 82 74
Courriel: info@editions-attinger.ch

© 2013, Éditions Attinger SA, Hauterive – Suisse –
ISBN 978-2-940418-63-3

Pour toute question, contactez les Éditions Attinger directement à info@editions-attinger.ch ou visitez notre site internet www.editions-attinger.ch pour plus d'informations sur la société et le programme éditorial.

Sponsors

Avec le soutien de la
Loterie Romande

Sandoz – Fondation de famille

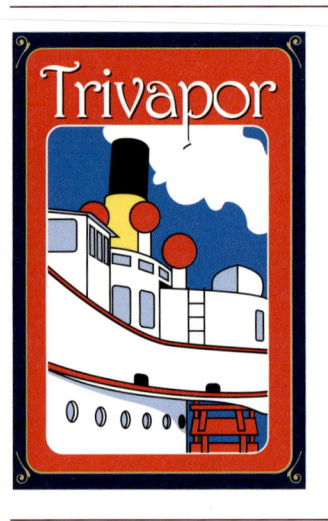

Trivapor

ne.ch
RÉPUBLIQUE ET CANTON DE NEUCHÂTEL

BCN

helvetia

BONHÔTE
BANQUIERS DEPUIS 1815